MG새마을금고 중앙회

최신기출유형 + 모의고사 4회 + 무료NCS특강

SD에듀
(주)시대고시기획

2024 최신판 SD에듀 MG새마을금고중앙회 필기전형
최신기출유형 + 모의고사 4회 + 무료NCS특강

Always **with you**

사람의 인연은 길에서 우연하게 만나거나 함께 살아가는 것만을 의미하지는 않습니다.
책을 펴내는 출판사와 그 책을 읽는 독자의 만남도 소중한 인연입니다.
SD에듀는 항상 독자의 마음을 헤아리기 위해 노력하고 있습니다. 늘 독자와 함께하겠습니다.

머리말

새마을금고는 우리 고유의 '상부상조' 정신을 바탕으로 1963년 설립된 이후 '사람'을 품은 따뜻한 금융으로 지역사회와 더불어 성장하여 오늘날 1,295개의 금고, 260조 원이 넘는 자산, 2,180만 명이 넘는 고객과 MG체크카드 1,212만 매를 보유한 대한민국 대표종합금융 협동조합으로 거듭나고 있다.

MG새마을금고중앙회는 새마을금고의 건실한 발전을 위하여 새마을금고의 경영을 지원하고 감독하며 투명한 운영을 도모하고자 설립되었다. 새마을금고의 중앙은행으로서 민주적이고 합리적인 의사결정을 통해 전국의 새마을금고와 공동이익을 추구하며, 지속적인 성장을 위한 발전전략 계획 수립과 실행이 MG새마을금고중앙회의 역할이다.

MG새마을금고중앙회의 신입직원 채용 필기전형 중 NCS 직업기초능력(의사소통능력 · 수리능력 · 문제해결능력)과 금융 · 디지털상식은 공통 과목이며 일반직의 경우 직무전공으로 경영 · 경제 · 민법을, IT직은 전산이론을 평가한다.

이에 SD에듀는 공사 · 공단, 기업체의 채용 대비서를 출간해온 오랜 경험을 바탕으로 필기전형과 면접 등 채용 전반에 꼭 필요한 자료만을 엄선해 다음과 같은 특징을 가진 본서를 출간하게 되었다.

도서의 특징

❶ 2023년에 시행된 MG새마을금고중앙회 필기전형의 기출복원문제를 수록하여 최근 출제 경향을 파악할 수 있도록 하였다.

❷ NCS 직업기초능력과 상식, 직무전공을 철저히 분석하여 구성한 출제유형분석과 실전예제, 모의고사를 수록함으로써 수험생들이 실제 시험에 효과적으로 대비할 수 있게 하였다.

❸ MG새마을금고중앙회 인성검사 모의연습, 면접에 대한 실전 대책과 면접 기출질문을 수록하여 채용 과정에서 별도의 학습서가 필요하지 않게 하였다.

끝으로 본서가 MG새마을금고중앙회 필기전형을 준비하는 여러분 모두에게 합격의 기쁨을 전달하기를 진심으로 기원한다.

SDC(Sidae Data Center) 씀

↻ Brand Concept

공공의 가치가 기본이 되는 따뜻한 금융, MG새마을금고

풍요로운 생활공동체
나 – 이웃 – 지역 – 사회가 함께 성장 · 발전해가는 따뜻한 철학

가족, 이웃 같은
사람 중심의 따뜻하고 풍요로운 이미지, 내 가족의 일처럼 마음을 다하는 서비스

신뢰할 수 있는
믿을 수 있는 금융 서비스, 체계적이고 앞서가는 새마을금고

↻ Name Concept

MG

Maeul Geumgo
마을금고

Make Good Life
더 멋지고 풍요로운 삶

Meet & Greet
만나면 반가운 이웃

⟳ 주요업무

지도 · 감독 사업

금고의 경영지원 및 감독 · 검사

신용사업

금고 운용자금 조절(중앙은행으로서의 역할)

공제사업

금고 및 회원을 위한 공제사업

예금자보호 준비금 관리

예 · 적금 지급보장을 위한 예금자 보호

조사 · 연구

금고 및 중앙회의 장기 발전을 위한 국내 · 외 조사

국제협력사업

국제기구 및 외국과의 지역개발 협력사업 및 국제협동조합 기구와 우호 증진 및 협력 강화 등

교육 · 홍보 사업

금고 및 중앙회 임직원 교육훈련 및 대외 홍보

미션

새마을금고의 업무를 지도 · 감독하여,
그 공동이익의 증진과 건전한 발전을 도모하고
국민의 행복과 국가 · 사회발전에 이바지한다.

비전

가치경영으로 동반성장을 선도하는 협동조합그룹

가치경영 ▶ 국제협동조합연맹(ICA)의 협동조합 6대가치
(자조, 자기책임, 민주주의, 평등, 공정, 연대)
실현을 위한 전략경영

동반성장 ▶ 새마을금고와 회원(국민) 및 지역사회가
함께 더불어 성장할 수 있도록 선도하여
지역 및 국가경제발전에 기여

협동조합그룹 ▶ 새마을금고가 정체성을 유지하면서
지역금융의 허브역할을 수행할 수 있도록 지원하는
새마을금고-중앙회-MG그룹의 상호협력 체계

⟳ 핵심가치

> 미션과 비전 달성을 위해 조직 및 구성원이 반드시 지켜야 할 신념,
> 가치관으로 업무의 일상에서 의사결정과 행동판단의 기준

고객중심	신뢰경영	미래지향	상호협력
고객가치 창출	존경과 신뢰받는 조직 구축	지속성장을 위한 최선의 노력	협력을 통한 시너지 극대화

⟳ 인재상

4C for Core Value

따뜻한 중앙회인
Coexistence
- 고객가치를 최우선으로 생각하는 행동하는 인재
- 고객의 동반성장을 지원하고 상생을 실천하는 인재

신뢰받는 중앙회인
Confidence
- 정직함과 성실함을 갖추고 윤리의식을 지닌 인재
- 사명감과 책임의식을 가지고 솔선수범하는 인재

창조적인 중앙회인
Creativity
- 적극적이고 진취적인 자세로 변화를 선도하는 인재
- 창의와 열정을 바탕으로 전문역량을 갖춘 인재

협력하는 중앙회인
Cooperation
- 존중과 배려를 통해 화합하는 인재
- 열린 마음과 생각으로 소통하는 인재

신입행원 채용 안내 INFORMATION

⟳ 지원방법

홈페이지(www.kfcc.co.kr)를 통한 온라인 접수

※ 우편접수, 방문접수, 이메일접수 불가

⟳ 응시자격

❶ 해외여행 결격 사유가 없는 자로 남성의 경우 병역필 또는 면제자

❷ 본회 인사관리규정상 채용 결격 사유에 해당하지 않는 자

※ 홈페이지 입사지원 화면의「자주하는 질문」참조

❸ 2023년 11월부터 합숙교육 및 전일 근무 가능한 자(최종학력이 졸업예정인 경우 2024년 2월까지 졸업을 완료하여야 함)

※ 2023년 하반기 기준

❹ 본회 경력직원 채용전형과 중복하여 지원 불가

⟳ 우대사항

구분	내용		
전문자격증	SQLP, DAP, ADP, 빅데이터분석기사, 정보보안기사, CISA, CISSP, SQLD, DAsP, ADsP	서류전형 시 내부 평가기준에 따라 우대	
사회형평	장애인	서류, 필기, 면접전형 적용	전형별 만점의 10%
	취업지원대상자		전형별 만점의 5% 또는 10%

⟳ 채용전형 절차

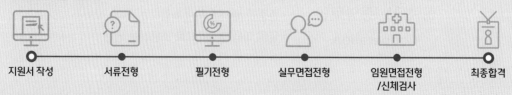

지원서 작성 — 서류전형 — 필기전형 — 실무면접전형 — 임원면접전형/신체검사 — 최종합격

○ 채용일정

채용공고	접수기간	서류발표	필기전형	필기발표
23. 09. 01	23. 09. 01 ~ 23. 09. 18	23. 09. 27	23. 10. 07	23. 10. 11
23. 03. 31	23. 03. 31 ~ 23. 04. 17	23. 04. 27	23. 05. 06	23. 05. 10
22. 09. 15	22. 09. 15 ~ 22. 09. 27	22. 10. 14	22. 10. 22	22. 10. 26
22. 05. 06	22. 05. 06 ~ 22. 05. 16	22. 06. 14	22. 06. 18	22. 06. 24

○ 필기전형

구분		출제영역
인성평가		인성검사
직무능력평가		NCS 직업기초능력(의사소통, 수리, 문제해결)
		금융 · 디지털상식
	일반	직무전공(경제 · 경영 · 민법)
	IT	직무전공(전산이론)

○ 출제경향

의사소통능력	• 피듈형이며, 지문이 길고 한 지문에 여러 개의 문제가 출제되는 편이다. • 금융 관련 지문이 다수 출제된다. • 키워드 : 어법 고치기, 보이스피싱, 사이버 범죄, 빅데이터
수리능력	• 자료해석 문제는 타 금융권에 비해 난이도가 쉬운 편이다. • 확률, 경우의 수, 거 · 속 · 시 등 보편적인 응용수리 문제가 출제된다. • 경제, 금융과 관련된 문제가 많다.
문제해결능력	• 자료해석 스타일의 문제가 많다. • 문제해결과정 또는 브레인스토밍 등 모듈이론에 근거한 문제가 출제되는 편이다.

❖ 직무별 채용방침에 따라 변경될 수 있으니 반드시 확정된 채용공고를 확인하기 바랍니다.

주요 금융권 적중 문제 TEST CHECK

MG새마을금고중앙회

의사소통능력 ▶ 주제찾기

02 다음 글의 주제로 가장 적절한 것은?

> 금융당국은 은행의 과점체제를 해소하고, 은행과 비은행의 경쟁을 촉진시키는 방안으로 은행의 고유 전유물이었던 통장을 보험 및 카드 업계로의 도입을 검토하겠다고 밝혔다.
>
> 이는 전자금융거래법을 개정해 대금결제업, 자금이체업, 결제대행업 등 모든 전자금융업 업무를 관리하는 종합지급결제사업자를 제도화하여 비은행에 도입한다는 것으로, 이를 통해 비은행권은 간편결제·송금 외에도 은행 수준의 보편적 지급결제 서비스가 가능해지는 것이다.
>
> 특히 금융당국이 은행업 경쟁촉진 방안으로 검토 중인 은행업 추가 인가나 소규모 특화은행 도입 등 여러 방안 중에서 종합지급결제사업자 제도를 중점으로 검토 중인 이유는 은행의 유효경쟁을 촉진시킴으로써 은행의 과점 이슈를 가장 빠르게 완화할 수 있을 것으로 판단되기 때문이다.
>
> 이는 소비자 측면에서도 기대효과가 있는데, 은행 계좌가 없는 금융소외계층은 종합지급결제사업자 제도를 통해 금융 서비스를 제공받을 수 있고, 기존 방식에서 각 은행에 지불하던 지급결제 수수료가 절약돼 그만큼 보험료가 인하될 가능성도 기대해 볼 수 있기 때문이다. 보험사 및 카드사 측면에서도 기존 방식에서는 은행을 통해 진행했던 방식이 해당 제도가 확립된다면 직접 처리할 수 있게 되어 방식이 간소화될 수 있다는 장점이 있다.

수리능력 ▶ 확률

03 커피 동아리 회원은 남자 4명, 여자 6명으로 구성되어 있다. 동아리에서 송년회를 맞아 회원 중 3명에게 드립커피 세트를 사은품으로 주려고 할 때, 사은품을 받을 3명 중 남자가 여자보다 많을 확률은?(단, 확률은 소수점 셋째 자리에서 반올림한다)

① 12.55% ② 20.17%
③ 28.36% ④ 33.33%

문제해결능력 ▶ 문제처리

01 A빵집과 B빵집은 서로 마주보고 있는 경쟁업체이다. 인근상권에는 두 업체만 있으며, 각 매장에 하루 평균 100명의 고객이 방문한다. 고객은 가격변동에 따른 다른 매장으로의 이동은 있으나 이탈은 없다. 두 빵집이 서로 협상할 수 없는 조건이라면, 다음 설명 중 적절하지 않은 것은?

B빵집 \ A빵집	인상	유지	인하
인상	(20%, 20%)	(30%, -20%)	(45%, -70%)
유지	(-20%, 30%)	(0%, 0%)	(10%, -30%)
인하	(-70%, 45%)	(-30%, 10%)	(-20%, -20%)

※ 괄호 안의 숫자는 A빵집과 B빵집의 매출증가율을 의미한다. (A빵집 매출증가율, B빵집 매출증가율)
※ 가격의 인상폭과 인하폭은 동일하다.

① A빵집과 B빵집 모두 가격을 유지할 가능성이 높다.
② A빵집이 가격을 인상할 때, B빵집이 가격을 유지한다면 A빵집은 손해를 입게 된다.
③ A빵집이 가격을 인상할 때, B빵집은 가격을 유지하는 것보다 인하하는 것이 더 큰 이익을 얻을 수 있다.

MG새마을금고 지역본부

수리능력 ▶ 자료추론

04 다음은 2022년도 연령별 인구수 현황을 나타낸 그래프이다. 다음 그래프를 볼 때, 각 연령대를 기준으로 남성 인구가 40% 이하인 연령대 (가)와 여성 인구가 50% 초과 60% 이하인 연령대 (나)가 바르게 연결된 것은?

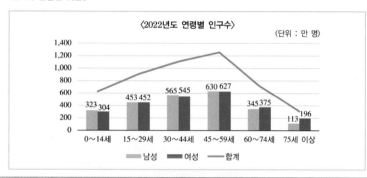

〈2022년도 연령별 인구수〉 (단위 : 만 명)

연령대	남성	여성
0~14세	323	304
15~29세	453	452
30~44세	565	545
45~59세	630	627
60~74세	345	375
75세 이상	113	196

남성 여성 합계

문제해결능력 ▶ 참·거짓

`Hard`

22 부서 사정으로 인해 다음과 같이 참석자가 변경되었다. 아래 참석자 변경 사항을 따를 때, 다음 중 반드시 참인 것은?

〈참석자 변경 사항〉

불참자	직급	소속	부서	합동연수 참여여부
F	부장	경기북부본부	설비지원부	○
H	과장	경기남부본부	사업기획부	×
신규참석자	직급	소속	부서	합동연수 참여여부
I	과장	강원본부	자원관리부	○
J	과장	충남본부	설비지원부	○

① J과장은 부장과 이웃하여 앉는다.

② G부부장은 J과장과 이웃하여 앉는다.

대인관계능력 ▶ 리더십

35 R사의 관리팀 팀장으로 근무하는 B과장은 최근 팀장 회의에서 '관리자가 현상을 유지한다면, 리더는 세상을 바꾼다.'는 리더와 관리자의 차이에 대한 설명을 듣게 되었다. 이와 관련하여 관리자가 아닌 진정한 리더가 되기 위한 B과장의 다짐으로 적절하지 않은 것은?

① 위험을 회피하기보다는 계산된 위험을 취하도록 하자.

② 사람을 관리하기보다는 사람의 마음에 불을 지피도록 하자.

③ 상황에 수동적인 모습보다는 새로운 상황을 창조하도록 하자.

④ 내일에 초점을 맞추기보다는 오늘에 초점을 맞추도록 하자.

주요 금융권 적중 문제 TEST CHECK

NH농협은행 6급

의사소통능력 ▶ 주제·제목찾기

14 다음은 NH농협은행의 홈페이지에 게시된 윤리경영을 주제로 자주 묻는 질문에 대한 답변들을 정리한 것이다. 다음 빈칸 (A) ~ (D)에 들어갈 질문에 해당되지 않는 것은?

NH농협은행 윤리경영에 대해 궁금해 하시는 사항을 알려드립니다.

질문 : _____(A)_____
답변 : 정직과 신뢰를 바탕으로 공정하고 투명한 윤리경영을 통하여 기업가치 증대와 건전한 금융
산업 발전에 이바지하고, 기업의 사회적 책임을 다함으로써 농업인의 경제·사회·문화적
지위 향상과 농업경쟁력 강화를 통한 농업인의 삶의 질 향상과 국민경제의 균형발전에 이바
지한다는 농협의 설립목적을 달성하는 데 궁극적 가치가 있습니다.

질문 : _____(B)_____
답변 : 윤리헌장은 기업이 추구하는 가치와 목표를 제시하는 내용을 담고 있습니다. 또한 기업의
이해관계자에 대한 책임과 의무를 규정하며 '우리는 누구이며, 무엇을 하며, 무엇을 위하여

수리능력 ▶ 금융상품 활용

01 N은행에서 근무하는 A사원은 고객 甲에게 적금 만기를 통보하고자 한다. 甲의 가입 상품 정보가 다음과 같을 때, A사원이 甲에게 안내할 금액은?

- 상품명 : N은행 희망적금
- 가입자 : 甲(본인)
- 가입기간 : 24개월
- 가입금액 : 매월 200,000원 납입
- 적용금리 : 연 2.0%
- 저축방법 : 정기적립식
- 이자지급방식 : 만기일시지급, 단리식

---

① 4,225,000원 ② 4,500,000원

문제해결능력 ▶ 문제처리

02 같은 해에 입사한 동기 A, B, C, D, E는 모두 N은행 소속으로, 서로 다른 부서에서 일하고 있다. 이들이 근무하는 부서와 해당 부서의 성과급은 다음과 같다. 부서배치에 관한 조건 및 휴가에 관한 조건을 참고했을 때 다음 중 항상 옳은 것은?

〈부서별 성과급〉

비서실	영업부	인사부	총무부	홍보부
60만 원	20만 원	40만 원	60만 원	60만 원

※ 각 사원은 모두 각 부서의 성과급을 동일하게 받는다.

〈부서배치 조건〉

- A는 성과급이 평균보다 적은 부서에서 일한다.
- B와 D의 성과급을 더하면 나머지 세 명의 성과급 합과 같다.
- C의 성과급은 총무부보다는 적지만 A보다는 많이 받는다.

하나은행

수리능력 ▶ 금융상품 활용

41 K사원은 자택에서 회사까지 통근 거리가 멀어 회사에서 가까운 곳으로 자취하려고 한다. K사원은 전세자금이 부족하여 은행에서 대출을 받기로 결정하고 대출상환방식을 알아보고 있다. 매월 일정하게 급여를 받고 있지만 매번 상환금액이 큰 경우에는 부담되어 만기일시상환을 생각하고 있지만, 원금균등 분할상환으로 할 경우와 비교해 보려고 한다. 다음 〈정보〉를 참고하여 K사원이 대출상환방식을 만기일시상환 또는 원금균등 분할상환으로 할 때, 각각 월 이자금액으로 바르게 연결된 것은?(단, 원금과 이자는 소수점 첫째 자리에서 반올림한다)

〈정보〉

- 대출금액 : 1억 원
- 대출 기간 : 20년
- 연이자율 : 3%
- 원금균등 분할상환은 3회차 상환금액의 이자를 구한다.

의사소통능력 ▶ 내용일치

Easy
04 다음 글을 읽고 '스마트 그리드'에 대한 설명으로 적절한 것을 고르면?

주니퍼 리서치(Juniper Research)는 글로벌 스마트 그리드 구축으로 인해 전 세계는 2021년 316TW/h(테라와트시)를 시작으로 2026년에는 연간 1,060TW/h의 에너지를 절약하게 될 것이라는 내용의 보고서를 발표했다. 이는 영국 런던의 보로오브 브렌트에 위치한 웸블리 스타디움에서 90분 동안 진행되는 축구 경기 4,200만 회 이상을 개최하는 에너지에 해당한다.

홈페이지에 게재한 보도자료에서 주니퍼 리서치는 '스마트 그리드 : 산업 및 경쟁 동향, 시장 전망 2021~2026(Smart Grid : Industry Trends, Competitor Leaderboard and Market Forecasts 2021~2026)' 보고서 출판 사실을 공지하고 스마트 그리드가 에너지 시장의 지속 가능성을 확보하는 데 중요한 역할을 수행할 것이라고 예상했다.

보고서는 에너지 운영 회사에 최적의 운영 방법론을 제공한다. 저렴한 센서 및 연결성을 가장 잘 결합하는 에너지 공급업체가 앞으로 가장 큰 성공을 거둘 것이라는 예측이다. 스마트 그리드는 적절

문제해결능력 ▶ 순서추론

38 H은행의 신사업기획부 A팀장, B대리, C대리, D주임, E주임, F주임, G사원, H사원 8명은 기차를 이용해 부산으로 출장을 가려고 한다. 다음 〈조건〉에 따라 직원들의 좌석이 배정될 때, 〈보기〉 중 팀원들이 앉을 좌석에 대한 설명으로 옳지 않은 것을 모두 고르면?(단, 이웃하여 앉는다는 것은 두 사람 사이에 복도를 두지 않고 양옆으로 붙어 앉는 것을 의미한다)

〈기차 좌석표〉

	앞				
창가	1 - 가	1 - 나	복도	1 - 다	1 - 라	창가
	2 - 가	2 - 나		2 - 다	2 - 라	
		뒤				

조건
- 팀장은 반드시 두 번째 줄에 앉는다.

도서 200% 활용하기 STRUCTURES

1 | 2023년 기출복원문제로 출제 경향 파악

2023 | 기출복원문제

※ 정답 및 해설은 기출복원문제 바로 뒤 p.025에 있습니다.

---

01 | NCS 직업기초능력

01 다음 중 밑줄 친 단어의 띄어쓰기가 올바른 것은?

① 어쩌나 금방 품절되던지 나도 열 번만에 겨우 주문했어.
② 둘째 아들이 벌써 아빠 만큼 자랐구나.
③ 이번 일은 직접 나서는 수밖에 없다.
④ 너 뿐만 아니라 우리 모두 노력해야 한다.

02 다음 중 밑줄 친 단어의 어법 표기가 적절한 것은?

① 각 분야에서 내로라하는 사람들이 모였다.
② 생각컨대 그가 거짓말을 하는 것이 분명했다.
③ 철수야, 친구를 괴롭히면 안되요.
④ 그를 만난지 한 달이 지났다.

2 • MG새마을금고중앙회

2023 | 기출복원문제

01 | NCS 직업기초능력

01	02	03	04	05	06	07	08	09	10	11	12	13	14	15	16	17	18	19	20
③	①	④	②	④	②	①	③	④	①	④	①	④	②	④	④	④	③	②	②

01 정답 ③

'밖에'는 '그것 말고는', '그것 이외에는', '기꺼이 받아들이는', '피할 수 없는'의 뜻을 나타내는 보조사이므로 앞말과 붙여 쓴다.

오답분석
① '만'은 '앞말이 가리키는 횟수를 끝으로'의 뜻을 나타내는 의존 명사로 사용되었으므로 '열 번 만에'와 같이 앞말과 띄어 써야 한다.
② '만큼'은 앞말과 비슷한 정도나 한도임을 나타내는 격조사로 사용되었으므로 '아빠만큼'과 같이 앞말과 붙여 써야 한다.
④ '뿐'은 '그것이고 더는 없음'을 의미하는 보조사로 사용되었으므로 '너뿐만'과 같이 앞말과 붙여 써야 한다.

02 정답 ①

오답분석
② 생각컨대 → 생각건대
③ 안되요 → 안돼요
④ 만난지 → 만난 지

03 정답 ④

2018년 10월에 시작한 우간다 새마을금고는 현재 약 8,600의 회원들에게 금융서비스를 제공하는 지역대표 금융협동조합으로 자리 매김하고 있다. 따라서 디지털 전환 이전부터 새마을금고는 우간다 농촌지역의 대표 금융협동조합이다.

오답분석
① 디지털 전환을 통해 금융 접근성이 더욱 좋아졌으므로 금융포용 효과는 더욱 확대되었다.
② 우간다 새마을금고는 디지털 전환을 통해 낮은 비용으로 편리하게 금융서비스에 접근할 수 있게 되었다.
③ 새마을금고는 협력국 대상 최초로 우간다 봉골레페리사에서 디지털 금융시스템 론칭 행사를 개최하였다.

04 정답 ②

제시문은 새마을금고중앙회가 대포통장 근절을 통해 보이스피싱 예방에 성과를 거두고 있음을 이야기하고, 구체적인 통계 수치를 통해 그에 따른 설명을 하고 있다. 따라서 제목으로 ②가 가장 적절하다.

오답분석
① 대포통장이 보이스피싱의 주요한 수단으로 사용되고 있다는 것은 제시문에 언급되어 있지만, 전체 내용을 아우르는 제목으로 보기는 어렵다.

▶ 2023년에 시행된 MG새마을금고중앙회 필기시험의 기출복원문제를 수록하였다.

2 출제유형분석&실전예제로 영역별 체계적 학습

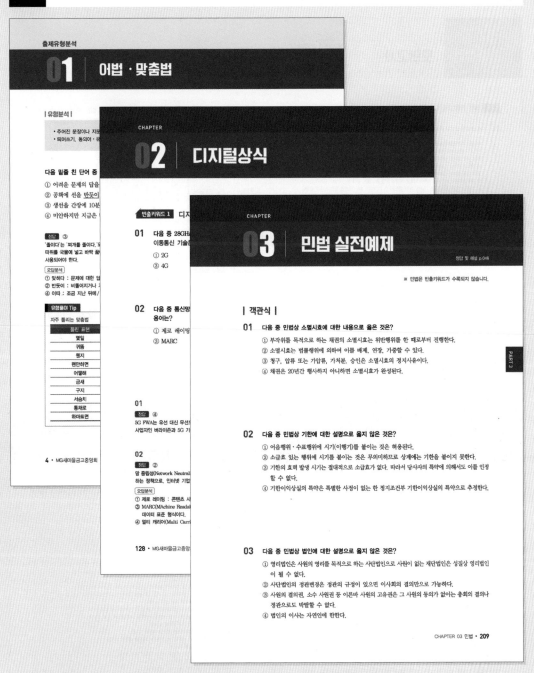

출제유형분석

01 어법 · 맞춤법

| 유형분석 |

- 주어진 문장이나 지문
- 띄어쓰기, 동의어 · 유

다음 밑줄 친 단어 중

① 어려운 문제의 답을
② 공채에 선을 반동이
③ 생선을 간장에 10분
④ 미안하지만 지금은 (

[정답] ③
'졸이다'는 '찌개를 졸이다.'오
따위를 국물에 넣고 바짝 끓(
사용되어야 한다.

[오답분석]
① 맞히다 : 문제에 대한 답
② 반듯이 : 비뚤어지거나 기
④ 이따 : 조금 지난 뒤에/

유형풀이 Tip

자주 틀리는 맞춤법

틀린 표현
몇일
귀뜸
웬지
원만하면
어떻해
금새
구지
서슴치
통채로
하마트면

4 · MG새마을금고중앙회

빈출키워드 1 디지

CHAPTER

02 디지털상식

01 다음 중 28GHz
이동통신 기술은

① 2G
③ 4G

02 다음 중 통신망
용어는?

① 제로 레이팅
③ MARC

01
[정답] ④
5G FWA는 유선 대신 무선
사업자인 버라이즌과 5G 기

02
[정답] ②
망 중립성(Network Neutral
하는 정책으로, 인터넷 기업

[오답분석]
① 제로 레이팅 : 콘텐츠 사
③ MARC(MAchine Reada
데이터 표준 형식이다.
④ 멀티 캐리어(Multi Carri

128 · MG새마을금고중앙

CHAPTER

03 민법 실전예제

정답 및 해설 p.046

※ 민법은 빈출키워드가 수록되지 않습니다.

| 객관식 |

01 다음 중 민법상 소멸시효에 대한 내용으로 옳은 것은?

① 부작위를 목적으로 하는 채권의 소멸시효는 위반행위를 한 때로부터 진행한다.
② 소멸시효는 법률행위에 의하여 이를 배제, 연장, 가중할 수 있다.
③ 청구, 압류 또는 가압류, 가처분, 승인은 소멸시효의 정지사유이다.
④ 채권은 20년간 행사하지 아니하면 소멸시효가 완성된다.

02 다음 중 민법상 기한에 대한 설명으로 옳지 않은 것은?

① 어음행위 · 수표행위에 시기(이행기)를 붙이는 것은 허용된다.
② 소급효 있는 행위에 시기를 붙이는 것은 무의미하므로 상계에는 기한을 붙이지 못한다.
③ 기한의 효력 발생 시기는 절대적으로 소급효가 없다. 따라서 당사자의 특약에 의해서도 이를 인정할 수 없다.
④ 기한이익상실의 특약은 특별한 사정이 없는 한 정지조건부 기한이익상실의 특약으로 추정한다.

03 다음 중 민법상 법인에 대한 설명으로 옳지 않은 것은?

① 영리법인은 사원의 영리를 목적으로 하는 사단법인으로 사원이 없는 재단법인은 성질상 영리법인이 될 수 없다.
② 사단법인의 정관변경은 정관의 규정이 있으면 이사회의 결의만으로 가능하다.
③ 사원의 결의권, 소수 사원권 등 이른바 사원의 고유권은 그 사원의 동의가 없이는 총회의 결의나 정관으로도 박탈할 수 없다.
④ 법인의 이사는 자연인에 한한다.

CHAPTER 03 민법 · 209

PART 3

▶ NCS 직업기초능력(의사소통 · 수리 · 문제해결)의 출제유형분석과 실전예제를 수록하였다.
▶ 금융 · 디지털상식의 빈출키워드와 실전예제를 수록해 학습에 도움이 되도록 하였다.
▶ 직무전공(경제 · 경영 · 민법 · 전산이론)의 실전예제를 수록해 체계적인 학습이 가능하도록 하였다.

도서 200% 활용하기 STRUCTURES

3 최종점검 모의고사 + OMR을 활용한 실전 연습

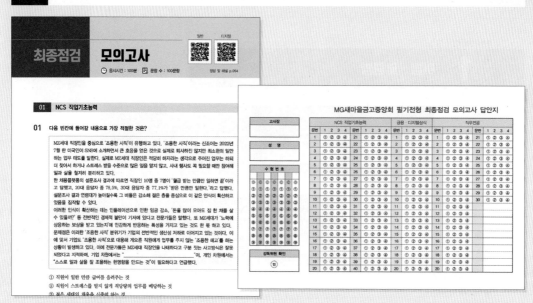

▶ 최종점검 모의고사와 OMR 답안카드를 수록하여 실제로 시험을 보는 것처럼 최종 마무리 연습을 할 수 있도록 하였다.

4 인성검사 & 면접까지 한 권으로 대비

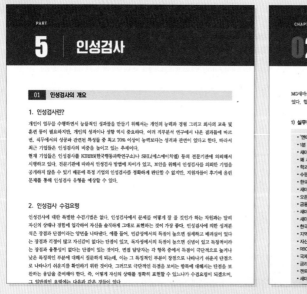

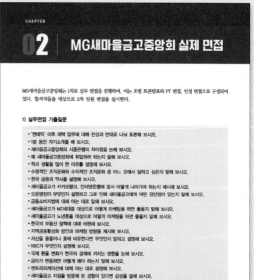

▶ 인성검사 모의테스트와 MG새마을금고중앙회 면접 기출 질문을 통해 한 권으로 채용 전반에 대비하도록 하였다.

5 Easy & Hard로 난이도별 시간 분배 연습

▶ Easy&Hard 표시로 문제별 난이도에 따라 시간을 적절하게 분배하여 풀이하는 연습이 가능하도록 하였다.

6 정답 및 해설로 혼자서도 완벽 학습

▶ 정답에 대한 상세한 해설과 오답분석으로 혼자서도 완벽하게 학습할 수 있도록 하였다.

학습플랜 STUDY PLAN

1주 완성 학습플랜

본서에 수록된 전 영역을 단기간에 끝낼 수 있도록 구성한 학습플랜이다. 한 번에 전 영역을 공부하지 않고, 한 영역을 집중적으로 공부할 수 있도록 하였다. 필기시험에 대한 기초 학습은 되어 있으나, 학습 계획 세우기에 자신이 없는 분들이나 미리 시험에 대비하지 못해 단시간에 많은 분량을 봐야 하는 수험생에게 추천한다.

ONE WEEK STUDY PLAN

	1일 차 ☐	2일 차 ☐	3일 차 ☐
	_____월_____일	_____월_____일	_____월_____일
Start!			

4일 차 ☐	5일 차 ☐	6일 차 ☐	7일 차 ☐
_____월_____일	_____월_____일	_____월_____일	_____월_____일

STUDY CHECK BOX

구분	1일 차	2일 차	3일 차	4일 차	5일 차	6일 차	7일 차
기출복원문제							
PART 1							
PART 2~3							
최종점검 모의고사							
다회독 1회							
다회독 2회							
오답분석							

스터디 체크박스 활용법

1주 완성 학습플랜에서 계획한 학습량을 어느 정도 실천하였는지 표시하여 자신의 학습량을 효율적으로 관리한다.

구분	1일 차	2일 차	3일 차	4일 차	5일 차	6일 차	7일 차
PART 1	의사소통 능력	×	×	완료			

이 책의 차례 CONTENTS

Add+

합격의 공식 SD에듀 www.sdedu.co.kr

2023년
기출복원문제

※ 정답 및 해설은 기출복원문제 바로 뒤 p.025에 있습니다.

01   NCS 직업기초능력

01 다음 중 밑줄 친 단어의 띄어쓰기가 올바른 것은?

① 어찌나 금방 품절되던지 나도 열 번만에 겨우 주문했어.

② 둘째 아들이 벌써 아빠 만큼 자랐구나.

③ 이번 일은 직접 나서는 수밖에 없다.

④ 너 뿐만 아니라 우리 모두 노력해야 한다.

02 다음 중 밑줄 친 단어의 어법 표기가 적절한 것은?

① 각 분야에서 내로라하는 사람들이 모였다.

② 생각컨대 그가 거짓말을 하는 것이 분명했다.

③ 철수야, 친구를 괴롭히면 안되요.

④ 그를 만난지 한 달이 지났다.

03 다음 중 글의 내용으로 적절하지 않은 것은?

새마을금고가 아프리카 우간다 농촌지역에서 디지털 전환을 통한 새로운 금융포용 패러다임을 개척하고 있다. 새마을금고중앙회는 협력국 대상 최초로 우간다 봉골레패리시에서 우간다 새마을금고 디지털 금융시스템 론칭 행사를 개최했다고 지난 4일 밝혔다.

론칭 행사에는 우간다 대한민국 대사관 참사관, 우간다 코이카 사무소장, 미티야나주 주지사, 무역산업협동조합부 국장 등이 참석하여 축하의 메시지를 전달했다. 특히 우간다 현지 관계자들은 한국 새마을금고의 발전경험이 우간다 농촌지역 주민들의 빈곤감소와 금융 접근성을 제고하는 자랑스러운 성과를 만들어 내고 있다며 감사의 마음을 전했다.

우간다 새마을금고는 디지털 전환을 통해 낮은 비용으로 편리하게 금융서비스에 접근할 수 있게 되었다. 단순히 기존의 금융시스템을 바꾸는 기술적 변화가 아닌, 금융소외 계층을 포용하면서 지속가능한 개발이라는 사회적 가치에도 부합한다는 점에서 그 성과를 더욱 인정받고 있다.

구체적으로는, 경영정보시스템(MIS) 도입을 통한 회계 투명성 개선은 물론 모바일 뱅킹을 통한 저축 및 대출서비스까지 가능하게 됐다. USSD 코드를 통해 손쉽게 모바일 머니와 연계가 가능하고, 통장 잔액도 확인할 수 있다. 게다가 POS기를 활용한 금융서비스는 파출수납 서비스까지 가능하게 되었다.

'누구도 소외되지 않게 한다(No one left behind).'라는 지속가능개발목표의 핵심원칙 아래에서 한국 새마을금고 모델은 금융포용 모델의 해답을 제시한다. 우간다 새마을금고는 지난 2018년 10월, 우간다 농촌지역 마을주민 30명에서 시작했지만 지금은 약 8,600명의 회원들에게 양질의 금융서비스를 제공하는 지역대표 금융협동조합으로 자리매김하고 있다.

새마을금고중앙회장은 "우간다 새마을금고 디지털 전환으로 농촌 지역사회 내에서 선순환 하는 자금은 더욱 증가할 것이다. 우간다 내 관계기관들과 협력강화를 통해 한국을 대표하는 ODA모델로 성장할 수 있기를 기대한다."라고 전했다.

① 디지털 금융시스템으로 금융포용 효과가 더욱 확대되었다.
② 디지털 금융시스템을 통해 금융서비스 접근이 편리해졌다.
③ 새마을금고의 협력국 대상 디지털 금융시스템 론칭은 우간다가 최초이다.
④ 디지털 전환을 통해 새마을금고는 우간다 농촌지역의 대표 금융협동조합이 되었다.

다음 글의 제목으로 가장 적절한 것은?

새마을금고중앙회는 대포통장 근절을 통해 보이스피싱 예방에 성과를 거두고 있다고 밝혔다. 대포통장은 명의자와 사용자가 일치하지 않는 통장으로, 대부분 금융사기에 이용된다. 보이스피싱의 경우도 피해자로부터 입금을 받는 계좌로 대포통장을 이용한다. 따라서 대포통장 근절은 보이스피싱 예방의 중요한 수단으로 여겨진다.

새마을금고는 요구불통장 발급전용 창구 개설, 발급전담자 지정, 금융거래목적확인 절차 강화, 현금IC카드 발급요건 강화, 고액현금 인출 사전예방 문진표 징구 등을 통해 대포통장 근절에 적극 나서고 있다.

그 결과 새마을금고의 대포통장 비율은 눈에 띄게 줄었다. 지난 5년간 전(全) 금융기관 대포통장 대비 새마을금고의 대포통장 비율은 2018년 11.7%, 2019년 9.0%, 2020년 5.6%, 2021년 3.7%, 2022년 4.3%로 크게 감소했고, 발생 건수 또한 2018년 6,002건에서 2022년 1,272건으로 감소했다.

한편 새마을금고중앙회는 피해·사기계좌에 대한 모니터링을 통해 자금 인출 전 계좌의 출금을 막아 피해를 예방하고 금융사기를 차단하고 있다고 전했다. 이러한 모니터링을 통한 예방 계좌 수는 2020년 644건, 2021년 761건, 2022년 1,402건으로 지속적으로 증가했고, 예방 금액은 지난 3년간 총 132억에 달한다고 한다. 새마을금고중앙회 관계자는 "적극적인 대포통장 근절로 보이스피싱 예방과 고객 보호에 최선을 다하겠다."라고 밝혔다.

① 대포통장, 보이스피싱의 대표적 수단
② 새마을금고중앙회의 보이스피싱 예방 성과
③ 새마을금고중앙회, 금융사기 피해자 지원
④ 사기계좌에 대한 지속적 모니터링 촉구

05 다음 글을 읽고 알 수 있는 내용으로 적절하지 않은 것은?

경찰청 국가수사본부(사이버수사국)는 2021년 5월 19일 오스트리아 빈에서 개최된 '제30회 유엔 범죄예방 및 형사사법위원회' *정기회의에 온라인으로 참석해, 가상자산 추적과 국제형사사법공조 등을 통해 '갠드크랩' 금품요구 악성 프로그램 유포사범을 국내 최초로 검거한 수사 사례를 발표했다. 경찰은 루마니아·필리핀·미국 등 10개국과 공조하며 2년간의 수사를 통해 경찰관서 등을 사칭하며 '출석통지서'를 위장한 갠드크랩 금품요구 악성 프로그램을 유포한 피의자들을 검거하였다. 이에 유엔 마약·범죄 사무소에서 고도화된 사이버범죄인 랜섬웨어 사건을 가상자산추적 및 국제공조를 통하여 성공적으로 해결한 한국경찰의 수사를 모범사례로 선정하여, 정기회의에서의 발표를 요청한 것이다.

이 사건을 직접 수사한 발표자 J경사는 금품요구 악성 프로그램 유포사건의 착수 경위와 범행 수법, 사건 해결을 위한 수사 시 착안사항 등을 설명하였다. 특히 최근 사이버범죄에서 범행수익금이 가상자산으로 전달되는 특성상 국가 간 신속하고도 긴밀한 공조수사의 중요함을 강조하였다.

J경사는 인터넷진흥원에서 침해사고를 담당하던 중 경찰의 경력직 특별채용에 지원해 2013년 사이버수사관이 되었으며, 지하웹(다크웹)에서 운영되던 아동성착취물 공유사이트 '웰컴투비디오'의 운영자를 검거하였다. 이렇게 검거한 수사사례를 2018년 태국에서 개최된 유엔 마약·범죄 사무소, 동남아시아 가상자산 실무자 회의에서 발표한 경력도 있다.

경찰청 관계자는 "이번 유엔 발표를 통해 한국 경찰의 사이버수사 역량을 전 세계 수사기관에 알리는 좋은 기회가 되었다. 앞으로도 한국 경찰의 첨단 사이버 수사기법과 적극적인 국제공조를 통해 금품요구 악성 프로그램·디도스(DDoS) 등 최신 사이버범죄를 신속하게 해결하여 국민의 피해를 최소화하겠다."라고 강조하였다.

*유엔 마약·범죄 사무소(UNODC; UN Office on Drugs and Crime)가 운영하는 위원회로, 범죄예방 및 사법분야에서 UN의 활동을 안내하는 정기회의를 매년 5월 오스트리아 빈에서 개최

① 한국 경찰은 해외 10개국과 공조하여 2년간 사이버 범죄를 수사하였다.

② 사이버범죄 해결을 위한 국제공조는 앞으로도 지속적으로 이루어질 것이다.

③ 유엔 마약·범죄 사무소에서는 선제적으로 한국경찰에 정기회의에서의 발표를 요청하였다.

④ 한국 경찰은 사이버 성범죄 유포사범을 검거한 일로 유엔 정기회의를 통해 사이버수사 역량을 알리게 되었다.

'GDP(국내총생산)'는 국민경제 전체의 생산 수준을 파악할 수 있는 지표인데, 한 나라 안에서 일정 기간 새로 생산된 최종 생산물의 가치를 모두 합산한 것이다. GDP를 계산할 때는 총생산물의 가치에서 중간생산물의 가치를 빼는데, 그 결과는 최종 생산물 가치의 총합과 동일하다. 다만 GDP를 산출할 때는 그해에 새로 생산된 재화와 서비스 중 화폐로 매매된 것만 계산에 포함하고, 화폐로 매매되지 않은 것은 포함하지 않는다.

그런데 상품 판매 가격은 물가 변동에 따라 오르내리기 때문에 GDP를 집계 당시의 상품 판매 가격으로 산출하면 그 결과는 물가 변동의 영향을 그대로 받는다. 올해에 작년과 똑같은 수준으로 재화를 생산하고 판매했더라도 올해 물가 변동에 따라 상품 판매 가격이 크게 올랐다면 올해 GDP는 가격 상승분만큼 부풀려져 작년 GDP보다 커진다. 이런 까닭으로 올해 GDP가 작년 GDP보다 커졌다 하더라도 생산 수준이 작년보다 실질적으로 올랐다고 볼 수는 없다. 심지어 GDP가 작년보다 커졌더라도 실질적으로 생산 수준이 떨어졌을 수도 있다.

그래서 실질적인 생산 수준을 판단할 수 있는 GDP를 산출할 필요가 있다. 그러자면 먼저 어느 해를 기준 시점으로 정해 놓고, 산출하고자 하는 해의 가격을 기준 시점의 물가 수준으로 환산해 GDP를 산출하면 된다. 기준 시점의 물가 수준으로 환산해 산출한 GDP를 '실질 GDP'라고 하고, 기준 시점의 물가 수준으로 환산하지 않은 GDP를 실질 GDP와 구분하기 위해 '명목 GDP'라고 부르기도 한다. 예를 들어 기준 시점을 1995년으로 하여 2000년의 실질 GDP를 생각해 보자. 1995년에는 물가 수준이 100이었고 명목 GDP는 3천 원이며, 2000년에는 물가 수준이 200이고 명목 GDP는 6천 원이라고 가정하자. 이 경우 명목 GDP는 3천 원에서 6천 원으로 늘었지만, 물가 수준 역시 두 배로 올랐으므로 결국 실질 GDP는 동일하다.

경제가 실질적으로 얼마나 성장했는지 알려면 실질 GDP의 추이를 보는 것이 효과적이므로 실질 GDP는 경제성장률을 나타내는 공식 경제지표로 활용되고 있다. 금년도의 경제성장률은 아래와 같은 식으로 산출할 수 있다.

$$경제성장률(\%) = \frac{금년도\ 실질\ GDP - 전년도\ 실질\ GDP}{전년도\ 실질\ GDP} \times 100$$

경제지표 중 GDP만큼 중요한 'GNI(국민총소득)'라는 것도 있다. GNI는 GDP에 외국과 거래하는 교역 조건의 변화로 생기는 실질적 무역 손익을 합산해 집계한다. 그렇다면 ㉠ GDP가 있는데도 GNI를 따로 만들어 쓰는 이유는 무엇일까? 만약 수입 상품 단가가 수출 상품 단가보다 올라 대외 교역 조건이 나빠지면 전보다 많은 재화를 생산·수출하고도 제품·부품 수입 비용이 증가하여 무역 손실이 발생할 수도 있다. 이때 GDP는 무역 손실에 따른 실질소득의 감소를 제대로 반영하지 못하기 때문에 GNI가 필요한 것이다. 결국 GDP가 국민경제의 크기와 생산 능력을 나타내는 데 중점을 두는 지표라면 GNI는 국민경제의 소득 수준과 소비 능력을 나타내는 데 중점을 두는 지표라고 할 수 있다.

06 윗글의 내용으로 적절하지 않은 것은?

① 상품 판매 가격은 물가 변동의 영향을 받는다.

② GDP는 총생산물 가치에 중간생산물 가치를 더하여 산출한다.

③ 화폐로 매매되지 않은 것은 GDP 계산에 넣지 않는다.

④ 새로 생산된 재화와 서비스만이 GDP 계산의 대상이 된다.

07 ㉠에 대한 대답으로 가장 적절한 것은?

① 무역 손익에 따른 실질 소득의 증감을 정확히 재기 위해

② 생산한 재화의 총량을 정확히 측정하기 위해

③ 생산한 재화의 수출량을 정확히 측정하기 위해

④ 국가 간의 물가 수준의 차이를 정확히 재기 위해

※ 다음은 스마트시티 프로젝트에 대한 기사이다. 내용을 읽고 이어지는 질문에 답하시오. [8~9]

미래 성장동력이자 4차 산업혁명의 신산업 플랫폼인 '스마트시티' 분야에 대해 국가 차원의 체계적인 기술개발 투자가 이뤄진다. 국토교통부는 대통령 주재 제2차 과학기술 전략회의에서 9대 국가전략 프로젝트 중 하나로 '세계 선도형 스마트시티 구축사업'이 최종 선정됐다고 밝혔다. 또한 이를 통해 우리의 강점인 도시개발 경험과 우수한 ICT를 연계한 핵심기술을 개발하고 맞춤형 실증모델을 구축하게 되면 글로벌 기술 우위를 확보하는 한편, 전 세계적으로 크게 확대되고 있는 스마트시티 시장을 선점할 수 있는 계기가 될 것으로 내다보았다.

이번 스마트시티 프로젝트의 핵심 과제는 개별 인프라 연계를 통한 요소기술 고도화, 도시 빅데이터 통합 관리·공개를 통한 서비스 질 향상, R&D(연구개발) 국내 실증 및 해외 진출 기반 강화 등이다. 주요 연구과제(안)로는 현행 개별 빌딩 위주의 에너지 관리시스템을 주변 시설물로 확대·연계하는 시스템 개발로 에너지 관리 효율을 향상시키고, 교통사고·범죄·응급의료 등 도시 내 각종 위험에 대한 위기대응 통합 솔루션을 개발하며, 물·에너지의 효율적 사용을 위한 실시간 양방향 계측(AMI) 통합관리 시스템 등을 개발하는 것이다. 또한 현행 텍스트 중심의 행정서비스를 공간정보를 연계한 클라우드 기반의 입체적 행정서비스로 전환하는 공간정보행정시스템 연계 등이 추진될 것으로 보인다. 그리고 현재 개별 분야별로 단절된 도시 관리 데이터를 상호 연계해 빅데이터로 통합·관리하는 시스템을 구축하고 이를 공공부문 도시관리 의사결정 과정에 활용하는 한편, 일반 시민, 기업 등에도 원활히 공개하는 기술을 개발한다.

공공 분야에서는 교통정체, 사고 등 도시 내 각종 상황을 실시간으로 감지·분석하고 도시 빅데이터에 기반해 의사결정 전 과정을 지원하는 '지능형 통합 의사결정 시스템'을 개발해 공공서비스 질을 향상시킬 방침이다. 민간 차원에서는 일반 시민, 기업 등이 도시 관리 데이터를 쉽게 활용할 수 있도록 개방형 운영체계 기술을 개발하고 정보 공개를 통해 민간의 다양한 수요자 맞춤형 생활편의 서비스 개발을 유도하여 스마트시티 관련 신산업 생태계를 조성한다.

아울러 R&D 성과물이 시민들의 도시 생활에 실제 활용될 수 있도록 실증 연구도 보다 내실화한다. 도시 유형별로 인프라 연계 등 R&D 결과를 풀 패키지로 실증하는 신도시형과 서비스 솔루션 중심의 기존도시형으로 각각 차별화하고 이를 실증에 적합한 인프라 등이 구축된 지자체에 적용해 국내 스마트시티를 더욱 고도화할 계획이다.

이와 함께 R&D를 통해 개발된 기술과 기존 기술을 결합해 해외국가 수준별 맞춤형 '해외 진출 표준 모델'을 마련하고 이를 바탕으로 대상국과의 R&D 공동투자, 도시개발 사업 공동참여 등 다각적인 해외 진출 방안도 모색할 예정이다.

이번 스마트시티 프로젝트가 차질 없이 수행되면 우선 도시 개별 인프라 간 연계·통합 등으로 상호 시너지가 발생해 각종 도시 관리 효율성이 15% 이상 향상될 것으로 전망된다. 분야별로는 전기료·수도료 및 에너지 사용 최대 20% 절감, 교통정체 최대 15% 해소, 이산화탄소 최대 15% 감축이 예상된다.

또한 글로벌 요소기술 우위 확보, 민간 참여 활성화를 통해 스마트시티 관련 고부가가치 신산업 생태계가 조성될 것으로 전망된다. 개방형 운영체계 구축 등으로 오픈 스트리트 맵, 스마트 로지스틱스 등 민간의 다양한 스마트 솔루션이 개발되고 일자리 창출 및 국내 경제 활성화에 기여할 수 있을 것으로 예상된다.

아울러 R&D를 통한 스마트시티 기술력 제고 및 해외 진출 확대로 전체 해외건설 수주에서 차지하는 도시개발 분야의 비중이 현재 약 10%에서 2025년 30% 수준까지 높아져 스마트시티가 우리나라의 새로운 성장 동력으로 대두될 것으로 전망된다.

08 다음 중 윗글의 제목으로 가장 적절한 것은?

① 스마트시티 프로젝트의 필요성과 한계

② 현 상황을 통해 살펴본 스마트시티 프로젝트의 미래

③ 스마트시티 프로젝트의 과제와 기대효과

④ 해외 사례 연구를 통해 살펴본 스마트시티 프로젝트

09 다음 중 윗글을 읽고 스마트시티 프로젝트를 이해한 내용으로 적절하지 않은 것은?

① 스마트시티 프로젝트는 도시 내의 여러 가지 위험에 대한 위기대응에도 효과적일 것이다.

② 공공 분야에서는 도시 빅데이터에 기반해 의사결정과정을 지원하는 시스템을 개발할 계획이다.

③ 스마트시티 프로젝트로 도시 관리 효율성이 15% 이상 향상될 것으로 전망된다.

④ 국내 경제 활성화를 위한 다양한 스마트 솔루션 개발로 일자리는 줄어들 전망이다.

10 다음은 10개 도시의 2023년 6월 및 2023년 12월의 부동산 전세 가격지수 동향에 대한 자료이다. 2023년 6월 대비 2023년 12월 부동산 전세 가격지수의 감소량이 가장 큰 도시의 감소율은?(단, 소수점 둘째 자리에서 반올림한다)

〈10개 도시 부동산 전세 가격지수 동향〉

도시	2023년 6월	2023년 12월	도시	2023년 6월	2023년 12월
A	90.2	95.4	F	98.7	98.8
B	92.6	91.2	G	100.3	99.7
C	98.1	99.2	H	92.5	97.2
D	94.7	92.0	I	96.5	98.3
E	95.1	98.7	J	99.8	101.5

① −2.9%
② −2.7%
③ −1.5%
④ −0.9%

11 다음은 과일의 종류별 무게에 따른 가격표이다. 종류별 무게를 가중치로 적용하여 가격에 대한 가중평균을 구하면 42만 원이다. 이때 빈칸에 들어갈 가격으로 옳은 것은?

〈과일 종류별 가격 및 무게〉

(단위 : 만 원, kg)

구분	가 과일	나 과일	다 과일	라 과일
가격	25	40	60	( )
무게	40	15	25	20

① 40만 원
② 45만 원
③ 50만 원
④ 55만 원

12 A전자에서 근무하는 B주임과 C과장은 M은행으로부터 만기환급금 안내를 받았다. 각각 가입한 상품의 정보가 다음과 같을 때, B주임과 C과장이 받을 만기환급금은?(단, $1.02^{\frac{1}{12}}=1.001$, $1.02^{\frac{25}{12}}=1.04$로 계산한다)

〈상품 정보〉

• B주임
  – 상품명 : M은행 함께 적금
  – 가입자 : 본인
  – 가입기간 : 36개월
  – 가입금액 : 매월 초 300,000원 납입
  – 적용 금리 : 연 2.4%
  – 저축방법 : 정기적립식, 비과세
  – 이자지급방식 : 만기일시지급, 단리식

• C과장
  – 상품명 : M은행 목돈 만들기 적금
  – 가입자 : 본인
  – 가입기간 : 24개월
  – 가입금액 : 매월 초 250,000원 납입
  – 적용 금리 : 연 2.0%
  – 저축방법 : 정기적립식, 비과세
  – 이자지급방식 : 만기일시지급, 복리식

	B주임	C과장
①	11,199,600원	9,750,000원
②	11,208,400원	9,475,000원
③	11,106,300원	9,685,000원
④	11,488,200원	9,895,500원

13 A씨는 출국하기 전 인천국제공항의 M은행에서 달러 및 유로 환전 신청을 하였다. 다음 정보를 참고할 때, A씨가 내야 할 환전 수수료는 모두 얼마인가?

〈정보〉

- 신청 금액 : 미화 660달러, EUR 550유로
- 환전 우대율 : 미화 70%, EUR 50%
- 신청 날짜 : 2023. 02. 01.
- 장소 : M은행 인천국제공항지점
- 환율 고시표

구분	현금	
	매수	매도
원/달러	1,300	1,100
원/100엔	1,120	1,080
원/유로	1,520	1,450

- 환전 수수료 : (매수 매도 차액)×(1-우대율)×(환전금액)

① 56,650원 ② 57,250원
③ 58,150원 ④ 58,850원

14 환경 미화 봉사활동을 간 유진이와 상민이가 계곡에 있는 쓰레기를 모두 줍고자 한다. 유진이 혼자서 주울 때 80분이 걸리고, 같은 양을 상민이가 혼자서 주울 때 120분이 걸린다면 같은 양의 쓰레기를 둘이 함께 주울 때 걸리는 시간은?

① 45분 ② 48분
③ 50분 ④ 52분

15 1에서 10까지 적힌 숫자카드 중 임의로 두 장을 동시에 뽑을 때, 뽑은 두 카드에 적힌 수의 곱이 홀수일 확률은?

① $\dfrac{5}{7}$ ② $\dfrac{7}{8}$

③ $\dfrac{5}{9}$ ④ $\dfrac{2}{9}$

16 민하, 상식, 은희, 은주, 지훈은 점심 메뉴로 쫄면, 라면, 우동, 김밥, 어묵 중 각각 하나씩을 주문하였다. 다음 〈조건〉이 모두 참일 때, 바르게 연결된 것은?(단, 모두 서로 다른 메뉴를 주문하였다)

> **조건**
> • 민하와 은주는 라면을 먹지 않았다.
> • 상식과 민하는 김밥을 먹지 않았다.
> • 은희는 우동을 먹었고, 지훈은 김밥을 먹지 않았다.
> • 지훈은 라면과 어묵을 먹지 않았다.

① 지훈 – 라면, 상식 – 어묵
② 지훈 – 쫄면, 민하 – 라면
③ 은주 – 어묵, 상식 – 김밥
④ 민하 – 어묵, 상식 – 라면

17 A, B, C, D, E, F 6명은 피자 3판을 모두 같은 양만큼 나누어 먹기로 하였다. 피자 3판은 각각 동일한 크기로 8조각으로 나누어져 있다. 다음 〈조건〉을 고려하여 앞으로 2조각을 더 먹어야 하는 사람을 고르면?

> **조건**
> • 현재 총 6조각이 남아있다.
> • A, B, E는 같은 양을 먹었고, 나머지는 모두 먹은 양이 달랐다.
> • F는 D보다 적게 먹었고, C보다는 많이 먹었다.

① A, B, E   ② C
③ D   ④ F

18 M사 기획팀은 신입사원 입사로 인해 자리 배치를 바꾸려고 한다. 다음 자리 배치표와 〈조건〉을 참고하였을 때, 배치된 자리와 직원의 연결로 옳은 것은?

〈자리 배치표〉

출입문					
1 – 신입사원		2	3	4	5
6		7	8 – A사원	9	10

• 기획팀 기존 팀원 : A사원, B부장, C대리, D과장, E차장, F대리, G과장

조건

• B부장은 출입문과 가장 먼 자리에 앉는다.
• C대리와 D과장은 마주보고 앉는다.
• E차장은 B부장과 마주보거나 B부장의 옆자리에 앉는다.
• C대리는 A사원 옆자리에 앉는다.
• E차장 옆자리에는 아무도 앉지 않는다.
• F대리와 마주보는 자리에는 아무도 앉지 않는다.
• D과장과 G과장은 옆자리 또는 마주보고 앉지 않는다.
• 빈자리는 2자리이며 옆자리 또는 마주보는 자리이다.

① 2 – G과장
② 3 – B부장
③ 5 – E차장
④ 6 – F대리

19 B팀장은 C사원에게 M은행에 대한 마케팅 전략 보고서를 요청하였다. C사원이 B팀장에게 제출한 SWOT 분석이 다음과 같을 때, 다음 ㉠ ~ ㉣ 중 SWOT 분석에 들어갈 내용으로 적절하지 않은 것은?

강점(Strength)	• 새롭고 혁신적인 서비스 • ㉠ 직원들에게 가치를 더하는 공사의 다양한 측면 • 특화된 마케팅 전문 지식
약점(Weakness)	• 낮은 품질의 서비스 • ㉡ 경쟁자의 시장 철수로 인한 시장 진입 가능성
기회(Opportunity)	• ㉢ 합작회사를 통한 전략적 협력 구축 가능성 • 글로벌 시장으로의 접근성 향상
위협(Threat)	• ㉣ 주력 시장에 나타난 신규 경쟁자 • 경쟁 기업의 혁신적 서비스 개발 • 경쟁 기업과의 가격 전쟁

① ㉠   ② ㉡

③ ㉢   ④ ㉣

20 A고객은 M은행의 주택담보대출을 중도상환하고 대출금액을 정산하려고 한다. 〈조건〉이 다음과 같을 때, A고객의 중도상환수수료는 얼마인가?

> **조건**
> • 상품명 : M은행 주택담보대출
> • 가입자 : 본인
> • 대출금액 : 15,000만 원
> • 대출기간 : 4년
> • 가입기간 : 2년
> • 대출이율 : 5.0%
> • 중도상환금액 : 8,000만 원
> • 중도상환수수료율 : 2.5%
> • 중도상환수수료 : (중도상환금액)×(중도상환수수료율)×(잔여기간)÷(대출기간)

① 950,000원   ② 1,000,000원

③ 1,200,000원   ④ 1,250,000원

01 유망 벤처기업에 투자해 추후 성장했을 때 자금을 회수하는 자본은?

① 벤처펀드

② 벤처넷

③ 벤처캐피탈

④ 코픽스

02 다음 중 주식을 갖고 있지 않은 상태에서 매도 주문을 행사하여 매매 차익을 얻는 기법은?

① 공매도

② 서킷 브레이커

③ 사이드카

④ 숏커버링

03 다음 중 이자율과 관련된 피셔효과(Fisher Effect)의 설명으로 옳은 것은?

① 기대인플레이션율이 상승하면 명목이자율은 상승한다.

② 통화량이 증가하면 이자율은 하락한다.

③ 소득이 증가하면 이자율은 상승한다.

④ 피셔효과에 따르면 명목이자율은 실질이자율에 기대인플레이션율을 차감하여 구한다.

04 다음 중 금리를 인하해도 경기가 부양되지 않아 정책효과가 나타나지 않는 현상을 가리키는 용어는?

① 피구(Pigou) 효과

② 그린필드 투자(Green Field Investment)

③ 유동성 함정

④ 캐시 그랜트(Cash Grant)

05 부동산 산업과 빅데이터 분석 등 하이테크 기술을 결합한 서비스는?

① 프롭테크   ② 핀테크

③ 임베디드 금융   ④ 클린빌

06 다음 파이썬 프로그램의 실행 결과로 옳은 것은?

```
>>> data=["A", "b", "C", "d"]
>>> print(data[::-1])
```

① ['A', 'b', 'C', 'd']

② ['d', 'C', 'b', 'A']

③ ['a', 'B', 'c', 'D']

④ ['A', 'B', 'C', 'D']

07 다음 리스트에서 최댓값과 최솟값을 출력하려고 한다. 빈칸에 들어갈 함수를 순서대로 바르게 나열한 것은?

```
>>> data=[1, 2, 3, 4, 5, 6, 7]
>>> a=_____㉠_____
>>> b=_____㉡_____
>>> c=a+b
>>> print(c)
```

	㉠	㉡
①	maximum(data)	minimum(data)
②	maximum(a.data)	minimum(b.data)
③	max(data)	min(data)
④	max(a.data)	m(b.data)

| 객관식 |

01 다음에서 설명하는 법칙은 무엇인가?

> • 통화한 사람 중 20%와의 통화시간이 총 통화 시간의 80%를 차지한다.
> • 전체 주가상승률의 80%는 상승기간의 20%의 기간에서 발생한다.
> • 20%의 운전자가 전체 교통위반의 80% 정도를 차지한다.

① 엥겔의 법칙   ② 파레토의 법칙
③ 그레셤의 법칙   ④ 롱테일의 법칙

02 다음 중 리쇼어링(Reshoring)에 대한 설명으로 옳지 않은 것은?

① 기업이 해외로 진출했다가 다시 본국으로 돌아오는 것을 뜻한다.
② 임금 상승 등으로 인한 비용 문제가 주된 원인이다.
③ 리쇼어링의 개념에 반대되는 말은 '아웃쇼어링'이다.
④ 우리나라의 경우 '해외진출 국내복귀기업(U턴기업) 지원제도'라는 명칭으로 추진하고 있다.

03 BCG 매트릭스에서 상대적 시장점유율이 높고, 시장성장률이 낮은 곳은?

① 별(Star)   ② 물음표(Question Mark)
③ 자금젖소(Cash Cow)   ④ 개(Dog)

04 다음 중 콜옵션(Call Option)에 대한 설명으로 적절하지 않은 것은?

① 옵션거래에서 특정한 기초자산을 만기일이나 만기일 이전에 미리 정한 행사가격으로 살 수 있는 권리를 뜻한다.

② 옵션거래에서의 비슷한 용례를 지닌 단어로 풋옵션(Put Option)이 있다.

③ 콜옵션을 매입한 사람은 옵션의 만기 내에 약정한 가격으로 해당 기초자산을 구매할 수 있는 권리를 갖게 된다.

④ 옵션매입자의 손익은 기초자산의 현재가격, 행사가격 및 매입시 지불한 프리미엄에 의하여 결정된다.

05 다음은 (주)대한의 재고자산 자료이다. 이동평균법을 적용할 경우 기말재고액은?

구분	수량	단위당 원가	단위당 매가
기초재고	200개	30	
매출(3월 1일)	100개		40
매입(6월 1일)	100개	36	
매출(9월 1일)	120개		40
기말재고	80개	( )	

① 2,400원 ② 2,560원
③ 2,640원 ④ 2,880원

06 민법상 채권을 몇 년 동안 행사하지 아니하면 소멸시효가 완성하는가?

① 2년 ② 5년
③ 10년 ④ 15년

07 다음 중 처분의 능력 또는 권한이 없는 자가 임대차를 하는 경우에 대한 설명으로 옳지 않은 것은?

① 식목, 채염 또는 석조, 석회조, 연와조 및 이와 유사한 건축을 목적으로 한 토지의 임대차는 10년을 넘지 못한다.

② 기타 토지의 임대차는 5년을 넘지 못한다.

③ 건물 기타 공작물의 임대차는 5년을 넘지 못한다.

④ 동산의 임대차는 6개월을 넘지 못한다.

08 다음 중 주택임대차보호법의 내용으로 옳지 않은 것은?

① 임차인은 임차주택을 양수인에게 인도하지 않으면 보증금을 받을 수 없다.

② 주거용 건물의 임대차에 관하여 민법에 대한 특례를 규정함으로써 국민 주거생활의 안정을 보장함을 목적으로 한다.

③ 주거용 건물("주택")의 전부 또는 일부의 임대차에 관하여 적용하며, 그 임차주택(賃借住宅)의 일부가 주거 외의 목적으로 사용되는 경우에는 해당되지 않는다.

④ 임차인이 임차주택에 대하여 보증금반환청구소송의 확정판결에 따라서 경매를 신청하는 경우에는 집행개시 요건에 관한 민사집행법에도 불구하고 반대의무의 이행이나 이행의 제공을 집행개시의 요건으로 하지 않는다.

09 다음 중 주택임대차위원회에 대한 설명으로 옳은 것은?

① 위원회의 위원장은 법무부장관이 된다.

② 위원회는 위원장 1명을 포함한 9명 이상 15명 이하의 위원으로 성별을 무관하고 구성한다.

③ 기획재정부에서 물가 관련 업무를 담당하는 고위공무원단에 속하는 공무원은 위원이 될 수 없다.

④ 법학·경제학 또는 부동산학 등을 전공하고 주택임대차 관련 전문지식을 갖춘 사람으로서 공인된 연구기관에서 조교수 이상 또는 이에 상당하는 직에 5년 이상 재직한 사람은 위원이 될 자격이 있다.

10 다음 중 전세권에 대한 설명으로 적절하지 않은 것은?

① 농경지 또한 전세권의 목적이 될 수 있다.

② 전세권양수인은 전세권설정자에 대하여 전세권양도인과 동일한 권리의무가 있다.

③ 타인의 토지에 있는 건물에 전세권을 설정한 때에는 전세권의 효력은 그 건물의 소유를 목적으로 한 지상권 또는 임차권에 미친다.

④ 전세권자는 전세금을 지급하고 타인의 부동산을 점유하여 그 부동산의 용도에 좇아 사용·수익하며, 그 부동산 전부에 대하여 후순위권리자 기타 채권자보다 전세금의 우선변제를 받을 권리가 있다.

11 다음 〈보기〉의 내용을 참고할 때, 해당 투자자가 구사한 스프레드 전략은?

> **보기**
> • 코스피200 콜옵션(행사가 310.00) 매입한다.
> • 코스피200 콜옵션(행사가 312.00) 매도한다.
> • 투자자는 코스피200이 완만하게 상승할 것으로 예상하고 있다.

① 수직약세 콜스프레드

② 수직약세 풋스프레드

③ 수직강세 콜스프레드

④ 수직강세 풋스프레드

12 다음 〈보기〉에서 설명하는 대상으로 옳은 것은?

> **보기**
> • 기존 은행의 인터넷 뱅킹, 인터넷 전문은행과 동일하게 디지털 기술을 활용한다.
> • 개인영업, 기업영업, 주택담보대출 등 특정 서비스 분야별로 특화되어 있다.
> • 지점, 인력 등에 소요되는 비용을 절감하고 단순한 상품과 저렴한 수수료를 추구한다.

① 네오뱅크   ② 컨소시엄뱅크

③ 챌린저뱅크   ④ 스몰라이선스

13 다음 중 대안신용평가에 대한 설명으로 옳지 않은 것은?

① 대출, 신용카드 발급 여부 등 금융정보를 활용하여 점수를 산정한다.

② 신용평가의 정확성, 실시간 신용정보를 반영하는 적시성 등의 장점이 있다.

③ 제도권 금융에서 소외되어 있는 취약계층에게 금융혜택을 제공할 수 있다.

④ 과거 연체가 있었어도 신용평가등급이 높게 나올 수 있다.

14 다음 중 비교우위론에 대한 설명으로 옳지 않은 것은?

① 상대보다 더 적은 비용으로 재화를 생산할 수 있을 때 우위를 갖는다.

② 한 국가의 재화가 다른 국가의 재화보다 모두 절대우위에 있어도 이익을 창출할 수 있다고 본다.

③ X, Y재의 1단위당 투하노동량이 A국(X재 2, Y재 4), B국(X재 8, Y재 5)라 할 때, A국은 X재, B국은 Y재 생산에 특화한다.

④ 고전 경제학자인 데이비드 리카도에 의해 정립되었다.

15 다음 〈보기〉의 내용을 참고할 때, 사중손실의 값으로 옳은 것은?

> **보기**
> - $Q_s = 500 + 3P$, $Q_d = 800 - 2P$
> - 가격상한제 시행으로 인한 상한가격 : 50

① 185

② 250

③ 315

④ 375

다음 〈보기〉의 내용을 참고할 때, 후생손실의 값으로 옳은 것은?

> **보기**
> • A제품(수입)의 국내 공급 및 수요곡선 : $Q_s=200+P$, $Q_d=500-2P$
> • A제품에 대한 정부의 관세 : 개당 20원 부과
> • A제품의 국제 시장가격 : 60원

① 200
③ 600

② 400
④ 800

17 다음 중 확장적 재정정책에 해당하는 것은 무엇인가?

① 정부지출 축소
③ 금리 인상

② 국공채 발행 축소
④ 세금 감면

18 다음 중 무위험 이자율 평가에 대한 설명으로 옳은 것은?

① 국가 간 금융자산은 완전히 대체할 수 있다고 본다.
② 외환선물시장을 통해 환위험을 제거할 수 있다고 본다.
③ 해당 국가의 환율제도로 변동 환율제도를 가정한다.
④ 국가 간 자본거래 시 거래비용이 존재하지 않는다고 본다.

19 A, B, C, D(부담부분은 균등)는 E에 대하여 1,200만원의 연대채무를 부담하고 있다. E는 A에 대하여 연대의 면제를 하였다. 그 후 B는 무자력이 되었다. D가 최종적으로 부담하는 금액은?(단, 다툼이 있는 경우 판례에 의함)

(만 원)

20 민법에 따르면 계약으로 지상권의 존속기간을 정하는 경우에는 그 기간은 일정 연한보다 단축하지 못한다. 건물 이외의 공작물의 소유를 목적으로 하는 때의 기준 연한은?

(년)

21 다음 〈보기〉의 내용을 참고할 때, 총부채원리금상환비율(DSR)을 계산하면 얼마인가?

> **보기**
> • 연소득 : 10,000만 원
> • 주택담보대출 연간상환액 : 2,500만 원(원금 2,000만 원, 이자 : 500만 원)
> • 은행신용대출 연간상환액 : 1,500만 원(원금 900만 원, 이자 : 600만 원)
> • 분양오피스텔 중도금대출 연간상환액 : 1,000만 원(원금 700만 원, 이자 : 300만 원)

(%)

22 다음 〈보기〉의 내용을 참고하여 현재 한국의 빅맥가격을 계산하면 얼마인가?

> **보기**
> • 미국 빅맥가격 5달러
> • 원달러환율 : 1,320원/달러
> • 빅맥지수를 통해 현재 원화가치가 달러화 대비 10% 저평가 되어 있다고 판단

(원)

01 NCS 직업기초능력

01	02	03	04	05	06	07	08	09	10	11	12	13	14	15	16	17	18	19	20
③	①	④	②	④	②	①	③	④	①	④	①	④	②	④	④	④	③	②	②

01
정답 ③

'밖에'는 '그것 말고는', '그것 이외에는', '기꺼이 받아들이는', '피할 수 없는'의 뜻을 나타내는 보조사이므로 앞말과 붙여 쓴다.

오답분석
① '만'은 '앞말이 가리키는 횟수를 끝으로'의 뜻을 나타내는 의존 명사로 사용되었으므로 '열 번 만에'와 같이 앞말과 띄어 써야 한다.
② '만큼'은 앞말과 비슷한 정도나 한도임을 나타내는 격조사로 사용되었으므로 '아빠만큼'과 같이 앞말과 붙여 써야 한다.
④ '뿐'은 '그것만이고 더는 없음'을 의미하는 보조사로 사용되었으므로 '너뿐만'과 같이 앞말과 붙여 써야 한다.

02
정답 ①

오답분석
② 생각컨대 → 생각건대
③ 안되요 → 안돼요
④ 만난지 → 만난 지

03
정답 ④

2018년 10월에 시작한 우간다 새마을금고는 현재 약 8,600명의 회원들에게 금융서비스를 제공하는 지역대표 금융협동조합으로 자리매김하고 있다. 따라서 디지털 전환 이전부터 새마을금고는 우간다 농촌지역의 대표 금융협동조합이 되었다.

오답분석
① 디지털 전환을 통해 금융 접근성이 더욱 좋아졌으므로 금융포용 효과는 더욱 확대되었다.
② 우간다 새마을금고는 디지털 전환을 통해 낮은 비용으로 편리하게 금융서비스에 접근할 수 있게 되었다.
③ 새마을금고는 협력국 대상 최초로 우간다 봉골레패리시에서 디지털 금융시스템 론칭 행사를 개최하였다.

04
정답 ②

제시문은 새마을금고중앙회가 대포통장 근절을 통해 보이스피싱 예방에 성과를 거두고 있음을 이야기하고, 구체적인 통계 수치를 통해 그에 따른 설명을 하고 있다. 따라서 제목으로 ②가 가장 적절하다.

오답분석
① 대포통장이 보이스피싱의 주요한 수단으로 사용되고 있다는 것은 제시문에 언급되어 있지만, 전체 내용을 아우르는 제목으로 보기는 어렵다.

③ 새마을금고중앙회가 피해·사기계좌에 대한 모니터링을 통해 보이스피싱 피해를 예방하고 금융사기를 사전에 차단하고 있다는 내용은 제시되어 있지만, 금융사기 피해자를 지원하는 내용은 언급되지 않았다.
④ 사기계좌에 대한 지속적인 모니터링을 촉구하는 내용은 제시되지 않았다.

05
정답 ④

한국 경찰청 국가수사본부 사이버수사국에서 유엔 범죄예방 및 형사사법위원회 정기회의에 참석해 발표한 내용은 금품요구 악성 프로그램 유포사범 검거와 관련된 사례이다. 발표를 담당한 경사가 사이버 성범죄의 가해자를 검거하여 유엔 마약·범죄 사무소, 동남아시아 가상자산 실무자 회의에서 발표한 이력이 있다는 내용이 제시되어 있지만 이는 부가적인 설명이므로, ④는 제시문을 읽고 알 수 있는 내용으로 적절하지 않다.

[오답분석]
① 제시문의 두 번째 문단을 통해 파악할 수 있다.
② 제시문의 마지막 문단을 통해 파악할 수 있다.
③ 제시문의 첫 번째 문단을 통해 파악할 수 있다.

06
정답 ②

GDP를 계산할 때는 총생산물의 가치에서 중간생산물의 가치를 빼야 한다.

[오답분석]
① 상품 판매 가격은 물가 변동에 따라 오르내리기 때문에 GDP를 집계 당시의 상품 판매 가격으로 산출하면 물가 변동의 영향을 그대로 받는다.
③·④ GDP를 산출할 때는 그해에 새로 생산된 재화와 서비스 중 화폐로 매매된 것만 계산에 포함하고, 화폐로 매매되지 않은 것은 포함하지 않는다.

07
정답 ①

GDP는 무역 손실에 따른 실질 소득의 감소를 제대로 반영하지 못하기 때문에 국민경제의 소득 수준과 소비 능력을 나타내는 GNI가 필요하다.

08
정답 ③

제시문의 내용을 보면 스마트시티 프로젝트의 핵심 과제와 주요 연구과제, 도시관리 데이터의 빅데이터 시스템 구축, 지능형 통합 의사결정 시스템 등의 과제를 설명하고 있다. 그리고 프로젝트가 차질없이 수행될 경우 발생하는 에너지 절감, 신산업 생태계 조성, 다양한 스마트 솔루션 개발 등의 효과를 설명하는 것으로 볼 때, ③이 기사의 제목으로 가장 적절하다.

09
정답 ④

스마트시티 프로젝트로 다양한 스마트 솔루션이 개발되고 이를 통해 일자리 창출 및 국내 경제 활성화에 기여할 수 있을 것으로 예상된다.

[오답분석]
① 스마트시티 프로젝트의 과제로는 교통사고, 범죄, 응급의료 등 도시 내 각종 위험에 대한 위기대응 통합 솔루션 개발이 있다.
② 공공 분야에서는 교통정체, 사고 등 도시 내 각종 상황을 실시간으로 감지·분석하고 도시 빅데이터에 기반해 의사결정 전 과정을 지원하는 '지능형 통합 의사결정 시스템'을 개발해 공공서비스 질을 향상시킬 방침이다.
③ 스마트시티 프로젝트가 차질 없이 수행되면 도시 개별 인프라 간 연계·통합 등으로 상호 시너지가 발생해 각종 도시 관리 효율성이 15% 이상 향상될 것으로 전망된다.

10

각 도시의 부동산 전세 가격지수 증감율은 다음과 같다.

도시	2023년 6월	2023년 12월	증감량	도시	2023년 6월	2023년 12월	증감량
A	90.2	95.4	5.2	F	98.7	98.8	0.1
B	92.6	91.2	−1.4	G	100.3	99.7	−0.6
C	98.1	99.2	1.1	H	92.5	97.2	4.7
D	94.7	92.0	−2.7	I	96.5	98.3	1.8
E	95.1	98.7	3.6	J	99.8	101.5	1.7

전세 가격지수가 감소한 도시는 B, D, G이고, 이중 D도시가 가장 크게 감소했으므로 D도시의 감소율은 $\dfrac{92.0-94.7}{94.7}\times100 ≒$ -2.9%이다.

11

정답 ④

과일 종류별 무게를 가중치로 적용한 네 과일의 가중평균은 42만 원이다. 라 과일의 가격을 a만 원이라 가정하고 가중평균에 대한 방정식을 구하면 다음과 같다.

$25\times0.4+40\times0.15+60\times0.25+a\times0.2=42 \rightarrow 10+6+15+0.2a=42 \rightarrow 0.2a=42-31=11$

$\therefore a=\dfrac{11}{0.2}=55$

따라서 라 과일의 가격은 55만 원이다.

12

정답 ①

상품 정보에 따라 적금 상품별 만기환급금을 계산하면 다음과 같다.

• B주임 : $30\times36+30\times\dfrac{36\times37}{2}\times\dfrac{0.024}{12}=1,119.96$만 원

• C과장 : $25\times\dfrac{(1.02)^{\frac{25}{12}}-(1.02)^{\frac{1}{12}}}{(1.02)^{\frac{1}{12}}-1}=25\times\dfrac{1.04-1.001}{0.001}=975$만 원

13

정답 ④

제시되어 있는 환전 수수료 공식을 달러 및 유로에 적용한다.
환전 수수료=(매수 매도 차액)×(1−우대율)×(환전금액)
• 달러 : $(1,300-1,100)\times(1-0.7)\times660=39,600$원
• 유로 : $(1,520-1,450)\times(1-0.5)\times550=19,250$원
따라서 A씨가 내야 할 환전 수수료는 모두 $39,600+19,250=58,850$원이다.

14

정답 ②

전체 일의 양을 1이라고 하면 유진이의 분당 일의 양은 $\dfrac{1}{80}$이고, 상민이의 분당 일의 양은 $\dfrac{1}{120}$이다.

두 사람이 함께 일하는 시간을 x분이라고 하면 $\left(\dfrac{1}{80}+\dfrac{1}{120}\right)x=1$이다.

따라서 두 사람이 함께 일하는 시간은 $\dfrac{1}{\dfrac{1}{80}+\dfrac{1}{120}}=\dfrac{240}{3+2}=48$분이다.

15

정답 ④

두 수의 곱이 홀수가 되려면 (홀수)×(홀수)여야 하므로 1에서 10까지 적힌 숫자카드 중 임의로 두 장을 동시에 뽑았을 때, 두 장 모두 홀수일 확률을 구해야 한다.

따라서 열 장의 카드 중 홀수 카드 두 장을 뽑을 확률은 $\dfrac{{}_5C_2}{{}_{10}C_2}=\dfrac{\frac{5\times4}{2\times1}}{\frac{10\times9}{2\times1}}=\dfrac{5\times4}{10\times9}=\dfrac{2}{9}$ 이다.

16

정답 ④

주어진 조건을 바탕으로 먹은 음식을 정리하면 다음과 같다.

구분	쫄면	라면	우동	김밥	어묵
민하	×	×	×	×	○
상식	×	○	×	×	×
은희	×	×	○	×	×
은주	×	×	×	○	×
지훈	○	×	×	×	×

따라서 바르게 연결된 것은 민하 – 어묵, 상식 – 라면의 ⑤이다.

17

정답 ④

8조각으로 나누어져 있는 피자 3판을 6명이 같은 양만큼 나누어 먹으려면 한 사람당 8×3÷6=4조각씩 먹어야 한다. A, B, E는 같은 양을 먹었으므로 A, B, E가 1조각, 2조각, 3조각, 4조각을 먹었을 때로 나누어볼 수 있다.
· A, B, E가 1조각을 먹었을 때
  A, B, E를 제외한 나머지는 모두 먹은 양이 달랐으므로 D, F, C는 각각 4, 3, 2조각을 먹었을 것이다. 하지만 6조각이 남았다고 했으므로 24−6=18조각을 먹었어야 하는데 총 1+1+1+4+3+2=12조각이므로 옳지 않다.
· A, B, E가 2조각을 먹었을 때
  2+2+2+4+3+1=14조각이므로 옳지 않다.
· A, B, E가 3조각을 먹었을 때
  3+3+3+4+2+1=16조각이므로 옳지 않다.
· A, B, E가 4조각을 먹었을 때
  4+4+4+3+2+1=18조각이므로 A, B, E는 4조각씩 먹었음을 알 수 있다.
조건에서 F는 D보다 적게 먹었으며, C보다는 많이 먹었다고 하였으므로 C가 1조각, F가 2조각, D가 3조각을 먹었다. 따라서 2조각을 더 먹어야 하는 사람은 현재 2조각을 먹은 F이다.

18

정답 ③

다음의 논리 순서를 따라 주어진 조건을 정리하면 쉽게 접근할 수 있다.
· 첫 번째 조건 : B부장의 자리는 출입문과 가장 먼 10번 자리에 배치된다.
· 두 번째 조건 : C대리와 D과장은 마주봐야 하므로 2·7번 또는 4·9번 자리에 앉을 수 있다.
· 세 번째 조건 : E차장은 B부장과 마주보거나 옆자리이므로 5번 또는 9번 자리에 배치될 수 있지만, 다섯 번째 조건에 따라 옆자리가 비어있어야 하므로 5번 자리에 배치된다.
· 네 번째 조건 : C대리는 A사원 옆자리에 앉아야 하므로 7번 또는 9번에 배치될 수 있다.
· 다섯 번째 조건 : E차장 옆자리는 공석이므로 4번 자리는 아무도 앉을 수가 없으며 앞선 조건에 따라 C대리는 7번 자리, D과장은 2번 자리에 앉을 수 있다.
· 일곱 번째 조건 : 과장끼리 마주보거나 나란히 앉을 수 없으므로 G과장은 3번 자리에 앉을 수 없고, 6번 또는 9번 자리에 앉을 수 있다.

- 여섯 번째 조건 : F대리는 마주보는 자리에 아무도 앉지 않아야 하므로 9번 자리에 배치되어야 하고 G과장은 6번 자리에 앉을 수 있다.

따라서 주어진 조건에 맞게 자리배치를 정리하면 다음과 같다.

출입문				
1 – 신입사원	2 – D과장	×	×	5 – E차장
6 – G과장	7 – C대리	8 – A사원	9 – F대리	10 – B부장

19

정답 ②

경쟁자의 시장 철수로 인한 새로운 시장으로의 진입 가능성은 M은행이 가지고 있는 내부환경의 약점이 아닌 외부환경에서 비롯되는 기회에 해당한다.

> SWOT 분석
> 기업의 내부환경과 외부환경을 분석하여 강점(Strength), 약점(Weakness), 기회(Opportunity), 위협(Threat) 요인을 규정하고 이를 토대로 경영전략을 수립하는 기법
> • 강점(Strength) : 내부환경(자사 경영자원)의 강점
> • 약점(Weakness) : 내부환경(자사 경영자원)의 약점
> • 기회(Opportunity) : 외부환경(경쟁, 고객, 거시적 환경)에서 비롯된 기회
> • 위협(Threat) : 외부환경(경쟁, 고객, 거시적 환경)에서 비롯된 위협

20

정답 ②

중도상환수수료는 (중도상환금액)×(중도상환수수료율)×(잔여기간)÷(대출기간)이므로, 계산하면 다음과 같다.

$80,000,000 \times 0.025 \times \dfrac{24}{48} = 1,000,000$원

02 금융 · 디지털상식

01	02	03	04	05	06	07			
③	①	①	③	①	②	③			

01

정답 ③

벤처캐피탈은 보통 해당 벤처기업의 사업 초기 때 담보 없이 자본을 투자해 성장할 수 있도록 돕고 그 기업이 성장해 기업공개를 통해 상장하거나 성과를 내었을 때 자금을 회수하여 수익을 올린다. 위험성이 크기 때문에 보통 벤처캐피탈의 투자는 소수의 투자자들을 매집하여 많은 벤처기업에 투자하는 일종의 사모펀드 형식으로 이루어진다.

02

정답 ①

공매도(空賣渡, Short Stock Selling)는 주식이나 채권을 가지고 있지 않은 상태에서 행사하는 매도 주문을 말한다. 향후 주가 하락이 예상되는 종목의 주식을 빌려서 판 뒤 실제로 주가가 내려가면 싼 값에 다시 사들여 빌린 주식을 갚아 시세 차익을 남기는 투자 기법이다. 투기성이 짙은 데다 주가를 떨어뜨리는 방향으로 시장 조작이 이뤄질 가능성이 커, 국가별로 엄격한 제한을 두는 경우가 많다.

03

피셔효과에 의하면 '명목이자율＝실질이자율＋기대인플레이션율'인 관계가 성립한다. 그러므로 피셔효과가 성립한다면, 기대인플레이션율이 상승할 때 명목이자율이 비례적으로 상승하게 된다.

정답 ①

04

유동성 함정이란 가계나 기업 등의 경제 주체들이 돈을 시장에 내놓지 않는 상황, 즉 시장에 현금이 많은 데도 기업의 생산, 투자와 가계의 소비가 늘지 않아 경기가 나아지지 않고 마치 경제가 함정(Trap)에 빠진 것처럼 보이는 상황을 의미한다.

정답 ③

05

프롭테크(Proptech)는 부동산(Property)과 기술(Technology)의 조합어로, 기존 부동산 산업과 IT의 결합으로 볼 수 있다. 프롭테크의 산업 분야는 크게 중개 및 임대, 부동산 관리, 프로젝트 개발, 투자 및 자금조달 부분으로 구분할 수 있다. 프롭테크 산업 성장을 통해 부동산 자산의 고도화와 신기술 접목으로 편리성이 확대되고, 이를 통한 삶의 질이 향상되고 있다.

정답 ①

06

[::-1]은 슬라이싱을 사용하여 리스트에 입력된 데이터를 역 방향으로 출력한다.

정답 ②

07

최댓값을 구하는 메서드는 max이고, 최솟값을 구하는 메서드는 main이다. data 리스트에 있는 값들에서 최댓값과 최솟값을 구하므로 max(data)와 min(data)를 사용한다.

정답 ③

03   직무전공(경영 · 경제 · 민법)

| 객관식 |

01	02	03	04	05	06	07	08	09	10	11	12	13	14	15	16	17	18		
②	③	③	②	③	③	③	③	④	①	③	③	①	①	④	③	④	②		

01

파레토의 법칙은 전체 결과의 80%가 전체 원인의 20%에서 일어나는 현상을 가리킨다.

정답 ②

오답분석
④ 롱테일의 법칙은 전체 제품의 하위 80%에 해당하는 다수가 상위 20%보다 더 뛰어난 가치를 창출한다는 법칙이다.

02

리쇼어링은 기업이 해외로 진출했다가 다시 본국으로 돌아오는 것이다. 이와 반대되는 말은 '오프쇼어링(Off-shoring)'으로, 기업의 생산기지 해외이전을 뜻한다. 선진국에 위치한 기업들이 인건비 상승 등 고비용의 문제를 해결하기 위해 비교적 인건비가 저렴한 개도국으로 생산기지를 이전한 데서 생겨난 말이다.

정답 ③

03

정답 ③

BCG 매트릭스의 전략사업별 특징
- 자금젖소(Cash Cow) : 고점유율, 저성장률
- 별(Star) : 고점유율, 고성장률
- 물음표(Question Mark) : 저점유율, 고성장률
- 개(Dog) : 저점유율, 저성장률

04

정답 ②

풋옵션은 시장가격에 관계없이 특정 상품을 특정시점 특정 가격에 매도할 수 있는 권리를 뜻하며, 콜옵션과 반대되는 용어이다.

05

정답 ③

이동평균법은 계속기록법에 의하여 평균법을 적용하는 것으로, 상품의 매입시마다 새로운 평균 단가를 계산한다.

	200개	30원	6,000원
매출(3월 1일)	100개	30원	3,000원
계	100개	30원	3,000원
매입(6월 1일)	100개	36원	3,600원
계	200개	33원	6,600원
매출(9월 1일)	120개	33원	3,960원
계	80개	33원	2,640원

06

정답 ③

채권, 재산권의 소멸시효(민법 제162조)
① 채권은 10년간 행사하지 아니하면 소멸시효가 완성한다.
② 채권 및 소유권 이외의 재산권은 20년간 행사하지 아니하면 소멸시효가 완성한다.

07

정답 ③

처분능력, 권한없는 자의 할 수 있는 단기임대차(민법 제619조)에 따르면 건물 기타 공작물의 임대차는 3년을 넘지 못한다.

08

정답 ③

주택임대차보호법 적용 범위(제2조)에 의하면 임차주택(賃借住宅)의 일부가 주거 외의 목적으로 사용되는 경우에도 해당 법이 적용된다.

09

주택임대차보호법 주택임대차위원회(제8조의2) 제4항 제2호에 따르면 법학·경제학 또는 부동산학 등을 전공하고 주택임대차 관련 전문지식을 갖춘 사람으로서 공인된 연구기관에서 조교수 이상 또는 이에 상당하는 직에 5년 이상 재직한 사람은 위원으로 위촉될 수 있다.

오답분석

① 제3항에 따르면 위원회의 위원장은 법무부차관이 된다.
② 제2항에 따르면 위원회는 위원장 1명을 포함한 9명 이상 15명 이하의 위원으로 성별을 고려하여 구성한다.
③ 제4항 제3호에 따르면 기획재정부에서 물가 관련 업무를 담당하는 고위공무원단에 속하는 공무원은 위원으로 위촉될 수 있다.

10

민법 전세권의 내용(제303조) 제2항에 의하면 농경지는 전세권의 목적으로 하지 못한다.

오답분석

② 전세권양도의 효력(제307조)을 통해 확인할 수 있다.
③ 건물의 전세권, 지상권, 임차권에 대한 효력(제304조) 제1항을 통해 확인할 수 있다.
④ 같은 조 제1항을 통해 확인할 수 있다.

11

수직강세 콜스프레드는 행사가(X_1)가 낮은 콜옵션을 매입하고, 행사가(X_2)가 높은 콜옵션을 매도하는 전략으로 기초자산이 완만하게 상승할 것으로 예상할 때 구사하는 전략이다.

오답분석

① 높은 행사가 콜옵션 매입, 낮은 행사가 콜옵션 매도
② 높은 행사가 풋옵션 매입, 낮은 행사가 풋옵션 매도
④ 낮은 행사가 풋옵션 매입, 높은 행사가 풋옵션 매도

12

오답분석

① 네오뱅크 : 오프라인 점포 없이 인터넷이나 모바일기기를 통해 금융 서비스를 제공하는 은행
② 컨소시엄뱅크 : 국적이 다른 여러 은행들이 해외에 진출한 기업의 현지 자금 수요에 부응하기 위하여 설립한 다국적 은행
④ 스몰라이선스 : 소규모·특화 금융회사 신설을 용이하게 하기 위해 금융업의 인·허가단위를 세분화하고 진입요건을 완화하는 것

13

대안신용평가는 대출, 신용카드 발급 여부 등 금융정보가 아닌 통신요금, 온라인 구매이력, SNS 등 비금융정보를 활용해 신용등급 점수를 산정한다.

오답분석

②·③·④ 대안신용평가는 과거의 금융거래 이력보다 빅데이터를 활용해 현재 기준 비금융정보를 분석하여 신용평가에 반영하므로 제도권 금융에서 소외된 많은 사람들에게 혜택을 줄 수 있다. 실제로 과거 연체가 있을 경우, 기존 신용평가 방식으로는 은행 대출이 불가하나 대안신용평가를 할 경우 대출이 가능할 수 있다.

14

정답 ①

상대보다 더 적은 비용으로 재화를 생산할 수 있을 때 우위를 갖는다는 것은 절대우위의 개념이다.

오답분석

②·④ 영국의 고전 경제학자 데이비드 리카도의 비교우위론은 한 국가의 재화가 다른 국가의 재화보다 모두 절대우위에 있어도 생산의 기회비용을 고려하면 상대우위를 가질 수 있다고 본다.

③ X재를 생산할 때 A국은 Y재 0.5 포기, B국은 1.6 포기이므로 A국이 X재 생산에 특화하고, Y재를 생산할 때 A국은 Y재 2 포기, B국은 0.625 포기이므로 B국은 Y재 생산에 특화한다.

15

정답 ④

보기를 통해 시장균형가격은 60, 균형거래량은 680임을 알 수 있다. 가격상한제 시행으로 인한 상한가격이 50이므로 가격이 10 하락하면서 공급이 30 감소하기 때문에 공급량 650(=500+3×50)을 충족하는 수요곡선상 가격은 75이다. 따라서 사중손실을 계산하면 $(10×30÷2)+\{(75-60)×30÷2\}=375$이다.

16

정답 ③

국제 시장가격 60원을 기준으로 국내 공급곡선상 공급량은 260이고, 관세 부과 후 280으로 20이 증가한다. 20원의 관세가 부과되었으므로 국내 공급곡선 아래 부분 중 관세 부과에 해당하는 부분(삼각형)은 20×20÷2=200이 된다. 반면, 국내 수요곡선상 수요량은 380에서 관세 부과 후 340으로 40이 감소한다. 20원의 관세가 부과되었으므로 국내 수요곡선 아래 부분 중 관세 부과에 해당하는 부분(삼각형)은 40×20÷2=400이 된다. 따라서 후생손실은 200+400=600이다.

17

정답 ④

세금 감면을 통해 가계소비를 증가시키고 기업투자를 활발하게 하여 경기부양을 이끌어 낼 수 있다.

오답분석

①·②·③ 긴축적 재정정책에 해당한다.

18

정답 ②

무위험 이자율 평가는 외환선물시장을 통해 환위험을 제거할 수 있으며, 이를 통해 외국채의 투자수익률이 결정된다고 본다.

오답분석

①·③·④ 유위험 이자율 평가에 대한 설명이다.

| 주관식 |

19	20	21	22
400	5	40	5,940

19

우선 A, B, C, D의 부담부분은 균등하므로, E에 대한 1,200만 원의 연대채무 중 각자의 부담부분은 300만 원이다. 여기서 B가 무자력이 되었기 때문에 나머지 A, C, D가 균등하게 100만 원씩 추가로 부담하지만 A의 경우에는 E로부터 연대의 면제를 받았으므로, A가 기존에 부담하던 300만 원 외에 B의 무자력으로 인한 추가적인 부담금 100만 원은 연대의 면제를 한 E가 부담하게 된다. 따라서 최종적으로 부담하는 금액은 A – 300만 원, C – 400만 원, D – 400만 원이 되며, 나머지 100만 원은 E가 부담한다.

20

정답 5

건물 이외의 공작물의 소유를 목적으로 하는 때의 기준 연한은 5년이며, 이보다 단축할 수 없다.

21

정답 40

DSR은 연소득 대비 총부채의 원리금상환비율을 나타내는 것이다. 단, 분양오피스텔 중도금대출은 DSR 산정 시 제외되며 이를 계산하면 다음과 같다.
[(주택담보대출 연간상환액)+(은행신용대출 연간상환액)]÷(연소득)=(2,500만+1,500만)÷10,000만=0.4
따라서 DSR은 40%이다.

22

정답 5,940

빅맥지수는 (개별 국가의 빅맥가격)÷(미국 빅맥가격)이다. 보기에서 빅맥지수를 통해 원화가치가 달러화 대비 10% 저평가 되어 있다고 판단되므로 현재 원달러환율 1,320원에서 1,320원의 10%인 132원을 차감한 1,188원에 미국 빅맥가격 5달러를 곱한 5,940원이 현재 한국의 빅맥가격이 된다.

PART 1

합격의 공식 SD에듀 www.sdedu.co.kr

NCS 직업기초능력

CHAPTER 02 수리능력

CHAPTER 03 문제해결능력

의사소통능력

합격 Cheat Key

의사소통능력을 평가하지 않는 금융권이 없을 만큼 필기시험에서 중요도가 높은 영역이다. 또한, 의사소통능력의 문제 출제 비중은 가장 높은 편이다. 이러한 점을 볼 때, 의사소통능력은 NCS를 준비하는 수험생이라면 반드시 정복해야 하는 과목이다.

국가직무능력표준에 따르면 의사소통능력의 세부 유형은 문서이해, 문서작성, 의사표현, 경청, 기초외국어로 나눌 수 있다. 문서이해·문서작성과 같은 제시문에 대한 주제찾기, 내용일치 문제의 출제 비중이 높으며, 공문서·기획서·보고서·설명서 등 문서의 특성을 파악하는 문제도 출제되고 있다. 따라서 이러한 분석을 바탕으로 전략을 세우는 것이 매우 중요하다.

1   문제에서 요구하는 바를 먼저 파악하라!

의사소통능력에서 가장 중요한 것은 제한된 시간 안에 빠르고 정확하게 답을 찾아내는 것이다. 그러기 위해서는 우리가 의사소통능력을 공부하는 이유를 잊지 말아야 한다. 우리는 지식을 쌓기 위해 의사소통능력 지문을 보는 것이 아니다. 의사소통능력에서는 지문이 아니라 문제가 주인공이다. 지문을 보기 전에 문제를 먼저 파악해야 한다. 주제찾기 문제라면 첫 문장과 마지막 문장 또는 접속어를 주목하자. 내용일치 문제라면 지문과 문항의 일치 / 불일치 여부만 파악한 뒤 빠져 나오자. 지문에 빠져드는 순간 소중한 시험 시간은 속절없이 흘러 버린다.

2   잠재되어 있는 언어능력을 발휘하라!

세상에 글은 많고 우리가 학습할 수 있는 시간은 한정적이다. 이를 극복할 수 있는 방법은 다양한 글을 접하는 것이다. 실제 시험장에서 어떤 내용의 지문이 나올지 아무도 예측할 수 없다. 따라서 평소에 신문, 소설, 보고서 등 여러 글을 접하는 것이 필요하다. 잠재되어 있는 글에 대한 안목이 시험장에서 빛을 발할 것이다.

3   상황을 가정하라!

업무 수행에 있어 상황에 따른 언어 표현은 중요하다. 같은 말이라도 상황에 따라 다르게 해석될 수 있기 때문이다. 그런 의미에서 자신의 의견을 효과적으로 전달할 수 있는 능력을 평가하는 것은 당연하다. 따라서 다양한 상황에서의 언어표현능력을 함양하기 위한 연습의 과정이 요구된다. 업무를 수행하면서 발생할 수 있는 여러 상황을 가정하고 그에 따른 올바른 언어표현을 정리하는 것이 필요하다. 의사표현 영역의 경우 출제 빈도가 높지는 않지만 상황에 따른 판단력을 평가하는 문항인 만큼 대비하는 것이 필요하다.

4   말하는 이의 입장에서 생각하라!

잘 듣는 것 또한 하나의 능력이다. 상대방의 이야기에 귀 기울이고 공감하는 태도는 업무를 수행하는 관계 속에서 필요한 요소이다. 그런 의미에서 다양한 상황에서의 듣는 능력을 평가하는 것이다. 말하는 이가 요구하는 듣는 이의 태도를 파악하고, 이에 따른 판단을 할 수 있도록 언제나 말하는 사람의 입장이 되는 연습이 필요하다.

5   반복만이 살길이다!

학창 시절 외국어를 공부하던 때를 떠올려 보자. 셀 수 없이 많은 표현들을 익히기 위해 얼마나 많은 반복의 과정을 거쳤는가? 의사소통능력 역시 그러하다. 하나의 문제 유형을 마스터하기 위해 가장 중요한 것은 바로 여러 번, 많이 풀어 보는 것이다.

01 | 어법 · 맞춤법

| 유형분석 |

- 주어진 문장이나 지문에서 잘못 쓰인 단어·표현을 바르게 고칠 수 있는지 평가한다.
- 띄어쓰기, 동의어·유의어·다의어 또는 관용적 표현 등을 찾는 문제가 출제될 가능성이 있다.

다음 밑줄 친 단어 중 문맥상 쓰임이 옳지 않은 것은?

① 어려운 문제의 답을 <u>맞혀야</u> 높은 점수를 받을 수 있다.

② 공책에 선을 <u>반듯이</u> 긋고 그 선에 맞춰 글을 쓰는 연습을 해.

③ 생선을 간장에 10분 동안 <u>졸이면</u> 요리가 완성된다.

④ 미안하지만 지금은 바쁘니까 <u>이따가</u> 와서 얘기해.

정답 ③

'졸이다'는 '찌개를 졸이다.'와 같이 국물의 양을 적어지게 하는 것을 의미한다. 반면에 '조리다'는 '양념을 한 고기나 생선, 채소 따위를 국물에 넣고 바짝 끓여서 양념이 배어들게 하다.'의 의미를 지닌다. 따라서 ③의 경우 문맥상 '졸이다'가 아닌 '조리다'가 사용되어야 한다.

오답분석

① 맞히다 : 문제에 대한 답을 틀리지 않게 하다. / 맞추다 : 둘 이상의 일정한 대상들을 나란히 놓고 비교하여 살피다.

② 반듯이 : 비뚤어지거나 기울거나 굽지 않고 바르게 / 반드시 : 틀림없이 꼭, 기필코

④ 이따 : 조금 지난 뒤에 / 있다 : 어느 곳에서 떠나거나 벗어나지 않고 머물다. 또는 어떤 상태를 계속 유지하다.

유형풀이 Tip

자주 틀리는 맞춤법

틀린 표현	옳은 표현	틀린 표현	옳은 표현
몇일	며칠	오랫만에	오랜만에
귀뜸	귀띔	선생으로써	선생으로서
웬지	왠지	안되	안돼
왠만하면	웬만하면	돼고 싶다	되고 싶다
어떻해	어떻게 해 / 어떡해	병이 낳았다	병이 나았다
금새	금세	내일 뵈요	내일 봬요
구지	굳이	고르던지 말던지	고르든지 말든지
서슴치	서슴지	합격하길 바래요	합격하길 바라요
통채로	통째로	화장실에 들리자	화장실에 들르자
하마트면	하마터면	감소률 / 경쟁율	감소율 / 경쟁률

Easy

01 다음 중 밑줄 친 부분이 맞춤법상 옳지 않은 것은?

① 바리스타로서 자부심을 가지고 커피를 내렸다.
② 어제는 왠지 피곤한 하루였다.
③ 용감한 시민의 제보로 진실이 드러났다.
④ 점심을 먹은 뒤 바로 설겆이를 했다.

02 다음 중 밑줄 친 어휘의 띄어쓰기가 옳지 않은 문장은?

① 강아지가 집을 나간지 사흘 만에 돌아왔다.
② 아는 것이 힘이다.
③ 박승후 군은 반장선거 출마를 준비 중이다.
④ 할머니의 보따리에는 북어가 한 쾌 들어 있었다.

03 다음 밑줄 친 ㉠∼㉣ 중 어법상 옳지 않은 것은?

> 훈민정음은 크게 '예의'와 '해례'로 ㉠ 나뉘어져 있다. 예의는 세종이 직접 지었는데 한글을 만든 이유와 한글의 사용법을 간략하게 설명한 글이다. 해례는 집현전 학사들이 한글의 자음과 모음을 만든 원리와 용법을 상세하게 설명한 글이다.
> 서문을 포함한 예의 부분은 무척 간략해 「세종실록」과 「월인석보」 등에도 실리며 전해져 왔지만, 한글 창제 원리가 ㉡ 밝혀져 있는 해례는 전혀 알려져 있지 않았다. 그런데 예의와 해례가 모두 실려 있는 훈민정음 정본이 1940년에야 ㉢ 발견됐다. 그것이 「훈민정음 해례본」이다. 그러나 이 「훈민정음 해례본」이 대중에게, 그리고 한글학회 간부들에게 공개된 것은 해방 후에 이르러서였다.
> 하나의 나라, 하나의 민족정신을 담는 그릇은 바로 그들의 언어이다. 언어가 사라진다는 것은 세계를 바라보는 방법, 즉 세계관이 사라진다는 것과 ㉣ 진배없다. 일제강점기 일제의 민족말살정책 중 가장 악랄했던 것 중 하나가 바로 우리말과 글에 대한 탄압이었다. 일제는 진정으로 우리말과 글이 사라지길 바랐다. 18세기 조선의 실학 연구자들은 중국의 중화사관에서 탈피하여 우리 고유의 문물과 사상에 대한 연구를 본격화했다. 이때 실학자들의 학문적 성과가 바로 훈민정음 해례를 한글로 풀어쓴 언해본의 발견이었다. 일제는 그것을 18세기에 만들어진 위작이라는 등 허구로 몰아갔고, 해례본을 찾느라 혈안이 되어 있었다. 해례본을 없앤다면 세종의 한글 창제를 완벽히 허구화할 수 있기 때문이었다.

① ㉠   ② ㉡
③ ㉢   ④ ㉣

02 | 문장삽입

| 유형분석 |

- 논리적인 흐름에 따라 글을 이해할 수 있는지 평가한다.
- 한 문장뿐 아니라 여러 개의 문장이나 문단을 삽입하는 문제가 출제될 가능성이 있다.

다음 글에서 〈보기〉의 문장이 들어갈 위치로 가장 적절한 곳은?

기억이 착오를 일으키는 프로세스는 인상적인 사물을 받아들이는 단계부터 이미 시작된다. (가) 감각적인 지각의 대부분은 무의식 중에 기록되고 오래 유지되지 않는다. (나) 대개는 수 시간 안에 사라져 버리며, 약간의 본질만이 남아 장기 기억이 된다. 무엇이 남을지는 선택에 의해서 그 사람의 견해에 따라서도 달라진다. (다) 분주하고 정신이 없는 장면을 보여 주고, 나중에 그 모습에 대해서 이야기하게 해 보자. (라) 어느 부분에 주목하고, 또 어떻게 그것을 해석했는지에 따라 즐겁기도 하고 무섭기도 하다. 단순히 정신 사나운 장면으로만 보이는 경우도 있다. 기억이란 원래 일어난 일을 단순하게 기록하는 것이 아니다.

보기

일어난 일에 대한 묘사는 본 사람이 무엇을 중요하게 판단하고, 무엇에 흥미를 가졌느냐에 따라 크게 다르다.

① (가) ② (나)
③ (다) ④ (라)

정답 ④

보기 내 문장의 '묘사(描寫)'는 '어떤 대상이나 현상 따위를 있는 그대로 언어로 서술하거나 그림으로 그려서 나타내는 것'이다. 보기 앞에는 어떤 모습이나 장면이 나와야 하므로 (다) 다음의 '분주하고 정신없는 장면'이 와야 한다. 또한 보기에서 묘사는 '본 사람이 무엇을 중요하게 판단하고, 무엇에 흥미를 가졌느냐에 따라 크게 다르다.'고 했으므로 보기 뒤에는 (다) 다음의 장면 중 '어느 부분에 주목하고, 또 어떻게 그것을 해석했는지에 따라 즐겁기도 하고 무섭기도 하다.'의 구체적 내용인 (라) 다음 부분이 이어져야 한다. 따라서 보기의 문장은 (라)에 적절하다.

유형풀이 Tip

- 보기를 먼저 읽고, 선택지로 주어진 빈칸의 앞·뒤 문장을 읽어 본다. 그리고 빈칸에 보기를 넣었을 때 그 흐름이 어색하지 않은 위치를 찾는다.
- 보기 문장의 중심이 되는 단어가 빈칸의 앞·뒤에 언급되어 있는지 확인하도록 한다.

Hard

01 다음 빈칸 (가) ~ (다)에 들어갈 문장을 〈보기〉에서 골라 바르게 연결한 것은?

근대와 현대가 이어지는 지점에서 많은 사상가들은 지식과 이해가 인간의 삶에 미치는 영향, 그리고 그것이 형성되는 과정들을 포착하려고 노력했다. 그러한 입장들은 여러 가지가 있겠지만, 그중 세 가지 정도를 소개하고자 한다.

첫 번째 입장은 다음과 같이 말한다. 진보적 사유라는 가장 포괄적인 의미에서 계몽은 예로부터 공포를 몰아내고 인간을 주인으로 세운다는 목표를 추구해왔다. 그러나 완전히 계몽된 지구에는 재앙만이 승리를 구가하고 있다. 인간은 더 이상 알지 못하는 것이 없다고 느낄 때 무서울 것이 없다고 생각한다. 이러한 생각이 신화와 계몽주의의 성격을 규정한다. 신화가 죽은 것을 산 것과 동일시한다면, 계몽은 산 것을 죽은 것과 동일시한다. 계몽주의는 신화적 삶이 더욱더 철저하게 이루어진 것이다. 계몽주의의 최종적 산물인 실증주의의 순수한 내재성은 보편적 금기에 불과하다. __(가)__

두 번째 입장은 다음과 같이 말한다. 인간의 이해라는 것은 인간 현존재의 사실성, 즉 우리가 처해 있는 역사적 상황과 문화적 전통의 근원적인 제약 속에 있는 현존재가 부단히 미래의 가능성에로 기획하여 나아가는 자기 이해이다. 따라서 이해는 탈역사적, 비역사적인 것을, 즉 주관 내의 의식적이고 심리적인 과정 또는 이를 벗어나 객관적으로 존재하는 것을 파악하는 사건이 아니다. __(나)__ 인간은 시간 속에 놓여 있는 존재로서, 그의 이해 역시 전승된 역사와 결별하여 어떤 대상을 순수하게 객관적으로 인식하는 것이 아니라 전통과 권위의 영향 속에서 이루어진다. 따라서 선(先)판단은 이해에 긍정적인 기능을 한다.

세 번째 입장은 다음과 같이 말한다. 우리는 권력의 관계가 중단된 곳에서만 지식이 있을 수 있다는 그리고 지식은 권력의 명령, 요구, 관심의 밖에서만 발전될 수 있다는 전통적인 생각을 포기해야 한다. 그리고 아마도 권력이 사람을 미치도록 만든다고 하여, __(다)__ 오히려 권력은 지식을 생산한다는 것을 인정해야 한다. 권력과 지식은 서로를 필요로 하는 관계에 놓여 있다. 결과적으로 인식하는 주체, 인식해야 할 대상, 그리고 인식의 양식들은 모두 '권력, 즉 지식'에 근본적으로 그만큼 연루되어 있다. 따라서 권력에 유용하거나 반항적인 지식을 생산하는 것도 인식 주체의 자발적 활동의 산물이 아니다. 인식의 가능한 영역과 형태를 결정하는 것은 그 주체를 관통하고 구성하는 투쟁과 과정, 그리고 권력 및 지식이다.

보기

㉠ 이해는 어디까지나 시간과 역사 속에서 가능하며, 진리라는 것도 이미 역사적 진리이다.
㉡ 바로 이 권력을 포기할 경우에만 학자가 될 수 있다는 이와 같은 믿음도 포기해야 한다.
㉢ 내가 알지 못하는 무언가가 바깥에 있다고 하는 것은 바로 공포의 원인이 되기 때문에, 내가 관계하지 못하는 무언가가 바깥에 머물러 있는 상태를 허용할 수 없다.

	(가)	(나)	(다)		(가)	(나)	(다)
①	㉡	㉠	㉢	②	㉡	㉢	㉠
③	㉢	㉠	㉡	④	㉢	㉡	㉠

※ 다음 글에서 〈보기〉의 문장이 들어갈 위치로 가장 적절한 곳을 고르시오. [2~3]

02

게임 중독세는 세금 징수의 당위성이 인정되지 않는다. 세금으로 특별 목적 기금을 조성하려면 검증을 통해 그 당위성을 인정할 수 있어야 한다. (가) 담배에 건강 증진 기금을 위한 세금을 부과하는 것은 담배가 건강에 유해한 요소들로 이루어져 있다는 것이 의학적으로 증명되어 세금 징수의 당위성이 인정되기 때문이다. (나) 하지만 게임은 유해한 요소들로 이루어져 있다는 것이 의학적으로 증명되지 않았다.

게임 중독세는 게임 업체에 조세 부담을 과도하게 지우는 것이다. 게임 업체는 이미 매출에 상응하는 세금을 납부하고 있는데, 여기에 게임 중독세까지 내도록 하는 것은 지나치다. (다) 또한 스마트폰 사용 중독 등에 대해서는 세금을 부과하지 않는데, 유독 게임 중독에 대해서만 세금을 부과하는 것은 형평성에 맞지 않는다.

게임 중독세는 게임에 대한 편견을 강화하여 게임 업체에 대한 부정적 이미지만을 공식화한다. 게임 중독은 게임 이용자의 특성이나 생활환경 등이 원인이 되어 발생하는 것이지 게임 자체에서 비롯되는 것은 아니다. (라) 게임 중독이 이용자 개인의 책임이 큰 문제임에도 불구하고 게임 업체에 징벌적 세금을 물리는 것은 게임을 사회악으로 규정하고 게임 업체에 사회 문제를 조장하는 기업이라는 낙인을 찍는 것이다.

> **보기**
>
> 카지노, 복권 등 사행 산업을 대상으로 연 매출의 일부를 세금으로 추가 징수하는 경우가 있긴 하지만, 게임 산업은 문화 콘텐츠 산업이지 사행 산업이 아니다.

① (가)　　　　　　　　　　　② (나)
③ (다)　　　　　　　　　　　④ (라)

03

(가) 나는 하나의 생각하는 것이다. 즉, 의심하고, 긍정하고, 부정하고, 약간의 것을 알고 많은 것을 모르며, 바라고 바라지 않으며, 또 상상하고, 감각하는 어떤 것이다. 왜냐하면 앞서 내가 깨달은 바와 같이 설사 내가 감각하고 상상하는 것들이 내 밖에서는 아마 무(無)라고 할지라도 내가 감각 및 상상이라고 부르는 이 사고방식만큼은, 그것이 하나의 사고방식인 한 확실히 내 속에 있음을 스스로 확신하기 때문이다. 그리고 이 몇 마디 말로써 나는 내가 참으로 알고 있는 것을, 혹은 지금까지 알고 있다고 생각한 모든 것을 요약했다고 믿는다.

(나) 하지만 일전에 매우 확실하고 명백하다고 인정하였다가 그 후 의심스럽다고 새로이 느끼게 된 것이 많다. 무엇이 이런 것들이었는가? 그것은 땅, 하늘, 별들, 이밖에 내가 감각을 통하여 알게 된 모든 것이었다. (다) 그러면 나는 이것들에 대해서 무엇을 명석하게 지각하고 있었는가? 물론 이것들의 관념 자체, 즉 이것들에 대한 생각이 내 정신에 나타났었다고 하는 것이다. 그리고 나는 이러한 관념들이 내 속에 있다는 것에 대해서는 지금도 부정하지 않는다.

(라) 그러나 한편 나는, 내가 아주 명석하게 지각하는 것들을 바라볼 때마다 다음과 같이 외치지 않을 수 없다. 누구든지 나를 속일 수 있거든 속여 보라. 그러나 내가 나를 어떤 무엇이라고 생각하고 있는 동안은 결코 나를 무(無)이게끔 할 수는 없을 것이다. 혹은 내가 있다고 하는 것이 참이라고 할진대 내가 현존한 적이 없었다고 하는 것이 언젠가 참된 것이 될 수는 없을 것이다. 또 혹은 2에 3을 더할 때 5보다 크게 되거나 작게 될 수 없으며, 이 밖에 이와 비슷한 일, 즉 거기서 내가 명백한 모순을 볼 수 있는 일이 생길 수는 없을 것이라고. 그리고 확실히 나에게는 어떤 하느님이 기만자라고 보아야 할 아무 이유도 없고, 또 도대체 한 하느님이 있는지 없는지도 아직 충분히 알려져 있지 않으므로 그저 저러한 선입견에 기초를 둔 의심의 이유는 매우 박약하다.

보기

그러나 산술이나 기하학에 관하여 아주 단순하고 쉬운 것, 가령 2에 3을 더하면 5가 된다고 하는 것 및 이와 비슷한 것을 내가 고찰하고 있었을 때, 나는 적어도 이것들을 참되다고 긍정할 만큼 명료하게 직관하고 있었던 것은 아닐까? 확실히 나는 나중에 이것들에 관해서도 의심할 수 있다고 판단하기는 했으나 그건 하느님과 같은 어떤 전능자라면, 다시없이 명백하다고 여겨지는 것들에 관해서도 속을 수 있는 본성을 나에게 줄 수 있었다고 하는 생각이 내 마음에 떠올랐기 때문일 따름이었다.

① (가)　　　　② (나)
③ (다)　　　　④ (라)

04

점탄성이란 무엇일까? 어떤 물체가 힘과 변형의 관계에서 탄성체가 가지고 있는 '즉각성(힘과 변형의 관계가 즉각적으로 형성되는 성질)'과 점성체가 가지고 있는 '시간 지연성(힘과 변형의 관계가 시간에 따라 서서히 변하는 성질)'을 모두 가지고 있을 때 점탄성을 가지고 있다고 하고, 그 물체를 점탄성체라 한다. (가) 이러한 점탄성을 잘 보여 주는 물리적 현상의 예로 응력 완화와 크리프 (Creep)를 들 수 있다. 응력 완화는 변형된 상태가 고정되어 있을 때, 물체가 받는 힘인 응력이 시간에 따라 감소하는 현상이다. 그리고 크리프는 응력이 고정되어 있을 때 변형이 서서히 증가하는 현상이다. (나)

응력 완화를 이해하기 위해 고무줄에 힘을 주어 특정 길이만큼 당긴 후 이 길이를 유지하는 경우를 생각해 보자. 외부에서 힘을 주면 고무줄은 즉각적으로 늘어나게 된다. 힘과 변형의 관계가 탄성의 특성인 '즉각성'을 보여 주는 것이다. 그런데 이때 늘어난 고무줄의 길이를 그대로 고정해 놓으면, 시간이 지남에 따라 겉보기에는 아무 변화가 없지만 고무줄의 분자 배열 구조가 점차 변하며 응력이 서서히 감소하게 된다. 이는 점성체의 특성인 '시간 지연성'을 보여 주는 것이다. (다)

이제 고무줄에 추를 매달아 고무줄이 일정한 응력을 받도록 하는 경우를 살펴보자. 고무줄은 순간적으로 일정 길이만큼 늘어난다. 이는 탄성체가 가지고 있는 특성을 보여준다. 그러나 시간이 지남에 따라 점성체와 같이 분자들의 위치가 점차 변하며 고무줄이 서서히 늘어나게 되는데, 이러한 현상이 크리프이다. 세월이 지나면 유리창 유리의 아랫부분이 두꺼워지는 것도 이와 같은 현상이다. (라)

점탄성체의 변형에 걸리는 시간이 물질마다 다른 것은 분자나 원자 간의 결합 및 배열된 구조가 서로 다르기 때문이다. 나일론과 같은 물질의 응력 완화와 크리프는 상온(常溫)에서도 인지할 수 있지만, 금속의 경우 너무 느리게 일어나므로 상온에서는 관찰이 어렵다. 온도를 높이면 물질의 유동성이 증가하기 때문에, 나일론의 경우 온도를 높임에 따라 응력 완화와 크리프가 가속화되며, 금속도 고온에서는 응력 완화와 크리프를 인지할 수 있다. (마)

> **보기**
>
> ㉠ 이처럼 점탄성체의 변형이 그대로 유지될 때, 응력이 시간에 따라 서서히 감소하는 현상이 바로 응력 완화이다.
> ㉡ 모든 물체는 본질적으로 점탄성체이며, 물체의 점탄성 현상이 우리가 인지할 정도로 빠르게 일어나는가 아닌가의 차이가 있을 뿐이다.

	㉠	㉡			㉠	㉡
①	(가)	(라)		②	(나)	(다)
③	(다)	(라)		④	(다)	(마)

(가) 다시 말해서 현상학적 측면에서 볼 때 철학도 지식의 내용이 존재하는 어떤 것이라는 점에서는 과학적 지식의 구조와 다를 바가 없다. 존재하는 것과 그 존재하는 무엇으로 의식되는 것과의 사이에는 근본적인 구별이 선다. 백두산의 금덩어리는 누가 그것을 의식하든 말든 그대로 있고, 화성에서 일어나는 여러 가지 물리적 현상도 누가 의식하든 말든 그대로 존재한다. 존재와 의식과의 위와 같은 관계를 우리는 존재차원과 의미차원이란 말로 구별할 수 있을 것이다. 여기서 차원이란 말을 붙인 까닭은 의식 이전의 백두산과 의식 이후의 백두산은 순전히 관점의 문제, 즉 백두산을 생각할 수 있는 차원의 문제이기 때문이다. 현상학적 사고를 존재차원에서 이루어지는 것이라고 말할 수 있다면 분석철학에서 주장하는 사고는 의미차원에서 이루어진다. 바꿔 말하자면 현상학적 측면에서 볼 때 철학은 아무래도 어떤 존재를 인식하는 데 그 근본적인 기능이 있다고 보아야 하는 데 반해서, 분석철학의 측면에서 볼 때의 철학은 존재와는 아무런 직접적인 관계 없이 존재에 대한 이야기, 서술을 대상으로 한다. 구체적으로 말해서 철학은 그것이 서술할 존재의 대상을 갖고 있지 않고, 오직 어떤 존재를 서술한 언어만을 갖고 있다. 그러나 철학이 언어를 사고의 대상으로 삼는다고 말은 하지만, 사실상 철학은 언어학과 다르다. (나) 그래서 언어학은 한 언어의 기원이라든지, 한 언어가 왜 그러한 특정한 기호, 발음 혹은 문법을 갖게 되었는가, 또는 그것들이 각기 어떻게 체계화되는가 등을 알려고 한다. (다) 이에 반해서 분석철학은 언어를 대상으로 하되, 그 언어의 구체적인 면에는 근본적인 관심을 두지 않고 그와 같은 구체적인 언어가 가진 의미를 밝히고자 한다. 여기서 철학의 기능은 한 언어가 가진 개념을 해명하고 이해하는 데 있다. 바꿔 말해서, 철학의 기능은 언어가 서술하는 어떤 존재를 인식하는 데 있지 않고, 그와는 관계없이 한 언어가 무엇인가를 서술하는 경우, 무엇인가의 느낌을 표현하는 경우 또는 그 밖의 경우에 그 언어가 정확히 어떻게 의미가 있는가를 이해하는 데 있다. (라) 개념은 어떤 존재하는 대상을 표상(表象)하는 경우도 많으므로 존재와 그것을 의미하는 개념과는 언뜻 보아서 어떤 인과적 관계가 있는 듯하다. (마)

보기

㉠ 과학에서 말하는 현상과 현상학에서 말하는 현상은 다른 내용을 가지고 있지만, 그것들은 다 같이 어떤 존재, 즉 우주 안에서 일어나는 사건을 가리킨다.
㉡ 언어학은 과학의 한 분야로서 그 연구의 대상을 하나의 구체적 사물로 취급한다.

	㉠	㉡			㉠	㉡
①	(가)	(나)		②	(가)	(다)
③	(나)	(라)		④	(다)	(마)

03 | 빈칸추론

| 유형분석 |

- 글의 전반적인 흐름을 파악하고 있는지 평가한다.
- 첫 문장, 마지막 문장 또는 글의 중간 등 다양한 위치에 빈칸이 주어질 수 있다.

다음 글의 빈칸에 들어갈 내용으로 가장 적절한 것은?

아리스토텔레스는 인간은 스스로 결정하는 일에 참여할 뿐만 아니라 그런 기회를 가짐으로써 비로소 결정하는 법을 배우게 되는 사회적 동물이라고 했다. 따라서 도덕적 결정을 어떻게 하는지 알기 위해서는 _____ 훌륭한 시민은 태어나는 것이 아니다. 사회 교육적으로 만들어지는 것이다. 그리스 도시는 그리스 청소년에게 전인격적 인간을 만들어 주는 사회 교육의 장이었으며, 문명의 장이었던 것이다. 물론 도시를 학교화시키는 그리스의 사회 교육적 노력이 궁극적으로는 소수 시민이나 정치적 지배자를 양성하기 위한 정치 교육적 노력이었다는 점은 비판되어야 하지만, 사회가 교실이라는 논리만큼은 현대의 산업 사회에서도 적용될 수 있다고 판단된다.

① 그와 관계되는 교육적 프로그램을 다양하게 개발해야 한다.
② 그런 일에 직접 참여해 보는 경험보다 더 중요한 것은 없다.
③ 그 방면의 권위자의 견해를 학습하는 것이 선행되어야 한다.
④ 그와 관계되는 적절한 학습 동기를 부여하는 것이 중요하다.

정답 ②

아리스토텔레스에 따르면 스스로 결정하는 일에 참여할 때 교육적 효과가 가장 두드러진다. 따라서 빈칸에는 도덕적 결정의 상황에 실제로 참여해 보는 직접적 경험이 중요하다는 내용이 들어가야 한다.

유형풀이 Tip

- 글을 모두 읽고 풀기에는 시간이 부족하다. 따라서 빈칸의 앞·뒤 문장만을 통해 내용을 파악할 수 있어야 한다.
- 선택지의 문장을 각각 빈칸에 넣었을 때 그 흐름이 어색하지 않은지 확인하도록 한다.

※ 다음 글의 빈칸에 들어갈 내용으로 가장 적절한 것을 고르시오. [1~5]

Easy

01

> 경기적 실업이란 경기 침체의 영향으로 기업 활동이 위축되고 이로 인해 노동에 대한 수요가 감소하여 고용량이 줄어들어 발생하는 실업이다. 다시 말해 경기적 실업은 노동 시장에서 노동의 수요와 공급이 균형을 이루고 있는 상태라고 가정할 때, 경기가 침체되어 물가가 하락하게 되면 _____ 경기적 실업은 다른 종류의 실업에 비해 생산량 측면에서 경제적으로 큰 손실을 발생시킬 수 있기에, 경제학자들은 이를 해결하기 위한 정부의 역할에 대해 다양한 의견을 제시한다.

① 기업은 생산량을 줄이게 되고 이로 인해 노동에 대한 공급이 감소하여 발생한다.
② 기업은 생산량을 늘리게 되고 이로 인해 노동에 대한 수요가 증가하여 발생한다.
③ 기업은 생산량을 늘리게 되고 이로 인해 노동에 대한 공급이 감소하여 발생한다.
④ 기업은 생산량을 줄이게 되고 이로 인해 노동에 대한 수요가 감소하여 발생한다.

02

> 민주주의의 목적은 다수가 소수의 폭군이나 자의적인 권력 행사를 통제하는 데 있다. 민주주의의 이상은 모든 자의적인 권력을 억제하는 것으로 이해되었는데 이것이 오늘날에는 자의적 권력을 정당화하기 위한 장치로 변화되었다. 이렇게 변화된 민주주의는 민주주의 그 자체를 목적으로 만들려는 이념이다. 이것은 법의 원천과 국가권력의 원천이 주권자 다수의 의지에 있기 때문에, 국민의 참여와 표결 절차를 통하여 다수가 결정한 법과 정부의 활동이라면 그 자체로 정당성을 갖는다는 것이다. 즉, 유권자 다수가 원하는 것이면 무엇이든 실현할 수 있다는 말이다.
> 이런 민주주의는 '무제한적 민주주의'이다. 어떤 제약도 없는 민주주의라는 의미이다. 이런 민주주의는 자유주의와 부합할 수가 없다. 그것은 다수의 독재이고 이런 점에서 전체주의와 유사하다. 폭군의 권력이든, 다수의 권력이든, 군주의 권력이든, 위험한 것은 권력 행사의 무제한성이다. 중요한 것은 이러한 권력을 제한하는 일이다.
> 민주주의 그 자체를 수단이 아니라 목적으로 여기고 다수의 의지를 중시한다면, 그것은 다수의 독재를 초래할 뿐만 아니라 전체주의만큼이나 위험하다. 민주주의 존재 그 자체가 언제나 개인의 자유에 대한 전망을 밝게 해준다는 보장은 없다. 개인의 자유와 권리를 보장하지 못하는 민주주의는 본래의 민주주의가 아니다. 본래의 민주주의는 _____

① 다수의 의견을 수렴하여 이를 그대로 정책에 반영해야 한다.
② 서로 다른 목적의 충돌로 인한 사회적 불안을 해소할 수 있어야 한다.
③ 민주적 절차 준수에 그치지 않고 과도한 권력을 실질적으로 견제할 수 있어야 한다.
④ 무제한적 민주주의를 과도기적으로 거치며 개인의 자유와 권리 보장에 기여해야 한다.

03

세율에는 세액을 과세 표준으로 나눈 값인 평균 세율, 세액을 과세 이전 총소득으로 나눈 값인 실효 세율 등이 있다. 다음 예를 통해 세율에 대해 이해해 보자. 소득세의 세율이 과세 표준 금액 1,000만 원 이하는 10%, 1,000만 원 초과 4,000만 원 이하는 20%라 하자. 이처럼 과세 표준을 몇 개의 구간으로 나누는 까닭은 소득에 대응하는 세율을 일일이 획정하는 것이 현실적으로 어렵기 때문이다. 과세 표준 금액이 3,000만 원인 사람의 세액은 '1,000×10%+2,000×20%=500만 원'으로 계산된다. _____ 과세 표준에 세율을 어떻게 적용할 것인지에 따라 세율 구조가 결정된다. 과세 표준이 클수록 높은 세율로 과세하는 것을 누진 세율 구조라고 한다. 그런데 누진 세율 구조가 아니더라도 고소득일수록 세액이 증가할 수 있으므로 세율 구조는 평균 세율의 증가 여부로 판단하는 것이 적절하다. 즉, 과세 표준이 증가할 때 평균 세율이 유지되면 비례 세율 구조, 평균 세율이 오히려 감소하면 역진 세율 구조, 함께 증가하면 누진 세율 구조이다.

① 이 경우 평균 세율은 약 16.7%(500÷3,000×100)가 된다.
② 이 경우 평균 세율은 약 33.3%(1,000÷3,000×100)가 된다.
③ 이 경우 평균 세율은 약 50%(1,500÷3,000×100)가 된다.
④ 이 경우 평균 세율은 약 66.7%(2,000÷3,000×100)가 된다.

04

우리의 생각과 판단은 언어에 의해 결정되는가 아니면 경험에 의해 결정되는가? 언어결정론자들은 우리의 생각과 판단이 언어를 반영하고 있고 실제로 언어에 의해 결정된다고 주장한다. 언어결정론자들의 주장에 따르면 에스키모인들은 눈에 관한 다양한 언어 표현을 갖고 있어서 눈이 올 때 우리가 미처 파악하지 못한 미묘한 차이점들을 찾아낼 수 있다. 또 언어결정론자들은 '노랗다', '샛노랗다', '누르스름하다' 등 노랑에 대한 다양한 우리말 표현들이 있어서 노란색들의 미묘한 차이가 구분되고 그 덕분에 색에 관한 우리의 인지능력이 다른 언어 사용자들보다 뛰어나다고 본다. 이렇듯 언어결정론자들은 사용하는 언어에 의해서 우리의 사고능력이 결정된다고 주장한다.
정말 그럴까? 모든 색은 명도와 채도에 따라 구성된 스펙트럼 속에 놓이고, 각각의 색은 여러 언어로 표현될 수 있다. 이러한 사실에 비추어보면 우리말이 다른 언어에 비해 보다 풍부한 표현을 갖고 있다고 볼 수 없다. 나아가 _____ 따라서 우리의 생각과 판단은 언어가 아닌 경험에 의해 결정된다고 보는 쪽이 더 설득력 있다.

① 개개인의 언어습득능력과 속도는 모두 다르기 때문에 인지능력에 대한 언어의 영향도 제각기 다르다.
② 언어가 사고능력에 미치는 영향과 경험이 사고능력에 미치는 영향을 계량화하여 비교하기는 곤란한 일이다.
③ 어떤 것을 가리키는 단어가 있을 때에만 우리는 그 단어에 대하여 사고할 수 있다.
④ 더 풍부한 표현을 가진 언어를 사용함에도 불구하고 인지능력이 뛰어나지 못한 경우들도 있다.

소독이란 물체의 표면 및 그 내부에 있는 병원균을 죽여 전파력 또는 감염력을 없애는 것이다. 소독의 가장 안전한 형태로는 멸균이 있다. 멸균이란 대상으로 하는 물체의 표면 또는 그 내부에 분포하는 모든 세균을 완전히 죽여 무균의 상태로 만드는 조작으로, 살아있는 세포뿐만 아니라 포자, 박테리아, 바이러스 등을 완전히 파괴하거나 제거하는 것이다.

물리적 멸균법은 열, 햇빛, 자외선, 초단파 따위를 이용하여 균을 죽여 없애는 방법이다. 열(Heat)에 의한 멸균에는 건열 방식과 습열 방식이 있는데, 건열 방식은 소각과 건식 오븐을 사용하여 멸균하는 방식이다. 건열 방식이 활용되는 예로는 미생물 실험실에서 사용하는 많은 종류의 기구를 물 없이 멸균하는 것이 있다. 이는 습열 방식을 활용했을 때 유리를 포함하는 기구가 파손되거나 금속 재질로 이루어진 기구가 습기에 의해 부식할 가능성을 보완한 방법이다. 그러나 건열 멸균법은 습열 방식에 비해 멸균 속도가 느리고 효율이 떨어지며, 열에 약한 플라스틱이나 고무제품은 대상물의 변성이 이루어져 사용할 수 없다. 예를 들어 많은 세균의 내생포자는 습열 멸균 온도 조건(121℃)에서는 5분 이내에 사멸되나, 건열 멸균법을 활용할 경우 이보다 더 높은 온도(160℃)에서도 약 2시간 정도가 지나야 사멸되는 양상을 나타낸다. 반면, 습열 방식은 바이러스, 세균, 진균 등의 미생물들을 손쉽게 사멸시킨다. 습열은 효소 및 구조단백질 등의 필수 단백질의 변성을 유발하고, 핵산을 분해하며 세포막을 파괴하여 미생물을 사멸시킨다. 끓는 물에 약 10분간 노출하면 대개의 영양세포나 진핵포자를 충분히 죽일 수 있으나, 100℃의 끓는 물에서는 세균의 내생포자를 사멸시키지는 못한다. 따라서 물을 끓여서 하는 열처리는 _____ 멸균을 시키기 위해서는 100℃가 넘는 온도(일반적으로 121℃)에서 압력(약 1.1kg/cm²)을 가해 주는 고압증기멸균기를 이용한다. 고압증기멸균기는 물을 끓여 증기를 발생시키고 발생한 증기와 압력에 의해 멸균을 시키는 장치이다. 고압증기멸균기 내부가 적정 온도와 압력(121℃, 약 1.1kg/cm²)에 이를 때까지 뜨거운 포화 증기를 계속 유입시킨다. 해당 온도에서 포화 증기는 15분 이내에 모든 영양세포와 내생포자를 사멸시킨다. 고압증기멸균기에 의해 사멸되는 미생물은 고압에 의해서라기보다는 고압 하에서 수증기가 얻을 수 있는 높은 온도에 의해 사멸되는 것이다.

① 멸균 과정에서 더 많은 비용이 소요된다.

② 멸균 과정에서 더 많은 시간이 소요된다.

③ 소독을 시킬 수는 있으나, 멸균을 시킬 수는 없다.

④ 멸균을 시킬 수는 있으나, 소독을 시킬 수는 없다.

04 | 내용일치

| 유형분석 |

- 짧은 시간 안에 글의 내용을 정확하게 이해할 수 있는지 평가한다.
- 은행 금융상품 관련 글을 읽고 이해하기, 고객 문의에 답변하기 등의 유형이 빈번하게 출제된다.

다음 글의 내용으로 적절하지 않은 것은?

사람의 눈이 원래 하나였다면 세계를 입체적으로 지각할 수 있었을까? 입체 지각은 대상까지의 거리를 인식하여 세계를 3차원으로 파악하는 과정을 말한다. 입체 지각은 눈으로 들어오는 시각 정보로부터 다양한 단서를 얻어 이루어지는데 이를 양안 단서와 단안 단서로 구분할 수 있다.

양안 단서는 양쪽 눈이 함께 작용하여 얻어지는 것으로, 양쪽 눈에서 보내오는 시차(視差)가 있는 유사한 상이 대표적이다. 단안 단서는 한쪽 눈으로 얻을 수 있는 것인데, 사람은 단안 단서만으로도 이전의 경험으로부터 추론에 의하여 세계를 3차원으로 인식할 수 있다. 망막에 맺히는 상은 2차원이지만 그 상들 사이의 깊이의 차이를 인식하게 해 주는 다양한 실마리들을 통해 입체 지각이 이루어진다.

동일한 물체의 크기가 다르게 시야에 들어오면 우리는 더 큰 시각(視角)을 가진 쪽이 더 가까이 있다고 인식한다. 이렇게 물체의 '상대적 크기'는 대표적인 단안 단서이다. 또 다른 단안 단서로는 '직선 원근'이 있다. 우리는 앞으로 뻗은 길이나 레일이 만들어내는 평행선의 폭이 좁은 쪽이 넓은 쪽보다 멀리 있다고 인식한다. 또 하나의 단안 단서인 '결 기울기'는 같은 대상이 집단적으로 어떤 면에 분포할 때, 시야에 동시에 나타나는 대상들의 연속적인 크기 변화로 얻어진다.

① 세계를 입체적으로 지각하기 위해서는 단서가 되는 다양한 시각 정보가 필요하다.

② 단안 단서에는 물체의 상대적 크기, 직선 원근, 결 기울기 등이 있다.

③ 사고로 한쪽 눈의 시력을 잃은 사람은 입체 지각이 불가능하다.

④ 대상까지의 거리를 인식할 수 있어야 세계를 입체적으로 지각할 수 있다.

정답 ③
사람은 한쪽 눈으로 얻을 수 있는 단안 단서만으로도 이전의 경험으로부터 추론에 의하여 세계를 3차원으로 인식할 수 있다. 즉, 사고로 한쪽 눈의 시력을 잃어도 남은 한쪽 눈에 맺히는 2차원의 상들은 다양한 실마리를 통해 입체 지각이 가능하다.

오답분석
① 첫 번째 문단의 세 번째 문장에 따르면, 입체 지각은 눈으로 들어오는 시각 정보로부터 다양한 단서를 얻어 이루어진다.
② 마지막 문단에서 확인할 수 있다.
④ 첫 번째 문단의 두 번째 문장에 따르면, 입체 지각은 대상까지의 거리를 인식하여 세계를 3차원으로 파악하는 과정이다.

유형풀이 Tip

- 글을 읽기 전에 문제와 선택지를 먼저 읽어보고 글의 주제를 대략적으로 파악해야 한다.
- 선택지를 통해 글에서 찾아야 할 정보가 무엇인지 먼저 인지한 후 글을 읽어야 문제 풀이 시간을 단축할 수 있다.

01　다음 중 제시문에 대한 설명으로 적절하지 않은 것은?

> 물가 상승률은 일반적으로 가격 수준의 상승 속도를 나타내며 소비자 물가지수(CPI)와 같은 지표를 사용하여 측정된다. 높은 물가 상승률은 소비재와 서비스의 가격이 상승하고, 돈의 구매력이 감소한다. 이는 소비자들이 더 많은 돈을 지출하여 물가 상승에 따른 가격 상승을 감수해야 함을 의미한다. 물가 상승률은 경제에 다양한 영향을 미친다. 먼저 소비자들의 구매력이 저하되므로 가계소득의 실질 가치가 줄어든다. 이는 소비 지출의 감소와 경기 둔화를 초래할 수 있다. 또한 물가 상승률은 기업의 의사결정에도 영향을 준다. 예를 들어 높은 물가 상승률은 이자율의 상승과 함께 대출 조건을 악화시키므로 기업들은 생산 비용 상승과 이로 인한 이윤 감소에 직면하게 된다.
> 정부와 중앙은행은 물가 상승률을 통제하기 위해 다양한 금융 정책을 사용하며 대표적으로 세금 조정, 통화량 조절, 금리 조정 등이 있다.
> 물가 상승률은 경제 활동에 큰 영향을 주는 중요한 요소이므로 정부, 기업, 투자자 및 개인은 이를 주의 깊게 모니터링하고 전망을 평가하는 데 활용해야 한다. 또한 소비자의 구매력과 경기 상황에 직간접적인 영향을 주므로 경제 주체들은 물가 상승률의 변동에 대응하여 적절한 전략을 수립해야 한다.

① 지나친 물가 상승은 소비 심리를 위축시킨다.
② 정부와 중앙은행이 실행하는 금융 정책의 목적은 물가 안정성을 유지하는 것이다.
③ 중앙은행의 금리 조정으로 지나친 물가 상승을 진정시킬 수 있다.
④ 소비재와 서비스의 가격이 상승하므로 기업의 입장에서는 물가 상승률이 커질수록 이득이다.

02 다음은 우리나라 예금의 역사에 대한 기사이다. 이해한 내용으로 적절하지 않은 것은?

우리나라에서 예금업무를 보는 민족계 은행이 설립되기 시작한 것은 1894년(고종 31년)의 갑오경장 이후이다. 그런데 우리나라에서는 민족계 은행이 설립된 뒤에도 예금이라는 용어는 사용되지 않았으며, 그 대신 임치(任置)라는 말이 널리 쓰이고 있었다. 이를테면 1906년 3월에 우리나라에서 제정된 최초의 조례로 은행법의 모체가 되는 '은행 조례'가 공포되었다. 은행 조례에서 '임치'라는 말이 사용되었으며, 당시 예금자는 임주(任主)라고 불렀다.

1912년 3월 은행설립에 관한 법령을 일원화하기 위하여 '은행령'이 공포되었는데, 여기서 임치 대신 예금이라는 용어가 등장하게 되었다. 일제강점기에는 중앙은행격인 조선은행이나 장기신용은행이라 할 수 있는 조선식산은행도 일반은행과 예금수수에 있어 경쟁적인 관계에 있었다.

1939년 이후 통계는 작성되지 않았으나, 일반은행의 예금에서 동업자·공공예금을 뺀 일반예금에 있어 1910 ~ 1938년간의 평균구성비를 보면 대체로 우리나라 사람이 21.6%, 일본인이 74.4%, 그리고 기타 외국인이 4.0%를 차지하고 있었다. 이와 같이 우리 민족의 예금이 차지하는 구성비는 상대적으로 미약한 상태였다.

1945년 광복 이후 1950년대 초까지는 정치적·사회적 혼란과 경제적 무질서, 그리고 극심한 인플레이션뿐만 아니라 일반 국민의 소득도 적었고 은행금리가 실세금리보다 낮았기 때문에 예금실적은 미미한 상태였다. 1954년 '은행법'이 시행되었으며, 1961년 7월 예금금리의 인상과 예금이자에 대하여 면세조치가 이루어지고, 1965년 9월 금리기능의 회복을 도모하고 자금의 합리적인 배분을 도모하는 각종 조치가 수반됨에 따라 은행예금은 저축성예금을 위주로 증가하였다.

특히, 1960년대 경제개발계획의 추진으로 인하여 물자 동원에 예금이 중요한 비중을 차지한 관계로 각종 조치에 따라 1965년에 783억 원이던 예금은행의 총예금이 1970년에는 7,881억 원으로 증가하였다. 1970년대에는 통화공급억제와 몇 차례의 금리인하로 증가세가 다소 둔화되었다. 그런데 1972년 8월 '경제의 안정과 성장에 관한 긴급명령'에 따른 8·3조처로 사채동결, 금리대폭인하, 특별금융조처 등 대폭적인 개혁이 이루어져 1974년과 1979년을 제외하고 대체로 30% 이상의 신장세를 유지하였다.

1980년대에는 물가안정과 각종 우대금리의 확대에 따라 예금은행의 총예금이 1980년에 12조 4,219억 원, 1985년에는 31조 226억 원, 그리고 1990년에는 84조 2,655억 원에 이르렀다. 1991년부터 4단계로 나누어 실시된 금리자유화 조치와 1992년에 실시된 금융실명제는 금융자산의 흐름을 비금융권으로부터 금융권으로 바꾸어 놓아 1995년에는 예금은행의 총예금이 154조 3,064억 원으로 크게 신장되었다.

① 1945년 광복 이후 1950년대 초까지는 은행금리가 실세금리보다 낮았다.
② 예금 이전에 임치라는 용어가 은행 조례에서 사용되었다.
③ 물가안정과 각종 우대금리 확대로 1980년대에는 총예금이 지속적으로 증가했다.
④ 1972년 8월 8·3조처로 1970년대에 총예금은 매년 30% 이상의 신장세를 유지하였다.

Easy

03 다음 글을 읽고 '스마트 그리드'에 대한 설명으로 적절한 것을 고르면?

주니퍼 리서치(Juniper Research)는 글로벌 스마트 그리드 구축으로 인해 전 세계는 2021년 316TW/h(테라와트시)를 시작으로 2026년에는 연간 1,060TW/h의 에너지를 절약하게 될 것이라는 내용의 보고서를 발표했다. 이는 영국 런던의 보로오브 브렌트에 위치한 웸블리 스타디움에서 90분 동안 진행되는 축구 경기 4,200만 회 이상을 개최하는 에너지에 해당한다.

홈페이지에 게재한 보도자료에서 주니퍼 리서치는 '스마트 그리드; 산업 및 경쟁 동향, 시장 전망 2021 ~ 2026(Smart Grid; Industry Trends, Competitor Leaderboard and Market Forecasts 2021 ~ 2026)' 보고서 출판 사실을 공지하고 스마트 그리드가 에너지 시장의 지속 가능성을 확보하는 데 중요한 역할을 수행할 것이라고 예상했다.

보고서는 에너지 운영 회사에 최적의 운영 방법론을 제공한다. 저렴한 센서 및 연결성을 가장 잘 결합하는 에너지 공급업체가 앞으로 가장 큰 성공을 거둘 것이라는 예측이다. 스마트 그리드는 적절한 분석을 제공하며, 네트워크는 수요에 자동으로 반응한다. 재생 에너지 중심의 미래에 지속 가능한 에너지 보안을 제공한다는 것이다.

보고서에 따르면 실시간으로 에너지 사용량을 분석하여 유틸리티 회사의 응답 기능을 지원하는 스마트 그리드 소프트웨어는 에너지 및 비용 절감을 제공하는 데 중요한 역할을 수행한다.

이러한 장점으로 인해 스마트 그리드 소프트웨어 시장은 2021년 120억 달러에서 2026년에는 연간 380억 달러 이상의 시장으로 성장할 전망이다. 5년 동안 3배 이상 확대된다는 예상이다.

연구를 수행한 책임자 댐라 샛은 "기후 목표를 달성하고 전력 회사의 급증하는 운영비용을 줄이려면 스마트 그리드로 빠르게 진화해야 한다. 연결성을 활용하고 대규모 분석을 통해 그리드를 운영하는 것은 진정한 수요 응답형 그리드를 달성하는 데 매우 중요하다."라고 강조했다.

연구에 따르면 스마트 계량기의 출시도 크게 증가하고 있다. 서비스 중인 글로벌 스마트 계량기는 2021년 11억 개에서 2026년 20억 개 이상에 도달할 것으로 예상된다. 현재 라틴아메리카와 아프리카 및 중동 등의 시장은 서유럽과 극동 및 중국의 선두 주자들에 비해 크게 뒤떨어져 있다. 이들 지역을 중심으로 공급이 증가할 것으로 보인다.

① 스마트 그리드 소프트웨어는 비용은 더 많이 들지만 뛰어난 효용 덕분에 주목받고 있다.

② 기후 변화 위기에 대처하는 데에 스마트 그리드 기술은 도움이 된다.

③ 스마트 그리드 소프트웨어 시장은 확대되고 있지만, 스마트 계량기는 큰 인기를 끌지 못하고 있다.

④ 현재의 스마트 그리드 기술로는 에너지를 절약할 수 없지만, 추후 많은 에너지를 절약할 수 있을 것으로 기대된다.

다음 글을 근거로 판단할 때, 〈보기〉에서 옳은 것을 모두 고르면?

하와이 원주민들이 사용하던 토속어는 1898년 하와이가 미국에 병합된 후 미국이 하와이 학생들에게 사용을 금지하면서 급격히 소멸되었다. 그러나 하와이 원주민들이 소멸한 토속어를 부활시키기 위해 1983년 '아하 푸나나 레오'라는 기구를 설립하여 취학 전 아동부터 중학생까지의 원주민들을 대상으로 집중적으로 토속어를 교육한 결과 언어 복원에 성공했다.

이러한 언어의 다양성을 지키려는 노력뿐만 아니라 언어의 통일성을 추구하려는 노력도 있었다. 안과의사였던 자멘호프는 유태인, 폴란드인, 독일인, 러시아인들이 서로 다른 언어를 사용함으로써 갈등과 불화가 생긴다고 판단하고 예외와 불규칙이 없는 문법과 알기 쉬운 어휘에 기초해 국제공통어 에스페란토를 만들어 1887년에 발표했다. 그의 구상은 '1민족 2언어주의'에 입각하여 같은 민족끼리는 모국어를, 다른 민족과는 중립적이고 배우기 쉬운 에스페란토를 사용하자는 것이었다.

에스페란토의 문자는 영어 알파벳 26개 문자에서 Q, W, X, Y의 4개 문자를 빼고 영어 알파벳에는 없는 Ĉ, Ĝ, Ĥ, Ĵ, Ŝ, Ŭ의 6개 문자를 추가하여 만들어졌다. 문법의 경우 가급적 불규칙 변화를 없애고 각 어간에 품사 고유의 어미를 붙여 명사는 −o, 형용사는 −a, 부사는 −e, 동사원형은 −i로 끝낸다. 예를 들어 '사랑'은 amo, '사랑의'는 ama, '사랑으로'는 ame, '사랑하다'는 ami이다. 시제의 경우 어간에 과거형은 −is, 현재형은 −as, 미래형은 −os를 붙여 표현한다.

또한, 1자 1음의 원칙에 따라 하나의 문자는 하나의 소리만을 내고, 소리 나지 않는 문자는 없으며, 단어의 강세는 항상 뒤에서 두 번째 모음에 있기 때문에 사전 없이도 쉽게 읽을 수 있다. 특정한 의미를 갖는 접두사와 접미사를 활용하여 많은 단어를 파생시켜 사용하므로 단어 암기를 위한 노력이 크게 줄어드는 것도 중요한 특징이다. 아버지는 patro, 어머니는 patrino, 장인은 bopatro, 장모는 bopatrino인 것이 그 예이다.

※ 에스페란토에서 모음은 A, E, I, O, U이며 반모음은 Ŭ임

보기

㉠ 에스페란토의 문자는 모두 28개로 만들어졌다.
㉡ 미래형인 '사랑할 것이다.'는 에스페란토로 'amios'이다.
㉢ '어머니'와 '장모'를 에스페란토로 말할 때 강세가 있는 모음은 같다.
㉣ 자멘호프의 구상에 따르면 동일한 언어를 사용하는 하와이 원주민끼리도 에스페란토를 써야 한다.

① ㉠, ㉢
② ㉠, ㉣
③ ㉡, ㉣
④ ㉢, ㉣

※ 다음 글을 읽고 이어지는 질문에 답하시오. **[5~6]**

채권은 사업에 필요한 자금을 조달하기 위해 발행하는 유가증권으로, 국채나 회사채 등 발행 주체에 따라 그 종류가 다양하다. 채권의 액면금액, 액면이자율, 만기일 등의 지급 조건은 채권 발행 시 정해지며, 채권 소유자는 매입 후에 정기적으로 이자액을 받고, 만기일에는 마지막 이자액과 액면금액을 지급 받는다. 이때 이자액은 액면이자율을 액면가액에 곱한 것으로 대개 연 단위로 지급된다. 채권은 만기일 전에 거래되기도 하는데, 이때 채권가격은 현재가치, 만기, 지급 불능 위험 등 여러 요인에 따라 결정된다.

채권 투자자는 정기적으로 받게 될 이자액과 액면금액을 각각 현재 시점에서 평가한 값들의 합계인 채권의 현재가치에서 채권의 매입가격을 뺀 순수익의 크기로 따진다. 채권 보유로 미래에 받을 수 있는 금액을 현재 가치로 환산하여 평가할 때는 금리를 반영한다. 가령 금리가 연 10%이고, 내년에 지급받게 될 금액이 110원 이라면, 110원의 현재가치는 100원이다. 즉, 금리는 현재가치에 반대 방향으로 영향을 준다. _____ 금리가 상승하면 채권의 현재가치가 하락하고, 이에 따라 채권의 가격도 하락하게 되는 결과로 이어진다. 이처럼 수시로 변동되는 시중 금리는 현재가치의 평가 구조상 채권가격의 변동에 영향을 주는 요인이 된다.

채권의 매입 시점부터 만기일까지의 기간인 만기도 채권의 가격에 영향을 준다. 일반적으로 다른 지급 조건이 동일하다면 만기가 긴 채권일수록 가격은 금리 변화에 더 민감하므로 가격 변동의 위험이 크다. 채권은 발행된 이후에는 만기가 짧아지므로 만기일이 다가올수록 채권가격은 금리 변화에 덜 민감해진다. 따라서 투자자들은 만기가 긴 채권일수록 높은 순수익을 기대하므로 액면이자율이 더 높은 채권을 선호한다.

또 액면금액과 이자액을 약정된 일자에 지급할 수 없는 지급 불능 위험도 채권가격에 영향을 준다. 예를 들어 채권을 발행한 기업의 경영 환경이 악화될 경우, 그 기업은 지급 능력이 떨어질 수 있다. 이런 채권에 투자하는 사람들은 위험을 감수해야 하므로 이에 대한 보상을 요구하게 되고, 이에 따라 채권가격은 상대적으로 낮게 형성된다.

한편 채권은 서로 대체가 가능한 금융 자산의 하나이기 때문에, 다른 자산 시장의 상황에 따라 가격에 영향을 받기도 한다. 가령 주식 시장이 호황이어서 주식 투자를 통한 수익이 커지면 상대적으로 채권에 대한 수요가 줄어 채권가격이 하락할 수도 있다.

05 다음 중 채권가격이 높아지는 조건이 아닌 것은?

① 시중 금리가 낮아진다.
② 주식 시장이 불황을 겪는다.
③ 채권을 발행한 기업의 경영 환경이 악화된다.
④ 주식 투자를 통한 수익이 작아진다.

06 다음 중 윗글의 빈칸에 들어갈 접속어로 가장 적절한 것은?

① 따라서   ② 하지만
③ 또한   ④ 게다가

05 | 나열하기

| 유형분석 |

- 글의 논리적인 전개 구조를 파악할 수 있는지 평가한다.
- 첫 문단(단락)이 제시되지 않은 문제가 출제될 가능성이 있다.

다음 문장을 논리적 순서대로 바르게 나열한 것은?

(가) 그렇기 때문에 남녀 고용 평등의 확대를 위해 채용 목표제를 강화할 필요가 있다.

(나) 우리나라 대졸 이상 여성의 고용 비율은 OECD 국가 중 최하위인데 이는 채용 과정에서 여성이 부당한 차별을 받는 경우가 많다는 것을 보여준다.

(다) 우리나라 남녀 전체의 평균 고용 비율 격차는 31.8%p로 남성에 비해 여성의 고용 비율이 현저히 낮다.

(라) 강화된 법규가 준수될 수 있도록 정부의 계도와 감독 기능을 강화해야 할 것이다.

(마) 고용 시 여성에게 일정 비율을 할애하는 것은 남성에 대한 역차별이라는 주장이 있기는 하지만, 남녀 고용 평등이 어느 정도 실현될 때까지 여성에 대한 배려는 불가피하다.

① (다) – (가) – (마) – (나) – (라)

② (다) – (나) – (라) – (가) – (마)

③ (라) – (나) – (마) – (다) – (가)

④ (라) – (다) – (가) – (나) – (마)

정답 ①

제시문은 우리나라 여성의 고용 비율이 남성보다 낮기 때문에 여성의 고용에 대한 배려가 필요하다는 내용이다. 따라서 (다) 우리나라는 남성에 비해 여성의 고용 비율이 현저히 낮음 – (가) 남녀 고용 평등의 확대를 위한 채용 목표제의 강화 필요 – (마) 역차별이라는 주장과 현실적인 한계 – (나) 대졸 이상 여성의 고용 비율이 OECD 국가 중 최하위인 대한민국의 현실 – (라) 강화된 법규가 준수될 수 있도록 정부의 계도와 감독 기능이 강화의 순서로 연결되어야 한다.

유형풀이 Tip

- 각 문단에 위치한 지시어와 접속어를 살펴본다. 문두에 접속어가 오거나 문장 중간에 지시어가 나오는 경우 글의 첫 번째 문단이 될 수 없다.
- 각 문단의 첫 문장과 마지막 문장에 집중하면서 글의 순서를 하나씩 맞춰 나간다.
- 선택지를 참고하여 문단의 순서를 생각해 보는 것도 시간을 단축하는 좋은 방법이 될 수 있다.

※ 다음 문단을 논리적 순서대로 바르게 나열한 것을 고르시오. [1~3]

01

(가) 이와 같이 임베디드 금융의 개선을 위해서는 효과적인 보안 시스템과 프라이버시 보호 방안을 도입하여 사용자의 개인정보를 안전하게 관리하는 것이 필요하다. 또한 디지털 기기의 접근성을 개선하고 사용자들이 편리하게 이용할 수 있는 환경을 조성해야 한다.

(나) 임베디드 금융은 기업과 소비자 모두에게 이점을 제공한다. 기업은 제품과 서비스에 금융 기능을 통합함으로써 자사 플랫폼 의존도를 높이고, 수집한 고객의 정보를 통해 매출을 증대시킬 수 있으며, 고객들에게 편리한 금융 서비스를 제공할 수 있다. 소비자의 경우는 모바일 앱을 통해 간편하게 금융 거래를 할 수 있고, 스마트기기 하나만으로 다양한 금융 상품에 접근할 수 있어 편의성과 접근성이 크게 향상된다.

(다) 그러나 임베디드 금융은 개인정보 보호와 안전성에 대한 관리가 필요하다. 사용자의 금융 데이터와 개인정보가 디지털 플랫폼이나 기기에 저장되므로 해킹이나 데이터 유출과 같은 사고가 발생할 수 있다. 이는 사용자의 프라이버시 침해와 금융 거래 안전성에 대한 심각한 위협이 될 수 있다. 또한 모든 사람들이 안정적인 인터넷 연결과 임베디드 금융이 포함된 최신 기기를 보유하고 있지는 않기 때문에 디지털 기기에 익숙하지 않은 사람들은 임베디드 금융 서비스를 제공받는 데 제한을 받을 수 있다.

(라) 임베디드 금융은 비금융 기업이 자신의 플랫폼이나 디지털 기기에 금융 서비스를 탑재하는 것을 뜻한다. 삼성페이나 애플페이 같은 결제 서비스부터 대출이나 보험까지 임베디드 금융은 제품과 서비스에 금융 기능을 통합하여 사용자에게 편의성과 접근성을 높여준다.

① (가) – (다) – (라) – (나)

② (나) – (가) – (다) – (라)

③ (나) – (라) – (다) – (가)

④ (라) – (나) – (다) – (가)

02

(가) 개념사를 역사학의 한 분과로 발전시킨 독일의 역사학자 코젤렉은 '개념은 실재의 지표이자 요소'라고 하였다. 이 말은 실타래처럼 얽혀 있는 개념과 정치·사회적 실재, 개념과 역사적 실재의 관계를 정리하기 위한 중요한 지침으로 작용한다. 그에 의하면 개념은 정치적 사건이나 사회적 변화 등의 실재를 반영하는 거울인 동시에 정치·사회적 사건과 변화의 실제적 요소이다.

(나) 개념은 정치적 사건과 사회적 변화 등에 직접 관련되어 있거나 그것을 기록, 해석하는 다양한 주체들에 의해 사용된다. 이러한 주체들, 즉 '역사 행위자'들이 사용하는 개념은 여러 의미가 포개어진 층을 이룬다. 개념사에서는 사회·역사적 현실과 관련하여 이러한 층들을 파헤치면서 개념이 어떻게 사용되어 왔는가, 이 과정에서 그 의미가 어떻게 변화했는가, 어떤 함의들이 거기에 투영되었는가, 그 개념이 어떠한 방식으로 작동했는가 등에 대해 탐구한다.

(다) 이상에서 보듯이 개념사에서는 개념과 실재를 대조하고 과거와 현재의 개념을 대조함으로써, 그 개념이 대응하는 실재를 정확히 드러내고 있는가, 아니면 실재의 이해를 방해하고 더 나아가 왜곡하는가를 탐구한다. 이를 통해 코젤렉은 과거에 대한 '단 하나의 올바른 묘사'를 주장하는 근대 역사학의 방법을 비판하고, 과거의 역사 행위자가 구성한 역사적 실재와 현재 역사가가 만든 역사적 실재를 의미있게 소통시키고자 했다.

(라) 사람들이 '자유', '민주', '평화' 등과 같은 개념들을 사용할 때, 그 개념이 서로 같은 의미를 갖는 것은 아니다. '자유'의 경우, '구속받지 않는 상태'를 강조하는 개념으로 쓰이는가 하면, '자발성'이나 '적극적인 참여'를 강조하는 개념으로 쓰이기도 한다. 이러한 정의와 해석의 차이로 인해 개념에 대한 논란과 논쟁이 늘 있어 왔다. 바로 이러한 현상에 주목하여 출현한 것이 코젤렉의 '개념사'이다.

(마) 또한 개념사에서는 '무엇을 이야기 하는가.'보다는 '어떤 개념을 사용하면서 그것을 이야기하는가.'에 관심을 갖는다. 개념사에서는 과거의 역사 행위자가 자신이 경험한 '현재'를 서술할 때 사용한 개념과 오늘날의 입장에서 '과거'의 역사 서술을 이해하기 위해 사용한 개념의 차이를 밝힌다. 그리고 과거의 역사를 현재의 역사로 번역하면서 양자가 어떻게 수렴될 수 있는가를 밝히는 절차를 밟는다.

① (나) – (가) – (마) – (다) – (라)
② (나) – (다) – (가) – (라) – (마)
③ (라) – (가) – (나) – (마) – (다)
④ (라) – (나) – (가) – (다) – (마)

Easy

03

(가) 고전주의 예술관에 따르면 진리는 예술 작품 속에 이미 완성된 형태로 존재한다. 독자는 작가가 담아 놓은 진리를 '원형 그대로' 밝혀내야 하고, 작품에 대한 독자의 감상은 언제나 작가의 의도와 일치해야 한다. 결국 고전주의 예술관에서 독자는 작품의 의미를 수동적으로 받아들이는 존재일 뿐이다. 하지만 작품의 의미를 해석하고 작가의 의도를 파악하는 존재는 결국 독자이다. 특히 현대 예술에서는 독자에 따라 작품에 대한 다양한 해석이 가능하다고 여긴다. 바로 여기서 수용미학이 등장한다.

(나) 이저는 텍스트 속에 독자의 역할이 들어있다고 보았다. 그러나 독자가 어떠한 역할을 수행할지는 정해져 있지 않기 때문에 독자는 텍스트를 읽는 과정에서 텍스트의 내용과 형식에 끊임없이 반응한다. 이러한 상호작용 과정을 통해 독자는 작품을 재생산한다. 텍스트는 다양한 독자에 따라 다른 작품으로 태어날 수 있으며, 같은 독자라도 시간과 장소에 따라 다른 작품으로 생산될 수 있는 것이다. 이처럼 텍스트와 독자의 상호작용을 강조한 이저는 작품의 내재적 미학에서 탈피하여 작품에 대한 다양한 해석의 가능성을 열어주었다.

(다) 야우스에 의해 제기된 독자의 역할을 체계적으로 정리한 사람이 '이저'이다. 그는 독자의 능동적 역할을 밝히기 위해 '텍스트'와 '작품'을 구별했다. 텍스트는 독자와 만나기 전의 것을, 작품은 독자가 텍스트와의 상호작용을 통해 그 의미가 재생산된 것을 가리킨다. 그런데 이저는 텍스트에는 '빈틈'이 많다고 보았다. 이 빈틈으로 인해 텍스트는 '불명료성'을 가진다. 텍스트에 빈틈이 많다는 것은 부족하다는 의미가 아니라 독자의 개입에 의해 언제나 새롭게 해석될 수 있다는 것을 의미한다.

(라) 수용미학을 처음으로 제기한 사람은 야우스이다. 그는 "문학사는 작품과 독자 간의 대화의 역사로 쓰여야 한다."라고 주장했다. 이것은 작품의 의미는 작품 속에 갇혀 있는 것이 아니라 독자에 의해 재생산되는 것임을 말한 것이다. 이로부터 문학을 감상할 때 작품과 독자의 관계에서 독자의 능동성이 강조되었다.

① (가) – (다) – (라) – (나)
② (가) – (라) – (다) – (나)
③ (다) – (가) – (나) – (라)
④ (라) – (가) – (나) – (다)

04

> 우리는 자본주의라는 체제의 종말보다 세계의 종말을 상상하는 것이 더 쉬운 시대에 살고 있다고 할 만큼 현재 세계는 자본주의의 논리 아래에 굴러가고 있다. 이러한 자본주의는 어떻게 발생하였을까?

(가) 그러나 1920년대에 몰아친 세계대공황은 자본주의가 완벽하지 않은 체제이며 수정이 필요함을 모든 사람에게 각인시켜줬다. 학문적으로 보자면 대표적으로 존 메이너드 케인스의『고용·이자 및 화폐에 관한 일반이론』등의 저작을 통해 수정자본주의가 꾀해졌다.

(나) 애덤 스미스로부터 학문화된 자본주의는 데이비드 리카도의 비교우위론 등의 이론을 포섭해 나가며 자신의 영역을 공고히 했다. 자본의 폐해에 대한 마르크스 등의 경고가 있었지만, 자본주의는 그 위세를 계속 떨칠 것 같이 보였다.

(다) 1950년대에는 중산층의 신화가 이루어지면서 수정자본주의 체제는 영원할 것 같이 보였지만, 오일 쇼크 등으로 인해서 수정자본주의 또한 그 한계를 보이게 되었고, 빈 학파로부터 파생된 신자유주의 이론이 가미되기 시작하였다.

(라) 자본주의의 시작이라 하면 대부분 애덤 스미스의『국부론』을 떠올리겠지만, 역사학자인 페르낭 브로델에 의하면 자본주의는 16세기 이탈리아에서부터 시작된 것이라고 한다. 이를 학문적으로 정립한 최초의 저작이『국부론』이다.

① (나) – (라) – (가) – (다)

② (나) – (라) – (다) – (가)

③ (라) – (가) – (나) – (다)

④ (라) – (나) – (가) – (다)

05

고전학파에서는 시장에서 임금이나 물가 등의 가격 변수가 완전히 탄력적으로 작용하기 때문에 경기적 실업을 자연스럽게 해소될 수 있는 일시적 현상으로 본다.

(가) 이렇게 실질임금이 상승하게 되면 경기적 실업으로 인해 실업 상태에 있던 노동자들은 노동 시장에서 일자리를 적극적으로 찾으려고 하고, 이로 인해 노동의 초과공급이 발생하게 된다. 그래서 노동자들은 노동 시장에서 경쟁하게 되고 이러한 경쟁으로 인해 명목임금은 탄력적으로 하락하게 된다. 명목임금의 하락은 실질임금의 하락으로 이어지게 되고 실질임금은 경기가 침체되기 이전과 동일한 수준으로 돌아간다.

(나) 이들에 의하면 노동자들이 받는 화폐의 액수를 의미하는 명목임금이 변하지 않은 상태에서, 경기 침체로 인해 물가가 하락하게 되면 명목임금을 물가로 나눈 값, 즉 임금의 실제 가치를 의미하는 실질임금은 상승하게 된다. 예를 들어 물가가 10% 정도 하락하게 되면 명목임금으로 구매할 수 있는 재화의 양이 10% 정도 늘어날 수 있고, 이는 물가가 하락하기 전보다 실질임금이 10% 정도 상승했다는 의미이다.

(다) 결국 기업에서는 명목임금이 하락한 만큼 노동의 수요량을 늘릴 수 있게 되므로 노동의 초과공급은 사라지고 실업이 자연스럽게 해소된다. 따라서 고전학파에서는 인위적 개입을 통해 경기적 실업을 감소시키려는 정부의 역할에 반대한다.

① (가) – (나) – (다)

② (가) – (다) – (나)

③ (나) – (가) – (다)

④ (다) – (나) – (가)

06 │ 주제 · 제목찾기

| 유형분석 |

- 글의 목적이나 핵심 주장을 정확하게 구분할 수 있는지 평가한다.
- 문단별 주제 · 화제, 글쓴이의 주장 · 생각, 표제와 부제 등 다양한 유형으로 출제될 수 있다.

다음 글의 제목으로 적절한 것은?

많은 경제학자는 제도의 발달이 경제 성장의 중요한 원인이라고 생각해 왔다. 예를 들어 재산권 제도가 발달하면 투자나 혁신에 대한 보상이 잘 이루어져 경제 성장에 도움이 된다는 것이다. 그러나 이를 입증하기는 쉽지 않다. 제도의 발달 수준과 소득 수준 사이에 상관관계가 있다 하더라도, 제도는 경제 성장에 영향을 줄 수 있지만 경제 성장으로부터 영향을 받을 수도 있으므로 그 인과관계를 판단하기 어렵기 때문이다.

① 경제 성장과 소득 수준
② 경제 성장과 제도 발달
③ 경제 성장과 투자 혁신
④ 소득 수준과 제도 발달

정답 ②

제시문은 재산권 제도의 발달에 따른 경제 성장을 예로 들어 제도의 발달과 경제 성장의 상관관계에 대해 설명하고 있다. 더불어 제도가 경제 성장에 영향을 줄 수는 있지만 동시에 경제 성장으로부터 영향을 받을 수도 있다는 점에서 그 인과관계를 판단하기 어렵다는 한계점을 제시하고 있다. 따라서 제목으로 적절한 것은 '경제 성장과 제도 발달'이다.

유형풀이 Tip

- 글의 중심이 되는 내용은 주로 글의 맨 앞이나 맨 뒤에 위치한다. 따라서 글의 첫 문단과 마지막 문단을 먼저 확인한다.
- 첫 문단과 마지막 문단에서 실마리가 잡히지 않은 경우 그 문단을 뒷받침해주는 부분을 읽어가면서 제목이나 주제를 파악해 나간다.

Easy

01 다음 제시문에서 주장하는 바로 가장 적절한 것은?

> 인간과 자연환경의 운명이 순전히 시장 메커니즘 하나에 좌우된다면, 결국 사회는 폐허가 될 것이다. 구매력의 양과 사용을 시장 메커니즘에 따라 결정하는 것도 같은 결과를 낳는다. 이런 체제 아래에서 인간의 노동력을 소유자가 마음대로 처리하다 보면, 노동력이라는 꼬리표를 달고 있는 '인간'이라는 육체적ㆍ심리적ㆍ도덕적 실체마저 소유자가 마음대로 처리하게 된다.
>
> 인간들은 갖가지 문화적 제도라는 보호막이 모두 벗겨진 채 사회에 알몸으로 노출되고 결국 쇠락해간다. 그들은 악덕, 범죄, 굶주림 등을 거치면서 격동하는 사회적 혼란의 희생물이 된다. 자연은 그 구성 원소들로 환원되어 버리고, 주거지와 경관은 더럽혀진다. 또 강이 오염되며, 군사적 안보는 위협당하고, 식량과 원자재를 생산하는 능력도 파괴된다.
>
> 마지막으로 구매력의 공급을 시장 기구의 관리에 맡기게 되면 영리 기업들은 주기적으로 파산하게 될 것이다. 원시 사회가 홍수나 가뭄으로 인해 피해를 보았던 것처럼 화폐 부족이나 과잉은 경기에 엄청난 재난을 가져올 수 있기 때문이다.
>
> 노동 시장, 토지 시장, 화폐 시장이 시장 경제에 필수적이라는 점은 의심할 여지가 없다. 하지만 인간과 자연이라는 사회의 실패와 경제 조직이 보호받지 못한 채 그 '악마의 맷돌'에 노출된다면, 어떤 사회도 무지막지한 상품 허구의 경제 체제가 몰고 올 결과를 한순간도 견뎌내지 못할 것이다.

① 무분별한 환경 파괴를 막기 위해 국가가 시장을 통제해야 한다.

② 구매력의 공급은 시장 기구의 관리에 맡기는 것이 합리적이다.

③ 시장 메커니즘은 인간의 존엄성을 파괴하는 제도이므로 철폐되어야 한다.

④ 시장 메커니즘을 맹신하기보다는 적절한 제도적 보호 장치를 마련하는 것이 바람직하다.

금융당국은 은행의 과점체제를 해소하고, 은행과 비은행의 경쟁을 촉진시키는 방안으로 은행의 고유 전유물이었던 통장을 보험 및 카드 업계로의 도입을 검토하겠다고 밝혔다.

이는 전자금융거래법을 개정해 대금결제업, 자금이체업, 결제대행업 등 모든 전자금융업 업무를 관리하는 종합지급결제사업자를 제도화하여 비은행에 도입한다는 것으로, 이를 통해 비은행권은 간편결제·송금 외에도 은행 수준의 보편적 지급결제 서비스가 가능해지는 것이다.

특히 금융당국이 은행업 경쟁촉진 방안으로 검토 중인 은행업 추가 인가나 소규모 특화은행 도입 등 여러 방안 중에서 종합지급결제사업자 제도를 중점으로 검토 중인 이유는 은행의 유효경쟁을 촉진시킴으로써 은행의 과점 이슈를 가장 빠르게 완화할 수 있을 것으로 판단되기 때문이다.

이는 소비자 측면에서도 기대효과가 있는데, 은행 계좌가 없는 금융소외계층은 종합지급결제사업자 제도를 통해 금융 서비스를 제공받을 수 있고, 기존 방식에서 각 은행에 지불하던 지급결제 수수료가 절약돼 그만큼 보험료가 인하될 가능성도 기대해 볼 수 있기 때문이다. 보험사 및 카드사 측면에서도 기존 방식에서는 은행을 통해 진행했던 방식이 해당 제도가 확립된다면 직접 처리할 수 있게 되어 방식이 간소화될 수 있다는 장점이 있다.

하지만 이 또한 현실적으로 많은 문제들이 제기되는데, 그중 하나가 소비자보호 사각지대의 발생이다. 비은행권은 은행권과 달리 예금보험제도가 적용되지 않을 뿐더러 은행권에 비해 규제 수준이 상대적으로 낮기 때문에 금융소비자 보호 등 리스크 관리가 우려되기 때문이다. 또한 종합지급결제업 자체가 사실상 은행업과 크게 다르지 않기 때문에 은행권의 극심한 반발도 예상된다.

① 은행의 과점체제 해소를 위한 방안
② 종합지급결제사업자 제도의 득과 실
③ 은행의 권리를 침해하는 비은행 업계
④ 은행과 비은행 경쟁 속 소비자의 실익

03 다음 글의 제목으로 가장 적절한 것은?

요즘은 대체의학의 홍수시대라고 하여도 지나친 표현이 아니다. 우리가 먹거나 마시는 대부분의 비타민제나 건강음료 및 건강보조식품 중 대체의학에서 나오지 않은 것이 없을 정도이니 말이다. 이러한 대체요법의 만연으로 한의학계를 비롯한 제도권 의료계에서는 많은 경제적 위협을 받고 있다. 대체의학에 대한 정의는 일반적으로 현대의학의 표준화된 치료 이외에 환자들이 이용하는 치료법으로써, 아직 증명되지 않았거나 일반 의료의 보조요법으로 과학자나 임상의사의 평가에 의해 증명되지는 않았으나 현재 예방, 진단, 치료에 사용되는 어떤 검사나 치료법 등을 통틀어 지칭하는 용어로 알려져 있다.

그러나 요즈음 우리나라에서는 전통적인 한의학과 서양의학이 아닌 그 외의 의학을 통틀어 대체의학이라고 부르고 있다. 원래는 1970년대 초반 동양의학의 침술이 미국의학계와 일반인들에게 유입되고 특별한 관심을 불러일으키면서 서양의학자들이 이들의 혼잡을 정리하기 위해 서양의학 이외의 다양한 전통의학과 민간요법을 통틀어 '대체의학'이라 부르기 시작했다. 그런 이유로 구미 각국에서는 한의학도 대체의학에 포함시키고 있으나 의료 이원화된 우리나라에서만은 한의학도 제도권 내의 공식 의학에 속하기 때문에 대체의학에서는 제외되고 있다.

서양에서 시작된 대체의학은 서양의 정통의학에서 부족한 부분을 보완하거나 대체할 새로운 치료의학에 대한 관심으로 시작하였으나 지금의 대체의학은 질병을 관찰함에 있어 부분적이기 보다는 전일(全一)적이며, 질병 중심적이기 보다는 환자 중심적이고, 인위적이기 보다는 자연적인 치료를 주장하는 인간 중심의 한의학에 관심을 갖고 있다. 또한 전반적인 상태나 영양 등은 물론 환자의 정신적·사회적·환경적인 부분까지 관찰하여 조화와 균형을 이루게 하는 치료법으로 거듭 진화하고 있으며 현재는 보완대체의학에서 보완통합의학으로, 다시 통합의학이라는 용어로 변모되어가고 있다.

대체의학을 분류하는 방법은 다양하지만 서양에서 분류한 세 가지 유형으로 구분하여 대표적인 것들을 소개하자면 다음과 같다. 첫째, 동양의학적 보완대체요법으로는 침술, 기공치료, 명상요법, 요가, 아유르베다 의학, 자연요법, 생약요법, 아로마요법, 반사요법, 봉침요법, 접촉요법, 심령치료법, 기도요법 등이 있다. 둘째, 서양의학적 보완대체요법으로는 최면요법, 신경 – 언어 프로그램 요법, 심상유도 요법, 바이오피드백 요법(생체되먹이 요법), 분자정형치료, 응용운동학, 중금속제거 요법, 해독요법, 영양보충 요법, 효소요법, 산소요법, 생물학적 치과치료법, 정골의학, 족부의학, 근자극요법, 두개천골자극 요법, 에너지의학, 롤핑요법, 세포치료법, 테이핑요법, 홍채진단학 등이 있다. 셋째, 동서의학 접목형 보완대체요법으로는 동종요법, 양자의학, 식이요법, 절식요법, 주스요법, 장요법, 수치료, 광선요법, 뇨요법 등의 치료법이 있다. 요즘은 여기에다 미술치료, 음악치료 등의 새로운 치료법이 대두되고 있으며 이미 일부의 양·한방 의료계에서는 이들 중의 일부를 임상에 접목시키고 있다.

그러나 한의학으로 모든 질병을 정복하려는 우를 범해서는 안 된다. 한의학으로 모든 질병이 정복되어진다면 서양의학이 존재할 수 없으며 대체의학이 새롭게 21세기를 지배할 이유가 없다. 한의학은 대체의학이 아니다. 마찬가지로 대체의학 역시 한의학이 아니며 서양의학도 아니다. 대체의학은 새로운 의학이다. 우리가 개척하고 정복해야 할 미지의 의학이다.

① 대체의학의 의미와 종류
② 대체의학이 지니는 문제점
③ 대체의학에 따른 부작용 사례
④ 대체의학의 한계와 개선방향

04 다음 글의 중심 화제로 가장 적절한 것은?

경제학에서는 한 재화나 서비스 등의 공급이 기업에 집중되는 양상에 따라 시장 구조를 크게 독점시장, 과점시장, 경쟁시장으로 구분하고 있다. 소수의 기업이 공급의 대부분을 차지할수록 독점시장에 가까워지고, 다수의 기업이 공급을 나누어 가질수록 경쟁시장에 가까워진다. 이렇게 시장 구조를 구분하기 위해서 사용하는 지표 중의 하나가 바로 '시장집중률'이다.

시장집중률을 이해하기 위해서는 먼저 '시장점유율'에 대한 이해가 있어야 한다. 시장점유율이란 시장 안에서 특정 기업이 차지하고 있는 비중을 의미하는데, 생산량·매출액 등을 기준으로 측정할 수 있다. Y기업의 시장점유율을 생산량 기준으로 측정한다면 '(Y기업의 생산량)÷(시장 내 모든 기업의 생산량의 총합)×100'으로 나타낼 수 있다.

시장점유율이 시장 내 한 기업의 비중을 나타내 주는 수치라면, 시장집중률은 시장 내 일정 수의 상위 기업들이 차지하는 비중을 나타내 주는 수치, 즉 일정 수의 상위 기업의 시장점유율을 합한 값이다. 몇 개의 상위 기업을 기준으로 삼느냐는 나라마다 자율적으로 결정하고 있는데, 우리나라에서는 상위 3대 기업의 시장점유율을 합한 값을, 미국에서는 상위 4대 기업의 시장점유율을 합한 값을 시장집중률로 채택하여 사용하고 있다.

이렇게 산출된 시장집중률을 통해 시장 구조를 구분해 볼 수 있는데, 시장집중률이 높으면 그 시장은 공급이 소수의 기업에 집중되어 있는 독점시장으로 구분하고, 시장집중률이 낮으면 공급이 다수의 기업에 의해 분산되어 있는 경쟁시장으로 구분한다. 한국개발연구원에서는 어떤 산업에서의 시장집중률이 80% 이상이면 독점시장, 60% 이상 80% 미만이면 과점시장, 60% 미만이면 경쟁시장으로 구분하고 있다.

시장집중률을 측정하는 기준에는 여러 가지가 있기 때문에 어느 것을 기준으로 삼느냐에 따라 측정 결과에 차이가 생기며, 이에 대한 경제학적인 해석도 달라진다. 어느 시장의 시장집중률을 '생산량' 기준으로 측정했을 때 A, B, C기업이 상위 3대 기업이고 시장집중률이 80%로 측정되었다고 하더라도, '매출액' 기준으로 측정했을 때는 D, E, F기업이 상위 3대 기업이 되고 시장집중률이 60%가 될 수도 있다. 이처럼 시장집중률은 시장 구조를 구분하는 데 매우 유용한 지표이며, 이를 통해 시장 내의 공급이 기업에 집중되는 양상을 파악해 볼 수 있다.

① 시장 구조의 변천사
② 시장집중률의 개념과 의의
③ 독점시장과 경쟁시장의 비교
④ 우리나라 시장점유율의 특성

Hard

05 다음 글의 논지로 가장 적절한 것은?

물리학의 근본 법칙들은 실재 세계의 사실들을 정확하게 기술하는가? 이 질문에 확신을 가지고 그렇다고 대답할 사람은 많지 않을 것이다. 사실 다양한 물리 현상들을 설명하는 데 사용되는 물리학의 근본 법칙들은 모두 이상적인 상황만을 다루고 있는 것 같다. 정말로 물리학의 근본 법칙들이 이상적인 상황만을 다루고 있다면 이 법칙들이 실재 세계의 사실들을 정확히 기술한다는 생각에는 문제가 있는 듯하다.

가령 중력의 법칙을 생각해 보자. 중력의 법칙은 "두 개의 물체가 그들 사이의 거리의 제곱에 반비례하고 그 둘의 질량의 곱에 비례하는 힘으로 서로 당긴다."라는 것이다. 이 법칙은 두 물체의 운동을 정확하게 설명할 수 있는가? 그렇지 않다는 것은 분명하다. 만약 어떤 물체가 질량뿐만이 아니라 전하를 가지고 있다면 그 물체들 사이에 작용하는 힘은 중력의 법칙만으로 계산된 것과 다를 것이다. 즉, 위의 중력의 법칙은 전하를 가지고 있는 물체의 운동을 설명하지 못한다.

물론 사실을 정확하게 기술하는 형태로 중력의 법칙을 제시할 수 있다. 가령, 중력의 법칙은 "중력 이외의 다른 어떤 힘도 없다면, 두 개의 물체가 그들 사이의 거리의 제곱에 반비례하고 그 둘의 질량의 곱에 비례하는 힘으로 서로 당긴다."로 수정될 수 있다. 여기서 '중력 이외의 다른 어떤 힘도 없다면'이라는 구절이 추가된 것에 주목하자. 일단, 이렇게 바뀐 중력의 법칙이 참된 사실을 표현한다는 것은 분명해 보인다. 그러나 이렇게 바꾸면 한 가지 중요한 문제가 발생한다.

어떤 물리 법칙이 유용한 것은 물체에 작용하는 힘들을 통해 다양하고 복잡한 현상을 설명할 수 있기 때문이다. 물리 법칙은 어떤 특정한 방식으로 단순한 현상만을 설명하는 것을 목표로 하지 않는다. 중력의 법칙 역시 마찬가지다. 그것이 우리가 사는 세계를 지배하는 근본적인 법칙이라면 중력이 작용하는 다양한 현상들을 설명할 수 있어야 한다. 하지만 '중력 이외의 다른 어떤 힘도 없다면'이라는 구절이 삽입되었을 때, 중력의 법칙이 설명할 수 있는 영역은 무척 협소해진다. 즉, 그것은 오로지 중력만이 작용하는 아주 특수한 상황만을 설명할 수 있을 뿐이다. 결과적으로 참된 사실들을 진술하기 위해 삽입된 구절은 설명력을 현저히 감소시킨다. 거의 모든 물리학의 근본 법칙들이 이 문제를 가지고 있다.

① 물리학의 근본 법칙은 그 영역을 점점 확대하는 방식으로 발전해 왔다.

② 물리적 자연 현상이 점점 복잡하고 다양해짐에 따라 물리학의 근본 법칙도 점점 복잡해진다.

③ 더 많은 실재 세계의 사실들을 기술하는 물리학의 법칙이 그렇지 않은 법칙보다 뛰어난 설명력을 가진다.

④ 참된 사실을 정확하게 기술하려고 물리 법칙에 조건을 추가하면 설명 범위가 줄어 다양한 물리 현상을 설명하기 어려워진다.

07 | 비판 · 반박하기

| 유형분석 |

- 글의 주장과 논점을 파악하고, 이에 대립하는 내용을 판단할 수 있는지 평가한다.
- 서로 상반되는 주장 두 개를 제시하고, 하나의 관점에서 다른 하나를 비판·반박하는 문제 유형이 출제될 수 있다.

다음 글에서 도출한 결론을 반박하는 주장으로 적절한 것은?

> 인터넷은 국경 없이 누구나 자유롭게 정보를 주고받을 수 있는 훌륭한 매체이다. 하지만 최근 급속도로 늘고 있는 성인 인터넷 방송의 사례처럼 오히려 청소년에게 해로운 매체가 될 수 있다는 사실은 선진국에서도 동감하고 있다. 그러므로 인터넷 등급제를 만들어 유해한 환경으로부터 청소년들을 보호하고, 이를 어긴 사업자는 엄격한 처벌로 다스려야만 한다.

① 인터넷 등급제를 만들어 규제를 하는 것도 완전한 방법은 아니기 때문에 유해한 인터넷 내용에는 원천적으로 접속할 수 없도록 조치를 취해야 한다.
② 인터넷 등급제는 정보에 대한 책임을 일방적으로 사업자에게만 지우는 조치로, 잘못하면 국민의 표현의 자유와 알 권리를 침해할 수 있다.
③ 인터넷 등급제는 미니스커트나 장발 규제와 같은 구태의연한 조치이다.
④ 청소년들 스스로가 정보의 유해를 가릴 수 있는 식견을 마련할 수 있도록 가능한 한 많은 정보를 접해야 한다. 그러므로 인터넷 등급제는 좋은 방법이 아니다.

정답 ②
언론매체에 대한 사전 검열은 항상 표현의 자유와 개인의 알 권리를 침해할 가능성을 배제할 수 없다는 논지로 반박을 전개하는 것이 적절하다.

유형풀이 Tip

- 대립하는 두 의견의 쟁점을 찾은 후, 제시문 또는 보기에서 양측 주장의 근거를 찾아 각 주장에 연결하며 답을 찾는다.
- 문제의 난도를 높이기 위해 글의 후반부에 주장을 뒷받침할 수 있는 근거를 제시하고 선택지에 그 근거에 대한 반박을 실어 놓는 경우도 있다. 하지만 주의할 점은 제시문의 '주장'에 대한 반박을 찾는 것이지, 이를 뒷받침하기 위해 제시된 '근거'에 대한 반박을 찾는 것이 아니라는 것이다.

Easy

01 다음 글에서 밑줄 친 ㉠에 대한 반박으로 가장 적절한 것은?

> 인간은 사회 속에서만 자신을 더 나은 존재로 느낄 수 있기 때문에 자신을 사회화하고자 한다. 인간은 사회 속에서만 자신의 자연적 소질을 실현할 수 있는 것이다. 그러나 인간은 자신을 개별화하거나 고립시키려는 강한 성향도 있다. 이는 자신의 의도에 따라서만 행동하려는 반사회적인 특성을 의미한다. 그리고 저항하려는 성향이 자신뿐만 아니라 다른 사람에게도 있다는 사실을 알기 때문에, 그 자신도 곳곳에서 저항에 부딪히게 되리라 예상한다.
>
> 이러한 저항을 통하여 인간은 모든 능력을 일깨우고, 나태해지려는 성향을 극복하며, 명예욕이나 지배욕·소유욕 등에 따라 행동하게 된다. 그리하여 동시대인들 가운데에서 자신의 위치를 확보하게 된다. 이렇게 하여 인간은 야만의 상태에서 벗어나 문화를 이룩하기 위한 진정한 진보의 첫걸음을 내딛게 된다. 이때부터 모든 능력이 점차 계발되고 아름다움을 판정하는 능력도 형성된다. 나아가 자연적 소질에 의해 도덕성을 어렴풋하게 느끼기만 하던 상태에서 벗어나, 지속적인 계몽을 통하여 구체적인 실천 원리를 명료하게 인식할 수 있는 성숙한 단계로 접어든다. 그 결과 자연적인 감정을 기반으로 결합된 사회를 도덕적인 전체로 바꿀 수 있는 사유 방식이 확립된다.
>
> ㉠ 인간에게 이러한 반사회성이 없다면, 인간의 모든 재능은 꽃피지 못하고 만족감과 사랑으로 가득 찬 목가적인 삶 속에서 영원히 묻혀 버리고 말 것이다. 그리고 양처럼 선량한 기질의 사람들은 가축 이상의 가치를 자신의 삶에 부여하기 힘들 것이다. 자연 상태에 머물지 않고 스스로의 목적을 성취하기 위해 자연적 소질을 계발하여 창조의 공백을 메울 때, 인간의 가치는 상승되기 때문이다.
>
> 불화와 시기와 경쟁을 일삼는 허영심, 막힐 줄 모르는 소유욕과 지배욕을 있게 한 자연에 감사하라! 인간은 조화를 원한다. 그러나 자연은 불화를 원한다. 자연은 무엇이 인간을 위해 좋은 것인지를 더 잘 알고 있기 때문이다. 인간은 안락하고 만족스럽게 살고자 한다. 그러나 자연은 인간이 나태와 수동적인 만족감으로부터 벗어나 노동과 고난 속으로 돌진하기를 원한다. 그렇게 함으로써 자연은 인간이 노동과 고난으로부터 현명하게 벗어날 수 있는 방법을 발견하게 한다.
>
> — 칸트, 『세계 시민의 관점에서 본 보편사의 이념』

① 인간의 본성은 변할 수 없다.

② 동물도 사회성을 키울 수 있다.

③ 사회성만으로도 재능이 계발될 수 있다.

④ 반사회성만으로도 재능이 계발될 수 있다.

02 다음 글의 주장에 대한 비판으로 가장 적절한 것은?

사회 현상을 볼 때는 돋보기로 세밀하게, 그리고 때로는 멀리 떨어져서 전체 속에 어떻게 위치하고 있는가를 동시에 봐야 한다. 숲과 나무는 서로 다르지만 따로 떼어 생각할 수 없기 때문이다. 현대 사회 현상의 최대 쟁점인 과학 기술에 대해 평가할 때도 마찬가지이다. 로봇 탄생의 숲을 보면, 그 로봇 개발에 투자한 사람과 로봇을 개발한 사람들의 의도가 드러난다. 그리고 나무인 로봇을 세밀히 보면, 그 로봇이 생산에 이용되는지 아니면 감옥의 죄수들을 감시하기 위한 것인지 그 용도를 알 수가 있다. 이 광범한 기술의 성격을 객관적이고 물질적이어서 가치관이 없다고 쉽게 생각하면 로봇에 당하기 십상이다.

자동화는 자본주의의 실업을 늘려 실업자에 대해 생계의 위협을 가하는 측면뿐 아니라, 기존 근로자에 대한 감시를 더욱 효율적으로 해내는 역할도 수행한다. 자동화를 적용하는 기업 측에서는 자동화가 인간의 삶을 증대시키는 이미지로 일반 사람들에게 인식되기를 바란다. 그래야 자동화 도입에 대한 노동자의 반발을 무마하고 기업가의 구상을 관철시킬 수 있기 때문이다. 그러나 자동화나 기계화 도입으로 인해 실업을 두려워하고, 업무 내용이 바뀌는 것을 탐탁해 하지 않았던 유럽의 노동자들은 자동화 도입에 대해 극렬히 반대했던 경험들을 갖고 있다.

지금도 자동화·기계화는 좋은 것이라는 고정관념을 가진 사람들이 많고, 현실에서 이러한 고정관념이 가져오는 파급 효과는 의외로 크다. 예를 들어 은행에 현금을 자동으로 세는 기계가 등장하면 은행원들이 현금을 세는 작업량은 줄어든다. 손님들도 기계가 현금을 재빨리 세는 것을 보고 감탄해 하면서 행원이 세는 것보다 더 많은 신뢰를 보낸다. 그러나 현금 세는 기계의 도입에는 이익 추구라는 의도가 숨어 있다. 현금 세는 기계는 행원의 수고를 덜어 준다. 그러나 현금 세는 기계를 들여옴으로써 실업자가 생기고 만다. 사람이 잘만 이용하면 잘 써먹을 수 있을 것만 같은 기계가 엄청나게 혹독한 성품을 지닌 프랑켄슈타인으로 돌변하는 것이다.

자동화와 정보화를 추진하는 핵심 조직이 기업이란 것에서도 알 수 있듯이 기업은 이윤 추구에 도움이 되지 않는 행위는 무가치하다고 판단한다. 그러므로 자동화는 그 계획 단계에서부터 기업의 의도가 스며들어가 탄생된다. 또한 그 의도대로 자동화나 정보화가 진행되면, 다른 한편으로 의도하지 않은 결과를 초래한다. 자동화와 같은 과학 기술이 풍요를 생산하는 수단이라고 생각하는 것은 하나의 고정관념에 불과하다.

채플린이 제작한 영화 〈모던 타임즈〉에 나타난 것처럼 초기 산업화 시대에는 기계에 종속된 인간의 모습이 가시적으로 드러날 수밖에 없었다. 그래서 이러한 종속에 저항하고자 하는 인간의 노력도 적극적인 모습을 보였다. 그러나 현대의 자동화기기는 그 첨병이 정보 통신기기로 바뀌면서 문제는 질적으로 달라진다. 무인 생산까지 진전된 자동화나 정보 통신화는 인간에게 단순 노동을 반복시키는 그런 모습을 보이지 않는다. 그래서인지는 몰라도 정보 통신은 별 무리 없이 어느 나라에서나 급격하게 개발·보급되고 보편화되어 있다. 그런데 문제는 이 자동화기기가 생산에만 이용되는 것이 아니라, 노동자를 감시하거나 관리하는 데도 이용될 수 있다는 것이다. 오히려 정보 통신의 발달로 이전보다 사람들은 더 많은 감시와 통제를 받게 되었다.

① 기업의 이윤 추구가 사회 복지 증진과 직결될 수 있음을 간과하고 있다.
② 기계화·정보화가 인간의 삶의 질 개선에 기여하고 있음을 경시하고 있다.
③ 기계화를 비판하는 주장만 되풀이할 뿐, 구체적인 근거를 제시하지 않고 있다.
④ 화제의 부분적 측면에 관계된 이론을 소개하여 편향적 시각을 갖게 하고 있다.

03 다음 글에 대한 비판으로 가장 적절한 것은?

"향후 은행 서비스(Banking)는 필요하지만 은행(Bank)은 필요 없을 것이다." 최근 4차 산업혁명으로 대변되는 빅데이터, 사물인터넷, AI, 블록체인 등 신기술이 금융업을 강타하면서 빌 게이츠의 20년 전 예언이 화두로 부상했다. 모든 분야에서 초연결화, 초지능화가 진행되고 있는 4차 산업혁명이 데이터 주도 경제를 열어가면서 데이터에 기반을 둔 금융업에도 변화의 물결이 밀려들고 있다. 이미 전통적인 은행, 증권, 보험, 카드업 등 전 분야에서 금융기술기업인 소위 '핀테크(Fintech)'가 출현하면서 금융서비스의 가치 사슬이 해체되기 시작한 것이다. 이전에는 상상조차 하지 못했던 IT 등 이종 업종의 금융업 진출도 활발하게 이루어지면서 전통 금융회사들을 위협하고 있다.

빅데이터, 사물인터넷, 인공지능, 블록체인 등 새로운 기술로 무장한 4차 산업혁명으로 인해 온라인 플랫폼을 통한 크라우드 펀딩 등 P2P 금융의 출현, 로보 어드바이저에 의한 저렴한 자산관리서비스의 등장, 블록체인 기술 기반의 송금 등 다양한 가치 거래의 탈중계화가 진행되면서 금융 중계, 자산관리, 위험 관리, 지급 결제 등 금융의 본질적인 요소들이 변화하고 있는 것은 아닌지 의구심이 일어나고 있는 것이다. 혹자는 이들 변화의 종점에 금융의 정체성(Identity) 상실이 기다리고 있다며 금융업 종사자의 입장에서 보면 우울한 전망마저 내놓고 있다. 금융도 디지털카메라의 등장으로 사라진 필름회사 코닥과 같은 비운을 피하기 어렵다며 금융의 종말(The Demise of Banking), 은행의 해체(Unbundling the Banks), 탈중계화, 플랫폼 혁명(Platform Revolution) 등 다양한 화두가 미디어의 전면에 등장하고 있다.

① 가치 거래의 탈중계화는 금융 거래의 보안성에 심각한 위협 요인으로 작용할 것이다.
② 금융 발전의 미래를 위해 금융업에 있어 인공지능의 도입을 막아야 한다.
③ 기술 발전은 금융업에 있어 효율성 향상이라는 제한적인 틀에서 크게 벗어나지 못했다.
④ 로보어드바이저에 의한 자산관리서비스는 범죄에 악용될 위험이 크다.

04 다음 〈보기〉에 나타난 '노자'의 입장에서 '자산'을 비판한 것으로 가장 적절한 것은?

거센 바람이 불고 화재가 잇따르자 정(鄭)나라의 재상 자산(子産)에게 측근 인사가 하늘에 제사를 지내라고 요청했지만, 자산은 "천도(天道)는 멀고, 인도(人道)는 가깝다."라며 거절했다. 그가 보기에 인간에게 일어나는 일은 더 이상 하늘의 뜻이 아니었고, 자연 변화 또한 인간의 화복(禍福)과는 거리가 멀었다. 인간이 자연 변화를 파악하면 얼마든지 재난을 대비할 수 있고, 인간사는 인간 스스로 해결할 문제라 생각한 것이다. 이러한 생각에 기초하여 그는 인간의 문제 해결 범위를 확대했고, 정나라의 현실 문제를 극복하고자 하였다.

그는 귀족이 독점하던 토지를 백성들도 소유할 수 있게 하였고, 이것을 문서화하여 세금을 부과하였다. 이에 따라 백성들은 개간(開墾)을 통해 경작지를 늘려 생산을 증대하였고, 국가는 경작지를 계량하고 등록함으로써 민부(民富)를 국부(國富)로 연결시켰다. 아울러 그는 중간 계급도 정치 득실을 논할 수 있도록 하여 귀족들의 정치 기반을 약화시키는 한편, 중국 역사상 처음으로 형법을 성문화하여 정(鼎, 발이 셋이고 귀가 둘 달린 솥)에 새김으로써 모든 백성이 법을 알고 법에 따라 처신하게 하는 법치의 체계를 세웠다. 성문법 도입은 귀족의 임의적인 법 제정과 집행을 막아 그들의 지배력을 약화시키는 조치였으므로 당시 귀족들은 이 개혁 조치에 반발하였다.

보기

노자(老子)는 만물의 생성과 변화는 자연스럽고 무의지적이지만, 스스로의 작용에 의해 극대화된다고 보았다. 인간도 이러한 자연의 원리에 따라 삶을 영위해야 한다고 보아 통치자의 무위(無爲)를 강조했다. 또한 사회의 도덕, 법률, 제도 등은 모두 인간의 삶을 인위적으로 규정하는 허위라 파악하고, 그것의 해체를 주장했다.

① 사회 제도에 의거하는 정치 개혁은 사회 발전을 극대화할 것이다.
② 인간의 문제를 스스로 해결하려는 시도는 결국 현실 사회를 허위로 가득 차게 할 것이다.
③ 사회 규범의 법제화는 자발적인 도덕의 실현으로 이어질 것이다.
④ 현실주의적 개혁은 궁극적으로 백성들에게 안정과 혜택을 줄 것이다.

Hard

05 다음 글의 글쓴이의 태도를 비판한 내용으로 가장 적절한 것은?

생물 다양성(Biodiversity)이란 원래 한 지역에 살고 있는 생물의 종(種)이 얼마나 다양한가를 표현하는 말이었다. 그런데 오늘날에는 각 종이 갖고 있는 유전적 다양성과 생물이 살아가는 생태계의 다양성까지를 포함하는 개념으로 확장해서 사용한다. 특히 최근에는 생태계를 유지시키고 인류에게 많은 이익을 가져다준다는 점이 부각되면서 생물 다양성의 가치가 크게 주목받고 있다.

생물 다양성의 가장 기본적인 가치로 생태적 봉사 기능을 들 수 있다. 생물은 생태계의 엔지니어라 불릴 정도로 환경을 조절하고 유지하는 커다란 힘을 가지고 있다. 숲의 경우를 예로 들어 보자. 나무들은 서늘한 그늘을 만들어 주고 땅속에 있는 물을 끌어 올려 다양한 생물종이 서식할 수 있는 적절한 환경을 제공해 준다. 숲이 사라지면 수분 배분 능력이 떨어져 우기에는 홍수가 나고 건기에는 토양이 완전히 말라 버린다. 이로 인해 생물 서식지의 환경이 급격하게 변화되고 마침내 상당수의 종이 사라지게 된다. 이처럼 숲을 이루고 있는 나무, 물, 흙과 그곳에서 살아가는 다양한 생명체는 서로 유기적인 관계를 형성하면서 생태계의 환경을 조절하고 유지하는 역할을 담당하는 것이다.

또한 생물 다양성은 경제적으로도 커다란 가치가 있다. 대표적인 사례로 의약품 개발을 꼽을 수 있다. 자연계에 존재하는 수많은 식물 중에서 인류는 약 20,000여 종의 식물을 약재로 사용해 왔다. 그 가운데 특정 약효 성분을 추출하여 상용화한 것이 이제 겨우 100여 종에 불과하다는 사실을 고려하면, 전체 식물이 가지고 있는 잠재적 가치는 상상을 뛰어넘는다. 그리고 부전나비의 날개와 사슴벌레의 다리 등에서 항암 물질을 추출한 경우나 야생의 미생물에서 페니실린, 마이신 등 약 3,000여 가지의 항생제를 추출한 경우에서도 알 수 있듯이, 동물과 미생물 역시 막대한 경제적 이익을 가져다준다. 의약품 개발 외에도 다양한 생물이 화장품과 같은 상품 개발에 이용되고 있으며, 생태 관광을 통한 부가가치 창출에도 기여한다.

생물 다양성은 학술적으로도 매우 중요하다. 예를 들어 다윈(C. Darwin)은 현존하는 여러 동물들의 상이한 눈을 비교하여, 정교하고 복잡한 인간의 눈이 진화해 온 과정을 추적하였다. 그에 따르면 인간의 눈은 해파리에서 나타나는 원시적 빛 감지 세포로부터, 불가사리처럼 빛의 방향을 감지할 수 있는 오목한 원시 형태의 눈을 거친 다음, 빛에 대한 수용력과 민감도를 높인 초기 수정체 형태의 눈을 지나, 선명한 상을 제공하는 현재의 눈으로 진화되었다는 것이다. 이 사례에서 보이듯 모든 생물종은 고유한 형태적 특성을 가지고 있어서 생물 진화의 과정을 추적하는 데 중요한 정보를 제공해 준다. 형태적 특성 외에도 각각의 생물종이 지닌 독특한 생리적·유전적 특성 등에 대한 비교 연구를 통해 생물을 더 깊이 있게 이해할 수 있다. 그리고 이렇게 축적된 정보는 오늘날 눈부시게 성장하고 있는 생명과학의 기초가 된다.

이와 같이 인간은 생물 다양성에 기초하여 무한한 생태적·경제적 이익을 얻고 과학 발전의 토대를 구축한다. 그런데 최근 급격한 기후 변화와 산업화 및 도시화에 따른 자연 파괴로 생물 다양성이 크게 감소하고 있다. 따라서 이를 억제하기 위한 생태계 보존 대책을 시급히 마련해야 한다. 동시에 생물 다양성 보존을 위한 연구 기관을 건립하고 전문 인력의 양성 체계를 갖추어야 할 것이다.

① 문제 해결을 위한 실천 의지가 전혀 없다.
② 생물 다양성의 경제적 가치를 지나치게 강조하고 있다.
③ 생물 다양성 문제를 주로 인간 중심적 시각으로 해석하고 있다.
④ 자연을 우선시하여 자연과 인간의 공존 가능성을 모색하고 있다.

08 | 추론하기

| 유형분석 |

- 글에 명시적으로 드러나 있지 않은 내용을 문맥을 통해 유추할 수 있는지 평가한다.
- 글 뒤에 이어질 내용 찾기, 글을 뒷받침할 수 있는 근거 찾기 등 다양한 유형으로 출제될 수 있다.

다음 글을 읽고 ㉠의 사례가 아닌 것을 고르면?

㉠ <u>닻내림 효과</u>란 닻을 내린 배가 크게 움직이지 않듯 처음 접한 정보가 기준점이 돼 판단에 영향을 미치는 일종의 편향(왜곡) 현상을 말한다. 즉, 사람들이 어떤 판단을 하게 될 때 초기에 접한 정보에 집착해, 합리적 판단을 내리지 못하는 현상을 일컫는 행동경제학 용어이다. 대부분의 사람은 제시된 기준을 그대로 받아들이지 않고, 기준점을 토대로 약간의 조정과정을 거치기는 하나, 그런 조정과정이 불완전하므로 최초 기준점에 영향을 받는 경우가 많다.

① 연봉 협상 시 본인의 적정 기준보다 더 높은 금액을 제시한다.
② 원래 1만 원이던 상품에 2만 원의 가격표를 붙이고 50% 할인한 가격에 판매한다.
③ 명품 매장에서 최고가 상품들의 가격표를 보이게 진열하여 다른 상품들이 그다지 비싸지 않은 것처럼 느끼게 만든다.
④ 홈쇼핑에서 '이번 시즌 마지막 세일', '오늘 방송만을 위한 한정 구성' '매진 임박' 등의 표현을 사용하여 판매한다.

정답 ④

밴드왜건 효과(편승효과)의 사례로, 밴드왜건 효과란 유행에 따라 상품을 구입하는 소비현상을 뜻하는 경제용어이다. 기업은 이러한 현상을 충동구매 유도 마케팅 전략으로 활용하고, 정치계에서는 특정 유력 후보를 위한 선전용으로 활용한다.

유형풀이 Tip

글에 명시적으로 드러나 있지 않은 부분을 추론하여 답을 도출해야 하는 유형이기 때문에 자신의 주관적인 판단보다는 제시된 글에 대한 이해를 기반으로 문제를 풀어야 한다.

추론하기 문제는 다음 두 가지 유형으로 구분할 수 있다.

- 세부적인 내용을 추론하는 유형 : 주어진 선택지를 먼저 읽고 지문을 읽으면서 답이 아닌 선택지를 지워나가는 방법이 효율적이다.
- 글쓴이의 주장 / 의도를 추론하는 유형 : 글에 나타난 주장・근거・논증 방식을 파악하는 유형으로, 주장의 타당성을 평가하여 글쓴이의 관점을 이해하며 읽는다.

01 다음 글을 읽고 추론한 내용으로 가장 적절한 것은?

> 지식의 본성을 다루는 학문인 인식론은 흔히 지식의 유형을 나누는 데에서 이야기를 시작한다. 지식의 유형은 '안다'는 말의 다양한 용례들이 보여주는 의미 차이를 통해서 드러나기도 한다. 예컨대 '그는 자전거를 탈 줄 안다.'와 '그는 이 사과가 둥글다는 것을 안다.'에서 '안다'가 바로 그런 경우이다. 전자의 '안다'는 능력의 소유를 의미하는 것으로 '절차적 지식'이라 부르고, 후자의 '안다'는 정보의 소유를 의미하는 것으로 '표상적 지식'이라고 부른다.
> 어떤 사람이 자전거에 대해서 많은 정보를 갖고 있다고 해서 자전거를 탈 수 있게 되는 것은 아니며, 자전거를 탈 줄 알기 위해서 반드시 자전거에 대해서 많은 정보를 갖고 있어야 하는 것도 아니다. 아무 정보 없이 그저 넘어지거나 다치거나 하는 과정을 거쳐 자전거를 탈 줄 알게 될 수도 있다. 자전거 타기와 같은 절차적 지식을 갖기 위해서는 훈련을 통하여 몸과 마음을 특정한 방식으로 조직화해야 한다. 그러나 정보를 마음에 떠올릴 필요는 없다.
> 반면, '이 사과는 둥글다.'는 것을 알기 위해서는 둥근 사과의 이미지가 되었건 '이 사과는 둥글다.'는 명제가 되었건 어떤 정보를 마음속에 떠올려야 한다. '마음속에 떠올린 정보'를 표상이라고 할 수 있으므로, 이러한 지식을 표상적 지식이라고 부른다. 그런데 어떤 표상적 지식을 새로 얻게 됨으로써 이전에 할 수 없었던 어떤 것을 하게 될지는 분명하지 않다. 이런 점에서 표상적 지식은 절차적 지식과 달리 특정한 일을 수행하는 능력과 직접 연결되어 있지 않다.

① 표상적 지식은 특정 능력의 습득에 전혀 도움을 주지 못한다.
② '이 사과는 둥글다.'라는 지식은 이미지 정보에만 해당한다.
③ 절차적 지식은 정보가 없음에도 습득할 수 있다.
④ 인식론은 머릿속에서 처리되는 정보의 유형만을 다루는 학문이다.

02

태양 빛은 흰색으로 보이지만 실제로는 다양한 파장의 가시광선이 혼합되어 나타난 것이다. 프리즘을 통과시키면 흰색 가시광선은 파장에 따라 붉은빛부터 보랏빛까지의 무지갯빛으로 분해된다. 가시광선의 파장 범위는 390 ~ 780nm* 정도인데 보랏빛이 가장 짧고 붉은빛이 가장 길다. 빛의 진동수는 파장과 반비례하므로 진동수는 보랏빛이 가장 크고 붉은빛이 가장 작다. 태양 빛이 대기층에 입사하여 산소나 질소 분자와 같은 공기 입자(직경 0.1 ~ 1nm 정도), 먼지 미립자, 에어로졸**(직경 1 ~ 100,000nm 정도) 등과 부딪치면 여러 방향으로 흩어지는데 이러한 현상을 산란이라 한다. 산란은 입자의 직경과 빛의 파장에 따라 '레일리(Rayleigh) 산란'과 '미(Mie) 산란'으로 구분된다. 레일리 산란은 입자의 직경이 파장의 1/10보다 작은 경우에 일어나는 산란을 말하는데 그 세기는 파장의 네제곱에 반비례한다. 대기의 공기 입자는 직경이 매우 작아 가시광선 중 파장이 짧은 빛을 주로 산란시키며, 파장이 짧을수록 산란의 세기가 강하다. 따라서 맑은 날에는 주로 공기 입자에 의한 레일리 산란이 일어나서 보랏빛이나 파란빛이 강하게 산란되는 반면 붉은빛이나 노란빛은 약하게 산란된다. 산란되는 세기로는 보랏빛이 가장 강하겠지만, 우리 눈은 보랏빛보다 파란빛을 더 잘 감지하기 때문에 하늘은 파랗게 보이는 것이다. 만약 태양 빛이 공기 입자보다 큰 입자에 의해 레일리 산란이 일어나면 공기 입자만으로는 산란이 잘되지 않던 긴 파장의 빛까지 산란되어 하늘의 파란빛은 상대적으로 엷어진다.

미 산란은 입자의 직경이 파장의 1/10보다 큰 경우에 일어나는 산란을 말하는데 주로 에어로졸이나 구름 입자 등에 의해 일어난다. 이때 산란의 세기는 파장이나 입자 크기에 따른 차이가 거의 없다. 구름이 흰색으로 보이는 것은 미 산란으로 설명된다. 구름 입자(직경 20,000nm 정도)처럼 입자의 직경이 가시광선의 파장보다 매우 큰 경우에는 모든 파장의 빛이 고루 산란된다. 이 산란된 빛이 동시에 우리 눈에 들어오면 모든 무지갯빛이 혼합되어 구름이 하얗게 보인다. 이처럼 대기가 없는 달과 달리 지구는 산란 효과에 의해 파란 하늘과 흰 구름을 볼 수 있다.

*나노미터(nm) : 물리학적 계량 단위($1nm = 10^{-9}m$)
**에어로졸 : 대기에 분산된 고체 또는 액체 입자

① 가시광선의 파란빛은 보랏빛보다 진동수가 작다.
② 프리즘으로 분해한 태양 빛을 다시 모으면 흰색이 된다.
③ 파란빛은 가시광선 중에서 레일리 산란의 세기가 가장 강하다.
④ 빛의 진동수가 2배가 되면 레일리 산란의 세기는 16배가 된다.

03

헤로도토스의 앤드로파기(＝식인종)나 신화나 전설적 존재들인 반인반양, 켄타우루스, 미노타우로스 등은 아무래도 역사적인 구체성이 크게 결여된 편이다. 반면에 르네상스의 야만인 담론에 등장하는 야만인들은 서구의 전통 야만인관에 의해 각색되는 것은 여전하지만 이전과는 달리 현실적 구체성을 띤다. 하지만 이때도 문명의 시각이 작동하기는 마찬가지며 야만인이 저질 인간으로 인식되는 것도 마찬가지다. 다만, 이제 이런 인식은 서구 중심의 세계체제 형성과 관련을 맺는다. 르네상스 야만인상은 서구인의 문명건설 과업과 관련하여 만들어진 것이다. '신대륙 발견'과 더불어 '문명'과 '야만'의 접촉이 빈번해지자 야만인은 더는 신화적·상징적·문화적 이해 대상이 아니게 되었다. 이제 그는 실제 경험의 대상으로서 서구인의 일상생활에까지 모습을 드러내는 존재이다.

특히 주목해야 할 점은 콜럼버스의 '신대륙 발견' 이후로 야만인 담론은 유럽인이 '발견'한 지역의 원주민들과 직접 그리고 집단으로 만나는 실제 체험과 관련되어 있다는 사실이다. 르네상스 이전이라고 해서 이방의 원주민들을 만나지 않았을 리 없겠지만 그때에는 원주민에 관한 정보가 직접 경험에 의한 것이라기보다는 뜬소문에 근거하거나 아니면 순전히 상상의 산물인 경우가 많았다. 반면에 르네상스 시대 야만인은 그냥 원주민이 아니다. 이때 원주민은 식인종이며 바로 이 점 때문에 문명인의 교화를 받거나 정복과 절멸의 대상이 된다. 이 점은 코르테스가 정복한 아즈테카 제국인 멕시코를 생각하면 쉽게 이해할 수 있다. 멕시코는 당시 거대한 제국으로서 유럽에서도 유례를 찾아보기 힘들 정도로 거대한 인구 25만의 도시를 건설한 '문명국'이었지만 코르테스를 수행하여 멕시코 정벌에 참여하고 나중에 이 경험에 관한 회고록으로 『뉴스페인 정복사』를 쓴 베르날 디아즈에 따르면 멕시코 원주민들은 지독한 식인습관을 가진 것으로 매도된다. 멕시코 원주민들이 식인종으로 규정되고 나면 그들이 아무리 스페인 정복군이 눈이 휘둥그레질 정도로 발달된 문화를 가지고 있어도 소용이 없다. 집단으로 '식인' 야만인으로 규정됨으로써 정복의 대상이 되고 또 이로 말미암아 세계사의 흐름에 큰 변화가 오게 된다. 거대한 대륙의 주인이 바뀌는 것이다.

① 고대에 형성된 야만인 이미지들은 경험에 의한 것이기보다 허구의 산물이었다.
② 르네상스 이후 서구인의 야만인 담론은 전통적인 야만인관과 단절을 이루었다.
③ 르네상스 이후 야만인은 서구의 세계 제패 전략의 관점에서 인식되고 평가되었다.
④ 스페인 정복군에 의한 아즈테카 문명의 정복은 서구 야만인 담론을 통해 합리화되었다.

04 다음 글을 읽고 밑줄 친 ㉠의 구체적 내용을 가장 적절하게 추론한 것은?

1억 6천만 년 동안 지구를 지배해오던 공룡이 6천5백만 년 전 갑자기 지구에서 사라졌다. 공룡들이 갑자기 사라졌을까? 이러한 미스터리는 1820년대 공룡 화석이 처음 발견된 후 지금까지 여전히 풀리지 않고 있다. 그동안 공룡 멸종의 원인을 밝혀보려는 노력은 수없이 많았지만, 여러 멸종 이론 중 어느 것도 공룡이 왜 지구상에서 자취를 감추었는지 명쾌하게 설명하지 못했다. 하지만 대부분의 과학자는 거대한 운석이 지구에 부딪힌 사건을 공룡 멸종의 가장 큰 이유로 꼽고 있다.

과학자들은 멕시코의 유카탄 반도에서 지름이 180km나 되는 커다란 운석 구덩이의 연대를 측정했는데, 이 운석 구덩이의 생성 연대가 공룡이 멸종한 시기와 일치한다는 사실을 확인하였다. 하지만 운석이 지구와 충돌하면서 생긴 직접적 충격으로 인해 공룡을 비롯한 수많은 종이 갑자기 멸종되었다고 보기는 어려우며, 그 충돌 때문에 발생한 이차적 영향이 있었을 것으로 짐작된다. 그처럼 거대한 구덩이가 생길 정도의 파괴력이면 물리적 충격은 물론 지구의 대기를 비롯한 생존 환경에 장기간 ㉠ 엄청난 영향을 주었을 것이고, 그로 인해 생명체들이 멸종될 수 있다는 결론을 내린 것이다. 실제로 최근 뉴질랜드 국립 지리·핵 과학 연구소(GNS)의 조사팀은 운석과 충돌한 지점과 반대편에 있는 '사우스' 섬의 서부 해안에서 발견된 '탄화된 작은 꽃가루들'에 대해 연구하였다. 이 연구를 통해 환경의 변화가 운석과의 충돌 지점뿐만 아니라 전 지구적으로 진행되었음을 밝혔다. 또한, 6천5백만 년 전의 지층인 K-T 퇴적층에서는 지구에는 없는 원소인 팔라듐이 다량 발견되었고, 운석에 많이 함유된 이리듐(Ir)의 함량이 지구의 어느 암석보다 높다는 사실도 밝혀졌는데, 이것 역시 '운석에 의한 충돌설'을 뒷받침한다. 그뿐만 아니라 공룡이 멸종됐던 백악기 말과 신생대 제3기 사이에 바다에 녹아있던 탄산칼슘의 용해 정도가 갑자기 증가한 것도 당시 지구에 급속한 기온의 변화가 있었다는 증거가 되고 있다.

이렇게 운석에 의한 공룡의 멸종설은 점점 설득력 있게 받아들여지고 있다. 문제는 그러한 상황에서도 살아남은 생물들이 있다는 데에 있다. 씨앗으로 동면(冬眠)할 수 있는 식물들과 비교적 조그만 동물들이, 대기권을 가득 메운 먼지로 인해 닥친 '길고 긴 겨울'의 추위를 견디고 생존하였다. 거대한 몸집의 공룡보다는 은신처와 먹잇감이 상대적으로 많았을 것이며, 생존에 필요한 기초 활동들이 공룡보다는 용이했을 것이기 때문이다.

공룡이 멸종하게 된 직접적인 이유가 운석과의 충돌에 있다고 할지라도, 결국 인간이나 공룡을 비롯한 지구상의 모든 종(種)이 갑작스럽게 멸종하느냐 진화하면서 생존하느냐의 여부는 '자연에 대한 적응력'에 달려있다고 보인다. 이것이 생존의 조건인 셈인데, 환경에 대한 적응력이 뛰어나면 당연히 더 많은 생존 가능성을 가지게 되고, 새로운 환경에 적응하며 번성할 수도 있다. 적응력이 뛰어난 어떤 돌연변이의 후손들은 새로운 종으로 진화하며 생존하기도 한다. 그런데 환경의 변화가 급격한 시기에는 생명체 대부분이 변화에 적응하기가 매우 어렵다. 만일 공룡이 급변하는 환경에 대한 적응력이 뛰어났다면 살아남을 가능성이 훨씬 높았을 것이고, 그렇다면 지금껏 지구를 지배하고 있었을지도 모른다.

① 운석과의 충돌은 반대쪽에도 엄청난 반사 충격파를 전달하여 전 지구적인 화산 활동을 초래하였다.

② 운석과의 충돌은 지구의 공전궤도에 변화를 주어 밤낮의 길이나 계절이 바뀌는 등의 환경 변화가 일어났다.

③ 운석 충돌로 발생한 먼지가 지구 대기를 완전히 뒤덮어 햇빛이 차단되었고, 따라서 기온이 급속히 내려갔다.

④ 운석과의 충돌은 엄청난 양의 유독 가스를 발생시켜 생명체의 생존에 필요한 산소가 부족하게 되었다.

05 다음 글을 읽고 비효율적인 일중독자의 사례로 적절하지 않은 것을 고르면?

일중독자란 일을 하지 않으면 초조해하거나 불안해하는 증상이 있는 사람을 지칭한다. 이는 1980년 대 초부터 사용하기 시작한 용어로, 미국의 경제학자 W. 오츠의 저서 『워커홀릭』에서도 확인할 수 있다. 일중독에는 여러 원인이 있지만 보통 경제력에 대해 강박관념을 가지고 있는 사람, 완벽을 추구하거나 성취지향적인 사람, 자신의 능력을 과장되게 생각하는 사람, 배우자와 가정으로부터 도 피하려는 성향이 강한 사람, 외적인 억압으로 인하여 일을 해야만 한다고 정신이 변한 사람 등에게 나타나는 경향이 있다.

일중독 증상을 가진 사람들의 특징은 일을 하지 않으면 불안해하고 외로움을 느끼며, 자신의 가치가 떨어진다고 생각한다는 것이다. 따라서 일에 지나치게 집착하는 모습을 보이며, 이로 인해 사랑하는 연인 또는 가족과 소원해지며 인간관계에 문제를 겪는 모습을 볼 수 있다. 하지만 모든 일중독이 이렇듯 부정적인 측면만 있는 것은 아니다. 노는 것보다 일하는 것이 더욱 즐겁다고 여기는 경우도 있다. 예를 들어, 자신의 관심사를 직업으로 삼은 사람들이 이에 해당한다. 이 경우 일 자체에 흥미 를 느끼게 된다.

일중독에도 유형이 다양하다. 그중 계획적이고 합리적인 관점에서 업무를 수행하는 일중독자가 있 는 반면 일명 '비효율적인 일중독자'라 일컬어지는 일중독도 있다. 비효율적인 일중독자는 크게 '지속적인 일중독자', '주의결핍형 일중독자', '폭식적 일중독자', '배려적 일중독자' 네 가지로 나누 어 설명할 수 있다. 첫 번째로 '지속적인 일중독자'는 매일 야근도 불사하고, 휴일이나 주말에도 일 을 놓지 못하는 유형이다. 이러한 유형의 일중독자는 완벽에 대해 기준을 높게 잡고 있기 때문에 본인은 물론이고 주변 동료에게도 완벽을 강요한다. 두 번째로 '주의결핍형 일중독자'는 모두가 안 될 것 같다고 만류하는 일이나, 한 번에 소화할 수 없을 만큼 많은 업무를 담당하는 유형이다. 이러 한 유형의 일중독자는 완벽하게 일을 해내고 싶다는 부담감 등으로 인해 결국 업무를 제대로 마무리 하지 못하는 경우가 대부분이다. 세 번째로 '폭식적 일중독자'는 음식을 과다 섭취하는 폭식처럼 일 을 한 번에 몰아서 하는 유형이다. 간단히 보면 이러한 유형은 일중독과는 거리가 멀다고 생각할 수 있지만, 일을 완벽하게 해내고 싶다는 사고에 사로잡혀 있으나 두려움에 선뜻 일을 시작하지 못 한다는 점에서 일중독 중 하나로 간주한다. 마지막으로 '배려적 일중독자'는 다른 사람의 업무 등에 지나칠 정도로 책임감을 느끼는 유형이다.

이렇듯 일중독자란 일에 지나치게 집착하는 사람으로 생각할 수도 있지만 일중독인 사람들은 일로 인해 자신의 자존감이 올라가고, 가치가 매겨진다 생각하기도 한다. 그러나 이러한 일중독자가 단순 히 업무에 많은 시간을 소요하는 사람이라는 인식은 재고할 필요가 있다.

① 장기적인 계획을 세워 업무를 수행하는 A사원

② 동료사원의 업무에 책임감을 느끼며 괴로워하는 B대리

③ 마감 3일 전에 한꺼번에 일을 몰아서 하는 C주임

④ 휴일이나 주말에도 집에서 업무를 수행하는 D사원

CHAPTER 02

수리능력

합격 Cheat Key

수리능력은 사칙연산·통계·확률의 의미를 정확하게 이해하고 이를 업무에 적용하는 능력으로, 기초연산과 기초통계, 도표분석 및 작성의 문제 유형으로 출제된다. 수리능력 역시 채택하지 않는 금융권이 거의 없을 만큼 필기시험에서 중요도가 높은 영역이다.

수리능력은 NCS 기반 채용을 진행한 거의 모든 기업에서 다루었으며, 문항 수는 전체의 평균 16% 정도로 많이 출제되었다. 특히, 난이도가 높은 금융권의 시험에서는 도표분석, 즉 자료해석 유형의 문제가 많이 출제되고 있고, 응용수리 역시 꾸준히 출제하는 기업이 많기 때문에 기초연산과 기초통계에 대한 공식의 암기와 자료해석능력을 기를 수 있는 꾸준한 연습이 필요하다.

1 응용수리능력의 공식은 반드시 암기하라!

응용수리능력은 지문이 짧지만, 풀이 과정은 긴 문제도 자주 볼 수 있다. 그렇기 때문에 응용수리능력의 공식을 반드시 암기하여 문제의 상황에 맞는 공식을 적절하게 적용하여 답을 도출해야 한다. 따라서 문제에서 묻는 것을 정확하게 파악하여 그에 맞는 공식을 적절하게 적용하는 꾸준한 노력과 공식을 암기하는 연습이 필요하다.

2 통계에서의 사건이 동시에 발생하는지 개별적으로 발생하는지 구분하라!

통계에서는 사건이 개별적으로 발생했을 때, 경우의 수는 합의 법칙, 확률은 덧셈정리를 활용하여 계산하며, 사건이 동시에 발생했을 때, 경우의 수는 곱의 법칙, 확률은 곱셈정리를 활용하여 계산한다. 특히, 기초통계능력에서 출제되는 문제 중 순열과 조합의 계산 방법이 필요한 문제도 다수이므로 순열(순서대로 나열)과 조합(순서에 상관없이 나열)의 차이점을 숙지하는 것 또한 중요하다. 통계 문제에서의 사건 발생 여부만 잘 판단하여도 계산과 공식을 적용하기가 수월하므로 문제의 의도를 잘 파악하는 것이 중요하다.

3 **자료의 해석은 자료에서 즉시 확인할 수 있는 지문부터 확인하라!**

대부분의 수험생들이 어려워 하는 영역이 수리영역 중 도표분석, 즉 자료해석능력이다. 자료는 표 또는 그래프로 제시되고, 쉬운 지문은 증가 혹은 감소 추이, 간단한 사칙연산으로 풀이가 가능한 문제 등이 있고, 자료의 조사기간 동안 전년 대비 증가율 혹은 감소율이 가장 높은 기간을 찾는 문제들도 있다. 따라서 일단 증가・감소 추이와 같이 눈으로 확인이 가능한 지문을 먼저 확인한 후 복잡한 계산이 필요한 지문을 확인하는 방법으로 문제를 풀이한다면, 시간을 조금이라도 아낄 수 있다. 특히, 그래프와 같은 경우에는 그래프에 대한 특징을 알고 있다면, 그래프의 길이 혹은 높낮이 등으로 대강의 수치를 빠르게 확인이 가능하므로 이에 대한 숙지도 필요하다. 또한, 여러 가지 보기가 주어진 문제 역시 지문을 잘 확인하고 문제를 풀이한다면 불필요한 계산을 생략할 수 있으므로 항상 지문부터 확인하는 습관을 들이기를 바란다.

4 **도표작성능력에서 지문에 작성된 도표의 제목을 반드시 확인하라!**

도표작성은 하나의 자료 혹은 보고서와 같은 수치가 표현된 자료를 도표로 작성하는 형식으로 출제되는데, 대체로 표보다는 그래프를 작성하는 형태로 많이 출제된다. 지문을 살펴보면 각 지문에서 주어진 도표에도 소제목이 있는 경우가 대부분이다. 이때, 자료의 수치와 도표의 제목이 일치하지 않는 경우 함정이 존재하는 문제일 가능성이 높으므로 도표의 제목을 반드시 확인하는 것이 중요하다. 도표작성의 경우 대부분 비율 계산이 많이 출제되는데, 도표의 제목과는 다른 수치로 작성된 도표가 존재하는 경우가 있다. 그렇기 때문에 지문에서 작성된 도표의 소제목을 먼저 확인하는 연습을 하여 간단하지 않은 비율 계산을 두 번 하는 일이 없도록 해야 한다.

01 | 거리 · 속력 · 시간

| 유형분석 |

- (거리)=(속력)×(시간) 공식을 활용한 문제이다.

  (속력)$=\dfrac{(거리)}{(시간)}$, (시간)$=\dfrac{(거리)}{(속력)}$

- 시간차를 두고 출발하는 경우, 마주 보고 걷거나 둘레를 도는 경우, 기차가 터널을 지나는 경우 등 추가적인 조건과 결합하여 문제가 출제될 수 있다.

A사원은 회사 근처 카페에서 거래처와 미팅을 갖기로 했다. 처음에는 6km/h로 걸어가다가 약속 시간에 늦을 것 같아서 12km/h로 뛰어서 30분 만에 미팅 장소에 도착했다. 회사에서 카페까지의 거리가 5km일 때, A사원이 뛴 거리는?

① 1km

② 2km

③ 3km

④ 4km

정답 ④

A사원이 회사에서 카페까지 걸어간 거리를 $x$km, 뛴 거리를 $y$km라고 하자.

회사에서 카페까지의 거리는 5km이므로 걸어간 거리 $x$km와 뛴 거리 $y$km를 합하면 5km이다.

$x+y=5$ … ㉠

A사원이 회사에서 카페까지 30분이 걸렸으므로 걸어간 시간$\left(\dfrac{x}{6}\ \text{시간}\right)$과 뛰어간 시간$\left(\dfrac{y}{12}\ \text{시간}\right)$을 합치면 30분이다. 이때 속력은 시간 단위이므로 분으로 바꾸어 계산한다.

$\dfrac{x}{6}\times60+\dfrac{y}{12}\times60=30 \rightarrow 2x+y=6$ … ㉡

㉡－㉠을 하면 $x=1$이고, 구한 x의 값을 ㉠에 대입하면 $y=4$이다.

따라서 A사원이 뛴 거리는 4km이다.

유형풀이 Tip

1. 미지수를 정할 때에는 문제에서 묻는 것을 정확하게 파악해야 한다.
2. 속력과 시간의 단위를 처음에 정리하여 계산하면 계산 실수 없이 풀이할 수 있다.
   - 1시간=60분=3,600초
   - 1km=1,000m=100,000cm

01 세빈이는 이번 주말에 등산을 하였다. 올라갈 때에는 시속 4km로 걷고 내려올 때에는 올라갈 때보다 2km 더 먼 거리를 시속 6km의 속력으로 걸어 내려왔다. 올라갈 때와 내려올 때 걸린 시간이 같았다면 내려올 때 걸린 시간은?

① 1시간   ② 1.5시간

③ 2시간   ④ 2.5시간

02 비행기가 순항 중일 때에는 860km/h의 속력으로 날아가고, 기상이 악화되면 40km/h의 속력이 줄어든다. 비행기가 3시간 30분 동안 비행하는 데 15분 동안 기상이 악화되었다면 날아간 거리는 총 몇 km인가?

① 2,850km   ② 2,900km

③ 2,950km   ④ 3,000km

Hard
03 강변의 두 지점 A, B 사이는 10km 떨어져 있고, 두 지점을 왕복하는 배가 있다. 강을 거슬러 올라가는 데 걸리는 시간은 내려오는 데 걸리는 시간의 $\frac{5}{2}$ 배이고, 두 지점을 왕복하는 데 모두 1시간 45분이 걸렸다. 이때 정지한 물에서의 배의 속력은?(단, 배와 강물의 속력은 일정하다)

① 4km/h   ② 7km/h

③ 11km/h   ④ 14km/h

02 | 농도

| 유형분석 |

- (농도)$=\dfrac{\text{(용질의 양)}}{\text{(용액의 양)}}\times100$ 공식을 활용한 문제이다.
- (소금물의 양)=(물의 양)+(소금의 양)이라는 것에 유의하고, 더해지거나 없어진 것을 미지수로 두고 풀이한다.

소금물 500g이 있다. 이 소금물에 농도가 3%인 소금물 200g을 온전히 섞었더니 소금물의 농도는 7%가 되었다. 500g의 소금물에 녹아 있던 소금의 양은?

① 31g

② 37g

③ 43g

④ 49g

정답 ③

500g의 소금물에 녹아 있던 소금의 양을 xg이라고 하자.

소금물 500g에 농도 3%인 소금물 200g을 섞었을 때 소금물의 농도가 주어졌으므로 농도를 기준으로 식을 세우면 다음과 같다.

$\dfrac{x+6}{500+200}\times100=7$

$\rightarrow (x+6)\times100=7\times(500+200)$

$\rightarrow (x+6)\times100=4,900$

$\rightarrow 100x+600=4,900$

$\rightarrow 100x=4,300$

$\therefore\ x=43$

따라서 500g의 소금물에 녹아 있던 소금의 양은 43g이다.

유형풀이 Tip

간소화

숫자의 크기를 최대한 간소화해야 한다. 특히, 농도의 경우 분수와 정수가 같이 제시되고, 최근에는 비율을 활용한 문제가 많이 출제되고 있으므로 통분이나 약분을 통해 수를 간소화시켜 계산 실수를 줄일 수 있도록 한다.

주의사항

항상 미지수를 구해서 그 값을 계산하여 풀이해야 하는 것은 아니다. 문제에서 원하는 값은 정확한 미지수를 구하지 않아도 풀이과정에서 답이 제시되는 경우가 있으므로 문제에서 묻는 것을 명확히 해야 한다.

01 승연이는 농도가 7%인 소금물 300g과 농도가 8%인 소금물 500g을 모두 섞었다. 섞은 소금물의 물을 증발시켜 농도가 10% 이상인 소금물을 만들려고 할 때, 승연이가 증발시켜야 하는 물의 양은 최소 몇 g 이상인가?

① 200g   ② 190g

③ 185g   ④ 175g

02 농도가 12%인 A설탕물 200g, 15%인 B설탕물 300g, 17%인 C설탕물 100g이 있다. A와 B설탕물을 합친 후 300g만 남기고 버린 다음, 여기에 C설탕물을 합친 후 다시 300g만 남기고 버렸다. 마지막으로 남은 300g의 설탕물에 녹아있는 설탕의 질량은?

① 41.5g   ② 42.7g

③ 43.8g   ④ 44.6g

Easy

03 식염 75g을 몇 g의 물에 넣어야 15%의 식염수가 되는가?

① 350g   ② 375g

③ 400g   ④ 425g

03 | 일의 양

| 유형분석 |

- 전체 일의 양을 1로 두고 풀이하는 유형이다.
- 분이나 초 단위 계산이 가장 어려운 유형으로 출제되고 있다.
- (일률)$=\dfrac{(작업량)}{(작업기간)}$, (작업기간)$=\dfrac{(작업량)}{(일률)}$, (작업량)$=$(일률)$\times$(작업기간)

프로젝트를 대리 혼자서 진행하면 8일이 걸리고 사원 혼자서 진행하면 24일이 걸릴 때, 두 사람이 함께 프로젝트를 진행하는 데 소요되는 기간은?

① 6일

② 7일

③ 8일

④ 9일

정답 ①

두 사람이 함께 업무를 진행하는 데 걸리는 기간을 x일이라고 하고 전체 일의 양을 1이라고 하면,

대리가 하루에 진행하는 업무의 양은 $\dfrac{1}{8}$, 사원이 하루에 진행하는 업무의 양은 $\dfrac{1}{24}$이므로 $\left(\dfrac{1}{8}+\dfrac{1}{24}\right)x=1$이다.

$\therefore x=6$

따라서 두 사람이 함께 업무를 진행하는 데 걸리는 기간은 6일이다.

유형풀이 Tip

전체의 값을 모르는 상태에서 비율을 묻는 문제의 경우 전체를 1이라고 하면 쉽게 풀이할 수 있다.

예 S가 1개의 빵을 만드는 데 3시간이 걸린다. 1개의 빵을 만드는 일의 양을 1이라고 하면 S는 한 시간에 $\dfrac{1}{3}$만큼의 빵을 만든다.

01 한 공장에서는 기계 2대를 운용하고 있다. 전체 작업을 수행할 때 A기계로는 12시간이 걸리며, B기계로는 18시간이 걸린다. 이미 절반의 작업이 수행된 상태에서 A기계로 4시간 동안 작업하다가 이후로는 A, B 두 기계를 모두 동원해 작업을 수행했다면, A, B 두 기계를 모두 동원해 작업하는 데 소요되는 총시간은?

① 1시간   ② 1시간 12분

③ 1시간 20분   ④ 1시간 30분

PART 1

Easy

02 갑은 곰인형 100개를 만드는 데 4시간, 을은 25개를 만드는 데 10시간이 걸린다. 이들이 함께 일을 하면 각각 원래 능력보다 20% 효율이 떨어진다. 이들이 함께 곰인형 132개를 만드는 데 걸리는 시간은?

① 5시간   ② 6시간

③ 7시간   ④ 8시간

03 초콜릿 한 상자를 만드는 데 명훈이는 30시간, 우진이는 20시간이 걸린다. 명훈이가 3시간, 우진이가 5시간 동안 만든 후 둘이서 같이 한 상자를 완성하려고 한다. 두 사람이 같이 초콜릿을 만드는 시간은 얼마인가?

① $\frac{37}{5}$ 시간   ② $\frac{39}{5}$ 시간

③ $\frac{42}{5}$ 시간   ④ $\frac{44}{5}$ 시간

04 | 금액

| 유형분석 |

- 원가, 정가, 할인가, 판매가 등의 개념을 명확히 한다.
  (정가)=(원가)+(이익)
  (이익)=(정가)-(원가)

  a원에서 $b\%$ 할인한 가격$=a\times\left(1-\dfrac{b}{100}\right)$

- 난이도가 어려운 편은 아니지만 비율을 활용한 계산 문제이기 때문에 실수하기 쉽다.

종욱이는 25,000원짜리 피자 두 판과 8,000원짜리 샐러드 세 개를 주문했다. 통신사 멤버십 혜택으로 피자는 15%, 샐러드는 25%를 할인 받을 수 있고, 이벤트로 통신사 멤버십 혜택을 적용한 금액의 10%를 추가 할인받았다고 한다. 종욱이가 할인받은 금액은?

① 12,150원
② 13,500원
③ 18,600원
④ 19,550원

정답 ④

할인받기 전 종욱이가 지불할 금액은 $25,000\times2+8,000\times3=74,000$원이다.
통신사 할인과 이벤트 할인을 적용한 금액은 $(25,000\times2\times0.85+8,000\times3\times0.75)\times0.9=54,450$원이다.
따라서 종욱이가 할인받은 금액은 $74,000-54,450=19,550$원이다.

유형풀이 Tip

전체 금액을 구하는 것이 아니라 할인된 금액을 구하면 수의 크기도 작아지고, 풀이 과정을 단축시킬 수 있다.
예를 들어 위의 문제에서 피자는 15%, 샐러드는 25%를 할인받았으므로 할인받은 금액은 각각 7,500원, 6,000원이다.
할인받은 금액의 합을 원래 지불했어야 하는 금액에서 빼면 60,500원이고, 이의 10%는 6,050원이므로 종욱이가 할인 받은 총 금액은 $7,500+6,000+6,050=19,550$원이다.

Easy

01 세희네 가족의 올해 여름휴가 비용은 작년 대비 교통비는 15%, 숙박비는 24% 증가하여 전체 휴가 비용이 20% 증가하였다. 작년 전체 휴가비용이 36만 원일 때, 올해 숙박비는?(단, 전체 휴가비용 은 교통비와 숙박비의 합이다)

① 160,000원   ② 184,000원

③ 200,000원   ④ 248,000원

02 민솔이네 가족은 Z통신사를 이용하며, 민솔이는 79분을 사용하여 20,950원, 아빠는 90분을 사용 하여 21,390원의 요금을 청구받았다. Z통신사의 요금 부과 규칙이 다음과 같을 때, 101분 사용한 엄마의 통화 요금은?

> • 60분 이하 사용 시 기본요금 x원이 부과됩니다. … (1)
> • 60분 초과 사용 시 (1)요금에 초과한 시간에 대한 1분당 y원이 추가로 부과됩니다. … (2)
> • 100분 초과 사용 시 (2)요금에 초과한 시간에 대한 1분당 $2y$원이 추가로 부과됩니다.

① 21,830원   ② 21,870원

③ 21,900원   ④ 21,930원

03 X커피 300g은 A원두와 B원두의 양을 1 : 2 비율로 배합하여 만들고, Y커피 300g은 A원두와 B원 두의 양을 2 : 1 비율로 배합하여 만든다. 두 커피 300g의 판매 가격이 각각 3,000원, 2,850원일 때, B원두의 100g당 원가는?(단, 판매가격은 원가의 합의 1.5배이다)

① 500원   ② 600원

③ 700원   ④ 800원

05 | 경우의 수

| 유형분석 |

- 순열(P)과 조합(C)을 활용한 문제이다.

$$_n\mathrm{P}_m = n \times (n-1) \times \cdots \times (n-m+1)$$

$$_n\mathrm{C}_m = \frac{_n\mathrm{P}_m}{m!} = \frac{n \times (n-1) \times \cdots \times (n-m+1)}{m!}$$

- 벤다이어그램을 활용한 문제가 출제되기도 한다.

M은행은 토요일에는 2명의 사원이 당직 근무를 서도록 사칙으로 규정하고 있다. M은행의 B팀에는 8명의 사원이 있다. B팀이 앞으로 3주 동안 토요일 당직 근무를 선다고 했을 때, 가능한 모든 경우의 수는?(단, 모든 사원은 당직 근무를 2번 이상 서지 않는다)

① 1,520가지

② 2,520가지

③ 5,040가지

④ 10,080가지

정답 ②

8명을 2명씩 3그룹으로 나누는 경우의 수는 $_8\mathrm{C}_2 \times _6\mathrm{C}_2 \times _4\mathrm{C}_2 \times \dfrac{1}{3!} = 28 \times 15 \times 6 \times \dfrac{1}{6} = 420$가지이다.

3개의 그룹을 각각 A, B, C라 하면, 3주 동안 토요일에 근무자를 배치하는 경우의 수는 A, B, C를 일렬로 배열하는 방법의 수와 동일하므로 3그룹을 일렬로 나열하는 경우의 수는 $3 \times 2 \times 1 = 6$가지이다.

따라서 모든 경우의 수는 $420 \times 6 = 2,520$가지이다.

유형풀이 Tip

경우의 수의 합의 법칙과 곱의 법칙 등에 관해 명확히 한다.

합의 법칙

㉠ 두 사건 A, B가 동시에 일어나지 않을 때, A가 일어나는 경우의 수를 m, B가 일어나는 경우의 수를 n이라고 하면, 사건 A 또는 B가 일어나는 경우의 수는 $m+n$이다.

㉡ '또는', '~이거나'라는 말이 나오면 합의 법칙을 사용한다.

곱의 법칙

㉠ A가 일어나는 경우의 수를 m, B가 일어나는 경우의 수를 n이라고 하면, 사건 A와 B가 동시에 일어나는 경우의 수는 $m \times n$이다.

㉡ '그리고', '동시에'라는 말이 나오면 곱의 법칙을 사용한다.

01 다음과 같이 도로가 있고 P지점에서 R지점까지 이동하려고 한다. Q, S지점을 반드시 거쳐야 할 때, 최단거리로 가능한 경우의 수는 모두 몇 가지인가?

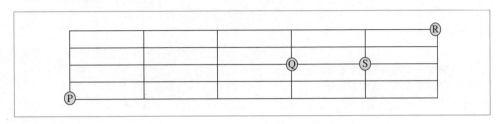

① 18가지   ② 30가지

③ 32가지   ④ 44가지

02 고등학생 8명이 래프팅을 하러 여행을 떠났다. 보트는 3명, 5명 두 팀으로 나눠 타기로 했다. 이때 8명 중 반장, 부반장은 서로 다른 팀이 된다고 할 때, 가능한 경우의 수는 몇 가지인가?(단, 반장과 부반장은 각각 1명이다)

① 15가지   ② 18가지

③ 30가지   ④ 32가지

Hard

03 0 ~ 9가 적힌 카드가 1장씩 있다. 두 자리 짝수와 세 자리 홀수를 만들기 위해 한 번에 5장의 카드를 뽑는다고 할 때, 숫자를 만들 수 있는 경우의 수는?

① 5,580가지   ② 5,660가지

③ 5,810가지   ④ 6,720가지

06 | 확률

| 유형분석 |

- 순열(P)과 조합(C)을 활용한 문제이다.
- 조건부 확률 문제가 출제되기도 한다.

주머니에 1부터 10까지의 숫자가 적힌 카드 10장이 들어있다. 주머니에서 카드를 세 번 뽑는다고 할 때, 1, 2, 3이 적힌 카드 중 하나 이상을 뽑을 확률은?(단, 꺼낸 카드는 다시 넣지 않는다)

① $\dfrac{5}{8}$

② $\dfrac{17}{24}$

③ $\dfrac{7}{24}$

④ $\dfrac{7}{8}$

정답 ②

(1, 2, 3이 적힌 카드 중 하나 이상을 뽑을 확률)=1−(세 번 모두 4~10이 적힌 카드를 뽑을 확률)

- 세 번 모두 4~10이 적힌 카드를 뽑을 확률 : $\dfrac{7}{10} \times \dfrac{6}{9} \times \dfrac{5}{8} = \dfrac{7}{24}$

∴ 1, 2, 3이 적힌 카드 중 하나 이상을 뽑을 확률 : $1 - \dfrac{7}{24} = \dfrac{17}{24}$

유형풀이 Tip

여사건의 확률
㉠ 사건 A가 일어날 확률이 p일 때, 사건 A가 일어나지 않을 확률은 $(1-p)$이다.
㉡ '적어도'라는 말이 나오면 주로 사용한다.

확률의 덧셈
두 사건 A, B가 동시에 일어나지 않을 때, A가 일어날 확률을 p, B가 일어날 확률을 q라고 하면, 사건 A 또는 B가 일어날 확률은 $p+q$이다.

확률의 곱셈
A가 일어날 확률을 p, B가 일어날 확률을 q라고 하면, 사건 A와 B가 동시에 일어날 확률은 $p \times q$이다.

01 같은 은행에 근무하는 A사원과 B사원이 건물 맨 꼭대기 층인 10층에서 엘리베이터를 함께 타고 내려갔다. 두 사원이 서로 다른 층에 내릴 확률은?(단, 두 사원 모두 지하에서는 내리지 않는다)

① $\dfrac{5}{27}$　　　　　　　　　② $\dfrac{8}{27}$

③ $\dfrac{2}{3}$　　　　　　　　　④ $\dfrac{8}{9}$

Easy

02 내일은 축구경기가 있는 날인데 비가 올 확률은 $\dfrac{2}{5}$ 이다. 비가 온다면 이길 확률이 $\dfrac{1}{3}$, 비가 오지 않는다면 이길 확률이 $\dfrac{1}{4}$ 일 때, 이길 확률은?

① $\dfrac{4}{15}$　　　　　　　　　② $\dfrac{17}{60}$

③ $\dfrac{3}{10}$　　　　　　　　　④ $\dfrac{19}{60}$

03 A에서 시작하여, 주사위를 2번 던져서 나온 눈의 수의 합만큼 시계 반대 방향으로 이동하려 한다. 도착점이 C가 될 확률은?

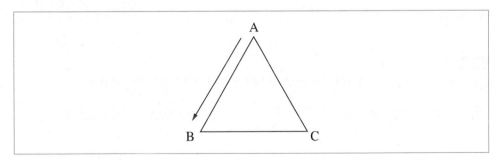

① $\dfrac{1}{6}$　　　　　　　　　② $\dfrac{1}{4}$

③ $\dfrac{1}{3}$　　　　　　　　　④ $\dfrac{1}{2}$

07 | 금융상품 활용

| 유형분석 |

- 금융상품을 정확하게 이해하고 문제에서 요구하는 답을 도출해낼 수 있는지 평가한다.
- 단리식, 복리식, 이율, 우대금리, 중도해지, 만기해지 등 조건에 유의해야 한다.

M금고는 '더 커지는 적금'을 새롭게 출시하였다. A씨는 이 적금의 모든 우대금리조건을 만족하여 이번 달부터 이 상품에 가입하려고 한다. 만기 시 A씨가 얻을 수 있는 이자는 얼마인가?(단, $1.024^{\frac{1}{12}}=1.0019$로 계산하고, 금액은 백의 자리에서 반올림한다)

〈더 커지는 적금〉

- 가입기간 : 12개월
- 가입금액 : 매월 초 200,000원 납입
- 적용금리 : 기본금리(연 2.1%)+우대금리(최대 연 0.3%p)
- 저축방법 : 정기적립식, 비과세
- 이자지급방식 : 만기일시지급식, 연복리식
- 우대금리조건
  - M금고 입출금통장 보유 시 : +0.1%p
  - 연 500만 원 이상의 K은행 예금상품 보유 시 : +0.1%p
  - 급여통장 지정 시 : +0.1%p
  - 이체실적이 20만 원 이상 시 : +0.1%p

---

① 131,000원
② 132,000원
③ 138,000원
④ 141,000원

정답 ①

모든 우대금리조건을 만족하므로 최대 연 0.3%p가 기본금리에 적용되어 2.1+0.3=2.4%가 된다.

n개월 후 연복리 이자는 (월납입금)$\times\dfrac{(1+r)^{\frac{n+1}{12}}-(1+r)^{\frac{1}{12}}}{(1+r)^{\frac{1}{12}}-1}$-(적립원금)이므로, 이에 따른 식은 다음과 같다.

$200,000\times\dfrac{(1.024)^{\frac{13}{12}}-(1.024)^{\frac{1}{12}}}{(1.024)^{\frac{1}{12}}-1}-200,000\times12$

$=200,000\times1.0019\times\dfrac{1.024-1}{0.0019}-2,400,000$

$≒2,531,000-2,400,000=131,000$원

단리
① 개념 : 원금에만 이자가 발생
② 계산 : 이율이 $r\%$인 상품에 원금 a를 총 n번 이자가 붙는 동안 예치한 경우 $a(1+nr)$

복리
① 개념 : 원금과 이자에 모두 이자가 발생
② 계산 : 이율이 $r\%$인 상품에 원금 a를 총 n번 이자가 붙는 동안 예치한 경우 $a(1+r)^n$

이율과 기간
① $(월이율) = \dfrac{(연이율)}{12}$

② n개월 $= \dfrac{n}{12}$년

예치금의 원리합계
원금 a원, 연이율 $r\%$, 예치기간 n개월일 때,

• 단리 예금의 원리합계 : $a\left(1+\dfrac{r}{12}n\right)$

• 월복리 예금의 원리합계 : $a\left(1+\dfrac{r}{12}\right)^n$

• 연복리 예금의 원리합계 : $a(1+r)^{\frac{n}{12}}$

적금의 원리합계
월초 a원씩, 연이율 $r\%$일 때, n개월 동안 납입한다면

• 단리 적금의 n개월 후 원리합계 : $an + a \times \dfrac{n(n+1)}{2} \times \dfrac{r}{12}$

• 월복리 적금의 n개월 후 원리합계 : $\dfrac{a\left(1+\dfrac{r}{12}\right)\left\{\left(1+\dfrac{r}{12}\right)^n - 1\right\}}{\dfrac{r}{12}}$

• 연복리 적금의 n개월 후 원리합계 : $\dfrac{a(1+r)^{\frac{1}{12}}\left\{(1+r)^{\frac{n}{12}} - 1\right\}}{(1+r)^{\frac{1}{12}} - 1}$

01 A대리는 새 자동차 구입을 위해 적금 상품에 가입하고자 하며, 후보 적금 상품에 대한 정보는 다음과 같다. 후보 적금 상품 중 만기환급금이 더 큰 적금 상품에 가입한다고 할 때, A대리가 가입할 적금 상품과 상품의 만기환급금이 바르게 연결된 것은?

〈후보 적금 상품 정보〉

구분	직장인사랑적금	미래든든적금
가입자	개인실명제	개인실명제
가입기간	36개월	24개월
가입금액	매월 1일 100,000원 납입	매월 1일 150,000원 납입
적용금리	연 2.0%	연 1.5%
저축방법	정기적립식, 비과세	정기적립식, 비과세
이자지급방식	만기일시지급, 단리식	만기일시지급, 단리식

	적금 상품	만기환급금
①	직장인사랑적금	3,656,250원
②	직장인사랑적금	3,711,000원
③	미래든든적금	3,725,000원
④	미래든든적금	3,656,250원

Easy

02 M은행에서 근무하는 A사원은 고객 甲에게 적금 만기를 통보하고자 한다. 甲의 가입 상품 정보가 다음과 같을 때, A사원이 甲에게 안내할 금액은?

• 상품명 : M은행 희망적금
• 가입자 : 甲(본인)
• 가입기간 : 24개월
• 가입금액 : 매월 초 200,000원 납입
• 적용금리 : 연 2.0%
• 저축방법 : 정기적립식, 비과세
• 이자지급방식 : 만기일시지급, 단리식

① 4,225,000원   ② 4,500,000원
③ 4,725,000원   ④ 4,900,000원

03 자산관리사 A씨는 6개월 전 20,000,000원의 원금을 가지고 자금 운용을 시작하였으며, 현재 누적 수익률은 4%이다. 현재로부터 6개월 후 누적 수익률이 원금의 10%가 되려면, 앞으로 6개월 동안의 누적 수익률은 몇 %가 되어야 하는가?(단, 누적 수익률은 원금을 대상으로 계산된 이자만을 고려한다)

① 4% ② 5%

③ 6% ④ 12%

PART 1

※ A씨는 올해 퇴직금 4,000만 원을 정산 받아 M은행에 예금하고자 한다. 다음 M은행에서 제공하는 비과세 예금상품을 보고 이어지는 물음에 답하시오. **[4~5]**

〈M은행 예금상품〉			
구분	기간	기본이율	앱 가입 시 이율
단리 예금상품	3년	연 7%	연 9%
복리 예금상품	3년	연 10%	연 12%

`Hard`

04 예금을 복리로 넣을 때와 단리로 넣을 때의 만기 시 수령 금액의 차이는?(단, 예금은 기본이율을 적용하고, $1.1^3 = 1.331$로 계산한다)

① 464만 원 ② 468만 원

③ 484만 원 ④ 489만 원

05 A씨는 단리 예금상품에 퇴직금을 예치하고자 한다. 앱을 통해 가입할 경우, 기본이율과 비교하여 만기 시 얼마의 이득을 더 얻을 수 있는가?

① 200만 원 ② 220만 원

③ 240만 원 ④ 260만 원

08 | 자료계산

| 유형분석 |

• 문제에 주어진 조건과 정보를 활용하여 빈칸에 알맞은 수를 계산해낼 수 있는지 평가한다.

다음은 시·군 지역의 성별 비경제활동 인구에 관해 조사한 자료이다. 빈칸 (가), (다)에 들어갈 수가 바르게 연결된 것은?(단, 인구수는 백의 자리에서 반올림하고, 비중은 소수점 첫째 자리에서 반올림한다)

〈성별 비경제활동 인구〉

(단위 : 천 명, %)

구분	총계	남자	비중	여자	비중
시 지역	7,800	2,574	(가)	5,226	(나)
군 지역	1,149	(다)	33.5	(라)	66.5

	(가)	(다)		(가)	(다)
①	30	385	②	30	392
③	33	378	④	33	385

정답 ④

• (가) : $\dfrac{2,574}{7,800} \times 100 = 33\%$

• (다) : $1,149 \times 0.335 \fallingdotseq 385$천 명

유형풀이 Tip

• 빈칸이 여러 개인 경우 계산이 간단한 한두 개의 빈칸의 값을 먼저 찾고, 역으로 대입하여 풀이 시간을 단축한다.
• 금융권 NCS 수리능력의 경우 마지막 자리까지 정확하게 계산하는 것을 요구한다. 따라서 선택지에 주어진 값의 차이가 크지 않다면 어림값을 활용하는 것이 오히려 풀이 속도를 지연시킬 수 있으므로 주의해야 한다.

01 다음은 외국인 직접투자의 투자건수 비율과 투자금액 비율을 투자규모별로 나타낸 자료이다. 투자
규모 100만 달러 이상인 투자금액 비율과 투자규모 50만 달러 미만인 투자건수 비율을 순서대
로 나열한 것은?

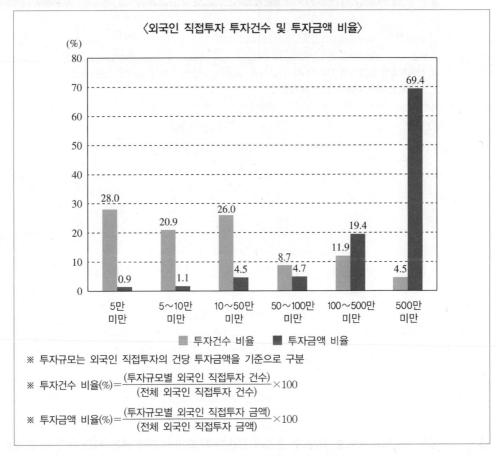

〈외국인 직접투자 투자건수 및 투자금액 비율〉

※ 투자규모는 외국인 직접투자의 건당 투자금액을 기준으로 구분

$$※ \text{ 투자건수 비율(\%)} = \frac{(투자규모별 \text{ 외국인 직접투자 건수})}{(전체 \text{ 외국인 직접투자 건수})} \times 100$$

$$※ \text{ 투자금액 비율(\%)} = \frac{(투자규모별 \text{ 외국인 직접투자 금액})}{(전체 \text{ 외국인 직접투자 금액})} \times 100$$

① 66.6%, 62.8%

② 77.7%, 68.6%

③ 88.8%, 74.9%

④ 88.8%, 76.2%

02 다음은 M기업의 신용등급이 변화될 가능성을 정리한 표이다. 2022년에 C등급을 받은 M기업이 2024년에도 C등급을 유지할 가능성은?

<M기업 신용등급 변화 비율>

구분		n+1년		
		A등급	B등급	C등급
n년	A등급	0.6	0.3	0.1
	B등급	0.2	0.47	0.33
	C등급	0.1	0.22	0.68

※ 신용등급은 매년 1월 1일 0시에 산정되며, 'A등급, B등급, C등급' 순으로 높은 등급
※ 신용등급 변화 비율은 매년 동일함

① 0.532
② 0.545
③ 0.584
④ 0.622

03 다음은 M은행의 지역별 지점 수 증감과 관련한 자료이다. 2020년에 지점 수가 두 번째로 많은 지역의 지점 수는 몇 개인가?

<지역별 지점 수 증감>

(단위 : 개)

지역	2020년 대비 2021년 증감 수	2021년 대비 2022년 증감 수	2022년 대비 2023년 증감 수	2023년 지점 수
서울	2	2	−2	17
경기	2	1	−2	14
인천	−1	2	−5	10
부산	−2	−4	3	10

① 10개
② 12개
③ 14개
④ 16개

04 2023년 상반기 M은행 상품기획팀 입사자는 2022년 하반기에 비해 20% 감소하였으며, 2023년 상반기 인사팀 입사자는 2022년 하반기 마케팅팀 입사자 수의 2배이고, 영업팀 입사자는 2022년 하반기보다 30명이 늘었다. 2023년 상반기 마케팅팀의 입사자는 2023년 상반기 인사팀의 입사자와 같다. 2023년 상반기 전체 입사자가 2022년 하반기 대비 25% 증가했을 때, 2022년 하반기 대비 2023년 상반기 인사팀 입사자의 증감률은?

〈M은행 입사자 수〉

(단위 : 명)

구분	마케팅	영업	상품기획	인사	합계
2022년 하반기 입사자 수	50		100		320

① - 15% ② 0%

③ 15% ④ 25%

05 다음은 우리나라의 2018 ~ 2022년 부양인구비를 나타낸 자료이다. 2022년 15세 미만 인구 대비 65세 이상 인구의 비율은 얼마인가?(단, 비율은 소수점 둘째 자리에서 반올림한다)

〈부양인구비〉

(단위 : %)

구분	2018년	2019년	2020년	2021년	2022년
부양비	37.3	36.9	36.8	36.8	36.9
유소년부양비	22.2	21.4	20.7	20.1	19.5
노년부양비	15.2	15.6	16.1	16.7	17.3

※ (유소년부양비)$= \dfrac{(15세\ 미만\ 인구)}{(15 \sim 64세\ 인구)} \times 100$

※ (노년부양비)$= \dfrac{(65세\ 이상\ 인구)}{(15 \sim 64세\ 인구)} \times 100$

① 72.4% ② 77.6%

③ 81.5% ④ 88.7%

09 | 자료추론

| 유형분석 |

- 문제에 주어진 상황과 정보를 적절하게 활용하여 잘못된 내용을 찾아낼 수 있는지 평가한다.
- 비율·증감폭·증감률·수익(손해)율 등의 계산을 요구하는 문제가 출제된다.

다음은 M은행 직원 250명을 대상으로 조사한 자료이다. 자료에 대한 설명으로 옳은 것은?(단, 소수점 첫째 자리에서 버림한다)

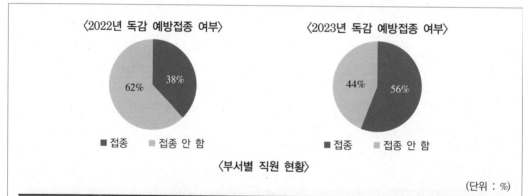

〈부서별 직원 현황〉

(단위 : %)

구분	외환부서	여신심사부서	영업부서	신용부서	합계
비율	16	12	28	44	100

※ 제시된 것 외의 부서는 없음
※ 2022년과 2023년 부서별 직원 현황은 변동이 없음

① 2022년의 독감 예방접종자가 모두 2023년에도 예방접종을 했다면, 2022년에는 예방접종을 하지 않았지만 2023년에 예방접종을 한 직원은 총 54명이다.

② 2022년 대비 2023년에 예방접종을 한 직원의 수는 49% 이상 증가했다.

③ 2022년의 예방접종을 하지 않은 직원들을 대상으로 2023년의 독감 예방접종 여부를 조사한 자료라고 한다면, 2022년과 2023년 모두 예방접종을 하지 않은 직원은 총 65명이다.

④ 2022년과 2023년의 독감 예방접종 여부가 외환부서에 대한 자료라고 할 때, 외환부서 직원 중 예방접종을 한 직원은 2022년 대비 2023년에 약 7명 증가했다.

외환부서 직원은 총 $250 \times 0.16 = 40$명이다. 2022년과 2023년의 독감 예방접종 여부가 외환부서에 대한 자료라면, 외환부서 직원 중 2022년과 2023년의 예방접종자 수의 비율 차는 $56 - 38 = 18\%$p이다.

따라서 $40 \times 0.18 = 7.2$이므로 2022년 대비 2023년에 약 7명 증가했다.

오답분석

① 2022년 독감 예방접종자 수는 $250 \times 0.38 = 95$명, 2023년 독감 예방접종자 수는 $250 \times 0.56 = 140$명이므로, 2022년에는 예방접종을 하지 않았지만, 2023년에는 예방접종을 한 직원은 총 $140 - 95 = 45$명이다.

② 2022년의 예방접종자 수는 95명이고, 2023년의 예방접종자 수는 140명이다. 따라서 $\frac{140 - 95}{95} \times 100 = 47\%$ 증가했다.

③ 2022년의 예방접종을 하지 않은 직원들을 대상으로 2023년의 독감 예방접종 여부를 조사한 자료라고 한다면, 2022년과 2023년 모두 예방접종을 하지 않은 직원은 총 $250 \times 0.62 \times 0.44 = 68$명이다.

유형풀이 Tip

• [증감률(%)] : $\frac{(\text{비교값}) - (\text{기준값})}{(\text{기준값})} \times 100$

예 M은행의 작년 신입사원 수는 500명이고, 올해는 700명이다. M은행의 전년 대비 올해 신입사원 수의 증가율은?

$\frac{700 - 500}{500} \times 100 = \frac{200}{500} \times 100 = 40\%$ → 전년 대비 40% 증가하였다.

M은행의 올해 신입사원 수는 700명이고, 내년에는 350명을 채용할 예정이다. M은행의 올해 대비 내년 신입사원 수의 감소율은?

$\frac{350 - 700}{700} \times 100 = -\frac{350}{700} \times 100 = -50\%$ → 올해 대비 50% 감소할 것이다.

01 다음은 A ~ F국의 2023년 GDP와 GDP 대비 국가자산총액을 나타낸 자료이다. 이에 대한 〈보기〉의 설명 중 옳은 것을 모두 고르면?

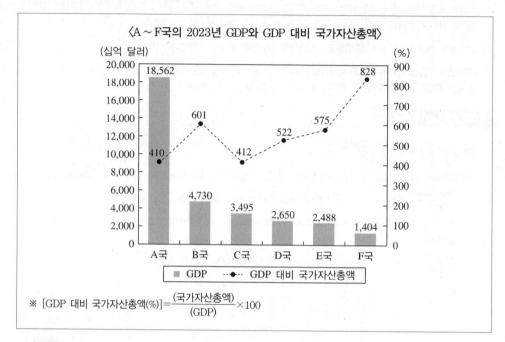

〈A ~ F국의 2023년 GDP와 GDP 대비 국가자산총액〉

※ [GDP 대비 국가자산총액(%)] $= \dfrac{\text{(국가자산총액)}}{\text{(GDP)}} \times 100$

보기

㉠ GDP가 높은 국가일수록 GDP 대비 국가자산총액이 작다.
㉡ A국의 GDP는 나머지 5개국 GDP의 합보다 크다.
㉢ 국가자산총액은 F국이 D국보다 크다.

① ㉠   ② ㉡
③ ㉠, ㉢   ④ ㉡, ㉢

02 다음은 국민연금 수급자 급여실적에 관한 자료이다. 이에 대한 설명으로 옳은 것은?

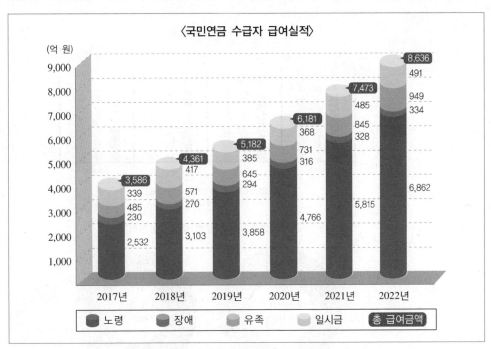

① 유족연금 지급액은 매년 가장 낮다.

② 2017 ~ 2022년까지 모든 항목의 연금 지급액은 매년 증가하고 있다.

③ 2017년 대비 지급총액이 처음으로 2배를 넘어선 해는 2019년이다.

④ 노령연금 대비 유족연금의 비율은 2017년이 2018년보다 높다.

03 다음은 2020 ~ 2022년 전국 주택건설실적에 관한 자료이다. 이에 대한 설명으로 옳지 않은 것은?

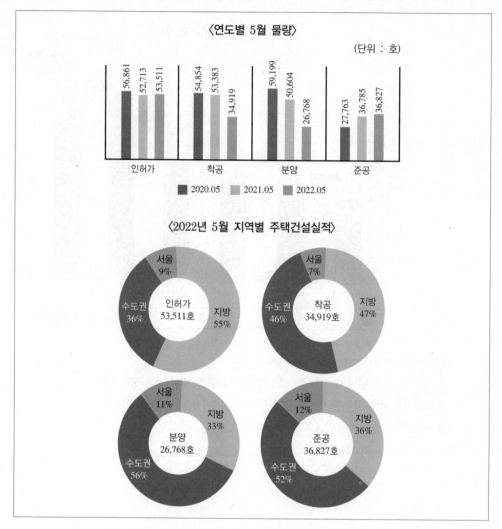

① 2022년 5월 분양 실적은 작년 동월 분양 실적보다 약 47.1% 감소하였다.

② 2022년 5월 지방의 인허가 실적은 약 29,431호이다.

③ 2022년 5월 지방의 준공 호수는 착공 호수보다 많다.

④ 전체 인허가 호수 대비 전체 준공 호수의 비중은 2021년 5월에 가장 컸다.

04 다음은 M기업의 금융 구조조정 자금 총지원 현황에 대한 자료이다. 〈보기〉 중 자료에 대한 설명으로 옳은 것을 모두 고르면?

〈금융 구조조정 자금 총지원 현황〉

(단위 : 억 원)

구분	은행	증권사	보험사	제2금융	저축은행	협동조합	소계
출자	222,039	99,769	159,198	26,931	1	0	507,938
출연	139,189	4,143	31,192	7,431	4,161	0	186,116
부실자산 매입	81,064	21,239	3,495	0	0	0	105,798
보험금 지급	0	113	0	182,718	72,892	47,402	303,125
대출	0	0	0	0	5,969	0	5,969
총계	442,292	125,264	193,885	217,080	83,023	47,402	1,108,946

보기

㉠ 출자 부문에서 은행이 지원받은 금융 구조조정 자금은 증권사가 지원받은 금융 구조조정 자금의 3배 이상이다.

㉡ 보험금 지급 부문에서 지원된 금융 구조조정 자금 중 저축은행이 지원받은 금액의 비중은 20%를 초과한다.

㉢ 제2금융에서 지원받은 금융 구조조정 자금 중 보험금 지급 부문으로 지원받은 금액이 차지하는 비중은 80% 이상이다.

㉣ 부실자산 매입 부문에서 지원된 금융 구조조정 자금 중 은행이 지급받은 금액의 비중은 보험사가 지급받은 금액 비중의 20배 이상이다.

① ㉠

② ㉡, ㉣

③ ㉠, ㉡, ㉢

④ ㉡, ㉢, ㉣

10 | 자료변환

| 유형분석 |

- 도표의 형태별 특징을 파악하고, 다양한 종류로 변환하여 표현할 수 있는지 평가한다.
- 수치를 일일이 확인하기보다 증감 추이를 먼저 판단한 후 그래프 모양이 크게 차이 나는 곳의 수치를 확인하는 것이 효율적이다.

다음 중 2018 ~ 2022년 M기업의 매출표를 그래프로 나타낸 것으로 옳은 것은?

〈M기업 매출표〉

(단위 : 억 원)

구분	2018년	2019년	2020년	2021년	2022년
매출액	1,485	1,630	1,410	1,860	2,055
매출원가	1,360	1,515	1,280	1,675	1,810
판관비	30	34	41	62	38

※ (영업이익)＝(매출액)－[(매출원가)＋(판관비)]
※ (영업이익률)＝(영업이익)÷(매출액)×100

① 2018 ~ 2022년 영업이익

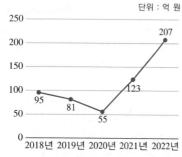

② 2018 ~ 2022년 영업이익

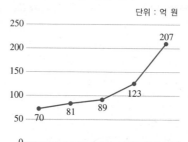

③ 2018 ~ 2022년 영업이익률

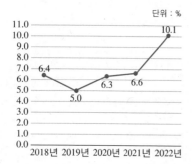

④ 2018 ~ 2022년 영업이익률

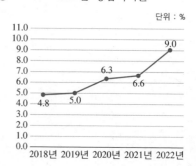

연도별 영업이익과 영업이익률은 다음과 같다.

(단위 : 억 원)

구분	2018년	2019년	2020년	2021년	2022년
매출액	1,485	1,630	1,410	1,860	2,055
매출원가	1,360	1,515	1,280	1,675	1,810
판관비	30	34	41	62	38
영업이익	95	81	89	123	207
영업이익률	6.4%	5.0%	6.3%	6.6%	10.1%

유형풀이 Tip

도표의 종류

종류	내용
선 그래프	시간적 추이(시계열 변화)를 표시하고자 할 때 적합 예 연도별 매출액 추이 변화
막대 그래프	수량 간의 대소관계를 비교하고자 할 때 적합 예 영업소별 매출액
원 그래프	내용의 구성비를 분할하여 나타내고자 할 때 적합 예 제품별 매출액 구성비
층별 그래프	합계와 각 부분의 크기를 백분율로 나타내고 시간적 변화를 보고자 할 때 적합 예 상품별 매출액 추이
점 그래프	지역분포를 비롯한 기업 등의 평가나 위치, 성격을 표시하고자 할 때 적합 예 광고비율과 이익률의 관계
방사형 그래프	다양한 요소를 비교하고자 할 때 적합 예 매출액의 계절변동

01 귀하는 미디어 매체별 이용자 분포 자료를 토대로 보고서에 추가할 그래프를 제작하였다. 완성된 보고서를 상사에게 제출하였는데, 그래프 중에서 잘못된 것이 있다고 피드백을 받았다. 귀하가 다음의 자료를 토대로 그래프를 검토할 때 수정이 필요한 것은 무엇인가?

〈미디어 매체별 이용자 분포〉

(단위 : %)

구분		TV	스마트폰	PC / 노트북
사례 수(명)		7,000	6,000	4,000
성별	남	49.4	51.7	51.9
	여	50.6	48.3	48.1
연령	10대	9.4	11.2	13.0
	20대	14.1	18.7	20.6
	30대	17.1	21.1	23.0
	40대	19.1	22.2	22.6
	50대	18.6	18.6	15.0
	60세 이상	21.7	8.2	5.8
직업	사무직	20.1	25.6	28.2
	서비스직	14.8	16.6	14.9
	생산직	20.3	17.0	13.4
	학생	13.2	16.8	19.4
	주부	20.4	17.8	18.4
	기타	0.6	0.6	0.6
	무직	10.6	5.6	5.1
소득	상	31.4	35.5	38.2
	중	45.1	49.7	48.8
	하	23.5	14.8	13.0
도시 규모	대도시	45.3	47.5	49.5
	중소도시	37.5	39.6	39.3
	군 지역	17.2	12.9	11.2

① 연령대별 스마트폰 이용자 수

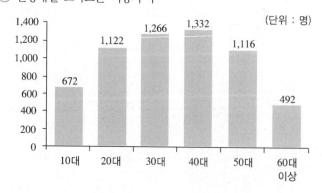

② 매체별 성별 이용자 수

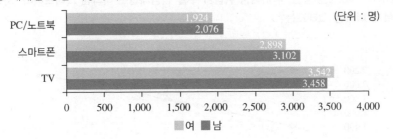

③ 매체별 소득수준 구성비

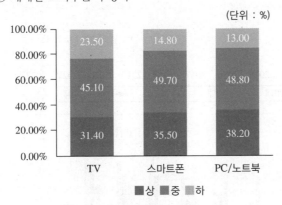

④ TV+스마트폰 이용자의 도시 규모별 구성비

02 다음은 2013 ~ 2022년 동안 국내 여성 취업자 수를 연령대별로 나타낸 그래프이다. 자료를 변형하여 바르게 나타낸 그래프는?

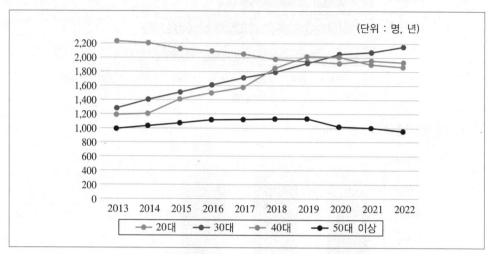

①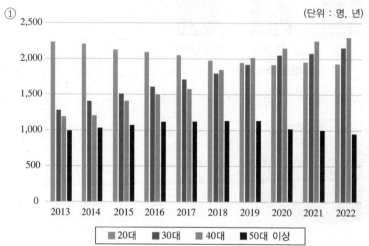

②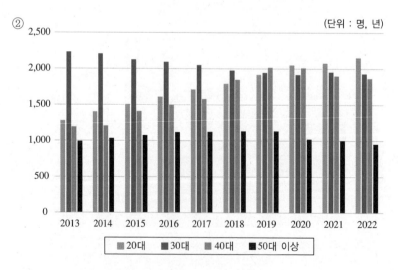

③

(단위 : 명, 년)

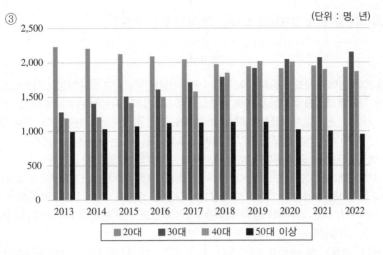

④

(단위 : 명, 년)

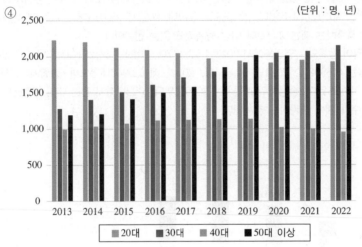

03 다음 보고서의 내용을 보고 그래프로 나타낼 때 옳지 않은 것은?

〈보고서〉

2018년부터 2022년까지 시도별 등록된 자동차의 제반사항을 파악하여 교통행정의 기초자료로 쓰기 위해 매년 전국을 대상으로 자동차 등록 통계를 시행하고 있다. 자동차 종류는 승용차, 승합차, 화물차, 특수차이며, 등록할 때 사용목적에 따라 자가용, 영업용, 관용차로 분류된다. 그중 관용차는 정부(중앙, 지방)기관이나 국립 공공기관 등에 소속되어 운행되는 자동차를 말한다.

자가용으로 등록한 자동차 종류 중에서 매년 승용차의 수가 가장 많았으며, 2018년 16.5백만 대, 2019년 17.1백만 대, 2020년 17.6백만 대, 2021년 18백만 대, 2022년 18.1백만 대로 2019년부터 전년 대비 증가하는 추세이다. 다음으로 화물차가 많았고, 승합차, 특수차 순으로 등록 수가 많았다. 가장 등록 수가 적은 특수차의 경우 2018년에 2만 대였고, 2020년까지 4천 대씩 증가했으며, 2021년 3만 대, 2022년에는 전년 대비 700대가 많아졌다.

관용차로 등록된 승용차 및 화물차 수는 각각 2019년부터 3만 대를 초과했으며, 승합차의 경우 2018년 20,260대, 2019년 21,556대, 2020년 22,540대, 2021년 23,014대, 2022년에 22,954대가 등록되었고, 특수차는 매년 2,500대 이상 등록되고 있는 현황이다.

특수차가 가장 많이 등록되는 영업용에서 2018년 57,277대, 2019년 59,281대로 6만 대 미만이었지만, 2020년에는 60,902대, 2021년 62,554대, 2022년에 62,946대였으며, 승합차는 매년 약 12.5만 대를 유지하고 있다. 승용차와 화물차는 2019년부터 2022년까지 전년 대비 영업용으로 등록되는 자동차 수가 계속 증가하는 추세이다.

① 자가용으로 등록된 연도별 특수차 수

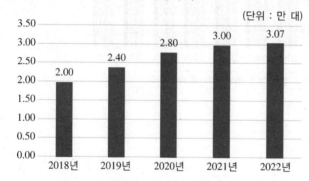

② 자가용으로 등록된 연도별 승용차 수

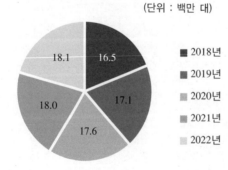

③ 영업용으로 등록된 연도별 특수차 수

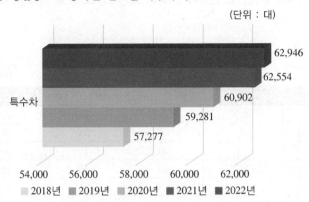

(단위 : 대)

특수차

62,946
62,554
60,902
59,281
57,277

54,000 56,000 58,000 60,000 62,000

■ 2018년 ■ 2019년 ■ 2020년 ■ 2021년 ■ 2022년

④ 2019 ~ 2022년 영업용으로 등록된 특수차의 전년 대비 증가량

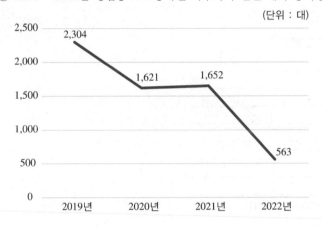

(단위 : 대)

2,304

1,621   1,652

563

2019년   2020년   2021년   2022년

04 다음은 A지역의 연도별 아파트 분쟁신고 현황이다. 이에 대한 그래프로 옳은 것을 〈보기〉에서 모두 고르면?

〈연도별 아파트 분쟁신고 현황〉

(단위 : 건)

구분	2019년	2020년	2021년	2022년
관리비 회계 분쟁	220	280	340	350
입주자대표회의 운영 분쟁	40	60	100	120
정보공개 관련 분쟁	10	20	10	30
하자처리 분쟁	20	10	10	20
여름철 누수 분쟁	80	110	180	200
층간소음 분쟁	430	520	860	1,280

보기

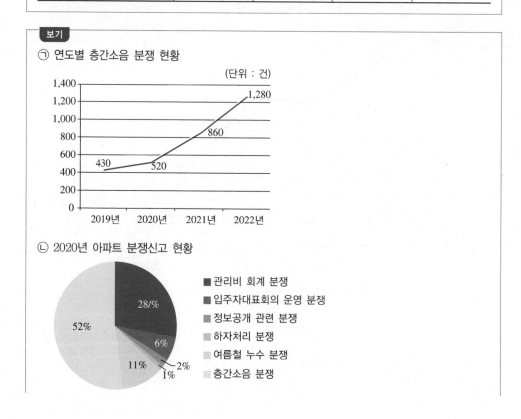

㉠ 연도별 층간소음 분쟁 현황

㉡ 2020년 아파트 분쟁신고 현황

■ 관리비 회계 분쟁
■ 입주자대표회의 운영 분쟁
■ 정보공개 관련 분쟁
■ 하자처리 분쟁
■ 여름철 누수 분쟁
■ 층간소음 분쟁

© 전년 대비 아파트 분쟁신고 증가율

(단위 : %)

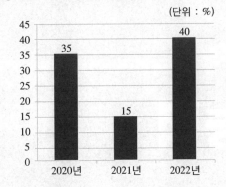

② 3개년 연도별 아파트 분쟁신고 현황

(단위 : 건)

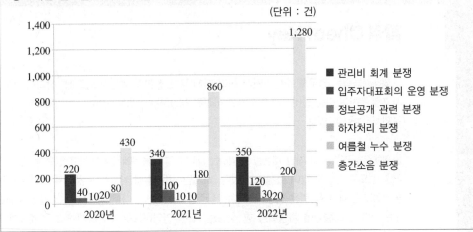

- ■ 관리비 회계 분쟁
- ■ 입주자대표회의 운영 분쟁
- ■ 정보공개 관련 분쟁
- ■ 하자처리 분쟁
- ■ 여름철 누수 분쟁
- ■ 층간소음 분쟁

① ㉠, ㉡   ② ㉠, ㉢

③ ㉡, ㉢   ④ ㉡, ㉣

문제해결능력

합격 Cheat Key

문제해결능력은 업무를 수행하면서 여러 가지 문제 상황이 발생하였을 때, 창의적이고 논리적인 사고를 통하여 이를 올바르게 인식하고 적절히 해결하는 능력을 말한다. 하위능력으로는 사고력과 문제처리능력이 있다.

문제해결능력은 NCS 기반 채용을 진행하는 대다수의 금융권에서 채택하고 있으며, 문항 수는 평균 24% 정도로 상당히 많이 출제되고 있다. 하지만 많은 수험생들은 더 많이 출제되는 다른 영역에 몰입하고 문제해결능력은 집중하지 않는 실수를 하고 있다. 다른 영역보다 더 많은 노력이 필요할 수는 있지만 그렇기에 차별화를 할 수 있는 득점 영역이므로 포기하지 말고 꾸준하게 노력해야 한다.

1 질문의 의도를 정확하게 파악하라!

문제해결능력은 문제에서 무엇을 묻고 있는지 정확하게 파악하여 먼저 풀이 방향을 설정하는 것이 가장 효율적인 방법이다. 특히, 조건이 주어지고 답을 찾는 창의적·분석적인 문제가 주로 출제되고 있기 때문에 처음에 정확한 풀이 방향이 설정되지 않는다면 시간만 허비하고 결국 문제도 풀지 못하게 되므로 첫 번째로 출제의도 파악에 집중해야 한다.

2 중요한 정보는 반드시 표시하라!

위에서 말한 출제의도를 정확히 파악하기 위해서는 문제의 중요한 정보는 반드시 표시나 메모를 하여 하나의 조건, 단서도 잊고 넘어가는 일이 없도록 해야 한다. 실제 시험에서는 시간의 압박과 긴장감으로 정보를 잘못 적용하거나 잊어버리는 실수가 많이 발생하므로 사전에 충분한 연습이 필요하다.

가령 명제 문제의 경우 주어진 명제와 그 명제의 대우를 본인이 한눈에 파악할 수 있도록 기호화, 도식화하여 메모하면 흐름을 이해하기가 더 수월하다. 이를 통해 자신만의 풀이 순서와 방향, 기준 또한 생길 것이다.

3 반복 풀이를 통해 취약 유형을 파악하라!

길지 않은 한정된 시간 동안 모든 문제를 다 푸는 것은 조금은 어려울 수도 있다. 따라서 고득점을 할 수 있는 효율적인 문제 풀이 방법을 찾아야 한다. 이때, 반복적인 문제 풀이를 통해 자신이 취약한 유형을 파악하는 것이 중요하다. 취약 유형 파악은 종료 시간이 임박했을 때 빛을 발할 것이다. 풀 수 있는 문제부터 빠르게 풀고 취약한 유형은 나중에 푸는 효율적인 문제 풀이를 통해 최대한의 고득점을 하는 것이 중요하다. 그러므로 본인의 취약 유형을 파악하기 위해서는 많은 문제를 풀어 봐야 한다.

4 타고나는 것이 아니므로 열심히 노력하라!

대부분의 수험생들이 문제해결능력은 공부해도 실력이 늘지 않는 영역이라고 생각한다. 하지만 그렇지 않다. 문제해결능력이야말로 노력을 통해 충분히 고득점이 가능한 영역이다. 정확한 질문 의도 파악, 취약한 유형의 반복적인 풀이, 빈출유형 파악 등의 방법으로 충분히 실력을 향상시킬 수 있다. 자신감을 갖고 공부하기 바란다.

01 | 명제

| 유형분석 |

• 연역추론을 활용해 주어진 문장을 치환하여 성립하지 않는 내용을 찾는 문제이다.

다음 〈조건〉이 모두 참일 때, 반드시 참이 되는 명제는?

조건

• 재현이가 춤을 추면 서현이나 지훈이가 춤을 춘다.
• 재현이가 춤을 추지 않으면 종열이가 춤을 춘다.
• 종열이가 춤을 추지 않으면 지훈이도 춤을 추지 않는다.
• 종열이는 춤을 추지 않았다.

① 재현이만 춤을 추었다.   ② 서현이만 춤을 추었다.
③ 지훈이만 춤을 추었다.   ④ 재현이와 서현이 모두 춤을 추었다.

정답   ④

먼저 이름의 첫 글자만 이용하여 명제를 도식화한다(재 ○ → 서 or 지 ○, 재 × → 종 ○, 종 × → 지 ×, 종 ×).
세 번째, 네 번째 명제에 의해 종열이와 지훈이는 춤을 추지 않았다(종 × → 지 ×).
또한, 두 번째 명제의 대우(종 × → 재 ○)에 의해 재현이가 춤을 추었다.
마지막으로, 첫 번째 명제에 따라 서현이가 춤을 추었다. 따라서 재현이와 서현이 모두 춤을 추었다.

유형풀이 Tip

• 명제 유형의 문제에서는 명제의 역은 성립하지 않지만, 대우는 항상 성립한다.
• 단어의 첫 글자나 알파벳을 이용하여 명제를 도식화한 후 명제의 대우를 활용하여 각 명제들을 연결하여 답을 찾는다.
  예) 채식주의자라면 고기를 먹지 않을 것이다.
    → (역) 고기를 먹지 않으면 채식주의자이다.
    → (이) 채식주의자가 아니라면 고기를 먹을 것이다.
    → (대우) 고기를 먹는다면 채식주의자가 아닐 것이다.

명제의 역, 이, 대우

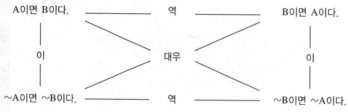

01 다음 〈조건〉이 모두 참일 때, 추론할 수 있는 것은?

> 조건
> • 가위는 테이프보다 비싸다
> • 볼펜은 테이프보다 싸다.
> • 공책은 가위보다 비싸다.

① 제시된 문구 중에서 가장 비싼 것은 테이프다.
② 테이프는 공책보다 비싸다.
③ 제시된 문구 중에서 두 번째로 비싼 것은 가위다.
④ 공책은 볼펜보다 싸다.

02 다음 제시된 명제를 참일 때, 반드시 옳은 것은?

> 털이 흰 토끼는 당근을 먹는다.

① 어떤 토끼는 털이 갈색이다.
② 모든 토끼는 당근을 먹는다.
③ 당근을 먹지 않는다면 흰 토끼가 아니다.
④ 당근을 먹지 않는 토끼는 없다.

※ 다음 〈조건〉이 모두 참일 때, 반드시 참이 되는 명제를 고르시오. [3~4]

`Easy`

03

조건
- A가 외근을 나가면 B도 외근을 나간다.
- A가 외근을 나가면 D도 외근을 나간다.
- D가 외근을 나가면 E도 외근을 나간다.
- C가 외근을 나가지 않으면 B도 외근을 나가지 않는다.
- D가 외근을 나가지 않으면 C도 외근을 나가지 않는다.

① B가 외근을 나가면 A도 외근을 나간다.

② D가 외근을 나가면 C도 외근을 나간다.

③ A가 외근을 나가면 E도 외근을 나간다.

④ C가 외근을 나가지 않으면 D도 외근을 나가지 않는다.

04

조건
- 등산을 하는 사람은 심폐지구력이 좋다.
- 심폐지구력이 좋은 어떤 사람은 마라톤 대회에 출전한다.
- 자전거를 타는 사람은 심폐지구력이 좋다.
- 자전거를 타는 어떤 사람은 등산을 한다.

① 등산을 하는 어떤 사람은 마라톤 대회에 출전한다.

② 자전거를 타는 어떤 사람은 마라톤 대회에 출전한다.

③ 마라톤 대회에 출전하는 사람은 등산을 하지 않는다.

④ 심폐지구력이 좋은 어떤 사람은 등산을 하고 자전거도 탄다.

05 현수는 가전제품을 구매하기 위해 L사 제품 판매점을 둘러보고 있다. 다음 〈조건〉으로부터 현수가 추론할 수 있는 것은?

> **조건**
> • L사의 냉장고 A/S 기간은 세탁기 A/S 기간보다 길다.
> • 에어컨의 A/S 기간은 냉장고의 A/S 기간보다 길다.
> • 컴퓨터의 A/S 기간은 3년으로 세탁기의 A/S 기간보다 짧다.

① 세탁기의 A/S 기간은 3년 이하이다.
② 세탁기의 A/S 기간이 가장 짧다.
③ 컴퓨터의 A/S 기간이 가장 짧다.
④ 냉장고의 A/S 기간이 가장 길다.

06 재은이는 얼마 전부터 건강을 위해 매주 아침마다 달리기를 하기로 했다. 다음 〈조건〉으로부터 추론할 수 있는 것은?

> **조건**
> • 재은이는 화요일에 월요일보다 50m 더 달려 200m를 달렸다.
> • 재은이는 수요일에 화요일보다 30m 적게 달렸다.
> • 재은이는 목요일에 수요일보다 10m 더 달렸다.

① 재은이는 목요일에 가장 많이 달렸다.
② 재은이는 목요일에 화요일보다 20m 적게 달렸다.
③ 재은이는 월요일에 수요일보다 50m 적게 달렸다.
④ 재은이는 목요일에 가장 적게 달렸다.

02 | 참 · 거짓

| 유형분석 |

• 주어진 문장을 토대로 논리적으로 추론하여 참 또는 거짓을 구분하는 문제이다.

어느 호텔 라운지에 둔 화분이 투숙자 중 1명에 의하여 깨진 사건이 발생했다. 이 호텔에는 A ~ D 4명의 투숙자가 있었으며, 각 투숙자는 다음과 같이 세 가지 사실을 진술하였다. 4명의 투숙자 중 3명은 진실을 말하고, 1명이 거짓을 말하고 있다면 화분을 깬 사람은 누구인가?

A : 나는 깨지 않았다. B도 깨지 않았다. C가 깨뜨렸다.
B : 나는 깨지 않았다. C도 깨지 않았다. D도 깨지 않았다.
C : 나는 깨지 않았다. D도 깨지 않았다. A가 깨뜨렸다.
D : 나는 깨지 않았다. B도 깨지 않았다. C도 깨지 않았다.

① A   ② B
③ C   ④ D

정답 ①

• A가 거짓말을 한다면 A가 깨뜨린 것이 된다.
• B가 거짓말을 한다면 1명은 C가 깼다고 말하고, 2명은 깨지 않았다고 말한 것이 된다.
• C가 거짓말을 한다면 1명은 C가 깼다고 말하고, 2명은 깨지 않았다고 말한 것이 된다.
• D가 거짓말을 한다면 1명은 C가 깼다고 말하고, 1명은 깨지 않았다고 말한 것이 된다.
그러므로 A가 거짓말을 하였고, A가 화분을 깨뜨렸다.

유형풀이 Tip

참 · 거짓 유형의 90% 이상은 다음 두 가지 방법으로 풀 수 있다.
주어진 진술을 빠르게 훑으며 다음 두 가지 중 어떤 경우에 해당하는지 확인한 후 문제를 풀어나간다.

2명 이상의 발언 중 한쪽이 진실이면 다른 한쪽이 거짓인 경우
① A가 진실이고 B가 거짓인 경우, B가 진실이고 A가 거짓인 경우 두 가지로 나눌 수 있다.
② 두 가지 경우에서 각 발언의 진위 여부를 판단한다.
③ 주어진 조건과 비교한다(범인의 숫자가 맞는지, 진실 또는 거짓을 말한 인원수가 조건과 맞는지 등).

2명 이상의 발언 중 한쪽이 진실이면 다른 한쪽도 진실인 경우와 한쪽이 거짓이면 다른 한쪽도 거짓인 경우
① A와 B가 모두 진실인 경우, A와 B가 모두 거짓인 경우 두 가지로 나눌 수 있다.
② 두 가지 경우에서 각 발언의 진위 여부를 판단하여 범인을 찾는다.
③ 주어진 조건과 비교한다(범인의 숫자가 맞는지, 진실 또는 거짓을 말한 인원수가 조건과 맞는지 등).

PART 1

01 M사의 기획팀에서 근무하고 있는 직원 A ~ D는 서로의 프로젝트 참여 여부에 관하여 다음과 같이 진술하였고, 이들 중 단 1명만이 진실을 말하였다. 이들 가운데 반드시 프로젝트에 참여하는 사람은 누구인가?

> A : 나는 프로젝트에 참여하고, B는 프로젝트에 참여하지 않는다.
> B : A와 C 중 적어도 한 명은 프로젝트에 참여한다.
> C : 나와 B 중 적어도 한 명은 프로젝트에 참여하지 않는다.
> D : B와 C 중 한 명이라도 프로젝트에 참여한다면, 나도 프로젝트에 참여한다.

① A ② B

③ C ④ D

Easy

02 A ~ D 4명은 각각 1명의 자녀를 두고 있는 아버지이다. 4명의 아이 중 2명은 아들이고, 2명은 딸이다. 아들의 아버지인 2명만 진실을 말할 때, 다음 중 옳은 결론은?

> A : B와 C의 아이는 아들이다.
> B : C의 아이는 딸이다.
> C : D의 아이는 딸이다.
> D : A와 C의 아이는 딸이다.

① A의 아이는 아들이다.

② B의 아이는 딸이다.

③ C의 아이는 아들이다.

④ D의 아이는 아들이다.

03 M은행 사무실에 도둑이 들었다. 범인은 2명이고, 용의자로 지목된 A ~ E가 다음과 같이 진술했다. 이중 2명이 거짓말을 하고 있다고 할 때, 동시에 범인이 될 수 있는 사람으로 짝지어진 것은?

A : B나 C 중에 1명만 범인이에요.
B : 저는 확실히 범인이 아닙니다.
C : 제가 봤는데 E가 범인이에요.
D : A가 범인이 확실해요.
E : 사실은 제가 범인이에요.

① A, B   ② B, C
③ C, D   ④ D, E

04 M회사는 제품 하나를 생산하기 위해서 원료 분류, 제품 성형, 제품 색칠, 포장의 단계를 거친다. 어느 날 제품에 문제가 발생해 직원들을 불러 책임을 물었다. 직원 중 한 사람은 거짓을 말하고 세 사람은 진실을 말할 때, 거짓을 말한 직원과 실수가 발생한 단계를 바르게 짝지은 것은?(단, A는 원료 분류, B는 제품 성형, C는 제품 색칠, D는 포장 단계에서 일하며, 실수는 한 곳에서만 발생했다)

A : 나는 실수하지 않았다.
B : 포장 단계에서 실수가 일어났다.
C : 제품 색칠에서는 절대로 실수가 일어날 수 없다.
D : 원료 분류 과정에서 실수가 있었다.

① A – 원료 분류   ② A – 제품 성형
③ B – 포장   ④ D – 포장

05 A ~ E사원이 강남, 여의도, 상암, 잠실, 광화문 다섯 지역에 각각 출장을 간다. 다음 대화에서 A ~ E 중 1명은 거짓말을 하고 나머지 4명은 진실을 말하고 있을 때, 반드시 거짓인 것은?

A : B는 상암으로 출장을 가지 않는다.
B : D는 강남으로 출장을 간다.
C : B는 진실을 말하고 있다.
D : C는 거짓말을 하고 있다.
E : C는 여의도, A는 잠실로 출장을 간다.

① A는 광화문으로 출장을 가지 않는다.
② B는 여의도로 출장을 가지 않는다.
③ C는 강남으로 출장을 가지 않는다.
④ E는 상암으로 출장을 가지 않는다.

06 체육 수업으로 인해 한 학급의 학생들이 모두 교실을 비운 사이 도난 사건이 발생했다. 담임 선생님은 체육 수업에 참여하지 않은 A ~ E 5명과 상담을 진행하였고, 이들은 다음과 같이 진술하였다. 이 중 2명의 학생은 거짓말을 하고 있으며, 거짓말을 하는 학생 중 1명이 범인이다. 범인은 누구인가?

A : 저는 그 시간에 교실에 간 적이 없어요. 저는 머리가 아파 양호실에 누워있었어요.
B : A의 말은 사실이에요. 제가 넘어져서 양호실에 갔었는데, A가 누워있는 것을 봤어요.
C : 저는 정말 범인이 아니에요. A가 범인이에요.
D : B의 말은 모두 거짓이에요. B는 양호실에 가지 않았어요.
E : 사실 저는 C가 다른 학생의 가방을 열어 물건을 훔치는 것을 봤어요.

① A
② B
③ C
④ D

03 | 순서추론

| 유형분석 |

- 조건을 토대로 순서·위치 등을 추론하여 배열·배치하는 문제이다.
- 방·숙소 배정하기, 부서 찾기, 날짜 찾기, 테이블 위치 찾기 등 다양한 유형의 문제가 출제된다.

A~E 5명이 다음 〈조건〉과 같이 일렬로 나란히 자리에 앉는다고 할 때, 바르게 추론한 것은?

조건

- 자리의 순서는 왼쪽을 기준으로 첫 번째 자리로 한다.
- D는 A의 바로 왼쪽에 있다.
- A는 마지막 자리가 아니다.
- B는 E의 바로 오른쪽에 앉는다.
- B와 D 사이에 C가 있다.
- A와 B 사이에 C가 있다.

① D는 두 번째 자리에 앉을 수 있다.
② E는 네 번째 자리에 앉을 수 있다.
③ C는 두 번째 자리에 앉을 수 있다.
④ C는 E의 오른쪽에 앉을 수 있다.

정답 ②

두 번째 조건에서 D는 A의 바로 왼쪽에 앉으며, 마지막 조건에서 B는 E의 바로 오른쪽에 앉으므로 'D-A', 'E-B'를 각각 한 묶음으로 생각할 수 있다. 세 번째 조건에서 C는 세 번째 자리에 앉아야 하며, 네 번째 조건에 의해 'D-A'는 각각 첫 번째, 두 번째 자리에 앉아야 한다. 이를 표로 정리하면 다음과 같다.

첫 번째 자리	두 번째 자리	세 번째 자리	네 번째 자리	다섯 번째 자리
D	A	C	E	B

따라서 'E는 네 번째 자리에 앉을 수 있다.'가 정답이다.

오답분석

① D는 첫 번째 자리에 앉는다.
③ C는 세 번째 자리에 앉는다.
④ C는 E의 왼쪽에 앉는다.

유형풀이 Tip

- 주어진 명제를 자신만의 방법으로 도식화하여 빠르게 문제를 해결한다.
- 경우의 수가 여러 개인 명제보다 1~2개인 명제를 먼저 도식화하면, 그만큼 경우의 수가 줄어들어 문제를 빠르게 해결할 수 있다.

01 A ~ E 5명의 직원이 원탁에 앉아 저녁을 먹기로 했다. 다음 〈조건〉에 따라 원탁에 앉을 때, C가 앉는 자리를 첫 번째로 하여 시계 방향으로 세 번째 자리에 앉은 사람은 누구인가?

> **조건**
> • C 바로 옆 자리에 E가 앉고, B는 앉지 못한다.
> • D가 앉은 자리와 B가 앉은 자리 사이에 1명 이상 앉아 있다.
> • A가 앉은 자리의 바로 오른쪽은 D가 앉는다.
> • 좌우 방향은 원탁을 바라보고 앉은 상태를 기준으로 한다.

① A   ② B
③ C   ④ D

02 M은행 직원 A ~ D는 각각 다른 팀에 근무하는데, 각 팀은 2층, 3층, 4층, 5층에 위치하고 있다. 다음 〈조건〉을 참고할 때, 항상 참인 것은?

> **조건**
> • A, B, C, D 중 2명은 부장, 1명은 과장, 1명은 대리이다.
> • 대리의 사무실은 B보다 높은 층에 있다.
> • B는 과장이다.
> • A는 대리가 아니다.
> • A의 사무실이 가장 높다.

① 부장 중 1명은 반드시 2층에 근무한다.
② A는 부장이다.
③ 대리는 4층에 근무한다.
④ B는 2층에 근무한다.

03 M은행의 사내 체육대회에서 A ~ F 6명은 키가 큰 순서에 따라 2명씩 1팀, 2팀, 3팀으로 나뉘어 배치된다. 다음 〈조건〉에 따라 배치된다고 할 때, 가장 키가 큰 사람은 누구인가?

> **조건**
> - A, B, C, D, E, F의 키는 서로 다르다.
> - 2팀의 B는 A보다 키가 작다.
> - D보다 키가 작은 사람은 4명이다.
> - A는 1팀에 배치되지 않는다.
> - E와 F는 한 팀에 배치된다.

① A   ② B
③ C   ④ D

Hard

04 다음은 M사 제품의 생산 계획 현황을 나타낸 자료이다. 상황에 따라 직원 갑 ~ 병이 실행하는 공정 순서를 바르게 나열한 것은?

〈생산 공정 계획〉

공정	선행공정	소요시간(시간)
A	B	1
B	-	0.5
C	-	2
D	E	1.5
E	-	1

〈상황〉
- 선행공정을 제외한 생산 공정 순서는 상관없다.
- 선행공정은 선행공정이 필요한 공정 전에만 미리 실행한다.
- 2명 이상의 직원이 A공정을 동시에 실행할 수 없다.
- 을은 갑보다, 병은 을보다 1시간 늦게 시작한다.
- 생산 공정이 진행될 때 유휴시간 없이 다음 공정으로 넘어간다.

	갑	을	병
①	B - D - E - A - C	C - D - A - B - E	B - E - A - D - C
②	B - E - A - D - C	B - C - E - D - A	C - B - E - A - D
③	C - E - B - A - D	B - E - A - D - C	B - A - E - C - D
④	E - D - C - B - A	C - E - D - B - A	E - D - B - C - A

05 M회사의 임직원들은 출장지에서 묵을 방을 배정받는다고 한다. 출장 인원은 대표를 포함한 10명이며, 그중 6명은 숙소 배정표와 같이 미리 배정되었다. 생산팀 장과장, 인사팀 유과장, 총무팀 박부장, 대표 4명이 다음 〈조건〉에 따라 방을 배정받아야 할 때, 항상 거짓인 것은?

조건
- 같은 직급은 옆방으로 배정하지 않는다.
- 마주보는 방은 같은 부서 임직원이 배정받을 수 없다.
- 대표의 옆방은 부장만 배정받을 수 있다.
- 빈방은 나란히 있거나 마주보지 않는다.

〈숙소 배정표〉

101호 인사팀 최부장	102호	103호 생산팀 강차장	104호	105호	106호 생산팀 이사원
			복도		
112호 관리팀 김부장	111호	110호	109호 총무팀 이대리	108호 인사팀 한사원	107호

① 인사팀 유과장은 105호에 배정받을 수 없다.

② 104호는 아무도 배정받지 않을 수 있다.

③ 111호에는 생산팀 장과장이 묵는다.

④ 총무팀 박부장은 110호에 배정받는다.

04 | 문제처리

| 유형분석 |

- 상황과 정보를 토대로 조건에 적절한 것을 찾는 문제이다.
- 자원관리능력 영역과 결합한 계산 문제가 출제될 가능성이 있다.

M은행은 직원들의 여가를 위해 다양한 프로그램을 운영하고자 한다. 운영할 프로그램은 수요도 조사 결과를 통해 결정된다. 다음 〈조건〉에 따라 프로그램을 선정할 때, 운영될 프로그램들로 바르게 짝지어진 것은?

〈프로그램 후보별 수요도 조사 결과〉

(단위 : 점)

구분	프로그램명	인기 점수	필요성 점수
운동	강변 자전거 타기	6	5
진로	나만의 책 쓰기	5	7
여가	자수교실	4	2
운동	필라테스	7	6
교양	독서토론	6	4
여가	볼링모임	8	3

※ 수요도 조사에는 전 직원이 참여하였음

조건

- 수요도는 인기 점수와 필요성 점수에 가점을 적용한 후, 2 : 1의 가중치에 따라 합산하여 판단한다.
- 각 프로그램의 인기 점수와 필요성 점수는 10점 만점으로 하여 전 직원이 부여한 점수의 평균값이다.
- 운영 분야에 하나의 프로그램만 있는 경우, 그 프로그램의 필요성 점수에 2점을 가산한다.
- 운영 분야에 복수의 프로그램이 있는 경우, 분야별로 필요성 점수가 가장 낮은 프로그램은 후보에서 탈락한다.
- 수요도 점수가 동점일 경우, 인기 점수가 높은 프로그램을 우선시한다.
- 수요도 점수가 가장 높은 2개의 프로그램을 선정한다.

① 강변 자전거 타기, 볼링모임
② 나만의 책 쓰기, 필라테스
③ 자수교실, 독서토론
④ 필라테스, 볼링모임

정답 ④

조건에 따라 각 프로그램의 점수와 선정 여부를 나타내면 다음과 같다.

(단위 : 점)

분야	프로그램명	가중치 반영 인기 점수	가중치 반영 필요성 점수	수요도 점수	비고
운동	강변 자전거 타기	12	5	–	탈락
진로	나만의 책 쓰기	10	7+2	19	–
여가	자수교실	8	2	–	탈락
운동	필라테스	14	6	20	선정
교양	독서토론	12	4+2	18	–
여가	볼링모임	16	3	19	선정

수요도 점수는 '나만의 책 쓰기'와 '볼링모임'이 19점으로 동일하므로 다섯 번째 조건에 따라 인기 점수가 더 높은 '볼링모임'이
선정된다.

따라서 운영될 프로그램은 '필라테스, 볼링모임'이다.

유형풀이 Tip

- 문제에서 묻는 것을 파악한 후, 필요한 상황과 정보를 활용하여 문제를 풀어간다.
- 전체적으로 적용되는 공통 조건과 추가로 적용되는 조건이 동시에 제시될 수 있다. 따라서 공통 조건이 무엇인지 먼저 판단한
후 경우에 따라 추가 조건을 고려하여 풀이한다. 추가 조건은 표 하단에 작은 글자로 제시되기도 하므로 유의한다.

01 A빵집과 B빵집은 서로 마주보고 있는 경쟁업체이다. 인근상권에는 두 업체만 있으며, 각 매장에 하루 평균 100명의 고객이 방문한다. 고객은 가격변동에 따른 다른 매장으로의 이동은 있으나 이탈은 없다. 두 빵집이 서로 협상할 수 없는 조건이라면, 다음 설명 중 적절하지 않은 것은?

(단위 : %)

B빵집 \ A빵집	인상	유지	인하
인상	(20, 20)	(30, -20)	(45, -70)
유지	(-20, 30)	(0, 0)	(10, -30)
인하	(-70, 45)	(-30, 10)	(-20, -20)

※ 괄호 안의 숫자는 A빵집과 B빵집의 매출증가율을 의미함(A빵집 매출증가율, B빵집 매출증가율)
※ 가격의 인상폭과 인하폭은 동일함

① A빵집과 B빵집 모두 가격을 유지할 가능성이 높다.
② A빵집이 가격을 인상할 때, B빵집이 가격을 유지한다면 A빵집은 손해를 입게 된다.
③ A빵집이 가격을 인상할 때, B빵집은 가격을 유지하는 것보다 인하하는 것이 더 큰 이익을 얻을 수 있다.
④ A빵집이 가격을 유지할 때, B빵집이 가격을 인상한다면 B빵집은 손해를 입게 된다.

02 다음은 중소기업창업지원법 시행령의 일부이다. 법에서 정의하는 창업에 해당하는 것을 〈보기〉에서 모두 고르면?

제2조(창업의 범위)
창업은 다음 각 호의 어느 하나에 해당하지 않는 것으로서 중소기업을 새로 설립하여 사업을 개시하는 것을 말한다.
1. 타인으로부터 사업을 승계하여 승계 전의 사업과 같은 종류의 사업을 계속하는 경우
2. 개인사업자인 중소기업자가 법인으로 전환하거나 법인의 조직변경 등 기업형태를 변경하여 변경 전의 사업과 같은 종류의 사업을 계속하는 경우
3. 폐업 후 사업을 개시하여 폐업 전의 사업과 같은 종류의 사업을 계속하는 경우

보기
㉠ A전자와 B전자를 합병하여 C주식회사를 설립한 후 동종의 사업을 계속하는 경우
㉡ 폐업한 A건설을 인수하여 이전의 사업을 다시 시작하는 경우
㉢ 물류회사를 상속받았지만, 사업성이 없어 커피 프랜차이즈를 새로 설립하여 사업을 시작하는 경우

① ㉠
② ㉢
③ ㉠, ㉡
④ ㉡, ㉢

03 갑 정당과 을 정당은 A~E선거구에서 다음 조건에 따라 선거구 통합을 고려하고 있다. 다음 〈조건〉에 근거할 때, 통합방안 중 을 정당에 가장 유리한 방안은?

〈선거구 위치와 선거구 내 정당별 지지율〉

A 25 : 75	B 55 : 45	
C 65 : 35	D 40 : 60	E 40 : 60
F 60 : 40	G 30 : 70	H 75 : 25

※ 선거구 내 수치는 '갑 정당 지지율 : 을 정당 지지율'임
※ '두 선거구가 인접한다'는 것은 두 선거구가 가로 혹은 세로 경계선이 되는 변을 공유하고 있다는 것을 의미함

조건

• 선거구 통합은 인접한 2개의 선거구 사이에서만 이루어질 수 있다.
• 각 선거구의 유권자 수는 동일하다.
• 모든 유권자는 자신이 속한 선거구 내에서 자신이 지지하는 정당의 후보에게 1표만 행사한다.
• 각 정당은 선거구별로 1명의 후보자를 공천하며, 선거구별로 가장 많은 지지를 받은 후보 1인이 당선된다.
• 한 정당에 유리한 정도는 상대 정당보다 당선자를 몇 명이나 더 많이 배출하는가를 의미하며, 상대 정당보다 많은 당선자를 배출할수록 더 유리한 것으로 본다.
• 선거구 통합은 정당 지지율을 포함한 다른 조건에 영향을 주지 않는다.

① (A, C), (B, D), (F, G), (E, H)로 통합
② (A, B), (C, F), (D, G), (E, H)로 통합
③ (A, B), (C, D), (F, G), (E, H)로 통합
④ (A, B), (C, F), (D, E), (G, H)로 통합

04 S통신사, L통신사, K통신사 3사는 모두 A ~ G카드사와의 제휴를 통해 전월에 일정 금액 이상 카드 사용 시 통신비를 할인해주고 있다. 통신비의 최대 할인금액과 할인조건이 다음과 같을 때, 자료를 해석한 내용으로 적절한 것은?

<통신사별 최대 할인금액 및 할인조건>

제휴카드사	통신사	최대 할인금액	할인조건
A카드사	S통신사	20,000원	• 전월 카드 사용 100만 원 이상 시 2만 원 할인 • 전월 카드 사용 50만 원 이상 시 1만 원 할인
	L통신사	9,000원	• 전월 카드 사용 30만 원 이상 시 할인
	K통신사	8,000원	• 전월 카드 사용 30만 원 이상 시 할인
B카드사	S통신사	20,000원	• 전월 카드 사용 100만 원 이상 시 2만 원 할인 • 전월 카드 사용 50만 원 이상 시 1만 원 할인
	L통신사	9,000원	• 전월 카드 사용 30만 원 이상 시 할인
	K통신사	9,000원	• 전월 카드 사용 50만 원 이상 시 9천 원 할인 • 전월 카드 사용 30만 원 이상 시 6천 원 할인
C카드사	S통신사	22,000원	• 전월 카드 사용 100만 원 이상 시 2.2만 원 할인 • 전월 카드 사용 50만 원 이상 시 1만 원 할인 • 전월 카드 1회 사용 시 5천 원 할인
D카드사	L통신사	9,000원	• 전월 카드 사용 30만 원 이상 시 할인
	K통신사	9,000원	• 전월 카드 사용 30만 원 이상 시 할인
E카드사	K통신사	8,000원	• 전월 카드 사용 30만 원 이상 시 할인
F카드사	K통신사	15,000원	• 전월 카드 사용 50만 원 이상 시 할인
G카드사	L통신사	15,000원	• 전월 카드 사용 70만 원 이상 시 1.5만 원 할인 • 전월 카드 사용 30만 원 이상 시 1만 원 할인

① S통신사를 이용할 경우 가장 많은 통신비를 할인받을 수 있는 제휴카드사는 A카드사이다.

② 전월에 33만 원을 사용했을 경우 L통신사에 대한 할인금액은 G카드사보다 D카드사가 더 많다.

③ S통신사의 모든 제휴카드사는 전월 실적이 50만 원 이상이어야 통신비 할인이 가능하다.

④ 전월에 52만 원을 사용했을 경우 K통신사에 대한 할인금액이 가장 많은 제휴카드사는 F카드사이다.

05 다음은 M사에서 진행하는 산재보험패널 학술대회의 프로그램 시간표이다. 이를 보고 이해한 내용으로 옳지 않은 것은?

〈산재보험패널 학술대회 안내〉

시간	프로그램	
13:00 ~ 13:30	학술대회 등록	
13:30 ~ 14:00	• 학술대회 개회식 및 내·외빈 소개 • 대학원생 학술논문 경진대회 우수논문 시상	
14:00 ~ 14:20	(기조발표) 산재보험패널조사로 살펴본 산재근로자의 모습	
14:20 ~ 14:30	휴식	
14:30 ~ 16:00	주제 : 산재근로자의 노동시장 참여(1) [장소 : A중회의실] 1. 산업재해 근로자의 직장복귀 요인 분석 2. 산재 후 원직장복귀 근로자의 원직장 이탈 결정요인 분석 3. 머신 러닝 기법을 이용한 산재요양종결자의 4년 후 원직복귀 예측 요인	주제 : 산재근로자의 일과 생활 [장소 : B중회의실] 1. 산재장해인 재활서비스가 직업복귀 촉진에 미치는 효과성 분석 2. 산재근로자의 이직의사에 영향을 미치는 요인 3. 산재요양종결자의 가구 빈곤 현황 및 추이 분석
16:00 ~ 16:10	휴식	
16:10 ~ 17:40	주제 : 산재근로자의 노동시장 참여(2) [장소 : A중회의실] 1. 산재근로자의 원직복귀와 장해등급에 영향을 미치는 요인 분석 2. 산재근로자 직업복귀 시 '고용의 질'에 영향을 미치는 요인 연구 3. 산재근로자의 직장복귀 형태에 영향을 미치는 요인 분석 및 자아존중감, 자기효능감, 일자리 만족도 비교	주제 : 대학원생 학술논문 경진대회 [장소 : B중회의실] 1. 재발사건생존분석을 활용한 산재근로자의 직업복귀 이후 고용 유지에 미치는 영향 2. 산재 근로자의 직업 만족도에 따른 잠재계층 분류와 영향요인 검증

① A중회의실에서 산재요양종결자의 원직복귀 예측 요인에 대한 설명을 들을 수 있겠구나.

② 대학원생 학술논문 경진대회를 통해 재발사건생존분석을 어떻게 활용하는지 알 수 있겠군.

③ 산재근로자의 일과 생활을 다룬 프로그램에 참석하면 산재근로자의 장해등급은 어떻게 구분되는지 알 수 있겠어.

④ 산재근로자가 이직을 하는 이유를 알고 싶다면 B중회의실에 참석해야겠다.

05 | 환경분석

| 유형분석 |

- 상황에 대한 환경분석을 통해 주요 과제 및 해결 방안을 도출하는 문제이다.
- SWOT 분석뿐 아니라 3C 분석을 활용하는 문제가 출제될 수 있으므로, 해당 분석 도구에 대한 사전 학습이 요구된다.

다음 수제 초콜릿에 대한 분석 기사를 읽고 〈보기〉에서 설명하는 SWOT 분석에 의한 마케팅 전략을 진행하고자 할 때, 적절하지 않은 설명은?

> 오늘날 식품 시장을 보면 원산지와 성분이 의심스러운 제품들이 넘쳐 납니다. 이로 인해 소비자들은 고급스럽고 안전한 먹거리를 찾고 있습니다. 우리의 수제 초콜릿은 이러한 요구를 완벽하게 충족시켜주고 있습니다. 풍부한 맛, 고급 포장, 모양, 건강상의 혜택, 강력한 스토리텔링 모두 높은 품질을 원하는 소비자들의 요구를 충족시키는 요인들입니다. 사실 수제 초콜릿을 만드는 데에는 비용이 많이 듭니다. 각종 장비 및 유지 보수에서부터 값비싼 포장, 유통업체의 높은 수익을 보장해주다 보면 초콜릿을 생산하는 업체에게 남는 이익은 많지 않습니다. 또한 수제 초콜릿의 존재 자체를 많은 사람들이 알지 못하는 상황입니다. 하지만 보다 좋은 식품에 대한 인기가 높아짐에 따라 더 많은 업체들이 수제 초콜릿을 취급하기를 원하고 있습니다. 따라서 수제 초콜릿은 일반 초콜릿보다 더 높은 가격으로 판매될 수 있을 것입니다. 현재 초콜릿을 대량으로 생산하는 대형 기업들은 자신들의 일반 초콜릿과 수제 초콜릿의 차이를 줄이는 데 최선을 다하고 있습니다. 그리고 직접 맛을 보기 전에는 일반 초콜릿과 수제 초콜릿의 차이를 알 수 없기 때문에 소비자들은 굳이 초콜릿에 더 많은 돈을 지불해야 하는 이유를 알지 못할 수 있습니다. 따라서 수제 초콜릿의 효과적인 마케팅 전략이 필요한 시점입니다.

보기

〈SWOT 분석에 의한 마케팅 전략〉

- SO전략(강점 – 기회전략) : 강점을 살려 기회를 포착
- ST전략(강점 – 위협전략) : 강점을 살려 위협을 회피
- WO전략(약점 – 기회전략) : 약점을 보완하여 기회를 포착
- WT전략(약점 – 위협전략) : 약점을 보완하여 위협을 회피

① 수제 초콜릿의 값비싸고 과장된 포장을 바꾸고, 그 비용으로 안전하고 맛있는 수제 초콜릿을 홍보하면 어떨까?

② 수제 초콜릿을 고급 포장하여 수제 초콜릿의 스토리텔링을 더 살려보는 것은 어떨까?

③ 수제 초콜릿의 스토리텔링을 포장에 명시한다면 소비자들이 믿고 구매할 수 있을 거야.

④ 수제 초콜릿의 마케팅을 강화하는 방법으로 수제 초콜릿의 차이를 알려 대기업과의 경쟁에서 이겨야겠어.

고급 포장과 스토리텔링은 모두 수제 초콜릿의 강점에 해당되므로 SWOT 분석에 의한 마케팅 전략으로 볼 수 없다. SO전략과 ST전략으로 보일 수 있으나, 기회를 포착하거나 위협을 회피하는 모습을 보이지 않기에 적절하지 않다.

오답분석
① 값비싼 포장(약점)을 보완하여 좋은 식품에 대한 인기(기회)에 발맞춰 홍보하는 WO전략에 해당된다.
③ 수제 초콜릿의 스토리텔링(강점)을 포장에 명시하여 소비자들의 요구를 충족(기회)시키는 SO전략에 해당된다.
④ 수제 초콜릿의 존재를 모르는(약점) 소비자들을 겨냥한 마케팅을 강화하여 대기업과의 경쟁(위협)을 이겨내는 WT전략에 해당된다.

유형풀이 Tip

SWOT 분석

기업의 내부환경과 외부환경을 분석하여 강점(Strength), 약점(Weakness), 기회(Opportunity), 위협(Threat) 요인을 규정하고 이를 토대로 경영전략을 수립하는 기법으로, 미국의 경영컨설턴트인 알버트 험프리(Albert Humphrey)에 의해 고안되었다. SWOT 분석의 가장 큰 장점은 기업의 내·외부환경 변화를 동시에 파악할 수 있다는 것이다. 기업의 내부환경을 분석하여 강점과 약점을 찾아내며, 외부환경 분석을 통해서는 기회와 위협을 찾아낸다. SWOT 분석은 외부로부터의 기회는 최대한 살리고 위협은 회피하는 방향으로 자신의 강점은 최대한 활용하고 약점은 보완한다는 논리에 기초를 두고 있다. SWOT 분석에 의한 경영전략은 다음과 같이 정리할 수 있다.

Strength 강점 기업 내부환경에서의 강점	S	W	Weakness 약점 기업 내부환경에서의 약점
Opportunity 기회 기업 외부환경으로부터의 기회	O	T	Threat 위협 기업 외부환경으로부터의 위협

3C 분석

자신(Company)	고객(Customer)	경쟁자(Competitor)
• 자사의 핵심역량은 무엇인가? • 자사의 장단점은 무엇인가? • 자사의 다른 사업과 연계되는가?	• 주 고객군은 누구인가? • 그들은 무엇에 열광하는가? • 그들의 정보 습득 / 교환은 어디에서 일어나는가?	• 경쟁사는 어떤 회사가 있는가? • 경쟁사의 핵심역량은 무엇인가? • 잠재적인 경쟁사는 어디인가?

01 다음은 M은행에 대한 '2023년 기반 SWOT 분석 결과'이다. 다음을 토대로 판단할 때, 빈칸에 들어갈 전략이 잘못 연결된 것은?

〈2023년 SWOT 분석 결과〉

구분	분석 결과
강점(Strength)	• 대중적으로 알려진 인지도 • 안정적인 자금력
약점(Weakness)	자산이 많은 부유층 고객수가 적음
기회(Opportunity)	• 다른 은행들의 부유층 고객들이 최근 주거래 은행을 옮기는 현상 발생 • 최근 정부의 금융상품에 대한 규제가 완화
위협(Threat)	• 신규 온라인 은행들의 설립과 관련 정책 활성화 • 기업인, 농·어업인 등 특정 단체를 위한 은행 출범

〈2024년 전략〉

구분	강점(Strength)	약점(Weakness)
기회 (Opportunity)	안정적인 자금력은 대중들에게 홍보하여 부유한 고객을 영업한다.	㉠
위협 (Threat)	㉡	㉢

① ㉠ : 다양한 국민들이 이용할 수 있는 새로운 금융 상품을 만들어 판매한다.

② ㉠ : 규제 전에 할 수 없던 고금리 금융 상품을 만들어 부유층 고객에게 어필한다.

③ ㉡ : 안정적인 자금력을 어필하여 부유층 고객이 안심할 수 있다는 점을 중점으로 광고한다.

④ ㉢ : 신규 온라인 은행과 특정인을 위한 은행의 상품보다 혜택이 좋은 금융상품 개발로 선제적인 시장을 선점한다.

02 다음은 국내 금융기관에 대한 SWOT 분석 자료이다. 이를 통해 SWOT 전략을 세운다고 할 때, 〈보기〉 중 분석 결과에 대응하는 전략과 그 내용이 바르게 연결된 것을 모두 고르면?

국내 대부분의 예금과 대출을 국내 은행이 차지하고 있을 정도로 국내 금융기관에 대한 우리나라 국민들의 충성도는 높은 편이다. 또한 국내 금융기관은 철저한 신용 리스크 관리로 해외 금융기관과 비교해 자산건전성 지표가 매우 우수한 편이다. 시장 리스크 관리도 해외 선진 금융기관 수준에 도달한 것으로 평가받는다. 국내 금융기관은 외환위기와 글로벌 금융위기 등을 거치며 꾸준히 자산건전성을 강화해왔기 때문이다.

그러나 은행과 이자 이익에 수익이 편중돼 있다는 점은 국내 금융기관의 가장 큰 약점이 된다. 대부분 예금과 대출 거래 중심의 영업구조로 되어 있기 때문이다. 취약한 해외 비즈니스도 문제로 들 수 있다. 최근 동남아 시장을 중심으로 해외 진출에 박차를 가하고 있지만, 아직은 눈에 띄는 성과가 많지 않은 상황이다.

많은 어려움에도 불구하고 국내 금융기관의 발전 가능성은 아직 무궁무진하다. 우선 해외 시장으로 눈을 돌리면 다양한 기회가 열려있다. 전 세계 신용·단기 자금 확대, 글로벌 무역 회복세로 국내 금융기관의 해외 진출 여건은 양호한 편이다. 따라서 해외 시장 개척을 통해 어떻게 신규 수익원을 확보하느냐가 성장의 새로운 기회로 작용할 전망이다. IT 기술 발달에 따른 핀테크의 등장도 새로운 기회가 될 수 있다. 국내의 발달된 인터넷과 모바일뱅킹 서비스, IT 인프라를 활용한 새로운 수익 창출 가능성이 열려 있는 것이다.

역설적으로 핀테크의 등장은 오히려 국내 금융기관의 발목을 잡을 수 있다. 블록체인 기술에 기반한 암호화폐, 간편결제와 송금, 로보어드바이저, 인터넷 은행, P2P 대출 등 다양한 핀테크 분야의 새로운 서비스들이 기존 금융 서비스의 대체재로서 출현하고 있기 때문이다. 금융시장 개방에 따른 글로벌 금융기관과의 경쟁 심화도 넘어야 할 산이다. 특히 중국 은행을 비롯한 중국 금융이 급성장하고 있어 이에 대한 대비책 마련이 시급하다.

> **보기**
> ㉠ SO전략 : 높은 국내 시장점유율을 기반으로 국내 핀테크 사업에 진출한다.
> ㉡ WO전략 : 위기관리 역량을 강화하여 해외 금융시장에 진출한다.
> ㉢ ST전략 : 해외 금융기관과 비교해 우수한 자산건전성을 강조하여 글로벌 금융기관과의 경쟁에서 우위를 차지한다.
> ㉣ WT전략 : 해외 비즈니스 역량을 강화하여 해외 금융시장에 진출한다.

① ㉠, ㉡
② ㉠, ㉢
③ ㉡, ㉢
④ ㉡, ㉣

03 컨설팅 회사에 근무 중인 A사원은 최근 컨설팅 의뢰를 받은 B사진관에 대해 SWOT 분석을 진행하기로 하였다. 다음 ㉠~㉣ 중 SWOT 분석에 들어갈 내용으로 적절하지 않은 것은?

강점(Strength)	• ㉠ 넓은 촬영 공간(야외 촬영장 보유) • 백화점 인근의 높은 접근성 • ㉡ 다양한 채널을 통한 홍보로 높은 인지도 확보
약점(Weakness)	• ㉢ 직원들의 높은 이직률 • 회원 관리 능력 부족 • 내부 회계 능력 부족
기회(Opportunity)	• 사진 시장의 규모 확대 • 오프라인 사진 인화 시장의 성장 • ㉣ 전문가용 카메라의 일반화
위협(Threat)	• 저가 전략 위주의 경쟁 업체 증가 • 온라인 사진 저장 서비스에 대한 수요 증가

① ㉠   ② ㉡
③ ㉢   ④ ㉣

04 M은행에 근무 중인 L사원은 국내 금융 시장에 대한 보고서를 작성하면서 M은행에 대한 SWOT 분석을 진행하였다. 다음 중 L사원이 작성한 SWOT 분석의 위협 요인에 들어갈 내용으로 적절하지 않은 것은?

강점(Strength)	약점(Weakness)
• 지속적 혁신에 대한 경영자의 긍정적 마인드 • 고객만족도 1위의 높은 고객 충성도 • 다양한 투자 상품 개발	• 해외 투자 경험 부족으로 취약한 글로벌 경쟁력 • 소매 금융에 비해 부족한 기업 금융
기회(Opportunity)	위협(Threat)
• 국내 유동자금의 증가 • 해외 금융시장 진출 확대 • 정부의 규제 완화 정책	

① 정부의 정책 노선 혼란 등으로 인한 시장의 불확실성 증가
② 경기 침체 장기화
③ 부족한 리스크 관리 능력
④ 금융업의 경계 파괴에 따른 경쟁 심화

05 다음은 국내 화장품 제조 회사에 대한 SWOT 분석 자료이다. 〈보기〉 중 분석에 따른 대응 전략으로 적절한 것을 모두 고르면?

강점(Strength)	약점(Weakness)
• 신속한 제품 개발 시스템 • 차별화된 제조 기술 보유	• 신규 생산 설비 투자 미흡 • 낮은 브랜드 인지도
기회(Opportunity)	위협(Threat)
• 해외시장에서의 한국 제품 선호 증가 • 새로운 해외시장의 출현	• 해외 저가 제품의 공격적 마케팅 • 저임금의 개발도상국과 경쟁 심화

보기
㉠ 새로운 해외시장의 소비자 기호를 반영한 제품을 개발하여 출시한다.
㉡ 국내에 화장품 생산 공장을 추가로 건설하여 제품 생산량을 획기적으로 증가시킨다.
㉢ 차별화된 제조 기술을 통해 품질 향상과 고급화 전략을 추구한다.
㉣ 브랜드 인지도가 낮으므로 해외 현지 기업과의 인수·합병을 통해 해당 회사의 브랜드로 제품을 출시한다.

① ㉠, ㉡
② ㉠, ㉢
③ ㉡, ㉢
④ ㉡, ㉣

06 귀하의 회사는 보조배터리를 개발하여 중국 시장에 진출하고자 한다. 귀하의 상사가 3C 분석 결과를 건네며, 사업 계획에 반영하고 향후 해결해야 할 회사의 전략 과제가 무엇인지 정리하여 보고하라는 지시를 내렸다. 다음 중 회사에서 해결해야 할 전략 과제로 적절하지 않은 것은?

Customer	Competitor	Company
• 전반적인 중국 시장은 매년 10% 성장 • 중국 시장 내 보조배터리 제품의 규모는 급성장 중임 • 20~30대 젊은 층이 중심 • 온라인 구매가 약 80% 이상 • 인간공학 지향	• 중국기업들의 압도적인 시장점유 • 중국기업들 간의 치열한 가격경쟁 • A/S 및 사후관리 취약 • 생산 및 유통망 노하우 보유	• 국내시장 점유율 1위 • A/S 등 고객서비스 부문 우수 • 해외 판매망 취약 • 온라인 구매시스템 미흡(보안, 편의 등) • 높은 생산원가 구조 • 높은 기술개발력

① 중국 시장의 판매유통망 구축
② 온라인 구매시스템 강화
③ 고객서비스 부문 강화
④ 원가 절감을 통한 가격경쟁력 강화

성공을 위해서는 가장 먼저 자신을 믿어야 한다.

- 아리스토텔레스 -

PART 2

금융·디지털상식

01 | 금융상식

통화정책

01 A국의 통화량은 현금통화 150, 예금통화 450이며, 지급준비금이 90이라고 할 때 통화승수는?
(단, 현금통화비율과 지급준비율은 일정하다)

① 2.5 ② 3

③ 4.5 ④ 5

02 다음이 설명하는 정책에 대한 내용으로 적절하지 않은 것은?

> 중앙은행의 정책으로 금리 인하를 통한 경기부양 효과가 한계에 다다랐을 때 중앙은행이 국채매입 등을 통해 유동성을 시중에 직접 푸는 정책을 뜻한다.

① 경기후퇴를 막음으로써 시장의 자신감을 향상시킨다.
② 디플레이션을 초래할 수 있다.
③ 수출 증대의 효과가 있다.
④ 유동성을 무제한으로 공급하는 것이다.

01

정답 ①

현금통화비율(c), 지급준비율(γ), 본원통화(B), 통화량(M)

$$M = \frac{1}{c+\gamma(1-c)}B$$

여기서 $c=150/600=0.25$, $\gamma=90/450=0.2$이므로, 통화승수는 $\frac{1}{c+\gamma(1-c)} = \frac{1}{0.25+0.2(1-0.25)} = 2.5$이다.

한편, 통화량=민간보유현금통화+예금통화=150+450=600, 본원통화=민간보유현금통화+지급준비금=150+90=240이다.
따라서 통화승수=통화량÷본원통화=600÷240=2.5이다.

02

양적완화

- 금리중시 통화정책을 시행하는 중앙은행이 정책금리가 0%에 근접하거나, 혹은 다른 이유로 시장경제의 흐름을 정책금리로 제어할 수 없는 이른바 유동성 저하 상황하에서 유동성을 충분히 공급함으로써 중앙은행의 거래량을 확대하는 정책이다.
- 수출 증대의 효과가 있는 반면 인플레이션을 초래할 수도 있다.
- 자국의 경제에는 소기의 목적을 달성하더라도 타국의 경제에 영향을 미쳐 자산 가격을 급등시킬 수도 있다.

이론 더하기

중앙은행

① 중앙은행의 역할
- 화폐를 발행하는 발권은행으로서의 기능을 한다.
- 은행의 은행으로서의 기능을 한다.
- 통화가치의 안정과 국민경제의 발전을 위한 통화금융정책을 집행하는 기능을 한다.
- 국제수지 불균형의 조정, 환율의 안정을 위하여 외환관리업무를 한다.
- 국고금 관리 등의 업무를 수행하며 정부의 은행으로서의 기능을 한다.

② 중앙은행의 통화정책 운영체계
한국은행은 통화정책 운영체계로서 물가안정목표제(Inflation Targeting)를 채택하고 있다.

③ 물가안정목표제란 '통화량' 또는 '환율' 등 중간목표를 정하고 이에 영향을 미쳐 최종목표인 물가안정을 달성하는 것이 아니라, 최종목표인 '물가' 자체에 목표치를 정하고 중기적 시기에 이를 달성하려는 방식이다.

금융정책

정책수단		운용목표		중간목표		최종목표
공개시장조작 지급준비율	→	콜금리 본원통화 재할인율	→	통화량 이자율	→	완전고용 물가안정 국제수지균형

① 공개시장조작정책
- 중앙은행이 직접 채권시장에 참여하여 금융기관을 상대로 채권을 매입하거나 매각하여 통화량을 조절하는 통화정책수단을 의미한다.
- 중앙은행이 시중의 금융기관을 상대로 채권을 매입하는 경우 경제 전체의 통화량은 증가하게 되고 이는 실질이자율을 낮춰 총수요를 증가시킨다.
- 중앙은행이 시중의 금융기관을 상대로 채권을 매각하는 경우 경제 전체의 통화량은 감소하게 되고 이는 실질이자율을 상승과 투자의 감소로 이어져 총수요가 감소하게 된다.

② 지급준비율정책
- 법정지급준비율이란 중앙은행이 예금은행으로 하여금 예금자 예금인출요구에 대비하여 총 예금액의 일정비율 이상을 대출할 수 없도록 규정한 것을 말한다.
- 지급준비율정책이란 법정지급준비율을 변경시킴으로써 통화량을 조절하는 것을 말한다.
- 지급준비율이 인상되면 통화량이 감소하고 실질이자율을 높여 총수요를 억제한다.

③ 재할인율정책
- 재할인율정책이란 일반은행이 중앙은행으로부터 자금을 차입할 때 차입규모를 조절하여 통화량을 조절하는 통화정책수단을 말한다.
- 재할인율 상승은 실질이자율을 높여 경제 전체의 통화량을 줄이고자 할 때 사용하는 통화정책의 수단이다.
- 재할인율 인하는 실질이자율을 낮춰 경제 전체의 통화량을 늘리고자 할 때 사용하는 통화정책의 수단이다.

다음 그래프는 경제 지표의 추이를 나타낸 것이다. 이와 같은 추이가 계속된다고 할 때, 나타날 수 있는 현상으로 적절한 것을 〈보기〉에서 모두 고르면?(단, 지표 외 다른 요인은 고려하지 않는다)

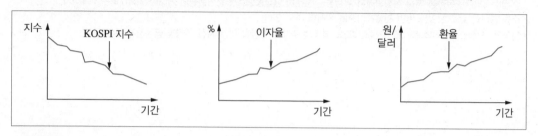

보기

ㄱ. KOSPI 지수 추이를 볼 때, 기업은 주식시장을 통한 자본 조달이 어려워질 것이다.

ㄴ. 이자율 추이를 볼 때, 은행을 통한 기업의 대출 수요가 증가할 것이다.

ㄷ. 환율 추이를 볼 때, 수출제품의 가격 경쟁력이 강화될 것이다.

① ㄱ   ② ㄴ

③ ㄷ   ④ ㄱ, ㄷ

정답 ④

ㄱ. KOSPI 지수가 지속적으로 하락하고 있기 때문에 주식시장이 매우 침체되어 있다고 볼 수 있다. 이 경우 주식에 대한 수요와 증권시장의 약세 장세 때문에 주식 발행을 통한 자본 조달은 매우 어려워진다.

ㄷ. 원 · 달러 환율이 지속적으로 상승하게 되면 원화의 약세로 수출제품의 외국에서의 가격은 달러화에 비해 훨씬 저렴하게 된다. 따라서 상대적으로 외국제품에 비하여 가격 경쟁력이 강화되는 효과가 발생한다.

오답분석

ㄴ. 이자율이 지속적으로 상승하면 대출 금리도 따라 상승하게 되어 기업의 부담이 커지게 되고 이에 따라 기업의 대출 수요는 감소하게 된다.

금리

① 개념 : 원금에 지급되는 이자를 비율로 나타낸 것으로 '이자율'이라는 표현을 사용하기도 한다.

② 특징

- 자금에 대한 수요와 공급이 변하면 금리가 변동한다. 즉, 자금의 수요가 증가하면 금리가 올라가고, 자금의 공급이 증가하면 금리는 하락한다.
- 중앙은행이 금리를 낮추겠다는 정책목표를 설정하면 금융시장의 국채를 매입하게 되고 금리의 영향을 준다.
- 가계 : 금리가 상승하면 소비보다는 저축이 증가하고, 금리가 하락하면 저축보다는 소비가 증가한다.
- 기업 : 금리가 상승하면 투자비용이 증가하므로 투자가 줄어들고, 금리가 하락하면 투자가 증가한다.
- 국가 간 자본의 이동 : 본국과 외국의 금리 차이를 보고 상대적으로 외국의 금리가 높다고 판단되면 자금은 해외로 이동하고, 그 반대의 경우 국내로 이동한다.

③ 금리의 종류

- 기준금리 : 중앙은행이 경제활동 상황을 판단하여 정책적으로 결정하는 금리로, 경제가 과열되거나 물가상승이 예상되면 기준금리를 올리고, 경제가 침체되고 있다고 판단되면 기준금리를 하락시킨다.
- 시장금리 : 개인의 신용도나 기간에 따라 달라지는 금리이다.

1년 미만 단기 금리	콜금리	영업활동 과정에서 남거나 모자라는 초단기자금(콜)에 대한 금리이다.
	환매조건부채권(RP)	일정 기간이 지난 후에 다시 매입하는 조건으로 채권을 매도함으로써 수요자가 단기자금을 조달하는 금융거래방식의 하나이다.
	양도성예금증서(CD)	은행이 발행하고 금융시장에서 자유로운 매매가 가능한 무기명의 정기예금증서이다.
1년 이상 장기 금리	국채, 회사채, 금융채	

환율

국가 간 화폐의 교환비율로, 우리나라에서 환율을 표시할 때에는 외국돈 1단위당 원화의 금액으로 나타낸다.

예 1,193.80원/$, 170.76원/¥

주식과 주가

① 주식 : 주식회사의 자본을 이루는 단위로서 금액 및 이를 전제한 주주의 권리와 의무단위이다.

② 주가 : 주식의 시장가격으로, 주식시장의 수요와 공급에 의해 결정된다.

01 다음 중 변동환율제도에 대한 설명으로 적절하지 않은 것은?

① 원화 환율이 오르면 물가가 상승하기 쉽다.

② 원화 환율이 오르면 수출업자가 유리해진다.

③ 원화 환율이 오르면 외국인의 국내 여행이 많아진다.

④ 국가 간 자본거래가 활발하게 이루어진다면 독자적인 통화정책을 운용할 수 없다.

02 다음 빈칸에 들어갈 경제 용어로 가장 적절한 것은?

> 구매력평가 이론(Purchasing Power Parity Theory)은 모든 나라의 통화 한 단위의 구매력이 같도록 환율이 결정되어야 한다는 것이다. 구매력평가 이론에 따르면 양국통화의 ＿ㄱ＿ 은 양국의 ＿ㄴ＿ 에 의해 결정되며, 구매력평가 이론이 성립하면 ＿ㄷ＿ 은 불변이다.

	ㄱ	ㄴ	ㄷ
①	실질환율	물가수준	명목환율
②	명목환율	경상수지	실질환율
③	실질환율	경상수지	명목환율
④	명목환율	물가수준	실질환율

01

정답 ④

변동환율제도에서는 중앙은행이 외환시장에 개입하여 환율을 유지할 필요가 없고, 외환시장의 수급 상황이 국내 통화량에 영향을 미치지 않으므로 독자적인 통화정책의 운용이 가능하다.

02

정답 ④

일물일가의 법칙을 가정하는 구매력평가설에 따르면 두 나라에서 생산된 재화의 가격이 동일하므로 명목환율은 두 나라의 물가수준의 비율로 나타낼 수 있다. 한편, 구매력평가설이 성립하면 실질환율은 불변한다.

환율

① 개념 : 국내화폐와 외국화폐가 교환되는 시장을 외환시장(Foreign Exchange Market)이라고 한다. 그리고 여기서 결정되는 두 나라 화폐의 교환비율을 환율이라고 한다. 즉, 환율이란 자국화폐단위로 표시한 외국화폐 1단위의 가격이다.

② 환율의 변화

환율의 상승을 환율 인상(Depreciation), 환율의 하락을 환율 인하(Appreciation)라고 한다. 환율이 인상되는 경우 자국화폐의 가치가 하락하는 것을 의미하며 환율이 인하되는 경우는 자국화폐가치가 상승함을 의미한다.

평가절상 (=환율 인하, 자국화폐가치 상승)	평가절하 (=환율 인상, 자국화폐가치 하락)
• 수출 감소 • 수입 증가 • 경상수지 악화 • 외채부담 감소	• 수출 증가 • 수입 감소 • 경상수지 개선 • 외채부담 증가

③ 환율제도

구분	고정환율제도	변동환율제도
국제수지불균형의 조정	정부개입에 의한 해결(평가절하, 평가절상)과 역외국에 대해서는 독자관세 유지	시장에서 환율의 변화에 따라 자동적으로 조정
환위험	적음	환율의 변동성에 기인하여 환위험에 크게 노출되어 있음
환투기의 위험	적음	높음(이에 대해 프리드먼은 환투기는 환율을 오히려 안정시키는 효과가 존재한다고 주장)
해외교란요인의 파급 여부	국내로 쉽게 전파됨	환율의 변화가 해외교란요인의 전파를 차단(차단효과)
금융정책의 자율성 여부	자율성 상실(불가능성 정리)	자율성 유지
정책의 유효성	금융정책 무력	재정정책 무력

01 다음 중 서킷 브레이커(Circuit Breakers)에 대한 설명으로 적절하지 않은 것은?

① 단계별로 2번씩 발동할 수 있다.

② 장 종료 40분 전 이후에도 발동될 수 있다.

③ 거래를 중단한 지 20분이 지나면 10분간 호가를 접수해서 매매를 재개시킨다.

④ 코스피 또는 코스닥지수가 전일 종가 대비 10% 이상 하락한 상태가 1분 이상 지속되면 모든 주식 거래를 20분간 정지한다.

02 다음 중 주가가 떨어질 것을 예측해 주식을 빌려 파는 공매도를 했으나, 반등이 예상되면서 빌린 주식을 되갚자 주가가 오르는 현상은?

① 사이드카　　　　　　　　　　② 디노미네이션

③ 서킷브레이커　　　　　　　　　④ 숏커버링

01

정답　①

서킷 브레이커는 원래 전기 회로에 과부하가 걸렸을 때 자동으로 회로를 차단하는 장치를 의미하지만 주식시장에서는 주가가 급등 또는 급락하는 경우 주식매매를 일시 정지하는 제도이다.

• 발동조건
 - 1단계 : 종합주가지수가 전 거래일보다 8% 이상 하락하여 1분 이상 지속되는 경우
 - 2단계 : 종합주가지수가 전 거래일보다 15% 이상 하락하여 1분 이상 지속되는 경우
 - 3단계 : 종합주가지수가 전 거래일보다 20% 이상 하락하여 1분 이상 지속되는 경우

• 발동 시 효과
 - 서킷 브레이커가 발동되면 매매가 20분간 정지되고, 20분이 지나면 10분간 동시호가, 단일가매매 전환이 이루어진다.

• 유의사항
 - 총 3단계로 이루어진 서킷 브레이커의 각 단계는 하루에 한 번만 발동할 수 있다.
 - 1~2단계는 주식시작 개장 5분 후부터 종료 40분 전까지만 발동한다. 단, 3단계 서킷 브레이커는 40분 이후에도 발동될 수 있고, 3단계 서킷 브레이커가 발동하면 장이 종료된다.

02

정답　④

없는 주식이나 채권을 판 후 보다 싼 값으로 주식이나 그 채권을 구해 매입자에게 넘기는데, 예상을 깨고 강세장이 되어 해당 주식이 오를 것 같으면 손해를 보기 전에 빌린 주식을 되갚게 된다. 이때 주가가 오르는 현상을 숏커버링이라 한다.

주가지수

① 개념 : 주식가격의 상승과 하락을 판단하기 위한 지표(Index)가 필요하므로 특정 종목의 주식을 대상으로 평균적으로 가격이 상승했는지 하락했는지를 판단한다. 때문에 주가지수의 변동은 경제상황을 판단하게 해주는 지표가 될 수 있다.

② 계산 : $\dfrac{\text{비교시점의 시가총액}}{\text{기준시점의 시가총액}} \times 100$

③ 주요국의 종합주가지수

국가	지수명	기준시점	기준지수
한국	코스피	1980년	100
	코스닥	1996년	1,000
미국	다우존스 산업평균지수	1896년	100
	나스닥	1971년	100
	S&P 500	1941년	10
일본	니케이 225	1949년	50
중국	상하이종합	1990년	100
홍콩	항셍지수	1964년	100
영국	FTSE 100지수	1984년	1,000
프랑스	CAC 40지수	1987년	1,000

주가와 경기 변동

① 주식의 가격은 장기적으로 기업의 가치에 따라 변동한다.
② 주가는 경제성장률이나 이자율, 통화량과 같은 경제변수에 영향을 받는다.
③ 통화공급의 증가와 이자율이 하락하면 소비와 투자가 늘어나서 기업의 이익이 커지므로 주가는 상승한다.

주식관련 용어

① 서킷브레이커(CB) : 주식시장에서 주가가 급등 또는 급락하는 경우 주식매매를 일시정지하는 제도이다.
② 사이드카 : 선물가격이 전일 종가 대비 5%(코스피), 6%(코스닥) 이상 급등 혹은 급락상태가 1분간 지속될 경우 주식시장의 프로그램 매매 호가를 5분간 정지시키는 것을 의미한다.
③ 네 마녀의 날 : 주가지수 선물과 옵션,개별 주식 선물과 옵션 등 네 가지 파생상품 만기일이 겹치는 날이다. '쿼드러플워칭데이'라고도 한다.
④ 레드칩 : 중국 정부와 국영기업이 최대주주로 참여해 홍콩에 설립한 우량 중국 기업들의 주식을 일컫는 말이다.
⑤ 블루칩 : 오랜 시간동안 안정적인 이익을 창출하고 배당을 지급해온 수익성과 재무구조가 건전한 기업의 주식으로 대형 우량주를 의미한다.
⑥ 숏커버링 : 외국인 등이 공매도한 주식을 되갚기 위해 시장에서 주식을 다시 사들이는 것으로, 주가 상승 요인으로 작용한다.
⑦ 공매도 : 주식을 가지고 있지 않은 상태에서 매도 주문을 내는 것이다. 3일 안에 해당 주식이나 채권을 구해 매입자에게 돌려주면 되기 때문에, 약세장이 예상되는 경우 시세차익을 노리는 투자자가 주로 활용한다.

다음 중 유로채와 외국채에 대한 설명으로 적절하지 않은 것은?

① 유로채는 채권의 표시통화 국가에서 발행되는 채권이다.

② 유로채는 이자소득세를 내지 않는다.

③ 외국채는 감독 당국의 규제를 받는다.

④ 외국채는 신용 평가가 필요하다.

정답 ①

외국채는 채권의 표시통화 국가에서 발행되는 채권이고, 유로채는 채권의 표시통화 국가 이외의 국가에서 발행되는 채권이다.

오답분석

② 외국채는 이자소득세를 내야 하지만, 유로채는 세금을 매기지 않는다.

③ 외국채는 감독 당국의 규제를 받지만, 유로채는 규제를 받지 않는다.

④ 외국채는 신용 평가가 필요하지만, 유로채는 필요하지 않다.

채권

정부, 공공기관, 특수법인과 주식회사 형태를 갖춘 사기업이 일반 대중 투자자들로부터 비교적 장기의 자금을 조달하기 위해 발행하는 일종의 차용증서로, 채권을 발행한 기관은 채무자, 채권의 소유자는 채권자가 된다.

발행주체에 따른 채권의 분류

국채	• 국가가 발행하는 채권으로 세금과 함께 국가의 중요한 재원 중 하나이다. • 국고채, 국민주택채권, 국채관리기금채권, 외국환평형기금채권 등이 있다.
지방채	• 지방자치단체가 지방재정의 건전한 운영과 공공의 목적을 위해 재정상의 필요에 따라 발행하는 채권이다. • 지하철공채, 상수도공채, 도로공채 등이 있다.
특수채	• 공사와 같이 특별법에 따라 설립된 법인이 자금조달을 목적으로 발행하는 채권으로 공채와 사채의 성격을 모두 가지고 있다. • 예금보험공사 채권, 한국전력공사 채권, 리스회사의 무보증 리스채, 신용카드회사의 카드채 등이 있다.
금융채	• 금융회사가 발행하는 채권으로 발행은 특정한 금융회사의 중요한 자금조달수단 중 하나이다. • 산업금융채, 장기신용채, 중소기업금융채 등이 있다.
회사채	• 상법상의 주식회사가 발행하는 채권으로 채권자는 주주들의 배당에 우선하여 이자를 지급받게 되며 기업이 도산하는 경우에도 주주들을 우선하여 기업자산에 대한 청구권을 갖는다. • 전환사채(CB), 신주인수권부사채(BW), 교환사채(EB) 등이 있다.

이자지급방법에 따른 채권의 분류

이표채	액면가로 채권을 발행하고, 이자지급일이 되면 발행할 때 약정한 대로 이자를 지급하는 채권이다.
할인채	이자가 붙지는 않지만, 이자 상당액을 미리 액면가격에서 차감하여 발행가격이 상환가격보다 낮은 채권이다.
복리채(단리채)	정기적으로 이자가 지급되는 대신에 복리(단리) 이자로 재투자되어 만기상환 시에 원금과 이자를 지급하는 채권이다.
거치채	이자가 발생한 이후에 일정기간이 지난 후부터 지급되는 채권이다.

상환기간에 따른 채권의 분류

단기채	통상적으로 상환기간이 1년 미만인 채권으로, 통화안정증권, 양곡기금증권 등이 있다.
중기채	상환기간이 1∼5년인 채권으로 우리나라의 대부분의 회사채 및 금융채가 만기 3년으로 발행된다.
장기채	상환기간이 5년 초과인 채권으로 국채가 이에 해당한다.

특수한 형태의 채권

일반사채와 달리 계약 조건이 다양하게 변형된 특수한 형태의 채권으로 다양한 목적에 따라 발행된 채권이다.

전환사채 (CB; Convertible Bond)	발행을 할 때에는 순수한 회사채로 발행되지만, 일정기간이 경과한 후에는 보유자의 청구에 의해 발행회사의 주식으로 전환될 수 있는 사채이다.
신주인수권부사채 (BW; Bond with Warrant)	발행 이후에 일정기간 내에 미리 약정된 가격으로 발행회사에 일정한 금액에 해당하는 주식을 매입할 수 있는 권리가 부여된 사채이다.
교환사채 (EB; Exchangeable Bond)	투자자가 보유한 채권을 일정 기간이 지난 후 발행회사가 보유 중인 다른 회사 유가증권으로 교환할 수 있는 권리가 있는 사채이다.
옵션부사채	• 콜옵션과 풋옵션이 부여되는 사채이다. • 콜옵션은 발행회사가 만기 전 조기상환을 할 수 있는 권리이고, 풋옵션은 사채권자가 만기중도상환을 청구할 수 있는 권리이다.
변동금리부채권 (FRN; Floating Rate Note)	• 채권 지급 이자율이 변동되는 금리에 따라 달라지는 채권이다. • 변동금리부채권의 지급이자율은 기준금리에 가산금리를 합하여 산정한다.
자산유동화증권 (ABS; Asset Backed Security)	유동성이 없는 자산을 증권으로 전환하여 자본시장에서 현금화하는 일련의 행위를 자산유동화라고 하는데, 기업 등이 보유하고 있는 대출채권이나 매출채권, 부동산 자산을 담보로 발행하여 제3자에게 매각하는 증권이다.

PART 2

01 다음 중 주가지수 상승률이 미리 정해놓은 수준에 단 한 번이라도 도달하면 만기 수익률이 미리 정한 수준으로 확정되는 ELS는?

① 녹아웃형(Knock-out)

② 불스프레드형(Bull-spread)

③ 리버스컨버터블형(Reverse Convertible)

④ 디지털형(Digital)

02 주식이나 ELW를 매매할 때 보유시간을 통상적으로 2 ~ 3분 단위로 짧게 잡아 하루에 수십 번 또는 수백 번씩 거래를 하며 박리다매식으로 매매차익을 얻는 초단기매매자들이 있다. 이들을 가리키는 용어는?

① 스캘퍼(Scalper)   ② 데이트레이더(Day Trader)

③ 스윙트레이더(Swing Trader)   ④ 포지션트레이더(Position Trader)

01

정답 ①

주가지수연계증권(ELS)의 유형

• 녹아웃형(Knock-out) : 주가지수 상승률이 미리 정해놓은 수준에 단 한 번이라도 도달하면 만기 수익률이 미리 정한 수준으로 확정되는 상품

• 불스프레드형(Bull-spread) : 만기 때 주가지수 상승률에 따라 수익률이 결정되는 상품

• 리버스컨버터블형(Reverse Convertible) : 미리 정해 놓은 하락폭 밑으로만 빠지지 않는다면 주가지수가 일정부분 하락해도 약속한 수익률 지급하는 상품

• 디지털형(Digital) : 만기일의 주가지수가 사전에 약정한 수준 이상 또는 이하에 도달하면 확정 수익을 지급하고 그렇지 못하면 원금만 지급하는 상품

02

정답 ①

스캘퍼(Scalper)는 ELW 시장 등에서 거액의 자금을 갖고 몇 분 이내의 초단타 매매인 스캘핑(Scalping)을 구사하는 초단타 매매자를 말한다. 속칭 '슈퍼 메뚜기'로 불린다.

오답분석

② 데이트레이더 : 주가의 움직임만 보고 차익을 노리는 주식투자자

③ 스윙트레이더 : 선물시장에서 통상 2 ~ 3일 간격으로 매매 포지션을 바꾸는 투자자

④ 포지션트레이더 : 몇 주간 또는 몇 개월 동안 지속될 가격 변동에 관심을 갖고 거래하는 자로서 비회원거래자

ELS(주가연계증권) / ELF(주가연계펀드)

① 개념 : 파생상품 펀드의 일종으로 국공채 등과 같은 안전자산에 투자하여 안전성을 추구하면서 확정금리 상품 대비 고수익을 추구하는 상품이다.

② 특징

ELS (주가연계증권)	• 개별 주식의 가격이나 주가지수에 연계되어 투자수익이 결정되는 유가증권이다. • 사전에 정한 2 ~ 3개 기초자산 가격이 만기 때까지 계약 시점보다 40 ~ 50% 가량 떨어지지 않으면 약속된 수익을 지급하는 형식이 일반적이다. • 다른 채권과 마찬가지로 증권사가 부도나거나 파산하면 투자자는 원금을 제대로 건질 수 없다. • 상품마다 상환조건이 다양하지만 만기 3년에 6개월마다 조기상환 기회가 있는 게 일반적이다. 수익이 발생해서 조기상환 또는 만기상환되거나, 손실을 본채로 만기상환된다. • 녹아웃형, 불스프레드형, 리버스컨버터블형, 디지털형 등이 있다.
ELF (주가연계펀드)	• 투자신탁회사들이 ELS 상품을 펀드에 편입하거나 자체적으로 원금보존 추구형 펀드를 구성해 판매하는 형태의 상품이다. • ELF는 펀드의 수익률이 주가나 주가지수 움직임에 의해 결정되는 구조화된 수익구조를 갖는다. • 베리어형, 디지털형, 조기상환형 등이 있다.

ELW(주식워런트증권)

① 개념 : 자산을 미리 정한 만기에 미리 정해진 가격에 사거나(콜) 팔 수 있는 권리(풋)를 나타내는 증권이다.

② 특징

• 주식워런트증권은 상품특성이 주식옵션과 유사하나 법적 구조, 시장구조, 발행주체와 발행조건 등에 차이가 있다.

• 주식처럼 거래가 이루어지며, 만기시 최종보유자가 권리를 행사하게 된다.

• ELW 시장에서는 투자자의 환금성을 보장할 수 있도록 호가를 의무적으로 제시하는 유동성공급자(LP; Liquidity Provider) 제도가 운영된다.

PART 2

01 | 금융상식 실전예제

정답 및 해설 p.030

01 국가의 중앙은행이 0.50%p 기준금리를 인상하는 것을 뜻하는 용어는?

① 베이비 스텝
② 빅 스텝
③ 자이언트 스텝
④ 울트라 스텝

02 부실기업을 정리하는 회사나 그 자금을 가리키는 용어는?

① 뮤추얼펀드
② 리츠펀드
③ 헤지펀드
④ 벌처펀드

03 다음 중 주식시장의 약세 속에서도 주가가 일시적으로 상승하는 현상을 뜻하는 용어는?

① 포크배럴
② 왝더독
③ 불마켓 바운스
④ 베어마켓 랠리

04 다음 중 연기금, 보험사 등 기관투자자들이 투자 기업의 의사결정에 적극적으로 참여하여 투명경영을 이끌어내는 제도는?

① 리디노미네이션
② 신디케이트
③ 방카슈랑스
④ 스튜어드십 코드

05 다음 중 기준금리와 관련된 설명으로 옳지 않은 것은?

① 한국은행의 금융통화위원회에서 기준금리를 결정한다.

② 미국의 기준금리가 올라갈 경우 한국은 경기부양 효과가 나타난다.

③ 자금을 조달·운용 시에 적용하는 금리의 기준이 되므로 금융시장에서 각종 금리를 지배한다.

④ 2008년 3월부터 한국은행은 정책금리의 실체를 익일물 콜금리 목표에서 기준금리로 변경했다.

PART 2

06 다음 중 신흥국 시장이 강대국의 금리 정책 때문에 크게 타격을 입는 것을 무엇이라 하는가?

① 어닝쇼크   ② 옥토버 서프라이즈
③ 긴축발작   ④ 덤벨 이코노미

07 다음 중 중앙은행이 금리 인상을 하여도 시장의 금리가 따라서 오르지 않는 현상을 일컫는 용어는?

① 그린스펀의 수수께끼   ② 낙타의 코
③ 왝더독   ④ 산타랠리

`Easy`
08 다음 중 주식을 공매도할 때 직전 거래가격 이상으로 매도호가를 제시하도록 한 규정은?

① 제로틱룰   ② 새도보팅
③ 숏커버링   ④ 업틱룰

09 다음 중 신주 모집을 하면서 그 역할의 중요성에 따라 인수기관의 이름을 순서대로 표시하는 것은?

① 섀도보팅   ② 캐리트레이드

③ 브래키팅   ④ 피보팅

10 다음 중 개인책임형 퇴직연금 가입자의 운용 지시 없이, 금융사가 사전에 정한 방법으로 운영하는 제도는?

① LBO   ② 디폴트 옵션

③ 그림자 금융   ④ ABS

11 다음 중 국제결제은행에서 일반은행에 권고하는 자기자본비율 수치를 일컫는 용어는?

① BIS비율   ② 지급준비율

③ DSR비율   ④ DTI비율

12 다음 중 세계 금융기관들에게 국제 표준화된 데이터 통신망을 제공하는 국제기구는?

① CHIPS   ② SWIFT

③ BOK-WIRE   ④ GATT

13 다음 중 자기자본에 해당하지 않는 것은?

① 자본금 ② 자본잉여금

③ 이익잉여금 ④ 차입금

Hard

14 (주)한국물산의 당기 말 타인자본은 2,000억 원이고 자기자본은 1,000억 원이다. 전년도 말 기준 부채비율이 300%를 기록하였다고 할 때, 당기 말 기준 전년도 대비 부채비율의 변동률은?(단, 소수점 이하는 버림한다)

① 25%p 상승 ② 25%p 하락

③ 33%p 상승 ④ 33%p 하락

Hard

15 다음은 (주)시대의 요약 재무제표이다. 2022년 매출액은 600,000원이고 당기순이익은 240,000원이라고 할 때, 제시된 자료를 통해서 2022년도 자기자본이익률을 계산하면 얼마인가?(단, 소수점 이하는 버림한다)

(단위 : 원)

구분	2021년	2022년
자산총계	2,000,000	3,300,000
유동부채	300,000	900,000
단기차입금	400,000	700,000
자본금	1,200,000	1,300,000
이익잉여금	100,000	400,000
부채와 자본총계	2,000,000	3,300,000

① 8% ② 12%

③ 14% ④ 20%

02 | 디지털상식

빈출키워드 1 디지털

01 다음 중 28GHz(또는 39GHz)의 초고대역 주파수를 사용하여 무선으로 통신서비스를 제공하는 이동통신 기술은?

① 2G

② 3G

③ 4G

④ 5G

02 다음 중 통신망 제공사업자는 모든 콘텐츠를 동등하고 차별 없이 다뤄야 한다는 원칙을 뜻하는 용어는?

① 제로 레이팅

② 망 중립성

③ MARC

④ 멀티 캐리어

01

정답 ④

5G FWA는 유선 대신 무선으로 각 가정에 초고속 통신서비스를 제공하는 기술이다. 삼성전자는 2018년에 미국 최대 이동통신 사업자인 버라이즌과 5G 기술을 활용한 통신장비 공급 계약을 체결하였다.

02

정답 ②

망 중립성(Network Neutrality)은 통신사 등 인터넷서비스사업자(ISP)가 특정 콘텐츠나 인터넷 기업을 차별·차단하는 것을 금지하는 정책으로, 인터넷 기업인 구글, 페이스북, 아마존, 넷플릭스 등이 거대 기업으로 성장할 수 있었던 주된 배경 중 하나다.

오답분석

① 제로 레이팅 : 콘텐츠 사업자가 이용자의 데이터 이용료를 면제 또는 할인해 주는 제도이다.

③ MARC(MAchine Readable Cataloging) : 컴퓨터가 목록 데이터를 식별하여 축적·유통할 수 있도록 코드화한 일련의 메타 데이터 표준 형식이다.

④ 멀티 캐리어(Multi Carrier) : 2개 주파수를 모두 사용해 통신 속도를 높이는 서비스이다.

4차 산업혁명

2010년대부터 물리적 세계, 디지털 및 생물학적 세계가 융합되어 모든 학문·경제·산업 등에 전반적으로 충격을 주게 된 새로운 기술 영역의 등장을 뜻하는 4차 산업혁명은 독일의 경제학 박사이자 세계경제포럼(WEF)의 회장인 클라우스 슈밥이 2016년 다보스 포럼(WEF)에서 제시한 개념이다.

클라우스 슈밥은 인공지능, 로봇공학, 사물인터넷, 3D프린팅, 자율주행 자동차, 양자 컴퓨팅, 클라우드 컴퓨팅, 나노테크, 빅데이터 등의 영역에서 이루어지는 혁명적 기술 혁신을 4차 산업혁명의 특징으로 보았다. 4차 산업혁명은 초연결성·초지능, 더 빠른 속도, 더 많은 데이터 처리 능력, 더 넓은 파급 범위 등의 특성을 지니는 '초연결 지능 혁명'으로 볼 수 있다. 그러나 인공지능 로봇의 작업 대체로 인한 인간의 일자리 감소, 인간과 인공지능(로봇)의 공존, 개인정보·사생활 보호, 유전자 조작에 따른 생명윤리 등 여러 과제가 사회적 문제로 떠오르고 있다.

빅데이터(Big Data)

빅데이터는 다양하고 복잡한 대규모의 데이터 세트 자체는 물론, 이러한 데이터 세트로부터 정보를 추출한 결과를 분석하여 더 큰 가치를 창출하는 기술을 뜻한다. 기존의 정형화된 정보뿐만 아니라 이미지, 오디오, 동영상 등 여러 유형의 비정형 정보를 데이터로 활용한다. 저장 매체의 가격 하락, 데이터 관리 비용의 감소, 클라우드 컴퓨팅의 발전 등으로 인해 데이터 처리·분석 기술 또한 진보함에 따라 빅데이터의 활용 범위와 환경이 꾸준히 개선되고 있다.

빅데이터의 특징으로 3V로 제시되는 것은 'Volume(데이터의 크기), Velocity(데이터의 속도), Variety(데이터의 다양성)' 등이다. 여기에 'Value(가치)' 또는 'Veracity(정확성)' 중 하나를 더해 4V로 보기도 하고, 둘 다 더해 5V로 보기도 한다. 또한 5V에 'Variability(가변성)'을 더해 6V로 정리하기도 한다. 한편, 기술의 진보에 따라 빅데이터의 특징을 규명하는 'V'는 더욱 늘어날 수 있다.

합성데이터(Synthetic Data)

합성데이터는 실제 수집·측정으로 데이터를 획득하는 것이 아니라 시뮬레이션·알고리즘 등을 이용해 인공적으로 생성한 인공의 가상 데이터를 뜻한다. 즉, 현실의 데이터가 아니라 인공지능(AI)을 교육하기 위해 통계적 방법이나 기계학습 방법을 이용해 생성한 가상 데이터를 말한다.

고품질의 실제 데이터 수집이 어렵거나 불가능함, AI 시스템 개발에 필수적인 대규모 데이터 확보의 어려움, 인공지능 훈련에 드는 높은 수준의 기술·비용, 실제 데이터의 이용에 수반되는 개인정보·저작권 보호 및 윤리적 문제 등에 대한 해결 대안으로 등장한 것이 합성데이터이다.

VR, AR, MR, XR, SR

- VR(Virtual Reality, 가상현실) : 어떤 특정한 상황·환경을 컴퓨터로 만들어 이용자가 실제 주변 상황·환경과 상호작용하고 있는 것처럼 느끼게 하는 인간과 컴퓨터 사이의 인터페이스이다. 즉, VR은 실존하지 않지만 컴퓨터 기술로 이용자의 시각·촉각·청각을 자극해 실제로 있는 것처럼 느끼게 하는 가상의 현실을 말한다.
- AR(Augmented Reality, 증강현실) : 머리에 착용하는 방식의 컴퓨터 디스플레이 장치는 인간이 보는 현실 환경에 컴퓨터 그래픽 등을 겹쳐 실시간으로 시각화함으로써 AR을 구현한다. AR이 실제의 이미지·배경에 3차원의 가상 이미지를 겹쳐서 하나의 영상으로 보여주는 것이라면, VR은 자신(객체)과 환경·배경 모두 허구의 이미지를 사용하는 것이다.
- MR(Mixed Reality, 혼합현실) : VR과 AR이 전적으로 시각에 의존한다면, MR은 시각에 청각·후각·촉각 등 인간의 감각을 접목할 수 있다. VR과 AR의 장점을 융합함으로써 한 단계 더 진보한 기술로 평가받는다.
- XR(eXtended Reality, 확장현실) : VR, AR, MR 등을 아우르는 확장된 개념으로, 가상과 현실이 매우 밀접하게 연결되어 있고, 현실 공간에 배치된 가상의 물체를 손으로 만질 수 있는 등 극도의 몰입감을 느낄 수 있는 환경 또는 기술을 뜻한다.
- SR(Substitutional Reality, 대체현실) : VR, AR, MR과 달리 하드웨어가 필요 없으며, 스마트 기기에 광범위하고 자유롭게 적용될 수 있다. SR은 가상현실과 인지 뇌과학이 융합된 한 단계 업그레이드된 기술이라는 점에서 VR의 연장선상에 있는 기술로 볼 수 있다.

클라우드 컴퓨팅(Cloud Computing)

정보처리를 자신의 컴퓨터가 아닌 인터넷으로 연결된 다른 컴퓨터로 처리할 수 있는 기술을 말한다. 클라우드 컴퓨팅의 핵심 기술은 가상화와 분산처리로 어떠한 요소를 기반으로 하느냐에 따라 소프트웨어 서비스, 플랫폼 서비스, 인프라 서비스로 구분한다.

바이오컴퓨터(Biocomputer)

생물의 세포에 들어 있는 단백질이나 효소를 사용한 바이오칩을 컴퓨터 내부 반도체 소자와 교체하여 조립한다. 인간의 뇌와 유사한 기능을 하도록 설계되어 최종적으로 인간의 두뇌 기능을 구현하기 위한 목적을 갖는다.

스니핑(Sniffing)

'Sniffing'은 '코를 킁킁거리기, 냄새 맡기'라는 뜻으로, 네트워크 통신망에서 오가는 패킷(Packet)을 가로채 사용자의 계정과 암호 등을 알아내는 해킹 수법이다. 즉, 네트워크 트래픽을 도청하는 행위로서, 사이버 보안의 기밀성을 침해하는 대표적인 해킹 수법이다. 그리고 이러한 스니핑을 하기 위해 쓰이는 각종 프로그램 등의 도구를 '스니퍼'라 부른다.

원래는 네트워크 상태를 체크하는 데 사용되었으나, 해커들은 원격에서 로그인하는 사용자들이 입력하는 개인정보를 중간에서 가로채는 수법으로 악용한다. 즉, 네트워크에 접속하는 시스템의 상대방 식별 방식의 취약점을 악용하는 것이다.

한편, 스니핑이 다른 사람의 대화를 도청·염탐하는 소극적 공격이라면, '스푸핑'은 다른 사람으로 위장해 정보를 탈취하는 적극적 공격이다. 즉, 스니핑은 시스템 자체를 훼손·왜곡할 수 없는 수동적 공격이고, 스푸핑은 시스템을 훼손·왜곡할 수 있는 능동적 공격이다.

스테이블 코인(Stable Coin)

법정화폐와 일대일(1코인＝1달러)로 가치가 고정되게 하거나(법정화폐 담보 스테이블 코인) 다른 암호화폐와 연동하는(가상자산 담보 스테이블 코인) 등의 담보 방식 또는 알고리즘을 통한 수요-공급 조절(알고리즘 기반 스테이블 코인)로 가격 변동성이 최소화되도록 설계된 암호화폐(가상자산)이다. 다른 가상화폐와 달리 변동성이 낮기 때문에 다른 가상화폐 거래, 탈중앙화 금융(De-Fi) 등에 이용되므로 '기축코인'이라고 볼 수 있다.

우리나라와 달리 대부분 해외 가상자산 거래소에서는 법정화폐가 아닌 스테이블 코인으로 가상화폐를 거래하는데, 이렇게 하면 다른 나라의 화폐로 환전해 다시 가상화폐를 구매하는 불편을 해소하고, 환율의 차이에 따른 가격의 변동으로부터 자유롭다. 아울러 디파이를 통해 이자 보상을 받을 수 있으며, 계좌를 따로 개설할 필요가 없고, 휴일에도 송금이 가능하며 송금의 속도 또한 빠르고, 수수료도 거의 없다.

스테이블 코인은 기본적으로 가격이 안정되어 있기 때문에 안정적인 투자 수익을 얻을 수 있으나 단기적인 매매 차익을 기대하기 어렵다. 아울러 자금세탁이나 사이버 보안 등의 문제점을 보완하기 위한 법적 규제와 기술적 장치가 반드시 필요하다.

디파이(De-Fi)

디파이는 '금융(Finance)의 탈중앙화(Decentralized)'라는 뜻으로, 기존의 정부·은행 같은 중앙기관의 개입·중재·통제를 배제하고 거래 당사자들끼리 송금·예금·대출·결제·투자 등의 금융 거래를 하자는 게 주요 개념이다. 디파이는 거래의 신뢰를 담보하기 위해 높은 보안성, 비용 절감 효과, 넓은 활용 범위를 자랑하는 블록체인 기술을 기반으로 한다.

디파이는 서비스를 안정적으로 제공하기 위해 기존의 법정화폐에 연동되거나 비트코인 같은 가상자산을 담보로 발행된 스테이블 코인(가격 변동성을 최소화하도록 설계된 암호화폐)을 거래 수단으로 주로 사용한다. 디파이는 거래의 속도를 크게 높일 수 있고, 거래 수수료 등 부대비용이 거의 들지 않기 때문에 비용을 절감할 수 있다는 것이 가장 큰 특징이다. 또한 블록체인 자체에 거래 정보를 기록하기 때문에 중개자가 필요 없을 뿐만 아니라 위조·변조 우려가 없어 신원 인증 같은 복잡한 절차도 없고, 휴대전화 등으로 인터넷에 연결되기만 하면 언제든지, 어디든지, 누구든지 디파이에 접근할 수 있으며, 응용성·결합성이 우수해 새로운 금융 서비스를 빠르게 개발할 수 있다. 다만, 아직 법적 규제와 이용자 보호장치가 미비하여 금융사고 발생 가능성이 있고 상품 안정성 또한 높지 않다는 한계가 있다.

서비스형 블록체인(BaaS; Blockchain as a Service)

서비스형 블록체인은 개발 환경을 클라우드로 서비스하는 개념이다. 블록체인 네트워크에 노드를 추가하고 제거하는 일이 간단해져서 블록체인 개발 및 구축을 쉽고 빠르게 할 수 있다. 현재 마이크로소프트나 IBM, 아마존, 오라클 등에서 도입하여 활용하고 있으며, 우리나라의 경우 KT, 삼성 SDS, LG CNS에서 자체적인 BaaS를 구축하고 있다.

PBV(Purpose Built Vehicle)

우리말로는 '목적 기반 모빌리티'라고 부른다. 2020년 열린 세계 최대 소비자 가전·IT(정보기술) 전시회인 미국 CES(Consumer Electronics Show)에서 발표됐다. 차량이 단순한 이동수단 역할을 넘어서 승객이 필요한 서비스를 누릴 수 있는 공간으로 확장된 것이다. 개인화 설계 기반의 친환경 이동수단으로, 식당, 카페, 호텔 등 여가 공간부터 병원, 약국 등 사회 필수 시설까지 다양한 공간으로 연출돼 고객이 맞춤형 서비스를 누릴 수 있도록 해준다.

SOAR(Security Orchestration, Automation and Response)

가트너가 2017년에 발표한 용어로 보안 오케스트레이션 및 자동화(SOA; Security Orchestration and Automation), 보안 사고 대응 플랫폼(SIRP; Security Incident Response Platforms), 위협 인텔리전스 플랫폼(TIP; Threat Intelligence Platforms)의 세 기능을 통합한 개념이다. 보안 사고 대응 플랫폼은 보안 이벤트별 업무 프로세스를 정의하고, 보안 오케스트레이션 및 자동화는 다양한 IT 보안 시스템을 통합하고 자동화하여 업무 프로세스 실행의 효율성을 높일 수 있다. 마지막으로 위협 인텔리전스 플랫폼은 보안 위협을 판단해 분석가의 판단을 보조할 수 있다.

인터넷 전문은행(Direct Bank, Internet-only Bank)

영업점을 통해 대면거래를 하지 않고, 금융자동화기기(ATM)나 인터넷·모바일 응용프로그램(앱) 같은 전자매체를 통해 온라인으로 사업을 벌이는 은행이다.

임베디드 금융(Embedded Finance)

비금융기업이 금융기업의 금융 상품을 중개·재판매하는 것을 넘어 IT·디지털 기술을 활용해 자체 플랫폼에 결제, 대출 등의 비대면 금융 서비스(핀테크) 기능을 내재화(Embed)하는 것을 뜻한다. 은행이 금융 서비스의 일부를 제휴를 통해 비금융 기업에서 제공하는 서비스형 은행(BaaS; Banking as a Service)도 임베디드 금융의 한 형태이다.

은행가 알고리즘(Banker's Algorithm)

병렬로 수행되는 프로세스 사이의 교착 상태(Deadlock)를 방지하기 위해 프로세스가 요구한 자원의 수가 현재 사용할 수 있는 자원의 수보다 작을 때 프로세스가 요구한 수만큼 더 자원을 할당하는 방식을 뜻한다.

딥페이크(Deepfake)

인공지능이 축적된 자료를 바탕으로 스스로 학습하는 '딥러닝(Deep Learning)' 기술과 'Fake(가짜, 속임수)'의 조합어로, 인공지능을 통해 만들어낸 가짜 이미지·영상, 오디 합성 기술을 뜻한다.

디지털세(Digital Tax)

구글이나 페이스북, 아마존과 같이 국경을 초월해 사업하는 인터넷 기반 글로벌 기업에 부과하는 세금을 지칭한다. 유럽연합(EU)이 2018월 3월 디지털세를 공동으로 도입하는 방안을 제안했지만 합의가 이루어지지 않자 회원국인 프랑스가 2019년 7월 독자적으로 부과하기로 했다. 프랑스는 글로벌 IT 기업들이 실질적으로 유럽 각국에서 이윤을 창출하면서도 세율이 가장 낮은 아일랜드 등에 법인을 두는 방식으로 조세를 회피한다는 지적이 계속되자 프랑스 내에서 2,500만 유로(약 330억 원) 이상의 수익을 내는 기업에 연간 총매출의 3%를 과세하는 디지털 서비스 세금(DST)법을 발표했다. 이에 미국은 자국 기업이 주요 표적이라며 강하게 반발했다. 영국과 스페인이 DST법과 거의 같은 내용의 법안을 추진하고 나서면서 유럽 대(對) 미국의 대립 구도가 굳어졌다.

프롭테크(Proptech)

부동산(Property)과 기술(Technology)의 합성어로, 기존 부동산 산업과 IT의 결합으로 볼 수 있다. 프롭테크의 산업 분야는 크게 중개 및 임대, 부동산 관리, 프로젝트 개발, 투자 및 자금조달 부분으로 구분할 수 있다. 프롭테크 산업 성장을 통해 부동산 자산의 고도화와 신기술 접목으로 편리성이 확대되고, 이를 통한 삶의 질이 향상될 전망이다. 무엇보다 공급자 중심의 기존 부동산 시장을 넘어 정보 비대칭이 해소되어 고객 중심의 부동산 시장이 형성될 것으로 보인다.

디지털 뉴딜(Digital New Deal)

2020년 7월 14일에 확정한 정부의 한국판 뉴딜 정책 중 하나이다. 핵심내용은 현재 세계 최고 수준인 전자정부 인프라나 서비스 등의 ICT를 기반으로 디지털 초격차를 확대하는 것이다. 디지털 뉴딜의 내용으로는 DNA(Data, Network, AI) 생태계 강화, 교육인프라 디지털 전환, 비대변 사업 육성, SOC 디지털화가 있다.

다크 데이터(Dark Data)

정보를 수집한 후 저장만 하고 분석에 활용하고 있지 않은 다량의 데이터로, 처리되지 않은 채 미래에 사용할 가능성이 있다는 이유로 삭제되지 않고 방치되고 있었다. 하지만 최근 빅데이터와 인공지능이 발달하면서 방대한 양의 자료가 필요해졌고, 이에 유의미한 정보를 추출하고 분석할 수 있게 되면서 다양한 분야에 활용될 전망이다.

데이터 라벨링(Data Labeling)

인공지능을 만드는 데 필요한 데이터를 입력하는 작업이다. 높은 작업 수준을 요구하지는 않으며, 각 영상에서 객체를 구분하고, 객체의 위치와 크기 등을 기록해야 한다. 인공지능이 쉽게 사물을 알아볼 수 있도록 영상 속의 사물에 일일이 명칭을 달아주는 작업이다.

데이터 리터러시(Data Literacy)

정보활용 능력을 일컫는 용어로 빅데이터 속에서 목적에 맞게 필요한 정보를 취합·해석하여 적절하게 활용할 수 있는 능력을 말한다.

이노드비(eNodB; Evolved Node B)

이동통신 사실 표준화 기구인 3GPP에서 사용하는 공식 명칭으로, 기존 3세대(3G) 이동통신 기지국의 이름 'Node B'와 구별하여 LTE의 무선 접속망 E-UTRAN(Evolved UTRAN) 기지국을 'E-UTRAN Node B' 또는 'Evolved Node B'라 한다. 모바일 헤드셋(UE)과 직접 무선으로 통신하는 휴대전화망에 연결되는 하드웨어이며, 주로 줄임말 eNodeB(eNB)로 사용한다.

01   다음과 같은 논리식으로 구성되는 회로는?[단, S는 합(Sum), C는 자리올림(Carry)이다]

$$S = \overline{A}B + A\overline{B}$$
$$C = AB$$

① 반가산기(Half Adder)   ② 전가산기(Full Adder)
③ 전감산기(Full Subtracter)   ④ 부호기(Encoder)

02   다음 〈보기〉와 같이 명령어에 오퍼랜드 필드를 사용하지 않고, 명령어만 사용하는 명령어의 형식은?

> **보기**
>
> AND : (덧셈), MUL : (곱셈)

① Zero − Address Instruction Mode
② One − Address Instruction Mode
③ Two − Address Instruction Mode
④ Three − Address Instruction Mode

01

정답 ①

반가산기는 두 개의 비트를 더해 합(S)과 자리 올림수(C)를 구하는 회로로, 하나의 AND 회로와 하나의 XOR 회로로 구성된다.

02

정답 ①

제로 어드레스 명령어 형식(Zero − Address Instruction Mode)은 명령어 내에서 피연산자의 주소 지정을 하지 않아도 되는 명령어 형식이다. 명령어에 나타난 연산자 실행 시에 입력 자료의 출처와 연산의 결과를 기억시킬 장소가 고정되어 있기 때문이다.

논리 게이트(Logic Gate)

게이트	기호	의미	진리표	논리식
AND	A ─┐ ⟩─ Y (B)	입력 신호가 모두 1일 때만 1 출력	A B Y 0 0 0 0 1 0 1 0 0 1 1 1	$Y=A \cdot B$ $Y=AB$
OR	A ─┐ ⟩─ Y (B)	입력 신호 중 1개만 1이어도 1 출력	A B Y 0 0 0 0 1 1 1 0 1 1 1 1	$Y=A+B$
BUFFER	A ─▷─ Y	입력 신호를 그대로 출력	A Y 0 0 1 1	$Y=A$
NOT (인버터)	A ─▷○─ Y	입력 신호를 반대로 변환하여 출력	A Y 0 1 1 0	$Y=A'$ $Y=\overline{A}$
NAND	A ─┐ ⟩○─ Y (B)	NOT+AND 즉, AND의 부정	A B Y 0 0 1 0 1 1 1 0 1 1 1 0	$Y=\overline{A \cdot B}$ $Y=\overline{AB}$ $Y=\overline{A}+\overline{B}$
NOR	A ─┐ ⟩○─ Y (B)	NOT+OR 즉, OR의 부정	A B Y 0 0 1 0 1 0 1 0 0 1 1 0	$Y=\overline{A+B}$ $Y=\overline{A} \cdot \overline{B}$
XOR	A ─┐ ⟩⟩─ Y (B)	입력 신호가 같으면 0, 다르면 1 출력	A B Y 0 0 0 0 1 1 1 0 1 1 1 0	$Y=A \oplus B$ $Y=A'B+AB'$ $Y=(A+B)(A'+B')$ $Y=(A+B)(AB)'$
XNOR	A ─┐ ⟩⟩○─ Y (B)	NOT+XOR 입력 신호가 같으면 1, 다르면 0 출력	A B Y 0 0 1 0 1 0 1 0 0 1 1 1	$Y=A \odot B$ $Y=\overline{A \oplus B}$

다음은 스케줄링에 대한 자료이다. 다음 중 빈칸 ⊙과 ⓒ에 해당하는 알고리즘을 〈보기〉에서 찾아 바르게 연결한 것은?

〈스케줄링〉

• 스케줄링이란?
 다중 프로그래밍을 지원하는 운영체제에서 CPU 활용의 극대화를 위해 프로세스를 효율적으로 CPU에게 할당하는 것
• 스케줄링 알고리즘
 –   ⊙   스케줄링 : 한 프로세스가 CPU를 점유하고 있을 때 다른 프로세스가 CPU를 빼앗을 수 있는 방식
 –   ⓒ   스케줄링 : 한 프로세스에 CPU가 할당되면 작업이 완료되기 전까지 CPU를 다른 프로세스에 할당할 수 없는 방식

보기

ⓐ FIFO(First In First Out)
ⓑ 우선순위
ⓒ R – R(Round Robin)
ⓓ 마감시간
ⓔ MLQ(Multi – Level Queue)

	⊙	ⓒ
①	ⓐ, ⓒ	ⓑ, ⓓ, ⓔ
②	ⓑ, ⓓ	ⓐ, ⓒ, ⓔ
③	ⓒ, ⓔ	ⓐ, ⓑ, ⓓ
④	ⓓ, ⓔ	ⓐ, ⓑ, ⓒ

정답 ③

⊙ 선점형(Preemption)
 • R – R(Round Robin) : 먼저 들어온 프로세스가 먼저 실행되나, 각 프로세스는 정해진 시간 동안만 CPU를 사용하는 방식
 • MLQ(Multi – Level Queue) : 서로 다른 작업을 각각의 큐에서 타임 슬라이스에 의해 처리
ⓒ 비선점형(Non – Preemption)
 • FIFO(First In First Out) : 요구하는 순서에 따라 CPU를 할당하는 방식
 • 우선순위 : 우선순위가 높은 프로세스에 CPU를 할당하는 방식
 • 마감시간 : 제한된 시간 내에 프로세스가 반드시 완료되도록 하는 방식

비선점형 스케줄링

① FIFO(First Input First Output, FCFS)
- 먼저 입력된 작업을 먼저 처리하는 방식으로 가장 간단한 방식이다.
- 디스크 대기 큐에 들어온 순서대로 처리하기 때문에 높은 우선순위의 요청이 입력되어도 순서가 바뀌지 않지만 평균 반환 시간이 길다.

② SJF(Shortest Job First, 최단 작업 우선)
- 작업이 끝나기까지의 실행 시간 추정치가 가장 작은 작업을 먼저 실행시키는 방식이다.
- 긴 작업들을 어느 정도 희생시키면서 짧은 작업들을 우선적으로 처리하기 때문에 대기 리스트 안에 있는 작업의 수를 최소화하면서 평균 반환 시간을 최소화할 수 있다.

③ HRN(Highest Response − ratio Next)
- 서비스 시간(실행 시간 추정치)과 대기 시간의 비율을 고려한 방식으로 SJF의 무한 연기 현상을 극복하기 위해 개발되었다.
- 대기 리스트에 있는 작업들에게 합리적으로 우선순위를 부여하여 작업 간 불평등을 해소할 수 있다.
- 프로그램의 처리 순서는 서비스 시간의 길이뿐만 아니라 대기 시간에 따라 결정된다.
- (우선순위)＝[(대기 시간)＋(서비스 시간)]÷(서비스 시간)이다.

④ 우선순위(Priority)
- 대기 중인 작업에 우선순위를 부여하여 CPU를 할당하는 방식이다.
- 우선순위가 가장 빠른 작업부터 순서대로 수행한다.

⑤ 기한부(Deadline)
- 제한된 시간 내에 반드시 작업이 종료되도록 스케줄링하는 방식이다.
- 작업이 완료되는 시간을 정확히 측정하여 해당 시간만큼 CPU의 사용 시간을 제한한다.
- 동시에 많은 작업이 수행되면 스케줄링이 복잡해지게 된다는 단점이 있다.

선점형 스케줄링

① 라운드 로빈(RR; Round − Robin)
- 여러 개의 프로세스에 시간 할당량이라는 작은 단위 시간이 정의되어 시간 할당량만큼 CPU를 사용하는 방식으로 시분할 시스템을 위해 고안되었다.
- FIFO 스케줄링을 선점형으로 변환한 방식으로 먼저 입력된 작업이더라도 할당된 시간 동안만 CPU를 사용할 수 있다.
- 프로세스가 CPU에 할당된 시간이 경과될 때까지 작업을 완료하지 못하면 CPU는 다음 대기 중인 프로세스에게 사용 권한이 넘어가고, 현재 실행 중이던 프로세스는 대기 리스트의 가장 뒤로 배치된다.
- 적절한 응답 시간을 보장하는 대화식 사용자에게 효과적이다.

② SRT(Shortest Remaining Time)
- 작업이 끝나기까지 남아 있는 실행 시간의 추정치 중 가장 작은 프로세스를 먼저 실행하는 방식으로 새로 입력되는 작업까지도 포함한다.
- SJF는 한 프로세스가 CPU를 사용하면 작업이 모두 끝날 때까지 계속 실행되지만 SRT는 남아 있는 프로세스의 실행 추정치 중 더 작은 프로세스가 있다면 현재 작업 중인 프로세스를 중단하고, 작은 프로세스에게 CPU의 제어권을 넘겨준다.
- 임계치(Threshold Value)를 사용한다.

③ 다단계 큐(MQ; Multi − level Queue)
- 프로세스를 특정 그룹으로 분류할 경우 그룹에 따라 각기 다른 큐(대기 리스트)를 사용하며, 선점형과 비선점형을 결합한 방식이다.
- 각 큐(대기 리스트)는 자신보다 낮은 단계의 큐보다 절대적인 우선순위를 갖는다(각 큐는 자신보다 높은 단계의 큐에게 자리를 내주어야 함).

④ 다단계 피드백 큐(MFQ; Multi − level Feedback Queue)
- 특정 그룹의 준비 상태 큐에 들어간 프로세스가 다른 준비 상태 큐로 이동할 수 없는 다단계 큐 방식을 준비 상태 큐 사이를 이동할 수 있도록 개선한 방식이다.
- 큐마다 시간 할당량이 존재하며, 낮은 큐일수록 시간 할당량이 커진다.
- 마지막 단계에서는 라운드 로빈(RR) 방식으로 처리한다.

01 다음 중 정규화 과정에서 A → B이고, B → C일 때 A → C인 관계를 제거하는 관계는?

① 1NF → 2NF

② 2NF → 3NF

③ 3NF → BCNF

④ BCNF → 4NF

02 다음 중 데이터베이스 설계 시 정규화(Normalization)에 대한 설명으로 적절하지 않은 것은?

① 데이터의 이상(Anomaly) 현상이 발생하지 않도록 하는 것이다.

② 정규형에는 제1정규형에서부터 제5정규형까지 있다.

③ 릴레이션 속성들 사이의 종속성 개념에 기반을 두고 이들 종속성을 제거하는 과정이다.

④ 정규화는 데이터베이스의 물리적 설계 단계에서 수행된다.

01

정답 ②

3정규화(3NF)은 1정규형, 2정규형을 만족하고, 이행 함수적 종속(A → B, B → C, A → C)을 제거한다.

02

정답 ④

정규화는 데이터베이스의 물리적 설계 단계가 아닌 논리적 설계 단계에서 수행된다.

정규화

① 개념
- 릴레이션에 데이터의 삽입·삭제·갱신 시 이상 현상이 발생하지 않도록 릴레이션을 보다 작은 릴레이션으로 표현하는 과정이다.
- 현실 세계를 표현하는 관계 스키마를 설계하는 작업으로 개체, 속성, 관계성들로 릴레이션을 만든다.
- 속성 간 종속성을 분석해서 하나의 종속성은 하나의 릴레이션으로 표현되도록 분해한다.

② 목적
- 데이터 구조의 안정성을 최대화한다.
- 중복 데이터를 최소화한다.
- 수정 및 삭제 시 이상 현상을 최소화한다.
- 테이블 불일치 위험을 간소화한다.

함수의 종속에 따른 추론 규칙

규칙	추론 이론
반사 규칙	$A \supseteq B$이면, $A \rightarrow B$
첨가 규칙	$A \rightarrow B$이면, $AC \rightarrow BC$, $AC \rightarrow B$
이행 규칙	$A \rightarrow B$, $B \rightarrow C$이면, $A \rightarrow C$
결합 규칙	$A \rightarrow B$, $A \rightarrow C$이면, $A \rightarrow BC$
분해 규칙	$A \rightarrow BC$이면, $A \rightarrow B$, $A \rightarrow C$

정규형의 종류

종류	특징
제1정규형(1NF)	• 모든 도메인이 원자 값만으로 된 릴레이션으로, 모든 속성값은 도메인에 해당된다. • 기본 키에서 부분 함수 종속된 속성이 존재하므로 이상 현상이 발생할 수 있다. • 하나의 항목에는 중복된 값이 입력될 수 없다.
제2정규형(2NF)	• 제1정규형을 만족하고 모든 속성이 기본 키에 완전 함수 종속인 경우이다(부분 함수 종속 제거). • 기본 키가 아닌 애트리뷰트 모두가 기본 키에 완전 함수 종속이 되도록 부분 함수적 종속에 해당하는 속성을 별도 테이블로 분리한다.
제3정규형(3NF)	• 제1, 2정규형을 만족하고, 모든 속성이 기본 키에 이행적 함수 종속이 아닌 경우이다. • 무손실 조인 또는 종속성 보존을 방해하지 않고도 항상 3NF를 얻을 수 있다. • 이행 함수적 종속($A \rightarrow B$, $B \rightarrow C$, $A \rightarrow C$)을 제거한다.
보이스 – 코드 정규형 (BCNF)	• 모든 BCNF 스킴은 3NF에 속하게 되므로 BCNF가 3NF보다 한정적 제한이 더 많다. • 제3정규형에 속하지만 BCNF에 속하지 않는 릴레이션이 있다. • 릴레이션 R의 모든 결정자가 후보 키이면 릴레이션 R은 BCNF에 속한다. • 결정자가 후보 키가 아닌 함수 종속을 제거하며, 모든 BCNF가 종속성을 보존하는 것은 아니다. • 비결정자에 의한 함수 종속을 제거하여 모든 결정자가 후보 키가 되도록 한다.
제4정규형(4NF)	• 릴레이션에서 다치 종속(MVD)의 관계가 성립하는 경우이다(다중치 종속 제거). • 릴레이션 R(A, B, C)에서 다치 종속 $A \rightarrow B$가 성립하면, $A \rightarrow C$도 성립하므로 릴레이션 R의 다치 종속은 함수 종속 $A \rightarrow B$의 일반 형태이다.
제5정규형(5NF)	• 릴레이션 R에 존재하는 모든 조인 종속성이 오직 후보 키를 통해서만 성립된다. • 조인 종속이 후보 키로 유추되는 경우이다.

다음 중 회원 테이블(회원번호, 이름, 나이, 주소)에서 주소가 '인천'인 회원의 이름, 나이 필드만 검색하되 나이가 많은 순으로 검색하는 질의문으로 적절한 것은?

① SELECT 이름, 나이 FROM 회원 ORDER BY 나이 WHERE 주소='인천'

② SELECT 이름, 나이 FROM 회원 WHERE 주소='인천' ORDER BY 나이 ASC

③ SELECT 이름, 나이 FROM 회원 WHERE 주소='인천' ORDER BY 나이 DESC

④ SELECT 이름, 나이 FROM 회원 ORDER BY 나이 DESC WHERE 주소='인천'

정답　③

- SELECT 이름, 나이 : 이름과 나이를 검색한다.
- FROM 회원 : 회원 테이블에서 검색한다.
- WHERE 주소='인천' : 주소가 인천인 레코드를 검색한다.
- ORDER BY 나이 DESC : 나이가 많은 순으로 검색한다.

이론 더하기

DDL(데이터 정의어)
스키마, 도메인, 테이블, 뷰, 인덱스를 정의하거나 변경 또는 삭제할 때 사용하는 언어이다.
① CREATE문 : 새로운 테이블을 만들며 스키마, 도메인, 테이블, 뷰, 인덱스를 정의할 때 사용한다.

> CREATE TABLE STUDENT ~; (STUDENT명의 테이블 생성)

② ALTER문 : 기존 테이블에 대해 새로운 열의 첨가, 값의 변경, 기존 열의 삭제 등에 사용한다.

> ALTER TABLE STUDENT ADD ~; (STUDENT명의 테이블에 속성 추가)

③ DROP문 : 스키마, 도메인, 테이블, 뷰, 인덱스의 전체 제거 시 사용한다.

> DROP TABLE STUDENT [CASCADE / RESTRICTED]; (STUDENT명의 테이블 제거)

DML(데이터 조작어)
데이터베이스 사용자가 응용 프로그램이나 질의어를 통하여 저장된 데이터를 처리하는 데 사용하는 언어이다.
① 검색(SELECT)문

> SELECT [DISTINCT] 속성 LIST(검색 대상) FROM 테이블명 [WHERE 조건식]
> [GROUP BY 열_이름 [HAVING 조건]] [ORDER BY 열_이름 [ASC or DESC]];

SELECT	질문의 결과에 원하는 속성을 열거하거나 테이블을 구성하는 튜플(행) 중에서 전체 또는 조건을 만족하는 튜플(행)을 검색한다(ALL이 있는 경우 모든 속성을 출력하므로 주로 생략하거나 * 로 표시).
FROM	검색 데이터를 포함하는 테이블명을 2개 이상 지정할 수 있다.
WHERE	조건을 설정할 때 사용하며, 다양한 검색 조건을 활용한다(SUM, AVG, COUNT, MAX, MIN 등의 함수와 사용 불가능).
DISTINCT	중복 레코드를 제거한다(DISTINCTROW 함수는 튜플 전체를 대상으로 함).
HAVING	• 추가 검색 조건을 지정하거나 행 그룹을 선택한다. • GROUP BY절을 사용할 때 반드시 기술한다(SUM, AVG, COUNT, MAX, MIN 등의 함수와 사용 가능).
GROUP BY	그룹 단위로 함수를 이용하여 평균, 합계 등을 구하며, 집단 함수 또는 HAVING절과 함께 기술한다(필드명을 입력하지 않으면 오류 발생).
ORDER BY	검색 테이블을 ASC(오름차순, 생략 가능), DESC(내림차순)으로 정렬하며, SELECT문의 마지막에 위치한다.

② 삽입(INSERT)문 : 기존 테이블에 행을 삽입하는 경우로 필드명을 사용하지 않으면 모든 필드가 입력된 것으로 간주한다.

> INSERT INTO 테이블[(열_이름...)] → 하나의 튜플을 테이블에 삽입
> VALUES(열 값_리스트); → 여러 개의 튜플을 테이블에 한번에 삽입

③ 갱신(UPDATE)문 : 기존 레코드의 열 값을 갱신할 경우 사용하며, 연산자를 이용하여 빠르게 레코드를 수정한다.

> UPDATE 테이블 SET 열_이름=식 [WHERE 조건];

④ 삭제(DELETE)문 : 테이블의 행을 하나만 삭제하거나 조건을 만족하는 튜플을 테이블에서 삭제할 때 사용한다.

> DELETE FROM 테이블 [WHERE 조건];

DCL(데이터 제어어)
① GRANT문 : 유저, 그룹 혹은 모든 사용자들에게 조작할 수 있는 사용 권한을 부여한다.

> GRANT 권한 ON 개체 TO 사용자 (WITH GRANT OPTION);

② REVOKE문 : 유저, 그룹 혹은 모든 유저들로부터 주어진 사용 권한을 해제한다.

> REVOKE 권한 ON 개체 FROM 사용자 (CASCADE);

③ CASCADE문 : Main Table의 데이터를 삭제할 때 각 외래 키에 부합되는 모든 데이터를 삭제한다(연쇄 삭제, 모든 권한 해제).
④ RESTRICTED문 : 외래 키에 의해 참조되는 값은 Main Table에서 삭제할 수 없다(FROM절에서 사용자의 권한만을 해제).

오류(에러) 수정 방식

01 다음 중 통신 경로에서 오류 발생 시 수신측은 오류의 발생을 송신측에 통보하고, 송신측은 오류가
발생한 프레임을 재전송하는 오류 제어 방식은?

① 순방향 오류 수정(FEC)

② 역방향 오류 수정(BEC)

③ 에코 점검

④ 자동 반복 요청(ARQ)

02 다음 중 다음 중 전진 에러 수정(FEC; Forward Error Correction) 방식에서 에러를 수정하기
위해 사용하는 방식은?

① 해밍 코드(Hamming Code)의 사용

② 압축(Compression)방식 사용

③ 패리티 비트(Parity Bit)의 사용

④ Huffman Coding 방식 사용

01

정답 ④

자동 반복 요청(ARQ; Automatic Repeat reQuest)은 가장 널리 사용되는 에러 제어 방식으로, 에러 검출 후 송신측에 에러가
발생한 데이터 블록을 다시 재전송해 주도록 요청함으로써 에러를 정정한다. 또한, 송신측에서 긍정 응답 신호가 도착하지 않으면
데이터를 수신측으로 재전송한다.

02

정답 ①

전진 에러 수정(FEC)은 송신측에서 정보 비트에 오류 정정을 위한 제어 비트를 추가하여 전송하면 수신측에서 해당 비트를 사용하
여 에러를 검출하고 수정하는 방식으로 해밍 코드(Hamming Code)와 상승 코드 등의 알고리즘이 해당된다.

오류(에러) 수정 방식

방식	특징
전진 에러 수정 (FEC)	• 에러 검출과 수정을 동시에 수행하는 에러 제어기법이다. • 연속된 데이터 흐름이 가능하지만 정보 비트 외에 잉여 비트가 많이 필요하므로 널리 사용되지 않는다. • 역 채널을 사용하지 않으며, 오버헤드가 커서 시스템 효율을 저하시킨다. • 해밍 코드(Hamming Code)와 상승 코드 등의 알고리즘이 해당된다.
후진 에러 수정 (BEC)	• 송신측에서 전송한 프레임 중 오류가 있는 프레임을 발견하면 오류가 있음을 알리고, 다시 재전송하는 방식으로 역 채널을 사용한다. • 자동 반복 요청(ARQ), 순환 잉여 검사(CRC) 등의 알고리즘이 해당된다.
자동 반복 요청 (ARQ)	• 통신 경로의 오류 발생 시 수신측은 오류 발생을 송신측에 통보하고, 송신측은 오류가 발생한 프레임을 재전송하는 방식이다. • 전송 오류가 발생하지 않으면 쉬지 않고 송신이 가능하다. • 오류가 발생한 부분부터 재송신하므로 중복 전송의 위험이 있다.
정지 대기 (Stop-and-Wait) ARQ	• 송신측에서 하나의 블록을 전송하면 수신측에서 에러 발생을 점검한 후 에러 발생 유무 신호를 보내올 때까지 기다리는 가장 단순한 방식이다. • 수신측의 에러 점검 후 제어 신호를 보내올 때까지 오버헤드(Overhead)의 부담이 크다. • 송신측은 최대 프레임 크기의 버퍼를 1개만 가져도 되지만 송신측이 ACK를 수신할 때까지 다음 프레임을 전송할 수 없으므로 전송 효율이 떨어진다.
연속적(Continuous) ARQ	• 정지 대기 ARQ의 오버헤드를 줄이기 위하여 연속적으로 데이터 블록을 전송하는 방식이다.
Go-Back-N ARQ	• 송신측에서 데이터 프레임을 연속적으로 전송하다가 NAK(부정응답)를 수신하면 에러가 발생한 프레임을 포함하여 그 이후에 전송된 모든 데이터 프레임을 재전송하는 방식이다. • 송신측은 데이터 프레임마다 일련번호를 붙여서 전송하고, 수신측은 오류 검출 시 오류 발생 이후의 모든 블록을 재전송한다. • 중복전송의 위험이 있다.
선택적(Selective) ARQ	• 송신측에서 블록을 연속적으로 보낸 후 에러가 발생한 블록만 다시 재전송하는 방식이다. • 원래 순서에 따라 배열하므로 그 사이에 도착한 모든 데이터 프레임을 저장할 수 있는 대용량의 버퍼와 복잡한 논리회로가 필요하다.
적응적(Adaptive) ARQ	• 전송 효율을 최대로 하기 위하여 프레임 블록 길이를 채널 상태에 따라 변경하는 방식이다. • 통신 회선의 품질이 좋지 않아 에러 발생율이 높을 경우는 프레임 길이를 짧게 하고, 에러 발생율이 낮을 경우는 프레임 길이를 길게 한다. • 전송 효율이 가장 높으나 제어 회로가 복잡하여 거의 사용되지 않는다.

01 다음 중 이진 트리 검색(Binary Tree Search)의 특징으로 적절하지 않은 것은?

① 데이터의 값에 따라 자리가 정해져, 자료의 탐색·삽입·삭제가 효율적이다.

② 데이터가 입력되는 순서에 따라 첫 번째 데이터가 근노드가 된다.

③ 데이터는 근노드와 비교하여 값이 작으면 우측으로 연결하고, 값이 크면 좌측으로 연결하여 이진 검색 트리로 구성한다.

④ 정렬이 완료된 데이터를 이진 검색 트리로 구성할 경우 사향 이진 트리가 되어 비교 횟수가 선형 검색과 동일해진다.

02 다음의 Infix로 표현된 수식을 Postfix 표기로 옳게 변환한 것은?

$$A=(B-C)*D+E$$

① $ABC-D*E+=$

② $=+ABC-D*E$

③ $ABCDE+-=*$

④ $ABC-D*+E=$

01

정답　③

이진 트리 검색의 특징

• 데이터의 값에 따라 자리가 정해져, 자료의 탐색·삽입·삭제가 효율적이다.

• 데이터가 입력되는 순서에 따라 첫 번째 데이터가 근노드가 된다.

• 다음 데이터는 근노드와 비교하여 값이 작으면 좌측으로 연결하고, 값이 크면 우측으로 연결하여 이진 검색 트리로 구성한다.

• 정렬이 완료된 데이터를 이진 검색 트리로 구성할 경우 사향 이진 트리가 되어 비교 횟수가 선형 검색과 동일해진다.

02

정답　①

중위식을 후위식으로 변환하려면 순번에 따라 (대상, 연산자, 대상)을 (대상, 대상, 연산자)로 바꾸어 표현한다. 즉, 순번을 매기면서 괄호로 묶은 후 연산자를 오른쪽으로 보낸다.

$A=[\{(B-C)*D\}+E] \rightarrow A=[\{(BC-)*D\}+E] \rightarrow A=[\{(BC-)D*\}+E]$
$\rightarrow A=[\{(BC-)D*\}E+] \rightarrow A[\{(BC-)D*\}E+]=$

괄호를 제거하면 $ABC-D*E+=$가 된다.

트리(Tree)

① 1 : N 또는 1 : 1 대응 구조로 노드(Node, 정점)와 선분(Branch)으로 되어 있고, 정점 사이에 사이클이 형성되지 않으며, 자료 사이의 관계성이 계층 형식으로 나타나는 구조이다.

② 노드 사이의 연결 관계가 계급적인 구조로 뻗어나간 정점들이 다른 정점들과 연결되지 않는다(1 : N 또는 1 : 1 대응 구조라 함).

트리 운행법

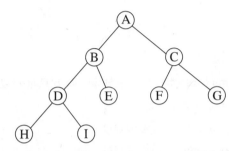

전위 운행, 중위 운행, 후위 운행의 기준은 근노드(Root Node)의 위치이다. 순서에서 근노드가 앞쪽이면 전위, 중간이면 중위, 뒤쪽이면 후위가 된다. 좌측과 우측의 순서는 전위든 중위든 후위든 상관없이 항상 좌측이 먼저이고 우측이 나중이다.

① 전위 운행(Preorder Traversal) : 근 → 좌측 → 우측(Root → Left → Right) 순서로 운행하는 방법으로 먼저 근노드를 운행하고 좌측 서브 트리를 운행한 후 우측 서브 트리를 운행한다. 따라서 순서대로 나열하면 A, B, D, H, I, E, C, F, G가 된다.

② 중위 운행(Inorder Traversal) : 좌측 → 근 → 우측(Left → Root → Right) 순서로 운행하는 방법으로 먼저 좌측 서브 트리를 운행한 후 근노드를 운행하고, 우측 서브 트리를 운행한다. 따라서 순서대로 나열하면 H, D, I, B, E, A, F, C, G가 된다.

③ 후위 운행(Postorder Traversal) : 좌측 → 우측 → 근(Left → Right → Root) 순서로 운행하는 방법으로 먼저 좌측 서브 트리를 운행한 후 우측 서브 트리를 운행하고, 마지막으로 근노드를 운행한다. 따라서 순서대로 나열하면 H, I, D, E, B, F, G, C, A가 된다.

수식의 표기법

① 전위식(Prefix) : 연산자(+, −, *, /)가 맨 앞에 놓인다(연산자 − 피연산자 − 피연산자). 예 +AB

② 중위식(Infix) : 연산자가 피연산자 중간에 놓인다(피연산자 − 연산자 − 피연산자). 예 A+B

③ 후위식(Postfix) : 연산자가 맨 뒤에 놓인다(피연산자 − 피연산자 − 연산자). 예 AB+

01 다음 중 객체 지향 기법에서 상속(Inheritance)의 결과로서 얻을 수 있는 가장 중요한 이점은?

① 모듈 라이브러리의 재이용

② 객체 지향 DB를 사용할 수 있는 능력

③ 클래스와 오브젝트를 재사용할 수 있는 능력

④ 프로젝트들을 보다 효과적으로 관리할 수 있는 능력

02 다음 중 럼바우(Rumbaugh)의 객체 지향 분석 절차를 바르게 나열한 것은?

① 객체 모델링 → 동적 모델링 → 기능 모델링

② 객체 모델링 → 기능 모델링 → 동적 모델링

③ 기능 모델링 → 동적 모델링 → 객체 모델링

④ 기능 모델링 → 객체 모델링 → 동적 모델링

01

정답 ③

상속성(Inheritance)은 상위 클래스의 메소드(연산)와 속성을 하위 클래스가 물려받는 것으로 클래스를 체계화할 수 있어 기존 클래스로부터 확장이 용이하며, 클래스와 오브젝트를 재사용할 수 있는 능력을 얻을 수 있다.

02

정답 ①

럼바우의 객체 지향 분석 절차는 객체 모델링 → 동적 모델링 → 기능 모델링이다.

객체 모델링 (Object Modeling)	• 객체, 속성, 연산 등의 식별 및 객체 간의 관계를 정의한다. • 객체도(객체 다이어그램) 작성
동적 모델링 (Dynamic Modeling)	• 객체들의 제어 흐름, 상호 반응, 연산 순서를 나타낸다. • 상태도 작성
기능 모델링 (Functional Modeling)	• 입 · 출력 결정 → 자료 흐름도 작성 → 기능의 내용 상세 기술 → 제약사항 결정 및 최소화

객체 지향 분석의 개발 방법

객체 지향 분석 (OOA; Object Oriented Analysis)	• 모델링의 구성 요소인 클래스, 객체, 속성, 연산 등을 이용하여 문제를 모형화시키는 것이다. • 모형화 표기법 관계에서 객체의 분류, 속성의 상속, 메시지의 통신 등을 결합한다. • 객체를 클래스로부터 인스턴스화하거나 클래스를 식별하는 것이 주요 목적이다.
객체 지향 설계 (OOD; Object Oriented Design)	• 객체의 속성과 자료 구조를 표현하며, 개발 속도의 향상으로 대규모 프로젝트에 적합하다. • 시스템을 구성하는 개체, 속성, 연산을 통해 유지 보수가 용이하고, 재사용이 가능하다. • 시스템 설계는 성능 및 전략을 확정하고, 객체 설계는 자료 구조와 알고리즘을 상세화한다. • 객체는 순차적으로 또는 동시적으로 구현될 수 있다. • 서브 클래스와 메시지 특성을 세분화하여 세부 사항을 정제화한다.
객체 지향 프로그래밍 (OOP; Object Oriented Programming)	• 설계 모형을 특정 프로그램으로 번역하고, 객체 클래스 간에 상호 작용할 수 있다. • 객체 모델의 주요 요소에는 추상화, 캡슐화, 모듈화, 계층 등이 있다. • 객체 지향 프로그래밍 언어에는 Smalltalk, C++ 등이 있다. • 설계 시 자료 사이에 가해지는 프로세스를 묶어 정의하고, 관계를 규명한다.

코드(Coad)와 요든(Yourdon)의 객체 지향 분석

① 객체와 클래스 사이의 관계를 상속과 집단화의 관계로 표현한다.
② E-R 다이어그램으로 객체를 모형화하며, 소규모 시스템 개발에 적합하다.
③ 모델링 표기법과 분석 모형이 간단하며, 하향식 방법으로 설계에 접근한다.
④ 객체에 대한 속성 및 관계 정의와 시스템의 수행 역할을 분석한다.

럼바우(Rumbaugh)의 객체 지향 분석

① OMT(Object Modeling Technical)의 3가지(객체 → 동적 → 기능) 모형을 개발한다.
② 코드에 대한 연결성이 높기 때문에 중규모 프로젝트에 적합하다.
③ 분석 설계, 시스템 설계, 객체-수준 설계 등 객체 모형화 시 그래픽 표기법을 사용한다.
④ 문제 정의, 모형 제작, 실세계의 특성을 나타내며, 분석 단계를 상세하게 표현한다.

모델링	설명
객체(Object) 모델링	객체와 클래스 식별, 클래스 속성, 연산 표현, 객체 간의 관계 정의 등을 처리하며, 객체 다이어그램을 작성한다.
동적(Dynamic) 모델링	객체들의 제어 흐름, 상호 반응 연산 순서를 표시하며 상태도, 시나리오, 메시지 추적 다이어그램 등이 해당된다.
기능(Functional) 모델링	입출력을 결정한 후 자료 흐름도를 작성하고, 기능 내용을 기술하며, 입출력 데이터 정의, 기능 정의 등이 해당된다.

부치(Booch)의 객체 지향 분석

① 모든 설계가 이루어질 때까지 문제 정의, 비공식 전략 개발, 전략 공식화를 적용한다.
② 프로그램의 구성 요소는 명세 부분과 외부로부터 감추어진 사각 부분으로 표시한다.
③ 클래스와 객체를 구현한다.

야콥슨(Jacobson)의 객체 지향 분석

① Usecase 모형을 사용하여 시스템 사용자에 대한 전체 책임을 파악한다.
② Usecase 모형을 검토한 후 객체 분석 모형을 작성한다.

01 다음 중 화이트 박스 시험(White Box Testing)에 대한 설명으로 적절하지 않은 것은?

① 프로그램의 제어 구조에 따라 선택, 반복 등의 부분들을 수행함으로써 논리적 경로를 제어한다.

② 모듈 안의 작동을 직접 관찰할 수 있다.

③ 소프트웨어 산물의 기능별로 적절한 정보 영역을 정하여 적합한 입력에 대한 출력의 정확성을 점검한다.

④ 원시 코드의 모든 문장을 한 번 이상 수행함으로써 수행된다.

02 다음 중 블랙 박스 테스트를 이용하여 발견할 수 있는 오류의 경우로 가장 거리가 먼 것은?

① 비정상적인 자료를 입력해도 오류 처리를 수행하지 않는 경우

② 정상적인 자료를 입력해도 요구된 기능이 제대로 수행되지 않는 경우

③ 반복 조건을 만족하는데도 루프 내의 문장이 수행되지 않는 경우

④ 경계 값을 입력할 경우 요구된 출력 결과가 나오지 않는 경우

01

정답 ③

소프트웨어 산물의 기능별로 적절한 정보 영역을 정하여 적합한 입력에 대한 출력의 정확성을 점검하는 것은 블랙 박스(Black Box) 검사에 대한 설명이다.

02

정답 ③

화이트 박스 테스트에 관한 내용이다. 화이트 박스 테스트는 프로그램 내부 구조의 타당성 여부를 시험하는 방식으로, 내부 구조를 해석해서 프로그램의 모든 처리 루틴에 대해 시험하는 기본 사항이다. 가끔 발생하는 조건도 고려해서 처리 루틴을 검증하기 위한 시험 데이터를 작성하여 시험을 실시할 필요가 있다.

소프트웨어 검사(Test)
① 요구사항 분석, 설계, 구현 결과를 최종 점검하는 단계이다.
② 문제점을 찾는 데 목적을 두고, 해당 문제점을 어떻게 수정해야 하는지도 제시한다.

화이트 박스(White Box) 검사
① 소프트웨어 테스트에 사용되는 방식으로 모듈의 논리적 구조를 체계적으로 점검하며, 프로그램 구조에 의거하여 검사한다.
② 원시 프로그램을 하나씩 검사하는 방법으로 모듈 안의 작동 상태를 자세히 관찰할 수 있다.
③ 검사 대상의 가능 경로는 어느 정도 통과하는지의 적용 범위성을 측정 기준으로 한다.
④ 검증 기준(Coverage)을 바탕으로 원시 코드의 모든 문장을 한 번 이상 수행한다.
⑤ 프로그램의 제어 구조에 따라 선택, 반복 등을 수행함으로써 논리적 경로를 제어한다.
⑥ Nassi-Shneiderman 도표를 사용하여 검정 기준을 작성할 수 있다.
⑦ 화이트 박스 검사의 오류에는 세부적 오류, 논리 구조상의 오류, 반복문 오류, 수행 경로 오류 등이 있다.

화이트 박스 검사의 종류
검사 방법에는 기초 경로(Basic Path) 검사, 조건 기준(Condition Coverage) 검사, 구조(Structure) 검사, 루프(Roof) 검사, 논리 위주(Logic Driven) 검사, 데이터 흐름(Data Flow) 검사 등이 있다.

기초 경로 검사	• 원시 코드로 흐름 도표와 복잡도를 구하고, 검사 대상을 결정한 후 검사를 수행한다.
루프(반복문) 검사	• 루프를 벗어나는 값 대입 → 루프를 한 번 수행하는 값 대입 → 루프를 두 번 수행하는 값 대입의 과정을 통해 검사를 수행한다. • 검사 형태에는 단순 루프, 중첩 루프, 접합 루프가 있다.

블랙 박스(Black Box) 검사
① 소프트웨어 인터페이스에서 실시되는 검사로 설계된 모든 기능이 정상적으로 수행되는지 확인한다.
② 기초적 모델 관점과 데이터 또는 입출력 위주의 검사 방법이다.
③ 소프트웨어의 기능이 의도대로 작동하고 있는지, 입력은 적절하게 받아들였는지, 출력은 정확하게 생성되는지를 보여주는 데 사용된다.
④ 블랙 박스 검사의 오류에는 성능 오류, 부정확한 기능 오류, 인터페이스 오류, 자료 구조상의 오류, 초기화 오류, 종료 오류 등이 있다.

블랙 박스 검사의 종류
검사 방법에는 균등(동치) 분할(Equivalence Partitioning) 검사, 경계 값(Boundary Value Analysis) 검사, 오류 예측(Error Guessing) 검사, 원인 - 결과 그래프(Cause - Effect Graph) 검사, 비교(Comparison) 검사 등이 있다.

균등(동등) 분할 검사	정상 자료와 오류 자료를 동일하게 입력하여 검사한다.
경계(한계) 값 검사	경계(한계)가 되는 값을 집중적으로 입력하여 검사한다.
오류 예측 검사	오류가 수행될 값을 입력하여 검사한다.
원인 - 결과 그래프 검사	테스트 케이스를 작성하고, 검사 경우를 입력하여 검사한다(원인과 결과를 결정하여 그래프를 작성).

다음은 숫자를 처리하는 C프로그램이다. 프로그램에서 ㉠과 ㉡에 들어갈 내용과 3 2 1 4를 입력하였을 때의 출력결과를 바르게 짝지은 것은?(단, 다음 프로그램에 문법적 오류는 없다고 가정한다)

```c
#include <stdio.h>
#include <stdlib.h>

void a (int n, int *num) {
    for (int i=0; i<n; i++)
        scanf("%d", &(num[i]));
}
void c(int *a, int *b) {
    int t;
    t=*a; *a=*b; *b=t;
}
void b(int n, int *lt) {
    int a, b;
    for (a=0; a<n-1; a++)
        for (b=a+1; b<n; b++)
            if (lt[a]>lt[b]) c ( ㉠ , ㉡ ) ;
}
int main( ) {
    int n;
    int *num;
    printf("How many numbers?");
    scanf("%d", &n);
    num=(int *)malloc(sizeof(int) *n);
    a(n, num);
    b(n, num);
    for (int i=0; i<n; i++)
        printf("%d ", num[i]);
}
```

	㉠	㉡	출력 결과
①	lt+a	lt+b	1 2 3 4
②	lt+a	lt+b	1 2 4
③	lt[a]	lt[b]	4 3 2 1
④	lt[a]	lt[b]	4 2 1

실행과정은 다음과 같다.
- main( ) 함수 : scanf("%d", &n); 키보드로 3 입력받음(문제에서 제시) n=3
num=(int*)malloc(sizeof(int) * n); num

[0]	[1]	[2]

a(n,num) 함수호출 a(3,num)
배열이름이자 시작주소
- void a (int n, int *num) {
for (int i=0; i<n; i++) 0부터 2까지 1씩 증가
scanf("%d", &(num[i])); 키보드 2, 1, 4 입력받아 num 배열에 저장
}   num

2	1	4
[0]	[1]	[2]

- main( ) 함수 : b(n,num) 함수호출 b(3,num)
- void b(int n, int .lt) {
int a, b;
for (a=0; a<n−1; a++) 0부터 2까지 1씩증가
for (b=a+1; b<n; b++) 1부터 2까지 1씩증가
if (lt[a]>lt[b]) c (lt+a , lt+b) ;

2	1	4
lt[0]	lt[1]	lt[2]
lt+0	lt+1	lt+2

비교 : > 오름차순을 의미, 크면 c 함수 호출

- void c(int *a, int *b) · {
int t;
t=*a; *a=*b; *b=t; a와 b 교환(실제 정렬이 되는 부분)
}
- main( ) 함수 : 배열에 있는 값 출력하고 종료(오름차순이므로 1 2 4 출력)

이론 더하기

코딩 결괏값 찾기의 경우 C언어부터 자바, 파이썬까지 여러 가지 언어로 출제되고 있다. 따라서 손코딩하기, 코딩 결괏값 찾기에 관한 다양한 문제를 풀어보고, 언어별로 기본적인 명령어는 정리해두어야 한다.

02 | 디지털상식 실전예제

정답 및 해설 p.033

01   데이터를 인공지능이 스스로 학습할 수 있도록 재가공하는 것은?

① 브로드 데이터   ② 데이터 버스
③ 데이터 마이닝   ④ 데이터 라벨링

02   다른 토큰과 대체·교환할 수 없는 가상화폐를 이르는 용어는?

① USDT   ② ICO
③ 핫월렛   ④ NFT

03   자료의 구조 중 스택(Stack)에 대한 설명으로 옳은 것은?

① 출력 시 가장 먼저 쌓인 데이터가 가장 먼저 출력을 하게 된다.
② 스택의 연산 중 'top( )'는 스택의 맨 위에 있는 데이터 값을 반환한다.
③ 상위 원소에서 하위 원소로 내려가면서 확장되는 나무 모양의 구조이다.
④ 연결된 원소 사이의 多 : 多 관계를 표현하는 구조이다.

04 정보보안 솔루션 중 해당 서버의 비정상적인 행동에 따른 정보 유출을 자동으로 탐지하여 차단 조치를 함으로써 인가자의 비정상 행위를 통제할 수 있는 것은?

① 방화벽(Firewall)   ② 침입 방지 시스템(IPS)
③ 가상사설망(VPN)   ④ 통합인증(SSO)

05 데이터베이스 접근통제 구축 방식 중 DB 서버로 접속하기 위한 모든 요청을 DB 접근통제 서버를 경유하도록 하는 방식으로 강력한 접근통제 기능을 제공하는 것은?

① 에이전트 방식   ② 하이브리드 방식
③ 네트워크 스니핑 방식   ④ 게이트웨이 방식

06 다음 중 데이터베이스의 특징으로 적절하지 않은 것은?

① 실시간 접근성   ② 계속적 변화
③ 동시 공용   ④ 중복성

07 다음은 데이터 모델링에 대한 설명이다. ㉠ ~ ㉢에 들어갈 단어가 바르게 연결된 것은?

〈데이터 모델링〉

• 정의
  – 현실 세계를 데이터베이스화하는 과정
  – 현실 세계를 ___㉠___ , ___㉡___ , ___㉢___ 하기 위해 일정한 표기법에 의해 표현하는 기술
• 특징
  – ___㉠___ : 현실 세계를 일정한 형식에 맞추어 표현
  – ___㉡___ : 현실 세계를 약속된 규약이나 제한된 표기법과 언어로 표현
  – ___㉢___ : 누구나 이해하기 쉽도록 현상을 정확하게 기술
• 절차

  요구사항 분석 → 개념적 모델링 → 논리적 모델링 → 물리적 모델링

	㉠	㉡	㉢
①	추상화	단순화	명확화
②	추상화	명확화	단순화
③	단순화	추상화	명확화
④	단순화	명확화	추상화

08 다음 중 인덱스의 기능으로 가장 적절하지 않은 것은?

① 테이블 내에 실제 값들이 저장된 위치를 갖고 있다.
② 전체 데이터를 검색하지 않고도 원하는 정보를 검색할 수 있다.
③ 인덱스를 생성한 칼럼 값으로 정렬되어 있다.
④ 레코드 수가 증가하면 검색 속도가 느려진다.

09 다음 중 기존 관계형 데이터베이스의 한계를 벗어난 데이터베이스 NoSQL의 특징으로 옳지 않은 것은?

① 기존에 정의된 스키마 없이 데이터를 상대적으로 자유롭게 저장할 수 있다.
② PC 수준의 상용 하드웨어를 활용하여 데이터를 복제 또는 분산 저장할 수 있다.
③ 데이터 항목을 클러스터 환경에 자동적으로 분할하여 적재한다.
④ 기존 관계형 데이터베이스의 SQL과 같은 질의 언어를 제공한다.

10 다음 자료에 나타난 데이터웨어하우스 모델링 기법의 특징으로 옳지 않은 것은?

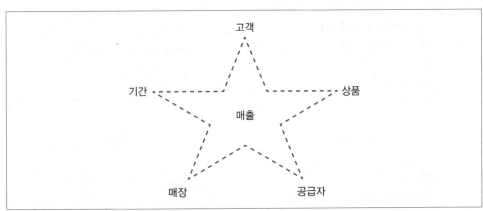

① 데이터를 팩트 테이블과 차원 테이블로 분리하여 설계한다.

② 차원 테이블의 데이터가 정규화되어 있지 않다.

③ 조인 수가 적어 질의 성능이 좋지 않다.

④ 데이터 중복으로 인한 데이터 일관성의 문제가 발생할 수 있다.

11 다음 영상 데이터를 압축하는 방법 중 성격이 다른 하나는?

① 사전 부호화 방식   ② 허프만 부호화 방식

③ 예측 부호화 방식   ④ 산술 부호화 방식

12 TOS 필드는 패킷에 포함되어 있는 TOS 필드 등급을 패킷마다 지정하여 처리 우선순위를 결정한다. 다음 중 4bit의 이진수로 표현되는 TOS 필드 값과 의미의 연결이 바르지 않은 것은?

① 1000 : 지연 최소화를 가장 우선

② 0100 : 처리량을 가장 우선

③ 0010 : 정확성을 가장 우선

④ 0001 : 비용 최소화를 가장 우선

13 다음 프로그램에서 입력 값이 6일 경우, 결괏값으로 옳은 것은?

```
01.  ×include<stdio.h>
02.  int fact(int k)
03.  {
04.  if( k<=1)
05.  return 1 ;
06.  else
07.  return k*fact(k-1);
08.  }
09.
10.  int main()
11.  {
12.  int k, result ;
13.
14.  printf("input the number :");
15.  printf("%d", &k);
16.
17.  result=fact(k);
18.
19.  printf("%d\n",result);
20.
21.  }
```

① 380   ② 720
③ 915   ④ 0

14 다음 C 프로그램의 실행 결과에서 p의 값으로 옳은 것은?

```c
#include <stdio.h>
int main()
{
    int x, y, p;
    x=3;
    y=x++;
    printf("x=%d y=%d\n", x, y);
    x=10;
    y=++x;
    printf("x=%d y=%d\n", x, y);
    p=++x+y++;
    printf("x=%d y=%d\n", x, y);
    printf("p=%d\n", p);
    return 0;
}
```

① p=22   ② p=23
③ p=24   ④ p=25

15 다음 기억장치의 계층구조에서 상위층으로 갈수록 나타나는 기억장치의 특징으로 옳지 않은 것은?

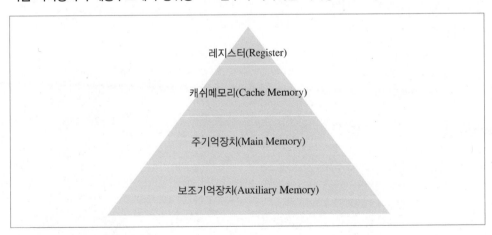

레지스터(Register)

캐쉬메모리(Cache Memory)

주기억장치(Main Memory)

보조기억장치(Auxiliary Memory)

① 저장 용량이 증가한다.
② 비트당 가격이 높아진다.
③ 액세스 시간이 짧아진다.
④ CPU에 의한 엑세스 빈도가 높아진다.

불가능한 것이라고 생각하는 순간, 그것은 당신을 멈추게 만들 것이다.

- 알버트 아인슈타인 -

PART 3

직무전공

01 | 경영

빈출키워드 1 기업의 형태

01 다음 중 회사법상 분류한 회사에 대한 설명 중 적절하지 않은 것은?

① 모든 손실에 대해 책임을 지는 사원을 유한책임사원이라고 한다.

② 변호사나 회계사들이 모여 설립한 법무법인, 회계법인은 합명회사라 볼 수 있다.

③ 유한회사, 유한책임회사는 모두 유한책임사원으로만 구성되므로 자금조달이 편리하다.

④ 회사의 경영은 무한책임사원이 하고 유한책임사원은 자본을 제공하여 사업이익의 분배에 참여하는 회사형태를 합자회사라고 한다.

02 다음 내용이 설명하는 우리나라 상법상의 회사는?

- 유한책임사원으로만 구성
- 청년 벤처 창업에 유리
- 사적 영역을 폭넓게 인정

① 합명회사   ② 합자회사

③ 유한책임회사   ④ 유한회사

01

정답 ①

무한책임사원에 대한 설명이다. 유한책임사원은 회사의 채무에 대하여 회사채권자에게 출자가액 한도에서만 책임을 지는 사원이다.

02

정답 ③

유한책임회사는 2012년 개정된 상법에 도입된 회사의 형태이다. 내부관계에 관하여는 정관이나 상법에 다른 규정이 없으면 합명회사에 관한 규정을 준용한다. 신속하고 유연하며 탄력적인 지배구조를 가지고 있고, 출자자가 직접 경영에 참여할 수 있다. 또한 각 사원이 출자금액만을 한도로 책임지므로 초기 상용화에 어려움을 겪는 청년 벤처 창업에 적합하다.

이론 더하기

기업의 형태

① 개인기업

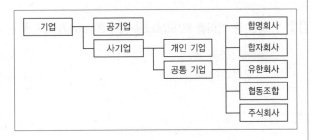

- 가장 간단의 기업 형태로서 개인이 출자하고 직접 경영하며 이를 무한책임지는 형태이다.
- 장점 : 설립 및 폐쇄가 쉽고 의사결정이 신속하며, 비밀유지에 용이하다.
- 단점 : 자본규모가 약소하며, 개인의 지배관리능력에 쉽게 영향을 받는다.

② 합명회사

- 2인 이상의 사원이 공동으로 출자해서 회사의 경영에 대해 무한책임을 지며, 직접 경영에 참여하는 방식이다.
- 무한책임 형태로 구성되어 있어서 출자자를 폭넓게 모집할 수 없다.
- 가족 내에서 친척 간, 또는 이해관계가 깊은 사람의 회사 설립이 많다.
- 지분 양도 시에는 사원총회의 승인을 받아야 한다.

③ 합자회사

- 무한책임사원 및 유한책임사원으로 구성되어 있다.
- 합명회사의 단점을 보완한 형태이다.
- 지분 양도 시에는 무한책임사원 전원의 동의를 필요로 한다.
- 무한책임사원의 경우에는 회사의 경영 및 채무에 대해서 무한책임을 지고, 유한책임사원의 경우에는 출자한 금액에 대해서만 책임을 지며 경영에는 참여하지 않는다.

④ 유한회사

- 유한책임사원들이 회사를 차려 경영하는 회사의 형태이다.
- 자본결합이 상당히 폐쇄적인 관계로 중소규모의 기업형태로 적절하다.
- 기관으로는 이사, 사원총회, 감사로 이루어져 있지만, 분리가 잘 되어있지 않고, 모든 사항을 공개해야 하는 의무도 지지 않는다.
- 유한회사는 인적 회사 및 물적 회사의 중간 형태를 지니는 회사이다.
- 지분의 증권화가 불가능하다.

⑤ 주식회사

- 주주가 회사의 주인인 현대사회의 가장 대표적인 기업형태이다.
- 지분의 양도와 매입이 자유로우며 주주총회를 통해 의결권을 행사할 수 있다.
- 주식회사의 기관

주주총회	• 주식회사의 최고의사결정기관으로 주주로 이루어짐 • 회사 기업에서 영업활동의 신속성 및 업무내용의 복잡성으로 인해 그 결의사항을 법령 및 정관에서 정하는 사항만으로 제한하고 있음 • 주주의 결의권은 1주 1결의권을 원칙으로 하고 의결은 다수결에 의함 • 주주총회의 주요 결의사항으로는 자본의 증감, 정관의 변경, 이사ㆍ감사인 및 청산인 등의 선임ㆍ해임에 관한 사항, 영업의 양도ㆍ양수 및 합병 등에 관한 사항, 주식배당, 신주인수권 및 계산 서류의 승인에 관한 사항 등이 있음
감사	• 이사의 업무집행을 감시하게 되는 필요 상설기관 • 주주총회에서 선임되고, 이러한 선임결의는 보통 결의의 방법에 따름 • 이사회는 이사 전원으로 구성되는 합의체로 회사의 업무진행상의 의사결정 기관 • 이사는 주주총회에서 선임되고, 그 수는 3인 이상이어야 하며, 임기는 3년을 초과할 수 없음 • 대표이사는 이사회의 결의사항을 집행하고 통상적인 업무에 대한 결정 및 집행을 맡음과 동시에 회사를 대표함 • 이사와 회사 간 거래의 승인, 채권의 발행 등이 있음
검사인	• 회사의 계산의 정부, 업무의 적법여부 등을 조사하는 권한을 지니는 임시기관임 • 법원에서 선임하거나, 주주총회 및 창립총회에서 선임하기도 함 • 법정 검사인의 경우 임시로 선임됨

01 다음 중 마이클 포터(Michael E. Porter)가 제시한 산업구조 분석의 요소로 적절하지 않은 것은?

① 가치사슬 활동
② 대체제의 위협
③ 공급자의 교섭력
④ 구매자의 교섭력

02 다음은 M사가 해당 사업에서 차지하고 있는 시장점유율 및 산업성장률에 대한 자료이다. 2023년 기준 BCG매트릭스 상에서 M사의 사업이 속하는 영역은?

구분	M사	N사	S사	H사	기타
시장점유율 (2023년 기준)	45%	20%	15%	10%	10%

구분	2019년	2020년	2021년	2022년	2023년
산업성장률	4%	3%	2%	2%	1%

① 스타(Star)
② 자금젖소(Cash Cow)
③ 물음표(Question mark)
④ 개(Dog)

01

정답 ①

마이클 포터(Michael E. Porter)는 산업과 경쟁을 결정짓는 Five-forces Model을 제시하였다. 이는 궁극적으로 산업의 수익 잠재력에 영향을 주는 주요 경제·기술적 세력을 분석하는 것으로 신규진입자(잠재적 경쟁자)의 위협, 공급자의 교섭력, 구매자의 교섭력, 대체품의 위협 및 기존 기업 간의 경쟁이다. 5가지 요소의 힘이 강할 때는 위협(Threat)이 되고, 약하면 기회(Opportunity)가 된다.

02

정답 ②

BCG매트릭스는 70년대 미국의 보스턴 전략컨설팅회사(Boston Consulting Group)에 의해 개발된 사업/제품 포트폴리오 분석 차트이다. 이는 크게 네 단계로 나누는데 산업성장률이 높고 시장점유율이 높은 산업은 스타, 산업성장률이 높고 시장점유율이 낮은 산업은 물음표 혹은 문제아, 산업성장률이 낮고 시장점유율이 높은 산업은 자금젖소, 산업성장률이 낮고 시장점유율이 낮은 산업은 개로 분류된다.
제시된 M사의 경우는 시장점유율은 높으나 산업성장률이 높지 않으므로 자금젖소인 것을 알 수 있다.

SWOT 분석

기업의 내부환경과 외부환경을 분석하여 강점(Strength), 약점(Weakness), 기회(Opportunity), 위협(Threat) 요인을 규정하고 이를 토대로 경영전략을 수립하는 기법으로, 미국의 경영컨설턴트인 알버트 험프리(Albert Humphrey)에 의해 고안되었다.

Strength 강점 기업 내부환경에서의 강점	S	W	Weakness 약점 기업 내부환경에서의 약점
Opportunity 기회 기업 외부환경으로부터의 기회	O	T	Threat 위협 기업 외부환경으로부터의 위협

VRIO 분석

기업이 보유한 유·무형자산에 대해 네 가지 기준으로 평가하여 기업의 경쟁력을 분석하는 도구이다. 기업이 자원을 잘 활용할 수 있는가를 보여주는 것이 목적이다.

• 경제가치(Value) : 경제적 가치가 있는가?
• 희소성(Rarity) : 가지고 있는 자원이 희소성 있는가?
• 모방 불가능성(Inimitability) : 모방의 가능성이 있는가?
• 조직(Organization) : 관련 조직이 있는가?

마이클 포터의 경쟁전략
① 경쟁세력모형 - 5 Force Model 분석

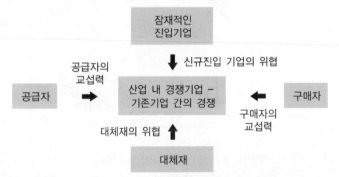

• 기존기업 간의 경쟁 : 해당 시장에서 기존 기업 간의 경쟁이 얼마나 치열한가를 나타낸다.
• 공급자의 시장 권력 : 공급자의 규모 및 숫자와 공급자 제품의 희소성을 나타낸다.
• 대체제의 위협 : 대체가 가능한 상품의 수와 구매자의 대체하려는 성향, 대체상품의 상대적 가격 등이 있다.
• 구매자의 교섭력 : 고객의 수, 각 고객의 주문수량, 가격의 민감도, 구매자의 정보 능력이 있다.
• 신규진입의 위험 : 진입장벽, 규모의 경제, 브랜드의 충성도 등이 있다.

② 경쟁우위 전략

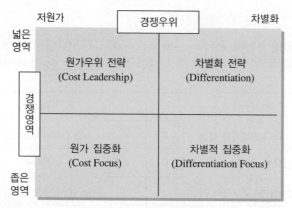

- 원가우위 전략 : 비용요소를 철저하게 통제하고, 기업조직의 가치사슬을 최대한 효율적으로 구사하는 전략
- 차별화 전략 : 소비자들이 가치가 있다고 판단하는 요소를 제품 및 서비스 등에 반영해서 경쟁사의 제품과 차별화한 후 소비자들의 충성도를 확보하고 이를 통해 매출증대를 꾀하는 전략
- 집중화 전략 : 메인 시장과는 다른 특성을 지니는 틈새시장을 대상으로 소비자들의 니즈를 원가우위 또는 차별화 전략을 통해 충족시켜 나가는 전략

BCG매트릭스 모형

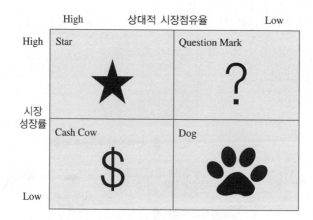

① 별(Star) 사업부
- 시장성장률도 높고 상대적 시장점유율도 높은 경우에 해당하는 사업이다.
- 이 사업부의 제품들은 제품수명주기상에서 성장기에 속한다.
- 선도기업의 지위를 유지하고 성장해가는 시장의 수용에 대처하고, 여러 경쟁기업들의 도전에 극복하기 위해 역시 자금의 투자가 필요하다.
- 별 사업부에 속한 기업들이 효율적으로 잘 운영된다면 이들은 향후 Cash Cow가 된다.
② 자금젖소(Cash Cow) 사업부
- 시장성장률은 낮지만 높은 상대적 시장점유율을 유지하고 있다. 이 사업부는 제품수명주기상에서 성숙기에 속하는 사업부이다.
- 이에 속한 사업은 많은 이익을 시장으로부터 창출해낸다. 그 이유는 시장의 성장률이 둔화되었기 때문에 그만큼 새로운 설비투자 등과 같은 신규 자금의 투입이 필요 없고, 시장 내에 선도 기업에 해당되므로 규모의 경제와 높은 생산성을 누리기 때문이다.
- Cash Cow에서 산출되는 이익은 전체 기업의 차원에서 상대적으로 많은 현금을 필요로 하는 Star나 Question Mark, Dog의 영역에 속한 사업으로 자원이 배분된다.

③ 물음표(Question Mark) 사업부
- '문제아'라고도 한다.
- 시장성장률은 높으나 상대적 시장점유율이 낮은 사업이다.
- 이 사업에 속한 제품들은 제품수명주기상에서 도입기에 속하는 사업부이다.
- 시장에 처음으로 제품을 출시한 기업 이외의 대부분의 사업부들이 출발하는 지점이 물음표이며, 신규로 시작하는 사업이기 때문에 기존의 선도 기업을 비롯한 여러 경쟁기업에 대항하기 위해 새로운 자금의 투하를 상당량 필요로 한다.
- 기업이 자금을 투입할 것인가 또는 사업부를 철수해야 할 것인가를 결정해야 하기 때문에 Question Mark라고 불리고 있다.
- 한 기업에게 물음표에 해당하는 사업부가 여러 개이면, 그에 해당되는 모든 사업부에 자금을 지원하는 것보다 전략적으로 소수의 사업부에 집중적 투자하는 것이 효과적이라 할 수 있다.

④ 개(Dog) 사업부
- 시장성장률도 낮고 시장점유율도 낮은 사업부이다.
- 제품수명주기상에서 쇠퇴기에 속하는 사업이다.
- 낮은 시장성장률 때문에 그다지 많은 자금의 소요를 필요로 하지는 않지만, 사업활동에 있어서 얻는 이익도 매우 적은 사업이다.
- 이 사업에 속한 시장의 성장률이 향후 다시 고성장을 할 가능성이 있는지 또는 시장내에서 자사의 지위나 점유율이 높아질 가능성은 없는지 검토해보고 이 영역에 속한 사업들을 계속 유지할 것인가 아니면 축소 내지 철수할 것인가를 결정해야 한다.

01 허즈버그(F. Herzberg)의 2요인 이론에서 동기요인을 모두 고르면?

> ㄱ. 상사와의 관계 ㄴ. 성취
> ㄷ. 회사 정책 및 관리방침 ㄹ. 작업 조건
> ㅁ. 인정

① ㄱ, ㄴ ② ㄱ, ㄷ
③ ㄴ, ㄹ ④ ㄴ, ㅁ

02 맥그리거(D. McGregor)의 X, Y이론에 관한 설명으로 적절한 것은?

① 조직의 감시, 감독 및 통제가 필요하다는 주장은 Y이론이다.
② 자기통제가 많은 것은 X이론이다.
③ 쌍방향 의사결정은 X이론에서 주로 발생한다.
④ 개인의 목적과 조직의 목적이 부합하는 조직에서는 Y이론에 근거해서 운영된다.

01

정답 ④

허즈버그의 2요인 이론은 직원들의 직무만족도를 증감시키는 요인을 2가지로 구분한 것이다.
• 동기요인 : 성취, 인정, 책임소재, 업무의 질 등
• 위생요인 : 회사의 정책, 작업조건, 동료직원과의 관계, 임금, 직위 등

02

정답 ④

오답분석
① 조직의 감시, 감독 및 통제가 필요하다는 주장은 X이론이다.
② 자기통제가 많은 것은 Y이론이다.
③ 쌍방향 의사결정은 Y이론에서 주로 발생한다.

이론 더하기

매슬로우(Maslow)의 욕구단계이론

① 개념 : 인간의 요구는 위계적으로 조직되어 있으며 하위 단계의 욕구 충족이 상위 계층의 욕구 발현의 조건이라고 설명한 이론이다.
② 특징
  • 생리적 욕구 : 가장 기본적이면서도 강력한 욕구로 음식, 물, 수면 등의 인간의 생존에 가장 필요한 본능적인 욕구이다.
  • 안전의 욕구 : 두려움이나 혼란스러움이 아닌 평상심과 질서를 유지하고자 하는 욕구이다.
  • 애정과 소속의 욕구 : 사회적으로 조직을 이루고 그곳에 소속되려는 성향이다.
  • 존중의 욕구 : 타인으로부터 수용되고, 가치 있는 존재가 되고자 하는 욕구이다.
  • 자아실현의 욕구 : 각 개인의 타고난 능력 혹은 성장 잠재력을 실행하려는 욕구이다.

맥그리거(McGreger)의 X − Y이론
① 개념 : 인간본성에 대한 가정을 X, Y 2가지로 구분하여 특성에 따른 관리전략을 정리한 이론으로 X이론은 인간에 대한 부정적인 면을 설명하고, Y이론은 긍정적인 면을 설명한다.
② 특징

X이론 (전통적이고 전체적인 경영자의 인간관)	Y이론 (진취적이고 협동적인 인간관)
• 인간은 철저하게 이기적이고 자기중심적이다. • 인간은 천성적으로 게으르고 일을 싫어하기 때문에 엄격한 통제와 감독이 필요하다. • 조직 구성원이 원하는 수준의 임금체계가 확립되어야 하고, 엄격한 통제와 처벌이 필요하다.	• 인간의 행위는 경제적 욕구보다 사회·심리에 더 영향을 받는다. • 인간은 사회적인 존재이다. • 노동에서 휴식과 복지는 자연스러운 것이다. • 민주적 리더십의 확립과 분권과, 권한의 위임이 중요하다.

허즈버그(Herzberg)의 동기 − 위생이론
① 개념 : 허즈버그가 2개의 요인(동기요인, 위생요인)으로 나눠 동기유발에 대해 정리한 이론으로 동기요인과 위생요인은 반대의 개념이 아닌 별개의 개념이다.
② 특징

동기요인(만족요인)	위생요인(불만족요인)
• 직무에 만족을 느끼게 하는 요인 • 충족되면 만족감을 느끼게 되지만, 비충족되는 경우에도 불만이 발생하지는 않음 • 동기요인 충족 → 높은 직무성과	• 직무에 대해 불만족을 느끼게 하는 요인 • 불충족 시에는 불만이 증가 • 충족 시에도 만족감이 증가하는 것은 아님

01 매트릭스 조직구조의 장점으로 적절하지 않은 것은?

① 의사결정의 책임소재를 명확히 할 수 있다.

② 조직의 인력을 신축적으로 활용할 수 있다.

③ 전문적 지식과 기술의 활용을 극대화할 수 있다.

④ 조직 내의 협력과 팀 활동을 촉진시킨다.

02 다음 내용이 설명하고 있는 조직구조는?

- 수평적 분화에 중점을 두고 있다.
- 각자의 전문분야에서 작업능률을 증대시킬 수 있다.
- 생산, 회계, 인사, 영업, 총무 등의 기능을 나누고 각 기능을 담당할 부서단위로 조직된 구조이다.

① 기능 조직 ② 사업부 조직

③ 매트릭스 조직 ④ 수평적 조직

01

정답 ①

매트릭스 조직구조는 명령일원화의 원칙이 적용되지 않으므로 의사결정의 책임소재가 불명확할 수도 있다.

02

정답 ①

기능 조직(Functional Structure)은 기능별 전문화의 원칙에 따라 공통의 전문지식과 기능을 지닌 부서단위로 묶는 조직구조를 의미한다.

기능 조직
① 개념 : 관리자가 담당하는 일을 전문화해 업무내용이 유사하고 관련성이 있는 기능을 분류하여 업무를 전문적으로 진행할 수 있도록 하는 형태이다.
② 장점 및 단점
  • 조직원의 전문적인 업무 발전이 가능하다.
  • 조직의 내부 효율성이 증대된다.
  • 조직 전체의 목표보다는 직능별 목표를 중시하고 성과에 대한 책임이 불분명하다.

사업부 조직
① 개념 : 사업체에서 여러 제품을 생산하는 경우에 제품에 따라 사업부를 구분하여 사업부마다 하위조직을 구성하는 형태이다.
② 장점 및 단점
  • 사업부 내 관리자와 종업원의 밀접한 상호작용이 가능하다.
  • 사업부는 이익 및 책임 중심점이 되어 경영성과가 향상된다.
  • 제품의 제조와 판매에 대한 전문화와 분업이 촉진된다.
  • 특정 분야에 대한 지식과 능력의 전문화가 약화될 수 있다.

매트릭스 조직

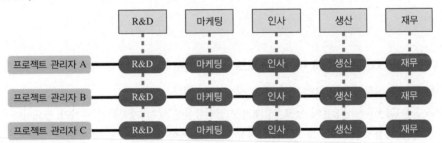

① 개념 : 조직구성원들이 원래 소속되어 있는 기능부서에도 배치되는 동시에 맡은 업무에 따라 나누어진 팀에도 배치되어 있어 두 개의 단위조직에 속하여 두 명의 상급자를 두고 있는 형태이다.
② 장점 및 단점
  • 조직에서의 정보 단절 문제를 해결할 수 있다.
  • 일을 유연하게 대처할 수 있다.
  • 조직원의 역량을 좀 더 폭넓게 향상시킬 수 있다.
  • 두 개의 조직에서 두 명의 상급자가 존재하기 때문에 성과에 대한 목표나 보고가 느릴 수 있다.

네트워크 조직
① 개념 : 독립된 각 사업 부서들이 자신의 고유 기능을 수행하면서 제품 생산이나 프로젝트의 수행을 위해서는 상호 협력적인 네트워크를 지닌 조직구조이다.
② 장점 및 단점
  • 조직원 사이의 수평적인 의사소통이 가능하다.
  • 조직 간의 정보교류가 활발하므로 조직 내 자산으로 축적가능하다.
  • 시장에 유연한 대응이 가능하다.
  • 관리자가 직원을 관리하는 것이 쉽지 않다.
  • 갈등이 발생하는 경우 해결에 오랜 시간이 필요하다.

01 | 경영 실전예제

정답 및 해설 p.038

| 객관식 |

01 협상 마지막 단계에서 작은 조건을 붙여 필요한 것을 받아내는 전략은?

① 살라미 전술　　　　　　　　　　② 레드헤링 기법

③ 더블마인드 기법　　　　　　　　④ 니블링 전략

02 다음 중 BCG 매트릭스에 대한 설명으로 옳은 것은?

① 횡축은 시장성장률, 종축은 상대적 시장점유율이다.

② 물음표는 시장성장률이 높고, 상대적 시장점유율은 낮아 계속적인 투자가 필요하다.

③ 별은 시장성장률이 낮고, 상대적 시장점유율은 높아 현상유지를 해야 한다.

④ 자금젖소는 현금창출이 많지만, 상대적 시장점유율이 낮아 많은 투자가 필요하다.

`Easy`

03 다음 중 매슬로우의 욕구단계를 순서대로 나열한 것은?

㉠ 생리적 욕구	㉡ 안전 욕구
㉢ 소속 욕구	㉣ 존중 욕구
㉤ 자아실현 욕구	

① ㉠ - ㉡ - ㉢ - ㉣ - ㉤

② ㉠ - ㉢ - ㉡ - ㉣ - ㉤

③ ㉠ - ㉢ - ㉡ - ㉤ - ㉣

④ ㉡ - ㉠ - ㉢ - ㉣ - ㉤

04 다음 〈보기〉 중 피들러의 리더십 상황이론에 대한 설명으로 옳지 않은 것을 모두 고르면?

> **보기**
>
> ㉠ 과업지향적 리더십과 관계지향적 리더십을 모두 갖춘 리더가 가장 높은 성과를 달성한다.
> ㉡ 리더의 특성을 LPC 설문에 의해 측정하였다.
> ㉢ 상황변수로서 리더 – 구성원 관계, 과업구조, 부하의 성숙도를 고려하였다.
> ㉣ 리더가 처한 상황이 호의적인 경우, 관계지향적 리더십이 적합하다.
> ㉤ 리더가 처한 상황이 비호의적인 경우, 과업지향적 리더십이 적합하다.

① ㉠, ㉢
② ㉠, ㉣
③ ㉡, ㉣
④ ㉠, ㉢, ㉣

05 다음 중 직무평가의 방법에 해당하지 않는 것은?

① 서열법
② 요소비교법
③ 워크샘플링법
④ 점수법

06 다음 중 제품수명주기에 대한 설명으로 옳지 않은 것은?

① 성장기에는 제품선호형 광고에서 정보제공형 광고로 전환한다.
② 도입기에는 제품인지도를 높이기 위해 광고비가 많이 소요된다.
③ 성숙기에는 제품의 매출성장률이 점차적으로 둔화되기 시작한다.
④ 쇠퇴기에는 매출이 떨어지고 순이익이 감소하기 시작한다.

07 다음 중 시장세분화에 대한 설명으로 옳지 않은 것은?

① 효과적인 시장세분화를 위해서는 시장의 규모가 측정 가능해야 한다.

② 시장세분화를 통해 소비자들의 다양한 욕구를 보다 잘 만족시킬 수 있다.

③ 하나의 특정한 시장세분화 기준변수가 모든 상황에서 가장 효과적인 것은 아니다.

④ 시장세분화에서는 동일한 세분시장 내에 있는 소비자들의 이질성이 극대화되도록 해야 한다.

08 다음 중 목표 달성과 새로운 가치 창출을 위해 공급업체들과 자원 및 정보를 협력하여 하나의 기업처럼 움직이는 생산시스템은?

① 공급사슬관리(SCM)

② 적시생산시스템(JIT)

③ 유연생산시스템(FMS)

④ 컴퓨터통합생산(CIM)

`Hard`

09 다음 중 경제적주문량(EOQ)모형이 성립하기 위한 가정으로 옳지 않은 것은?

① 단위당 재고 유지비용과 1회당 재고 주문비용은 주문량과 관계없이 일정하다.

② 주문량은 한 번에 모두 도착한다.

③ 연간 재고 수요량을 정확히 파악하고 있다.

④ 재고 부족현상이 발생할 수 있으며, 주문 시 정확한 리드타임이 적용된다.

10 다음 중 순현가법에 대한 설명으로 옳은 것은?

① 자본예산기법의 하나로 투자금액을 투자로부터 산출되는 순현금흐름의 미래가치로부터 차감한 기법이다.

② 순현가가 1보다 크면 투자안을 선택하고 1보다 작으면 투자안을 기각하는 의사결정기준이다.

③ 기업의 할인율로 현금흐름을 할인한다.

④ 순현가법은 현금흐름을 할인하여 대안을 평가하지만 내부수익률법은 현금흐름을 할인하지 않고 평가한다는 차이가 있다.

`Easy`

11 다음 중 프랑스의 사업가 앙리 페이욜(Henry Fayol)의 관리 5요소론에 해당하지 않는 것은?

① 계획   ② 조직

③ 지휘   ④ 분업

12 다음 중 마이클 포터(M. Porter)의 경쟁전략 유형에 해당하는 것은?

① 차별화(Differentiation) 전략   ② 블루오션(Blue Ocean) 전략

③ 방어자(Defender) 전략   ④ 반응자(Reactor) 전략

13 다음 사례에서 A씨의 행동을 설명하는 동기부여이론은?

> 팀원 A씨는 작년도 목표 대비 업무실적을 100% 달성하였다. 이에 반해 같은 팀 동료인 B씨는 동일 목표 대비 업무실적이 10% 부족하였지만 A씨와 동일한 인센티브를 받았다. 이 사실을 알게 된 A씨는 팀장에게 추가 인센티브를 요구하였으나 받아들여지지 않자 결국 이직하였다.

① 기대이론
② 공정성이론
③ 욕구단계이론
④ 목표설정이론

14 다음 중 평가센터법(Assessment Center)에 대한 설명으로 옳지 않은 것은?

① 평가에 대한 신뢰성이 양호하다.
② 승진에 대한 의사결정에 유용하다.
③ 교육훈련에 대한 타당성이 높다.
④ 다른 평가기법에 비해 상대적으로 비용과 시간이 적게 소요된다.

15 다음 중 최저임금제의 필요성으로 옳지 않은 것은?

① 계약자유 원칙의 한계 보완
② 저임금 노동자 보호
③ 임금인하 경쟁 방지
④ 소비자 부담 완화

01 다음 〈보기〉에서 물가의 지속적 상승과 기말재고수량이 기초재고수량보다 많음을 가정하는 경우에 후입선출법의 단점을 모두 고르면?

> **보기**
> ㉠ 낮은 당기순이익　　　　　　　　　㉡ 세금 과다로 인한 현금흐름 악화
> ㉢ 대응원칙에 위배　　　　　　　　　㉣ 기말 재고자산의 부적절한 평가
> ㉤ 가격정책결정에 불리　　　　　　　㉥ 실제 물량흐름과 불일치

(　　　　　　　　　　)

02 스위스에서 2013년 3월 가결된 살찐 ___(A)___ 법은 주주들이 경영진의 모든 보수를 규제하도록 할뿐만 아니라 기업 인수·합병(M&A)이나 매각이 성사됐을 때와 임원이 퇴직할 때 지급되는 특별 보너스, 즉 ___(B)___ 도 금지하도록 하는 것이다. 다음 중 (A)와 (B)에 들어갈 단어를 고르면?

> ㉠ 고양이　　　　㉡ 두꺼비　　　　㉢ 돼지　　　　㉣ 당나귀
> ㉤ 사자　　　　　㉥ 황금 보따리　　㉦ 황금 낙하산　㉧ 황금 알
> ㉨ 골든 필　　　　㉩ 골든 펜슬

(　　　　　　　　　　)

03 다음 자료에 의하여 기말 외상매입금 잔액을 계산하면 얼마인가?

- 기초상품재고액 : 100,000원
- 기말상품재고액 : 500,000원
- 기중상품매출 : 3,000,000원
- 매출총이익률 40%
- 기초외상매입금 : 300,000원
- 기중외상매입금 지급 : 2,000,000원
※ 상품매입은 전부 외상이다.

(원)

04 주식회사 M그룹의 2023년 초 재고자산은 20,000원이고, 당기매입액은 96,000원이다. M그룹의 2023년 말 유동비율은 110%, 당좌비율은 80%, 유동부채는 70,000원일 때, 2023년도 매출원가는?(단, 재고자산은 상품으로만 구성되어 있다)

(원)

05 과거 미국에서부터 정치적 성향을 새에 빗대어 사용하기 시작한 것에서 유래된 용어로, 경기가 과열 조짐을 보일 때 기준금리를 인상하여 통화를 거둬들이고 물가를 안정시키려는 긴축파를 __(A)__ 파, 경기를 부양할 목적으로 기중금리를 내려 돈을 풀자는 완화파를 __(B)__ 파, 특정 입장을 지지하지 않는 중립파를 __(C)__ 파라고 칭한다. 다음 중 (A), (B), (C)에 들어갈 단어를 모두 고르면?

㉠ 독수리	㉡ 까마귀	㉢ 꿩	㉣ 공작
㉤ 매	㉥ 부엉이	㉦ 비둘기	㉧ 올빼미
㉨ 까치	㉩ 갈매기		

(   )

06 다음 자료를 이용할 경우 재무상태표에 표시될 현금 및 현금성자산은?

(단위 : 원)

당좌예금	1,000	당좌개설보증금	350
배당금지급통지표	455	수입인지	25
임차보증금	405	우편환증서	315
차용증서	950	타인발행수표	200

(원)

07 M회사는 금년도 1/4분기에 신제품에 대한 R&D 자금조달목적으로 1,000주를 주당 800원에 유상증자하였다. 기존 시장에는 10,000주가 발행되었고 종가기준 주가는 1,000원이라고 하였을 때 신주인수권의 가치는 얼마인가?(단, 신주인수권에 비재무적 요소는 고려하지 않고 소수점 첫째 자리에서 반올림한다)

(원)

02 | 경제

수요와 공급의 법칙, 탄력성

다음 중 수요의 탄력성에 대한 내용 중 옳은 것은?

① 수요곡선의 기울기가 −1인 직선일 경우 수요곡선상의 어느 점에서나 가격탄력성은 동일하다.

② 수요의 가격탄력성이 탄력적이라면 가격인하는 총수입을 증가시키는 좋은 전략이다.

③ X재의 가격이 5% 인상되자 Y재 수요가 10% 상승했다면 수요의 교차탄력성은 $\frac{1}{2}$ 이고, 두 재화는 보완재이다.

④ 가격이 올랐을 때 시간이 경과될수록 적응이 되기 때문에 수요의 가격탄력성은 작아진다.

정답 ②

수요곡선이 우하향하는 직선이면 수요곡선상에서 우하방으로 이동할수록 수요의 가격탄력성이 점점 작아진다. 수요의 가격탄력성이 1보다 크다면 가격이 1% 하락할 때 판매량은 1%보다 크게 증가하므로 판매자의 총수입은 증가한다. 따라서 수요의 가격탄력성이 1보다 크다면 가격이 1% 하락하면 판매량이 1%보다 크게 증가하므로 판매자의 총수입은 증가한다. 그러므로 수요의 가격탄력성이

탄력적이라면 가격인하는 총수입을 증가시키는 좋은 전략이다. 또한 두 재화 수요의 교차탄력성은 $\varepsilon_{AB} = \dfrac{\dfrac{\triangle Q_Y}{Q_Y}}{\dfrac{\triangle P_X}{P_X}} = \dfrac{10\%}{5\%} = 2$ 이고,

두 재화는 대체재이다. 장기가 될수록 대체재가 생겨날 가능성이 크기 때문에 수요의 가격탄력성이 커진다. 열등재는 수요의 소득탄력성이 1보다 작은 재화가 아니라 수요의 소득탄력성이 음수(−)인 재화이다.

이론 더하기

수요의 법칙
수요의 법칙이란 가격이 상승하면 수요량이 감소하는 것을 말한다. 수요의 법칙이 성립하는 경우 수요곡선은 우하향한다. 단, 기팬재의 경우와 베블런효과가 존재하는 경우는 성립하지 않는다.

수요량의 변화와 수요의 변화
① 수요량의 변화 : 당해 재화의 가격변화로 인한 수요곡선상의 이동을 의미한다.
② 수요의 변화 : 당해 재화가격 이외의 다른 요인의 변화로 수요곡선 자체가 이동하는 경우를 의미한다. 수요가 증가하면 수요곡선이 우측으로 이동하고, 수요가 감소하면 수요곡선이 좌측으로 이동한다.

공급의 법칙
다른 조건이 일정할 때 가격이 상승하면 공급량이 증가하는 것을 말한다.

공급량의 변화와 공급의 변화
① 공급량의 변화 : 당해 재화가격의 변화로 인한 공급곡선상의 이동을 의미한다.
② 공급의 변화 : 당해 재화가격이 다른 요인의 변화로 공급곡선 자체가 이동하는 것을 말한다. 공급이 증가하면 공급곡선이 우측으로 이동하고 공급이 감소하면 공급곡선이 좌측으로 이동한다.

수요의 가격탄력성
① 의의 : 수요량이 가격에 얼마나 민감하게 반응하는지를 나타낸다.
② 가격탄력성의 도출

$$\varepsilon_P = \frac{\text{수요량의 변화율}}{\text{가격의 변화율}} = \frac{\frac{\triangle Q}{Q}}{\frac{\triangle P}{P}} = \left(\frac{\triangle Q}{\triangle P}\right)\left(\frac{P}{Q}\right)$$ (단, △은 변화율, Q는 수요량, P는 가격)

③ 가격탄력성과 판매수입

구분	$\varepsilon_P > 1$ (탄력적)	$\varepsilon_P = 1$ (단위탄력적)	$0 < \varepsilon_P < 1$ (비탄력적)	$\varepsilon_P = 0$ (완전 비탄력적)
가격 상승	판매 수입 감소	판매 수입 변동 없음	판매 수입 증가	판매 수입 증가
가격 하락	판매 수입 증가	판매 수입 변동 없음	판매 수입 감소	판매 수입 감소

공급의 가격탄력성
① 의의 : 공급량이 가격에 얼마나 민감하게 반응하는지를 나타낸다.
② 가격탄력성의 도출

$$\varepsilon_P = \frac{\text{공급량의 변화율}}{\text{가격의 변화율}} = \frac{\frac{\triangle Q}{Q}}{\frac{\triangle P}{P}} = \left(\frac{\triangle Q}{\triangle P}\right)\left(\frac{P}{Q}\right)$$ (단, △은 변화율, Q는 공급량, P는 가격)

③ 공급의 가격탄력성 결정요인 : 생산량 증가에 따른 한계비용 상승이 완만할수록, 기술수준 향상이 빠를수록, 유휴설비가 많을수록, 측정시간이 길어질수록 공급의 가격탄력성은 커진다.

01 밀턴 프리드만은 '공짜 점심은 없다(There is no such thing as a free lunch).'라는 말을 즐겨했다고 한다. 이 말을 설명할 수 있는 경제 원리는?

① 규모의 경제   ② 긍정적 외부성

③ 기회비용   ④ 수요공급의 원리

02 다음 내용에 대한 〈보기〉의 설명으로 옳은 것을 모두 고른 것은?

> 우리나라에 거주 중인 광성이는 ㉠ 여름휴가를 앞두고 휴가 동안 발리로 서핑을 갈지, 빈 필하모닉 오케스트라의 3년 만의 내한 협주를 들으러 갈지 고민하다가 ㉡ 발리로 서핑을 갔다. 그러나 화산폭발의 위험이 있어 안전의 위협을 느끼고 ㉢ 환불이 불가능한 숙박비를 포기한 채 우리나라로 돌아왔다.

> **보기**
>
> 가. ㉠의 고민은 광성이의 주관적 희소성 때문이다.
> 나. ㉠의 고민을 할 때는 기회비용을 고려한다.
> 다. ㉡의 기회비용은 빈 필하모닉 오케스트라 내한 협주이다.
> 라. ㉡은 경제재이다.
> 마. ㉢은 비합리적 선택 행위의 일면이다.

① 가, 나, 라   ② 나, 다, 마

③ 나, 다, 라   ④ 가, 나, 다, 라

01

정답 ③

'공짜 점심은 없다.'라는 의미는 무엇을 얻고자 하면 보통 그 대가로 무엇인가를 포기해야 한다는 뜻으로 해석할 수 있다. 즉, 어떠한 선택에는 반드시 포기하게 되는 다른 가치가 존재한다는 의미이다. 시간이나 자금의 사용은 다른 활동에의 시간 사용, 다른 서비스나 재화의 구매를 불가능하게 만들어 기회비용을 유발한다. 정부의 예산배정, 여러 투자상품 중 특정 상품의 선택, 경기활성화와 물가안정 사이의 상충관계 등이 기회비용의 사례가 될 수 있다.

02

정답 ④

오답분석

마. 환불 불가한 숙박비는 회수 불가능한 매몰비용이므로 선택 시 고려하지 않은 ㉢의 행위는 합리적 선택 행위의 일면이라고 할 수 있다.

경제재와 자유재

경제재(Economic Goods)	자유재(Free Goods)
• 경제재란 희소성을 가지고 있는 자원으로 합리적인 의사결정으로 선택을 해야 하는 재화를 말한다. • 우리가 일상생활에서 돈을 지불하고 구입하는 일련의 재화 또는 서비스를 모두 포함한다.	• 자유재란 희소성을 가지고 있지 않아 값을 지불하지 않고도 누구나 마음대로 쓸 수 있는 물건을 말한다. • 공기나 햇빛같이 우리의 욕구에 비해 자원의 양이 풍부해서 경제적 판단을 요구하지 않는 재화를 모두 포함한다.

기회비용(Opportunity Cost)

① 개념
- 여러 선택 대안들 중 한 가지를 선택함으로써 포기해야 하는 다른 선택 대안 중에서 가장 가치가 큰 것을 의미한다.
- 경제학에서 사용하는 비용은 전부 기회비용 개념이며, 합리적인 선택을 위해서는 항상 기회비용의 관점에서 의사결정을 내려야 한다.
- 기회비용은 객관적으로 나타난 비용(명시적 비용) 외에 포기한 대안 중 가장 큰 순이익(암묵적 비용)까지 포함한다.
- 편익(매출액)에서 기회비용을 차감한 이윤을 경제적 이윤이라고 하는데, 이는 기업 회계에서 일반적으로 말하는 회계적 이윤과 다르다. 즉, 회계적 이윤은 매출액에서 명시적 비용(회계적 비용)만 차감하고 암묵적 비용(잠재적 비용)은 차감하지 않는다.

경제적 비용 (기회비용)	명시적 비용 (회계적 비용)	기업이 생산을 위해 타인에게 실제적으로 지불한 비용 예 임금, 이자, 지대
	암묵적 비용 (잠재적 비용)	기업 자신의 생산 요소에 대한 기회비용 예 귀속 임금, 귀속 이자, 귀속 지대

② 경제적 이윤과 회계적 이윤

경제적 이윤	회계적 이윤
• 매출액에서 기회비용을 차감한 이윤을 말한다. • 사업주가 자원배분이 합리적인지 판단하기 위한 지표이다. • 경제적 이윤은 경제적 부가가치(EVA)로 나타내기도 한다. • 경제학에서 장기적으로 기업의 퇴출 여부 판단의 기준이 된다.	• 매출액에서 명시적 비용만 차감한 이윤을 말한다. • 사업주가 외부 이해관계자(채권자, 주주, 금융기관 등)에게 사업성과를 보여주기 위한 지표이다. • 즉, 회계적 이윤에는 객관적으로 측정 가능한 명시적 비용만을 반영한다.

매몰비용(Sunk Cost)

이미 투입된 비용으로서 사업을 중단하더라도 회수할 수 없는 비용으로, 매몰비용은 사업을 중단하더라도 회수할 수 없기 때문에 사업 중단에 따른 기회비용은 0이다. 그러므로 합리적인 선택을 위해서는 이미 지출되었으나 회수가 불가능한 매몰비용은 고려하지 않는다.

01 다음 중 최고가격제에 관한 설명으로 옳은 것을 모두 고르면?

> ㄱ. 암시장을 출현시킬 가능성이 있다.
> ㄴ. 초과수요를 야기한다.
> ㄷ. 사회적 후생을 증대시킨다.
> ㄹ. 최고가격은 시장의 균형가격보다 높은 수준에서 설정되어야 한다.

① ㄱ, ㄴ   ② ㄱ, ㄷ
③ ㄴ, ㄷ   ④ ㄴ, ㄹ

02 가격이 10% 상승할 때 수요량이 12% 감소하는 재화에 최저가격제가 적용되어 가격이 10% 상승하였다. 매출의 변화로 올바르게 짝지어진 것은?

① 매출량의 증가, 매출액의 증가
② 매출량의 증가, 매출액의 감소
③ 매출량의 감소, 매출액의 증가
④ 매출량의 감소, 매출액의 감소

01

정답 ①

오답분석

ㄷ · ㄹ. 최고가격은 시장의 균형가격보다 낮은 수준에서 설정되어야 하며, 최고가격제가 실시되면 사회적 후생 손실이 발생한다.

02

정답 ④

수요의 가격탄력성은 가격의 변화율에 대한 수요량의 변화율이므로 1.2이다. 이는 탄력적이라는 것을 암시하며, 최저가격제는 가격의 상승을 가져오므로 매출량과 판매수입이 감소한다.

최고가격제(가격상한제)

① 개념 : 물가를 안정시키고, 소비자를 보호하기 위해 시장가격보다 낮은 수준에서 최고가격을 설정하는 규제이다.

  예 아파트 분양가격, 금리, 공공요금

② 특징

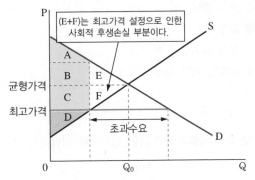

- 소비자들은 시장가격보다 낮은 가격으로 재화를 구입할 수 있다.
- 초과수요가 발생하기 때문에 암시장이 형성되어 균형가격보다 높은 가격으로 거래될 위험이 있다.
- 재화의 품질이 저하될 수 있다.
- 그래프에서 소비자 잉여는 A+B+C, 생산자 잉여는 D, 사회적 후생손실은 E+F만큼 발생한다.
- 공급의 가격탄력성이 탄력적일수록 사회적 후생손실이 커진다.

최저가격제(최저임금제)

① 개념 : 최저가격제란 공급자를 보호하기 위하여 시장가격보다 높은 수준에서 최저가격을 설정하는 규제를 말한다.

  예 최저임금제

② 특징

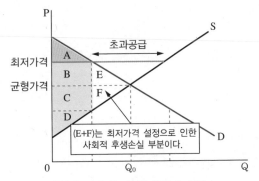

- 최저가격제를 실시하면 생산자는 균형가격보다 높은 가격을 받을 수 있다.
- 소비자의 지불가격이 높아져 소비자의 소비량을 감소시키기 때문에 초과공급이 발생하고, 실업, 재고 누적 등의 부작용이 발생한다.
- 그래프에서 소비자 잉여는 A, 생산자 잉여는 B+C+D, 사회적 후생손실은 E+F만큼 발생한다.
- 수요의 가격탄력성이 탄력적일수록 사회적 후생손실이 커진다.

01 두 재화 X와 Y를 소비하여 효용을 극대화하는 소비자 A의 효용함수는 U=X+2Y이고, X재 가격이 2, Y재 가격이 1이다. X재 가격이 1로 하락할 때 소비량의 변화는?

① X재, Y재 소비량 모두 불변
② X재, Y재 소비량 모두 증가
③ X재 소비량 감소, Y재 소비량 증가
④ X재 소비량 증가, Y재 소비량 감소

02 다음 중 재화의 성질 및 무차별곡선에 대한 설명으로 적절하지 않은 것은?

① 모든 기펜재(Giffen Goods)는 열등재이다.
② 두 재화가 대체재인 경우 두 재화 간 교차탄력성은 양(+)의 값을 가진다.
③ X축에는 홍수를, Y축에는 쌀을 나타내는 경우 무차별곡선은 우하향한다.
④ 두 재화가 완전보완재인 경우 무차별곡선은 L자 모형이다.

01

정답 ①

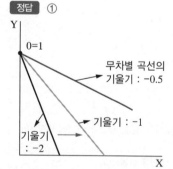

가격이 변하기 전 예산선의 기울기는 −2, 무차별곡선의 기울기는 −0.5이므로 소비자 A는 자신의 소득 전부를 Y재를 구매하는 데에 사용한다. 그런데 X재 가격이 1로 하락하더라도 예산선의 기울기는 −1이므로 여전히 Y재만을 소비하는 것이 효용을 극대화한다. 따라서 가격이 변하더라도 X재와 Y재의 소비량은 변화가 없다.

02

정답 ③

X재가 한계효용이 0보다 작은 비재화이고 Y재가 정상재인 경우 X재의 소비가 증가할 때 효용이 동일한 수준으로 유지되기 위해서는 Y재의 소비가 증가하여야 한다. 따라서 무차별곡선은 우상향의 형태로 도출된다.

효용함수(Utility Function)
재화소비량과 효용 간의 관계를 함수형태로 나타낸 것을 의미한다.

무차별곡선(Indifference Curve)
① 개념 : 동일한 수준의 효용을 가져다주는 모든 상품의 묶음을 연결한 궤적을 말한다.

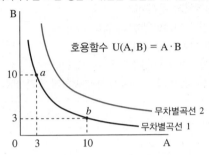

효용함수 $U(A, B) = A \cdot B$

② 무차별곡선의 성질
• A재와 B재 모두 재화라면 무차별곡선은 우하향하는 모양을 갖는다(대체가능성).
• 원점에서 멀어질수록 높은 효용수준을 나타낸다(강단조성).
• 두 무차별곡선은 서로 교차하지 않는다(이행성).
• 모든 점은 그 점을 지나는 하나의 무차별곡선을 갖는다(완비성).
• 원점에 대하여 볼록하다(볼록성).

③ 예외적인 무차별곡선

구분	두 재화가 완전 대체재인 경우	두 재화가 완전 보완재인 경우	두 재화가 모두 비재화인 경우
그래프			
효용함수	$U(X, Y) = aX + bY$	$U(X, Y) = \min\left(\dfrac{X}{a}, \dfrac{Y}{b}\right)$	$U(X, Y) = \dfrac{1}{X^2 + Y^2}$
특징	한계대체율(MRS)이 일정하다.	두 재화의 소비비율이 $\dfrac{b}{a}$로 일정하다.	X재와 Y재 모두 한계효용이 0보다 작다. ($MU_X < 0$, $MU_Y < 0$)
사례	(X, Y)=(10원짜리 동전, 50원짜리 동전)	(X, Y)=(왼쪽 양말, 오른쪽 양말)	(X, Y)=(매연, 소음)

소비자균형

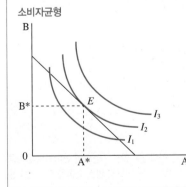

무차별곡선 기울기의 절댓값인 MRS_{AB}, 즉 소비자의 A재와 B재의 주관적인 교환비율과 시장에서 결정된 A재와 B재의 객관적인 교환비율인 상대가격 $\dfrac{P_A}{P_B}$ 가 일치하는 점에서 소비자균형이 달성된다(E).

PART 3

다음 사례를 역선택(Adverse Selection)과 도덕적 해이(Moral Hazard)의 개념에 따라 바르게 구분한 것은?

가. 자동차 보험 가입 후 더 난폭하게 운전한다.

나. 건강이 좋지 않은 사람이 민간 의료보험에 더 많이 가입한다.

다. 실업급여를 받게 되자 구직 활동을 성실히 하지 않는다.

라. 사망 확률이 낮은 건강한 사람이 주로 종신연금에 가입한다.

마. 의료보험제도가 실시된 이후 사람들의 의료수요가 현저하게 증가하였다.

	역선택	도덕적 해이
①	가, 나	다, 라, 마
②	나, 라	가, 다, 마
③	다, 마	가, 나, 라
④	나, 다, 라	가, 마

정답 ②

역선택이란 감추어진 특성의 상황에서 정보 수준이 낮은 측이 사전적으로 바람직하지 않은 상대방을 만날 가능성이 높아지는 현상을 의미한다. 반면, 도덕적 해이는 감추어진 행동의 상황에서 어떤 거래 이후에 정보를 가진 측이 바람직하지 않은 행동을 하는 현상을 의미한다.

역선택(Adverse Selection)

① 개념 : 거래 전에 감추어진 특정한 상황에서 정보가 부족한 구매자가 바람직하지 못한 상대방과 품질이 낮은 상품을 거래하게 되는 가격왜곡현상을 의미한다.

② 사례
- 중고차를 판매하는 사람은 그 차량의 결점에 대해 알지만 구매자는 잘 모르기 때문에 성능이 나쁜 중고차만 거래된다. 즉, 정보의 비대칭성으로 인해 비효율적인 자원 배분 현상이 나타나며, 이로 인해 사회적인 후생손실이 발생한다.
- 보험사에서 평균적인 사고확률을 근거로 보험료를 산정하면 사고 발생 확률이 높은 사람이 보험에 가입할 가능성이 큰 것을 의미한다. 이로 인해 평균적인 위험을 기초로 보험금과 보험료를 산정하는 보험회사는 손실을 보게 된다.

③ 해결방안
- 선별(Screening) : 정보를 갖지 못한 사람이 상대방의 정보를 알기 위해 노력하는 것이다.
- 신호 보내기(Signaling) : 정보를 가진 측에서 정보가 없는 상대방에게 자신을 알림으로써 정보의 비대칭을 해결하는 것이다.
- 정부의 역할 : 모든 당사자가 의무적으로 수행하게 하는 강제집행과 정보흐름을 촉진할 수 있는 정보정책 수립 등이 있다.

도덕적 해이(Moral Hazard)

① 개념 : 어떤 계약 거래 이후에 대리인의 감추어진 행동으로 인해 정보격차가 존재하여 상대방의 향후 행동을 예측할 수 없거나 본인이 최선을 다한다 해도 자신에게 돌아오는 혜택이 별로 없는 경우에 발생한다.

② 사례
- 화재보험에 가입하고 나면 화재예방노력에 따른 편익이 감소하므로 노력을 소홀히 하는 현상이 발생한다.
- 의료보험에 가입하면 병원 이용에 따른 한계비용이 낮아지므로 그 전보다 병원을 더 자주 찾는 현상이 발생한다.
- 금융기관에서 자금을 차입한 이후에 보다 위험이 높은 투자 상품에 투자하는 현상이 발생한다.

③ 해결방안
- 보험회사가 보험자 손실의 일부만을 보상해주는 공동보험제도를 채택한다.
- 금융기관이 기업의 행동을 주기적으로 감시한다(예 사회이사제도, 감사제도).
- 금융기관은 대출 시 담보를 설정하여 위험이 높은 투자를 자제하도록 한다.

역선택과 도덕적 해이 비교

구분	역선택	도덕적 해이
정보의 비대칭 발생시점	계약 이전	계약 이후
정보의 비대칭 유형	숨겨진 특성	숨겨진 행동
해결 방안	선별, 신호발송, 신용할당, 효율성임금, 평판, 표준화, 정보정책, 강제집행 등	유인설계(공동보험, 기초동제제도, 성과급지급 등), 효율성 임금, 평판, 담보설정 등

다음 중 밑줄 친 부분이 나타내는 용어로 바르게 연결된 것은?

> 국방은 한 국가가 현존하는 적국이나 가상의 적국 또는 내부의 침략에 대응하기 위하여 강구하는 다양한 방위활동을 말하는데 이러한 국방은 ⊙ 많은 사람들이 누리더라도 다른 사람이 이용할 수 있는 몫이 줄어들지 않는다. 또한 국방비에 대해 ⓒ 가격을 지급하지 않는 사람들이 이용하지 못하게 막기가 어렵다. 따라서 국방은 정부가 담당하게 된다.

	⊙	ⓒ
①	공공재	외부효과
②	배제성	경합성
③	무임승차	비배제성
④	비경합성	비배제성

배제성이란 어떤 특정한 사람이 재화나 용역을 사용하는 것을 막을 수 있는 가능성을 말한다. 반대로 그렇지 못한 경우는 비배제성이 있다고 한다. 경합성이란 재화나 용역을 한 사람이 사용하게 되면 다른 사람의 몫은 그만큼 줄어든다는 것으로 희소성의 가치에 의해 발생하는 경제적인 성격의 문제이다. 일반적으로 접하는 모든 재화나 용역이 경합성이 있으며, 반대로 한 사람이 재화나 용역을 소비해도 다른 사람의 소비를 방해하지 않는다면 비경합성에 해당한다. 비경합성과 비배제성 모두 동시에 가지고 있는 재화나 용역은 제시문의 국방, 치안 등 공공재가 있다.

재화의 종류

구분	배재성	비배재성
경합성	**사유재** 음식, 옷, 자동차	**공유자원** 산에서 나는 나물, 바닷속의 물고기
비경합성	**클럽재(자연 독점 재화)** 케이블 TV방송, 전력, 수도	**공공재** 국방, 치안

공공재
① 개념 : 모든 사람들이 공동으로 이용할 수 있는 재화 또는 서비스로 비경쟁성과 비배제성이라는 특징을 갖는다.
② 성격
  • 비경합성 : 소비하는 사람의 수에 관계없이 모든 사람이 동일한 양을 소비한다. 비경합성에 기인하여 1인 추가 소비에 따른 한계비용은 0이다. 공공재의 경우 양의 가격을 매기는 것은 바람직하지 않음을 의미한다.
  • 배제불가능성 : 재화 생산에 대한 기여 여부에 관계없이 소비가 가능한 특성을 의미한다.
③ 종류
  • 순수 공공재 : 국방, 치안 서비스 등
  • 비순수 공공재 : 불완전한 비경합성을 가진 클럽재(혼합재), 지방공공재

무임승차자 문제
① 공공재는 배재성이 없으므로 효율적인 자원 분배가 이루어지지 않는 현상이 발생할 수 있다. 이로 인해 시장실패가 발생하게 되는데 구체적으로 두 가지 문제를 야기시킨다.
  • 무임승차자의 소비로 인한 공공재나 공공 서비스의 공급부족 현상
  • 공유자원의 남용으로 인한 사회문제 발생으로 공공시설물 파괴, 환경 오염
② 기부금을 통해 공공재를 구입하거나, 공공재를 이용하는 사람에게 일정의 요금을 부담시키는 방법, 국가가 강제로 조세를 거두어 무상으로 공급하는 방법 등으로 해결 가능하다.

공유자원
① 개념 : 소유권이 어느 개인에게 있지 않고, 사회 전체에 속하는 자원이다.
② 종류
  • 자연자본 : 공기, 하천, 국가 소유의 땅
  • 사회간접자본 : 공공의 목적으로 축조된 항만, 도로

공유지의 비극(Tragedy of Commons)
경합성은 있지만 비배제성은 없는 공유자원의 경우, 공동체 구성원이 자신의 이익에만 따라 행동하여 결국 공동체 전체가 파국을 맞이하게 된다는 이론이다.

01   다음 국내총생산(GDP)에 대한 설명으로 적절한 것을 모두 고르면?

> 가. 여가가 주는 만족은 삶의 질에 매우 중요한 영향을 미치므로 GDP에 반영된다.
> 나. 환경오염으로 파괴된 자연을 치유하기 위해 소요된 지출은 GDP에 포함된다.
> 다. 우리나라의 지하경제 규모는 엄청나기 때문에 한국은행은 이를 포함하여 GDP를 측정한다.
> 라. 가정주부의 가사노동은 GDP에 불포함되지만 가사도우미의 가사노동은 GDP에 포함된다.

① 가, 다   ② 가, 라
③ 나, 다   ④ 나, 라

02   다음 중 국민총소득(GNI), 국내총생산(GDP), 국민총생산(GNP)에 대한 설명으로 적절하지 않은 것은?

① GNI는 한 나라 국민이 국내외 생산활동에 참여한 대가로 받은 소득의 합계이다.
② 명목GNI는 명목GNP와 명목 국외순수취요소소득의 합이다.
③ 원화표시 GNI에 아무런 변동이 없더라도 환율변동에 따라 달러화표시 GNI는 변동될 수 있다.
④ 실질GDP는 생산활동의 수준을 측정하는 생산지표인 반면, 실질GNI는 생산활동을 통하여 획득한 소득의 실질 구매력을 나타내는 소득지표이다.

01

정답 ④

오답분석
가. 여가, 자원봉사 등의 활동은 생산활동이 아니므로 GDP에 포함되지 않는다.
다. GDP는 마약밀수 등의 지하경제를 반영하지 못한다는 한계점이 있다.

02

정답 ②

과거에는 국민총생산(GNP)이 소득지표로 사용되었으나 수출품과 수입품의 가격변화에 따른 실질소득의 변화를 제대로 반영하지 못했기 때문에 현재는 국민총소득(GNI)을 소득지표로 사용한다.
반면, 명목GNP는 명목GDP에 국외순수취요소소득을 더하여 계산하는데, 명목GDP는 당해연도 생산량에 당해연도의 가격을 곱하여 계산하므로 수출품과 수입품의 가격변화에 따른 실질소득 변화가 모두 반영된다. 즉, 명목으로 GDP를 집계하면 교역조건변화에 따른 실질무역손익이 0이 된다. 따라서 명목GNP는 명목GNI와 동일하다.

GDP(국내총생산)

① 정의 : GDP(국내총생산)란 일정기간 한 나라의 국경 안에서 생산된 모든 최종 재화와 서비스의 시장가치를 시장가격으로 평가하여 합산한 것이다.

② GDP의 계산 : 가계소비(C)+기업투자(I)+정부지출(G)+순수출(NX)

※ 순수출(NX) : 수출−수입

③ 명목GDP와 실질GDP

명목GDP	• 당해의 생산량에 당해연도 가격을 곱하여 계산한 GDP이다. • 명목GDP는 물가가 상승하면 상승한다. • 당해 연도의 경제활동 규모와 산업구조를 파악하는 데 유용하다.
실질GDP	• 당해의 생산량에 기준연도 가격을 곱하여 계산한 GDP이다. • 실질GDP는 물가의 영향을 받지 않는다. • 경제성장과 경기변동 등을 파악하는 데 유용하다.

④ GDP디플레이터 : $\dfrac{\text{명목GDP}}{\text{실질GDP}} \times 100$

⑤ 실재GDP와 잠재GDP

실재GDP	한 나라의 국경 안에서 실제로 생산된 모든 최종 생산물의 시장가치를 의미한다.
잠재GDP	• 한 나라에 존재하는 노동과 자본 등 모든 생산요소를 정상적으로 사용할 경우 달성할 수 있는 최대 GDP를 의미한다. • 잠재GDP=자연산출량=완전고용산출량

GNP(국민총생산)

① 개념 : GNP(국민총생산)란 일정기간 동안 한 나라의 국민이 소유하는 노동과 자본으로 생산된 모든 최종생산물의 시장가치를 의미한다.

② GNP의 계산 : GDP+대외순수취요소소득=GDP+(대외수취요소소득−대외지급요소소득)

※ 대외수취요소소득 : 우리나라 기업이나 근로자가 외국에서 일한 대가

※ 대외지급요소소득 : 외국의 기업이나 근로자가 우리나라에서 일한 대가

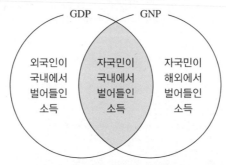

GNI(국민총소득)

① 개념 : 한 나라의 국민이 국내외 생산 활동에 참가하거나 생산에 필요한 자산을 제공한 대가로 받은 소득의 합계이다.

② GNI의 계산 : GDP+교역조건변화에 따른 실질무역손익+대외순수취요소소득

=GDP+교역조건변화에 따른 실질무역손익+(대외수취요소소득−대외지급요소소득)

다음은 A국과 B국의 2014년과 2022년 자동차와 TV 생산에 대한 생산가능곡선을 나타낸다. 자료에 대한 설명으로 가장 적절한 것은?

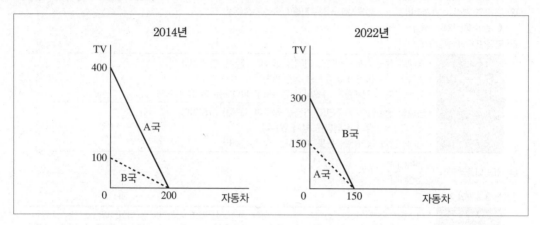

① 2014년도 자동차 수출국은 A국이다.
② B국의 자동차 1대 생산 기회비용은 감소하였다.
③ 두 시점의 생산가능곡선 변화 원인은 생산성 향상 때문이다.
④ 2022년에 자동차 1대가 TV 2대와 교환된다면 무역의 이익은 B국만 갖게 된다.

정답 ③

오답분석

① 2014년도에 A국이 자동차 1대를 생산하기 위한 기회비용은 TV 2대이며, B국이 자동차 1대를 생산하기 위한 기회비용은 TV $\frac{1}{2}$ 대이므로 상대적으로 자동차 생산에 대한 기회비용이 적은 B국에서 자동차를 수출해야 한다.

② 2014년 B국의 자동차 1대 생산에 대한 기회비용은 TV $\frac{1}{2}$ 대인 반면, 2022년 B국의 자동차 1대 생산에 대한 기회비용은 TV 2대이므로 기회비용은 증가하였다.

④ 2022년도에 A국은 비교우위가 있는 자동차 생산에 특화하고, B국은 비교우위가 있는 TV 생산에 특화하여 교환한다. 이 경우 교환 비율이 자동차 1대당 TV 2대이면, B국은 아무런 무역이익을 가지지 못하고, A국만 무역의 이익을 갖는다.

애덤스미스의 절대우위론

절대우위론이란 각국이 절대적으로 생산비가 낮은 재화생산에 특화하여 그 일부를 교환함으로써 상호이익을 얻을 수 있다는 이론이다.

리카도의 비교우위론

① 개념
- 비교우위란 교역 상대국보다 낮은 기회비용으로 생산할 수 있는 능력으로 정의된다.
- 비교우위론이란 한 나라가 두 재화생산에 있어서 모두 절대우위에 있더라도 양국이 상대적으로 생산비가 낮은 재화생산에 특화하여 무역을 할 경우 양국 모두 무역으로부터 이익을 얻을 수 있다는 이론을 말한다.
- 비교우위론은 절대우위론의 내용을 포함하고 있는 이론이다.

② 비교우위론의 사례

구분	A국	B국
X재	4명	5명
Y재	2명	5명

- A국이 X재와 Y재 생산에서 모두 절대우위를 갖는다.

구분	A국	B국
X재 1단위 생산의 기회비용	Y재 2단위	Y재 1단위
Y재 1단위의 기회비용	X재 $\frac{1}{2}$ 단위	X재 1단위

- A국은 Y재에, B국은 X재에 비교우위가 있다.

헥셔 – 오린 정리모형(Heckscher – Ohlin Model, H – O Model)

① 개념
- 각국의 생산함수가 동일하더라도 각 국가에서 상품 생산에 투입된 자본과 노동의 비율이 차이가 있으면 생산비의 차이가 발생하게 되고, 각국은 생산비가 적은 재화에 비교우위를 갖게 된다는 정리이다.
- 각국은 노동풍부국은 노동집약재, 자본풍부국은 자본집약재 생산에 비교우위가 있다.

② 내용
- A국은 B국에 비해 노동풍부국이고, X재는 Y재에 비해 노동집약재라고 가정할 때 A국과 B국의 생산가능곡선은 아래와 같이 도출된다.

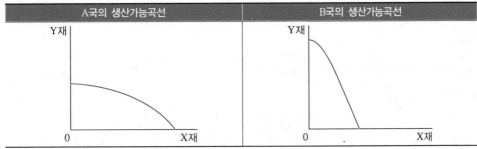

- 헥셔 – 오린 정리에 따르면 A국은 노동이 B국에 비해 상대적으로 풍부하기 때문에 노동집약재인 X재에 비교우위를 가지고 X재를 생산하여 B국에 수출하고 Y재를 수입한다.
- 마찬가지로 B국은 자본이 A국에 비해 상대적으로 풍부하기 때문에 자본집약재인 Y재에 비교우위를 가지고 Y재를 생산하여 A국에 수출하고 X재를 수입한다.

01 다음 중 소득격차를 나타내는 지표가 아닌 것은?

① 10분위 분배율   ② 로렌츠 곡선

③ 지니계수   ④ 엥겔지수

02 어느 나라 국민의 50%는 소득이 전혀 없고, 나머지 50%는 모두 소득 100을 균등하게 가지고 있다면 지니계수의 값은 얼마인가?

① 0   ② 1

③ $\dfrac{1}{2}$ ④ $\dfrac{1}{4}$

01

정답 ④

엥겔지수는 전체 소비지출 중에서 식료품비가 차지하는 비중을 표시하는 지표로써 특정 계층의 생활 수준만을 알 수 있다.

02

정답 ③

국민의 50%가 소득이 전혀 없고, 나머지 50%에 해당하는 사람들의 소득은 완전히 균등하게 100씩 가지고 있으므로 로렌츠 곡선은 아래 그림과 같다. 따라서 지니계수는 다음과 같이 계산한다.

$$(\text{지니계수}) = \frac{A}{A+B} = \frac{1}{2}$$

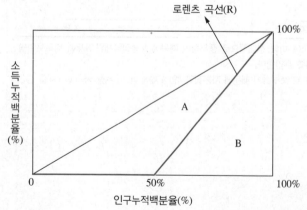

로렌츠 곡선(Lorenz Curve)

① 개념 및 측정방법

- 인구의 누적점유율과 소득의 누적점유율 간의 관계를 나타내는 곡선이다.
- 로렌츠 곡선은 소득분배가 균등할수록 대각선에 가까워진다. 즉, 로렌츠 곡선이 대각선에 가까울수록 평등한 분배상태이며, 직각에 가까울수록 불평등한 분배상태이다.
- 로렌츠 곡선과 대각선 사이의 면적의 크기가 불평등도를 나타내는 지표가 된다.

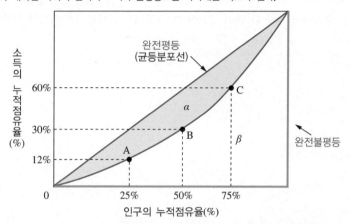

- 로렌츠 곡선상의 점 A는 소득액 하위 25% 인구가 전체 소득의 12%를, 점 B는 소득액 하위 50% 인구가 전체 소득의 30%를, 점 C는 소득액 하위 75% 인구가 전체 소득의 60%를 점유하고 있음을 의미한다.

② 평가

- 로렌츠 곡선이 서로 교차하는 경우에는 소득분배상태를 비교할 수 없다.
- 소득별 분배상태를 한눈에 볼 수 있으나, 비교하고자 하는 수만큼 그려야 하는 단점이 있다.

지니계수

① 개념 및 측정방법

- 지니계수란 로렌츠 곡선이 나타내는 소득분배상태를 하나의 숫자로 나타낸 것을 말한다.
- 지니계수는 완전균등분포선과 로렌츠 곡선 사이에 해당하는 면적(α)을 완전균등분포선 아래의 삼각형 면적($\alpha+\beta$)으로 나눈 값이다.
- 지니계수는 $0 \sim 1$ 사이의 값을 나타내며, 그 값이 작을수록 소득분배가 균등함을 의미한다.
- 즉, 소득분배가 완전히 균등하면 $\alpha=0$이므로 지니계수는 0이 되고, 소득분배가 완전히 불균등하면 $\beta=0$이므로 지니계수는 1이 된다.

② 평가

- 지니계수는 전 계층의 소득분배를 하나의 숫자로 나타내므로 특정 소득계층의 소득분배상태를 나타내지 못한다는 한계가 있다.
- 또한 특정 두 국가의 지니계수가 동일하더라도 각 소득구간별 소득격차의 차이가 모두 동일한 것은 아니며, 전반적인 소득분배의 상황만을 짐작하게 하는 한계가 있다.

상품시장을 가정할 때, 다음 중 완전경쟁시장의 균형점이 파레토 효율적인 이유로 적절하지 않은 것은?

① 완전경쟁시장 균형점에서 가장 사회적 잉여가 크기 때문이다.

② 완전경쟁시장 균형점에서 사회적 형평성이 극대화되기 때문이다.

③ 완전경쟁시장 균형점에서 소비자는 효용 극대화, 생산자는 이윤 극대화를 달성하기 때문이다.

④ 완전경쟁시장 균형점에서 재화 한 단위 생산에 따른 사회적 한계편익과 사회적 한계비용이 같기 때문이다.

정답 ②

파레토 효율성이란 하나의 자원배분 상태에서 다른 사람에게 손해가 가지 않고서는 어떤 한 사람에게 이득이 되는 변화를 만들어내는 것이 불가능한 배분 상태를 의미한다. 즉, 파레토 효율성은 현재보다 더 효율적인 배분이 불가능한 상태를 의미한다. 완전경쟁시장의 균형점에서는 사회적 효율이 극대화되지만, 파레토 효율적이라고 하여 사회 구성원 간에 경제적 후생을 균등하게 분배하는 것은 아니기 때문에 사회적 형평성이 극대화되지는 않는다.

파레토 효율성

파레토 효율(=파레토 최적)이란 하나의 자원배분상태에서 다른 어떤 사람에게 손해가 가도록 하지 않고서는 어떤 한 사람에게 이득이 되는 변화를 만들어 내는 것이 불가능한 상태, 즉 더 이상의 파레토 개선이 불가능한 자원배분 상태를 말한다.

소비에서의 파레토 효율성

① 생산물시장이 완전경쟁시장이면 개별소비자들은 가격수용자이므로 두 소비자가 직면하는 예산선의 기울기$\left(-\dfrac{P_X}{P_Y}\right)$는 동일하다.

② 예산선의 기울기가 동일하므로 두 개인의 무차별곡선 기울기도 동일하다.

$MRS^A_{XY} = MRS^B_{XY}$

③ 그러므로 생산물시장이 완전경쟁이면 소비에서의 파레토 효율성 조건이 충족된다.

④ 계약곡선상의 모든 점에서 파레토 효율이 성립하고, 효용곡선상의 모든 점에서 파레토 효율이 성립한다.

생산에서의 파레토 효율성

① 생산요소시장이 완전경쟁이면 개별생산자는 가격수용자이므로 두 재화가 직면하는 등비용선의 기울기$\left(-\dfrac{w}{r}\right)$가 동일하다.

② 등비용선의 기울기가 동일하므로 두 재화의 등량곡선의 기울기도 동일하다.

$MRS^X_{LK} = MRS^Y_{LK}$

③ 그러므로 생산요소시장이 완전경쟁이면 생산에서의 파레토 효율성 조건이 충족된다.

④ 생산가능곡선이란 계약곡선을 재화공간으로 옮겨 놓은 것으로 생산가능곡선상의 모든 점에서 파레토효율이 이루어진다.

⑤ 한계변환율은 X재의 생산량을 1단위 증가시키기 위하여 감소시켜야 하는 Y재의 수량으로 생산가능곡선 접선의 기울기이다.

종합적인 파레토 효율성

시장구조가 완전경쟁이면 소비자의 효용극대화와 생산자의 이윤극대화 원리에 의해 종합적인 파레토 효율성 조건이 성립한다.

$$MRS_{xy} = \frac{M_X}{M_Y} = \frac{P_X}{P_Y} = \frac{MC_X}{MC_Y} = MRT_{xy}$$

파레토 효율성의 한계

① 파레토 효율성 조건을 충족하는 점은 무수히 존재하기 때문에 그중 어떤 점이 사회적으로 가장 바람직한지 판단하기 어렵다.

② 파레토 효율성은 소득분배의 공평성에 대한 기준을 제시하지 못한다.

01 다음 대화에서 밑줄 친 부분에 해당하는 사례로 가장 적절한 것은?

> 선생님 : 실업에는 어떤 종류가 있는지 한 번 말해볼까?
> 학생 : 네, 선생님. 실업은 발생하는 원인에 따라 <u>경기적 실업</u>과 계절적 실업, 그리고 구조적 실업
> 과 마찰적 실업으로 분류할 수 있습니다.

① 총수요의 부족으로 발생하는 실업이 발생했다.
② 더 나은 직업을 탐색하기 위해 기존에 다니던 직장을 그만두었다.
③ 남해바다 해수욕장의 수영 강사들이 겨울에 일자리가 없어서 쉬고 있다.
④ 산업구조가 제조업에서 바이오기술산업으로 재편되면서 대량실업이 발생하였다.

02 다음 빈칸에 들어갈 용어로 적절한 것으로만 짝지어진 것은?

> • __가__ : 구직활동 과정에서 일시적으로 실업 상태에 놓이는 것을 의미한다.
> • __나__ : 실업률과 GDP갭(국민생산손실)은 정(+)의 관계이다.
> • __다__ : 실업이 높은 수준으로 올라가고 나면 경기확장정책을 실시하더라도 다시 실업률이 감소
> 하지 않는 경향을 의미한다.
> • __라__ : 경기침체로 인한 총수요의 부족으로 발생하는 실업이다.

	가	나	다	라
①	마찰적 실업	오쿤의 법칙	이력현상	경기적 실업
②	마찰적 실업	경기적 실업	오쿤의 법칙	구조적 실업
③	구조적 실업	이력현상	경기적 실업	마찰적 실업
④	구조적 실업	이력현상	오쿤의 법칙	경기적 실업

01

정답 ①

경기적 실업이란 경기침체로 인한 총수요의 부족으로 발생하는 실업이다. 따라서 경기적 실업을 감소시키기 위해서는 총수요를
확장시켜 경기를 활성화시키는 경제안정화정책이 필요하다.

오답분석
② 마찰적 실업
③ 계절적 실업
④ 구조적 실업

02

정답 ①

가. 마찰적 실업이란 직장을 옮기는 과정에서 일시적으로 실업상태에 놓이는 것을 의미하며, 자발적 실업으로서 완전고용상태에서도 발생한다.

나. 오쿤의 법칙이란 한 나라의 산출량과 실업 간에 경험적으로 관찰되는 안정적인 음(−)의 상관관계가 존재한다는 것을 의미한다.

다. 이력현상이란 경기침체로 인해 한번 높아진 실업률이 일정기간이 지난 이후에 경기가 회복되더라도 낮아지지 않고 계속 일정한 수준을 유지하는 현상을 의미한다.

라. 경기적 실업이란 경기침체로 유효수요가 부족하여 발생하는 실업을 의미한다.

이론 더하기

실업
① 실업이란 일할 의사와 능력을 가진 사람이 일자리를 갖지 못한 상태를 의미한다.
② 실업은 자발적 실업과 비자발적 실업으로 구분된다.
③ 자발적 실업에는 마찰적 실업이 포함되고, 비자발적 실업에는 구조적, 경기적 실업이 포함된다.

마찰적 실업(Frictional Unemployment)
① 노동시장의 정보불완전성으로 노동자들이 구직하는 과정에서 발생하는 자발적 실업을 말한다.
② 마찰적 실업의 기간은 대체로 단기이므로 실업에 따르는 고통은 크지 않다.
③ 마찰적 실업을 감소시키기 위해서는 구인 및 구직 정보를 적은 비용으로 찾을 수 있는 제도적 장치를 마련하여 경제적・시간적 비용을 줄여주어야 한다.

구조적 실업(Structural Unemployment)
① 경제가 발전하면서 산업구조가 변화하고 이에 따라 노동수요 구조가 변함에 따라 발생하는 실업을 말한다.
② 기술발전과 지식정보화 사회 등에 의한 산업구조 재편이 수반되면서 넓은 지역에서 동시에 발생하는 실업이다.
③ 구조적 실업을 감소시키기 위해서는 직업훈련, 재취업교육 등 인력정책이 필요하다.

경기적 실업(Cyclical Unemployment)
① 경기침체로 인한 총수요의 부족으로 발생하는 실업이다.
② 경기적 실업을 감소시키기 위해서는 총수요를 확장시켜 경기를 활성화시키는 경제안정화정책이 필요하다.
③ 한편, 실업보험제도나 고용보험제도도 경기적 실업을 해소하기 위한 좋은 대책이다.

실업관련지표
① 경제활동참가율
  • 생산가능인구 중에서 경제활동인구가 차지하는 비율을 나타낸다.
  • 경제활동참가율 $= \dfrac{경제활동인구}{생산가능인구} \times 100 = \dfrac{경제활동인구}{경제활동인구 + 비경제활동인구} \times 100$

② 실업률
  • 경제활동인구 중에서 실업자가 차지하는 비율을 나타낸다.
  • 실업률 $= \dfrac{실업자\ 수}{경제활동인구} \times 100 = \dfrac{실업자\ 수}{취업자\ 수 + 실업자\ 수} \times 100$
  • 정규직의 구분 없이 모두 취업자로 간주하므로 고용의 질을 반영하지 못한다.

③ 고용률
  • 생산가능인구 중에서 취업자가 차지하는 비율로 한 경제의 실질적인 고용창출능력을 나타낸다.
  • 고용률 $= \dfrac{취업자\ 수}{생산가능인구} \times 100 = \dfrac{취업자\ 수}{경제활동인구 + 비경제활동인구} \times 100$

01 다음 중 인플레이션에 의해 나타날 수 있는 현상으로 보기 어려운 것은?

① 구두창비용의 발생 ② 메뉴비용의 발생
③ 통화가치 하락 ④ 총요소생산성의 상승

02 다음 글을 읽고 이 같은 현상에 대한 설명으로 적절하지 않은 것은?

> 베네수엘라의 중앙은행은 지난해 물가가 무려 9,586% 치솟았다고 발표했다. 그야말로 살인적인 물가 폭등이다. 베네수엘라는 한때 1위 산유국으로 부유했던 국가 중 하나였다. 이를 바탕으로 베네수엘라의 대통령이었던 니콜라스 마두로 대통령은 국민들에게 무상 혜택을 강화하겠다는 정책을 발표하고, 부족한 부분은 국가의 돈을 찍어 국민 생활의 많은 부분을 무상으로 전환했다. 그러나 2010년 원유의 가격이 바닥을 치면서 무상복지로 제공하던 것들을 유상으로 전환했고, 이에 따라 급격히 물가가 폭등하여 현재 돈의 가치가 없어지는 상황까지 왔다. 베네수엘라에서 1,000원짜리 커피를 한 잔 마시려면 150만 원을 지불해야 하며, 한 달 월급으로 계란 한 판을 사기 어려운 수준에 도달했다. 이를 견디지 못한 베네수엘라 국민들은 자신의 나라를 탈출하고 있으며, 정부는 화폐개혁을 예고했다.

① 상품의 퇴장 현상이 나타나며 경제는 물물교환에 의해 유지된다.
② 화폐 액면 단위를 변경시키는 디노미네이션으로 쉽게 해소된다.
③ 정부가 재정 확대 정책을 장기간 지속했을 때도 이런 현상이 나타난다.
④ 전쟁이나 혁명 등 사회가 크게 혼란한 상황에서 나타난다.

01

정답 ④

인플레이션은 구두창비용, 메뉴비용, 자원배분의 왜곡, 조세왜곡 등의 사회적 비용을 발생시켜 경제에 비효율성을 초래한다. 특히 예상하지 못한 인플레이션은 소득의 자의적인 재분배를 가져와 채무자와 실물자산소유자가 채권자와 화폐자산소유자에 비해 유리하게 만든다. 인플레이션으로 인한 사회적 비용 중 구두창 비용이란 인플레이션으로 인해 화폐가치가 하락한 상황에서 화폐보유의 기회비용이 상승하는 것을 나타내는 용어이다. 이는 사람들이 화폐보유를 줄이게 되면 금융기관을 자주 방문해야 하므로 거래비용이 증가하게 되는 것을 의미한다. 메뉴비용이란 물가가 상승할 때 물가 상승에 맞추어 기업들이 생산하는 재화나 서비스의 판매가격을 조정하는 데 지출되는 비용을 의미한다. 또한 예상하지 못한 인플레이션이 발생하면 기업들은 노동의 수요를 증가시키고, 노동의 수요가 증가하게 되면 일시적으로 생산량과 고용량이 증가하게 된다. 하지만 인플레이션으로 총요소생산성이 상승하는 것은 어려운 일이다.

02

정답 ②

제시문은 하이퍼인플레이션에 대한 설명으로 하이퍼인플레이션은 대부분 전쟁이나 혁명 등 사회가 크게 혼란한 상황 또는 정부가 재정을 지나치게 방만하게 운용해 통화량을 대규모로 공급할 때 발생한다. 디노미네이션은 화폐의 가치를 유지하면서 액면 단위만 줄이는 화폐개혁의 방법으로 화폐를 바꾸는 데 많은 비용이 소요되고, 시스템이나 사람들이 적응하는 데 많은 시간이 필요하기 때문에 효과는 서서히 발생한다.

이론 더하기

물가지수

① 개념 : 물가의 움직임을 구체적으로 측정한 지표로서 일정 시점을 기준으로 그 이후의 물가변동을 백분율(%)로 표시한다.

② 물가지수의 계산 : $\dfrac{\text{비교시의 물가수준}}{\text{기준시의 물가수준}} \times 100$

③ 물가지수의 종류
- 소비자물가지수(CPI) : 가계의 소비생활에 필요한 재화와 서비스의 소매가격을 기준으로 환산한 물가지수로서 라스파이레스 방식으로 통계청에서 작성한다.
- 생산자물가지수(PPI) : 국내시장의 제1차 거래단계에서 기업 상호 간에 거래되는 모든 재화와 서비스의 평균적인 가격변동을 측정한 물가지수로서 라스파이레스 방식으로 한국은행에서 작성한다.
- GDP디플레이터 : 명목GNP를 실질가치로 환산할 때 사용하는 물가지수로서 GNP를 추계하는 과정에서 산출된다. 가장 포괄적인 물가지수로서 사후적으로 계산되며 파셰방식으로 한국은행에서 작성한다.

인플레이션

① 개념 : 물가수준이 지속적으로 상승하여 화폐가치가 하락하는 현상을 말한다.

② 인플레이션의 발생원인

학파	수요견인 인플레이션	비용인상 인플레이션
고전학파	통화공급(M)의 증가	통화주의는 물가수준에 대한 적응적 기대를 하는 과정에서 생긴 현상으로 파악
통화주의학파		
케인스학파	정부지출 증가, 투자증가 등 유효수요증가와 통화량증가	임금인상 등의 부정적 공급충격

③ 인플레이션의 경제적 효과
- 예상치 못한 인플레이션은 채권자에서 채무자에게로 소득을 재분배하며, 고정소득자와 금융자산을 많이 보유한 사람에게 불리하게 작용한다.
- 인플레이션은 물가수준의 상승을 의미하므로 수출재의 가격이 상승하여 경상수지를 악화시킨다.
- 인플레이션은 실물자산에 대한 선호를 증가시켜 저축이 감소하여 자본축적을 저해하고 결국 경제의 장기적인 성장가능성을 저하시킨다.

④ 인플레이션의 종류
- 하이퍼인플레이션 : 인플레이션의 범위를 초과하여 경제학적 통제를 벗어난 인플레이션이다.
- 스태그플레이션 : 경기침체기에서의 인플레이션으로, 저성장 고물가의 상태이다.
- 애그플레이션 : 농산물 상품의 가격 급등으로 일반 물가도 덩달아 상승하는 현상이다.
- 보틀넥인플레이션 : 생산요소의 일부가 부족하여, 생산의 증가속도가 수요의 증가속도를 따르지 못해 발생하는 물가상승 현상이다.
- 디맨드풀인플레이션 : 초과수요로 인하여 일어나는 인플레이션이다.
- 디스인플레이션 : 인플레이션을 극복하기 위해 통화증발을 억제하고 재정·금융긴축을 주축으로 하는 경제조정정책이다.

01 다음 중 게임이론에 대한 설명으로 적절하지 않은 것은?

① 순수전략들로만 구성된 내쉬균형이 존재하지 않는 게임도 있다.

② 우월전략이란 상대 경기자들이 어떤 전략들을 사용하든지 상관없이 자신의 전략들 중에서 항상 가장 낮은 보수를 가져다주는 전략을 말한다.

③ 죄수의 딜레마 게임에서 두 용의자 모두가 자백하는 것은 우월전략균형이면서 동시에 내쉬균형이다.

④ 참여자 모두에게 상대방이 어떤 전략을 선택하는가에 관계없이 자신에게 더 유리한 결과를 주는 전략이 존재할 때 그 전략을 참여자 모두가 선택하면 내쉬균형이 달성된다.

02 양씨네 가족은 주말에 여가 생활을 하기로 했다. 양씨 부부는 영화 관람을 원하고, 양씨 자녀들은 놀이동산에 가고 싶어 한다. 하지만 부부와 자녀들은 모두 따로 여가 생활을 하는 것보다는 함께 여가 생활을 하는 것을 더 선호한다. 다음 중 내쉬균형은?(단, 내쉬전략이란 상대방의 전략이 정해져 있을 때 자신의 이익을 극대화시키는 전략을 말하며, 내쉬균형이란 어느 누구도 이러한 전략을 변경할 유인이 없는 상태를 말한다)

> 가. 가족 모두 영화를 관람한다.
> 나. 가족 모두 놀이동산에 놀러간다.
> 다. 부부는 영화를 관람하고, 자녀들은 놀이동산에 놀러간다.
> 라. 부부는 놀이동산에 놀러가고, 자녀들은 영화를 관람한다.

① 가   ② 나
③ 다   ④ 가, 나

01
정답 ②
우월전략은 상대방의 전략에 관계없이 항상 자신의 보수가 가장 크게 되는 전략을 말한다.

02
정답 ④
부모가 영화를 관람한다고 가정할 때 자녀들이 놀이동산에 놀러가기로 결정하는 경우 따로 여가 생활을 해야하므로 자녀들의 이익은 극대화되지 않는다. 마찬가지로 자녀들이 놀이동산에 놀러가기로 결정할 때 부부가 영화를 관람하기로 결정한다면 부부의 이익도 역시 극대화되지 않는다. 따라서 가족 모두가 영화를 관람하거나 놀이동산에 놀러갈 때 내쉬균형이 달성된다.

게임이론
한 사람이 어떤 행동을 취하기 위해서 상대방이 그 행동에 어떻게 대응할지 미리 생각해야 하는 전략적인 상황(Strategic Situation)하에서 자기의 이익을 효과적으로 달성하는 의사결정과정을 분석하는 이론을 말한다.

우월전략균형
① 개념
- 우월전략이란 상대방의 전략에 상관없이 자신의 전략 중 자신의 보수를 극대화하는 전략이다.
- 우월전략균형은 경기자들의 우월전략의 배합을 말한다.
  예 A의 우월전략(자백), B의 우월전략(자백) → 우월전략균형(자백, 자백)
② 평가
- 각 경기자의 우월전략은 비협조전략이다.
- 각 경기자의 우월전략배합이 열위전략의 배합보다 파레토 열위상태이다.
- 자신만이 비협조전략(이기적인 전략)을 선택하는 경우 보수가 증가한다.
- 효율적 자원배분은 협조전략하에 나타난다.
- 각 경기자가 자신의 이익을 극대화하는 행동이 사회적으로 바람직한 자원배분을 실현하는 것은 아니다(개인적 합리성이 집단적 합리성을 보장하지 못한다).

내쉬균형(Nash Equilibrium)
① 개념 및 특징
- 내쉬균형이란 상대방의 전략을 주어진 것으로 보고 자신의 이익을 극대화하는 전략을 선택할 때 이 최적전략의 짝을 내쉬균형이라 한다. 내쉬균형은 존재하지 않을 수도, 복수로 존재할 수도 있다.
- '유한한 경기자'와 '유한한 전략'의 틀을 가진 게임에서 혼합전략을 허용할 때 최소한 하나 이상의 내쉬균형이 존재한다.
- 우월전략균형은 반드시 내쉬균형이나, 내쉬균형은 우월전략균형이 아닐 수 있다.
② 사례
- 내쉬균형이 존재하지 않는 경우

A \ B	T	H
T	3, 2	1, 3
H	1, 1	3, −1

- 내쉬균형이 1개 존재하는 경우(자백, 자백)

A \ B	자백	부인
자백	−5, −5	−1, −10
부인	−10, −1	−2, −2

- 내쉬균형이 2개 존재하는 경우(야구, 야구) (영화, 영화)

A \ B	야구	영화
야구	3, 2	1, 1
영화	1, 1	2, 3

③ 한계점
- 경기자 모두 소극적 추종자로 행동, 적극적으로 행동할 때의 균형을 설명하지 못한다.
- 순차게임을 설명하지 못한다.
- 협력의 가능성이 없으며 협력의 가능성이 있는 게임을 설명하지 못한다.

02 │ 경제 실전예제

정답 및 해설 p.042

| 객관식 |

01 다음 중 펀더멘털(Fundamental)에 해당하는 것을 모두 고르면?

> ㉠ 금융기관 매출액
> ㉡ 경제성장률
> ㉢ 물가상승률
> ㉣ 경상수지

① ㉠, ㉡　　　　　　　　　　　② ㉡, ㉣

③ ㉠, ㉡, ㉢　　　　　　　　　④ ㉡, ㉢, ㉣

02 막걸리 시장이 A기업과 B기업만 존재하는 과점상태에 있다. A기업과 B기업의 한계수입(MR)과 한계비용(MC)이 다음과 같을 때, 꾸르노(Cournot) 균형에서 A기업과 B기업의 생산량은?(단, Q_A : A기업의 생산량, Q_B : B기업의 생산량)

> • A기업 : $MR_A = 84 - 2Q_A - Q_B$, $MC_A = 28$
> • B기업 : $MR_B = 84 - Q_A - 2Q_B$, $MC_B = 20$

① (6, 44)　　　　　　　　　　② (10, 36)

③ (12, 26)　　　　　　　　　④ (16, 24)

03 화폐수량설과 피셔방정식(Fisher Equation)이 성립하고 화폐유통속도가 일정한 경제에서 실질경제성장률이 3%, 통화증가율이 6%, 명목이자율이 10%라면 실질이자율은?

① 3%　　　　　　　　　　　　② 5%

③ 7%　　　　　　　　　　　　④ 8%

04 다음 중 솔로우의 성장모형에 대한 설명으로 옳은 것은?

① 생산요소 간의 비대체성을 전제로 한다.
② 인구증가율이 높아질 경우 새로운 정상상태(Steady-state)의 1인당 산출량은 증가한다.
③ 저축률은 1인당 자본량을 증가시키므로 항상 저축률이 높을수록 좋다.
④ 기술진보는 균형성장경로의 변화 요인이다.

PART 3

05 다음 중 통화정책과 재정정책에 대한 설명으로 옳지 않은 것은?

① 경제가 유동성 함정에 빠져 있을 경우에는 통화정책보다는 재정정책이 효과적이다.
② 전통적인 케인스 경제학자들은 통화정책이 재정정책보다 더 효과적이라고 주장했다.
③ 재정정책과 통화정책을 적절히 혼합하여 사용하는 것을 정책혼합(Policy Mix)이라고 한다.
④ 화폐공급의 증가가 장기에서 물가만을 상승시킬 뿐 실물변수에는 아무런 영향을 미치지 못하는 현상을 화폐의 장기중립성이라고 한다.

06 다음 중 주어진 물가수준에서 총수요곡선을 오른쪽으로 이동시키는 원인을 〈보기〉에서 모두 고르면?

> **보기**
> ㉠ 개별소득세 인하
> ㉡ 장래경기에 대한 낙관적인 전망
> ㉢ 통화량 감소에 따른 이자율 상승
> ㉣ 해외경기 침체에 따른 순수출의 감소

① ㉠, ㉡　　　　　　　　　　② ㉡, ㉢
③ ㉢, ㉣　　　　　　　　　　④ ㉠, ㉡, ㉢

07 다음 중 시장실패에 대한 설명으로 적절하지 않은 것은?

① 시장실패를 교정하려는 정부의 개입으로 인하여 오히려 사회적 비효율이 초래되는 정부실패가 나타날 수 있다.

② 타 산업에 양(+)의 외부효과를 초래하는 재화의 경우에 수입관세를 부과하는 것보다 생산보조금을 지불하는 것이 시장실패를 교정하기 위해 더 바람직한 정책이다.

③ 공공재의 경우에 무임승차의 유인이 존재하므로 사회적으로 바람직한 수준보다 적게 생산되는 경향이 있다.

④ 거래비용의 크기에 관계없이 재산권이 확립되어 있으면 당사자 간 자발적인 협상을 통하여 외부효과에 따른 시장실패를 해결할 수 있다.

08 다음 중 완전경쟁산업 내의 한 개별기업에 대한 설명으로 옳지 않은 것은?

① 한계수입은 시장가격과 일치한다.

② 이 개별기업이 직면하는 수요곡선은 우하향한다.

③ 시장가격보다 높은 가격을 책정하면 시장점유율은 없다.

④ 이윤극대화 생산량에서는 시장가격과 한계비용이 일치한다.

09 소규모 개방경제에서 국내 생산자들을 보호하기 위해 X재의 수입에 대하여 관세를 부과할 때의 설명으로 가장 적절한 것은?(단, X재에 대한 국내 수요곡선은 우하향하고 국내 공급곡선은 우상향한다)

① X재의 국내 생산이 감소한다.

② 국내 소비자잉여가 증가한다.

③ X재에 대한 수요와 공급의 가격탄력성이 낮을수록 관세부과로 인한 자중손실이 작아진다.

④ 관세부과로 인한 경제적 손실 크기는 X재에 대한 수요와 공급의 가격탄력성과 관계없다.

10 기업은 가격차별을 통해 보다 많은 이윤을 획득하고자 한다. 다음 중 기업이 가격차별을 할 수 있는 환경이 아닌 것은?

① 제품의 재판매가 용이하다.
② 소비자들의 특성이 다양하다.
③ 기업의 독점적 시장지배력이 높다.
④ 분리된 시장에서 수요의 가격탄력성이 서로 다르다.

PART 3

11 다음 중 소비이론에 대한 설명으로 옳은 것은?

① 항상소득가설에 따르면 호황기에 일시적으로 소득이 증가할 때는 소비가 늘지 않지만 불황기에 일시적으로 소득이 감소할 때는 종전보다 소비가 줄어든다.
② 생애주기가설에 따르면 소비는 일생 동안의 소득을 염두에 두고 결정되는 것은 아니다.
③ 한계저축성향과 평균저축성향의 합은 언제나 1이다.
④ 절대소득가설에 따르면 소비는 현재의 처분가능소득으로 결정된다.

12 다음 〈보기〉 중 화폐발행이득(Seigniorage)에 대한 설명으로 옳은 것을 모두 고르면?

> **보기**
> ㉠ 정부가 화폐공급량 증가를 통해 얻게 되는 추가적 재정수입을 가리킨다.
> ㉡ 화폐라는 세원에 대해 부과하는 조세와 같다는 뜻에서 인플레이션 조세라 부른다.
> ㉢ 화폐공급량 증가로 인해 생긴 인플레이션이 민간이 보유하는 화폐자산의 실질가치를 떨어뜨리는 데서 나온다.

① ㉠   ② ㉡
③ ㉠, ㉢   ④ ㉠, ㉡, ㉢

13 다음 표는 A국 노동자와 B국 노동자가 각각 동일한 기간에 생산할 수 있는 쌀과 옷의 양을 나타낸 것이다. 리카도의 비교우위에 따른 설명으로 옳지 않은 것은?(단, 노동이 유일한 생산요소이다)

구분	A국	B국
쌀(섬)	5	4
옷(벌)	5	2

① 쌀과 옷 생산 모두 A국의 노동생산성이 B국보다 더 크다.
② A국은 쌀을 수출하고 옷을 수입한다.
③ A국의 쌀 1섬 생산의 기회비용은 옷 1벌이다.
④ B국의 옷 1벌 생산의 기회비용은 쌀 2섬이다.

14 다음 중 리카도의 대등정리가 성립하는 경우로 옳은 것은?

① 조세징수가 국채발행보다 더 효과적인 재원조달방식이다.
② 정부가 발행한 국채는 민간의 순자산을 증가시키지 않는다.
③ 조세감면으로 발생한 재정적자를 국채발행을 통해 보전하면 이자율이 상승한다.
④ 조세감면으로 재정적자가 발생하면 민간의 저축이 감소한다.

15 다음 중 통화승수에 대한 설명으로 옳지 않은 것은?

① 통화승수는 법정지급준비율을 낮추면 커진다.
② 통화승수는 이자율 상승으로 요구불예금이 증가하면 작아진다.
③ 통화승수는 대출을 받은 개인과 기업들이 더 많은 현금을 보유할수록 작아진다.
④ 통화승수는 은행들이 지급준비금을 더 많이 보유할수록 작아진다.

| 주관식 |

01 다음 내용을 읽고 발생할 수 있는 현상으로 적절한 것을 〈보기〉에서 모두 고르면?

> 정부가 담뱃세라고 불리는 건강증진기금을 2,000원 인상하기로 했다. 정부는 인상된 기금의 대부분을 금연사업에 쓸 예정이라고 밝혔으나, 실질적으로는 건강보험의 재정 적자를 메우는 일에 쓰이고 있어 문제가 되고 있다.

> **보기**
> ㉠ 청소년들의 담배 소비는 거의 영향이 없을 것이다.
> ㉡ 담배 공급의 가격탄력성은 0에 가깝다.
> ㉢ 성인의 담배 소비는 오히려 증가한다.
> ㉣ 담배 판매액의 증감 여부는 알 수 없다.
> ㉤ 국가의 세금이 증가했을 것이다.

(   )

02 다음 〈보기〉에서 완전경쟁시장의 성립요건으로 적절한 것을 모두 고르면?

> ㉠ 다수의 공급자와 다수의 수요자   ㉡ 소수의 공급자와 다수의 수요자
> ㉢ 완전한 정보의 공유   ㉣ 선택적 정보의 공유
> ㉤ 품질이 상이한 상품   ㉥ 동질의 상품
> ㉦ 시장 진입 장벽   ㉧ 자유로운 시장 진입과 이탈
> ㉨ 소수의 수요자   ㉩ 정부의 개입

(   )

03 다음 빈칸에 들어갈 내용으로 적절한 것을 〈보기〉에서 모두 고르면?

> 이란에서는 수년간 지속된 인플레이션으로 현재 1달러가 3만2천 리알이 될 만큼 리알화의 가치가 크게 하락했다. 리알화의 가치는 2012년 원유 수출이 중단되면서 급속히 위축되어 1달러에 약 1만 리알레서 3만 리알 이상으로 치솟았다. 화폐의 단위가 높다보니 리알에서 '0'을 4개 줄여 10만 리알을 10토만으로 부르기도 했다. 이에 이란 정부는 의회의 동의를 받아 _____을 추진했다.

> **보기**
> ㉠ 스태그플레이션(Stagflation)   ㉡ 디노미네이션(Denomination)
> ㉢ 리디노미네이션(Redenomination) ㉣ 카니벌라이제이션(Cannibalization)
> ㉤ 통화스왑   ㉥ 젠트리피케이션(Gentrification)
> ㉦ 하이브리드   ㉧ 밸류에이션(Valuation)

(   )

04 제품 A만 생산하는 독점기업의 생산비는 생산량에 관계없이 1단위당 60원이고, 제품 A에 대한 시장수요곡선은 $P = 100 - 2Q$이다. 다음 중 이 독점기업의 이윤극대화 가격(P)은?

(원)

05 다음 중 B에 해당하는 사람으로 옳은 것을 〈보기〉에서 모두 고르면?

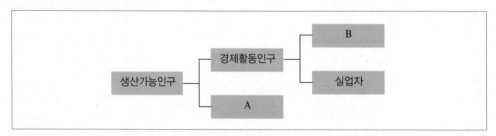

> **보기**
> ㉠ 실직한 뒤에 구직활동을 포기한 아버지
> ㉡ 교통사고를 당해 휴직 중인 어머니
> ㉢ 아버지가 운영하는 가게에서 무보수로 아르바이트를 하고 있는 누나
> ㉣ 일거리가 적어 일주일에 하루만 일하는 형
> ㉤ 내년도 대학입시를 준비하는 동생

(   )

03 | 민법 실전예제

정답 및 해설 p.046

※ 민법은 빈출키워드가 수록되지 않습니다.

| 객관식 |

01 다음 중 민법상 소멸시효에 대한 내용으로 옳은 것은?

① 부작위를 목적으로 하는 채권의 소멸시효는 위반행위를 한 때로부터 진행한다.

② 소멸시효는 법률행위에 의하여 이를 배제, 연장, 가중할 수 있다.

③ 청구, 압류 또는 가압류, 가처분, 승인은 소멸시효의 정지사유이다.

④ 채권은 20년간 행사하지 아니하면 소멸시효가 완성된다.

02 다음 중 민법상 기한에 대한 설명으로 옳지 않은 것은?

① 어음행위·수표행위에 시기(이행기)를 붙이는 것은 허용된다.

② 소급효 있는 행위에 시기를 붙이는 것은 무의미하므로 상계에는 기한을 붙이지 못한다.

③ 기한의 효력 발생 시기는 절대적으로 소급효가 없다. 따라서 당사자의 특약에 의해서도 이를 인정할 수 없다.

④ 기한이익상실의 특약은 특별한 사정이 없는 한 정지조건부 기한이익상실의 특약으로 추정한다.

03 다음 중 민법상 법인에 대한 설명으로 옳지 않은 것은?

① 영리법인은 사원의 영리를 목적으로 하는 사단법인으로 사원이 없는 재단법인은 성질상 영리법인이 될 수 없다.

② 사단법인의 정관변경은 정관의 규정이 있으면 이사회의 결의만으로 가능하다.

③ 사원의 결의권, 소수 사원권 등 이른바 사원의 고유권은 그 사원의 동의가 없이는 총회의 결의나 정관으로도 박탈할 수 없다.

④ 법인의 이사는 자연인에 한한다.

04 다음 중 권리의 주체에 대한 설명으로 적절하지 않은 것은?

① 행위능력은 모든 자연인에게 인정되고 있다.
② 자연인은 생존한 동안 권리와 의무의 주체가 된다.
③ 실종선고를 받은 자는 실종기간이 만료하면 사망한 것으로 본다.
④ 민법은 원칙적으로 권리능력자로서 자연인과 법인만을 인정하고 있다.

05 근대 민법의 기본원리는 오늘날 수정·변모되고 있다. 다음 중 현대 민법에 대한 설명으로 거리가 먼 것은?

① 무과실책임이론의 발달
② 권리의 공공성·사회성의 강조
③ 재산권행사의 공공복리 적합의무
④ 추상적 인격의 자유·평등

06 다음 중 민법의 현대적 수정원리에 대한 설명으로 적절하지 않은 것은?

① 신의성실의 원칙   ② 무과실책임의 원칙
③ 권리남용금지의 원칙   ④ 소유권절대의 원칙

07 다음 중 경비계약에 대한 설명으로 옳지 않은 것은?

① 경비업자는 경비계약상 채무를 선량한 관리자의 주의로 이행하여야 한다.
② 경비업자가 경비계약을 체결하는 상대방은 경비대상 시설의 소유자 또는 관리자이다.
③ 보수는 시기의 약정이 없으면 관습에 의하고, 관습이 없으면 경비업무를 종료한 후 지체없이 지급하여야 한다.
④ 경비업무 도급인이 파산하면 경비업자는 경비계약을 해제하고 경비업무 도급인에게 손해배상을 청구할 수 있다.

08 甲은 乙에게 가짜 조선백자라고 생각하고 조선백자를 판매하였는데, 그 후 이 조선백자가 진품으로 판명되었다. 乙은 다시 해당 백자를 丙에게 전매하였고, 丙은 다시 丁에게 전매하였다. 甲이 착오를 이유로 매매계약을 취소하는 경우에 누구를 상대로 하여야 하는가?

① 乙   ② 丁
③ 乙 또는 丁   ④ 乙, 丁, 丙

09 목욕탕에서 甲이라는 손님이 사물함에 귀중품을 넣어 두었는데 목욕을 하고 나와 보니 귀중품을 잃어 버렸다. 이때의 목욕탕의 주인인 乙은 어떠한 책임을 지는가?

① 과실의 경우에만 책임을 진다.
② 고의인 경우에만 책임을 진다.
③ 고의와 과실이 없는 한 책임이 없다.
④ 아무런 책임이 없다.

10 다음 중 사유재산의 존중과 가장 깊은 관계를 갖고 있는 것은?

① 계약내용 결정의 자유   ② 물권적 청구권
③ 신의성실의 원칙   ④ 유류분제도

11 다음 중 민법상의 제한능력자가 아닌 자는?

① 상습도박자
② 19세 미만인 자
③ 의사능력이 없는 자
④ 정신병자로서 성년후견이 개시된 자

12 다음 중 민법이 인정하는 특별실종제도에 해당되지 않는 것은?

① 화재실종   ② 선박실종
③ 전쟁실종   ④ 항공기실종

13 다음 중 민법상 물건에 대한 설명으로 옳지 않은 것은?

① 건물 임대료는 천연과실이다.

② 관리할 수 있는 자연력은 동산이다.

③ 건물은 토지로부터 독립한 부동산으로 다루어질 수 있다.

④ 토지 및 그 정착물은 부동산이다.

14 아파트 경비원이 근무 중 인근의 상가 건물에 화재가 난 것을 보고 달려가서 화재를 진압한 행위에 대한 설명으로 옳지 않은 것은?

① 경비업무의 범위를 벗어난 행위이기 때문에 경비원에게 화재를 진압할 법적 의무가 없다.

② 경비원은 상가 건물주에게 이익이 되는 방법으로 화재를 진압해야 한다.

③ 상가 건물주의 이익에 반하지만 공공의 이익을 위해 화재를 진압하다가 손해를 끼친 경우, 경비원은 과실이 없더라도 손해를 배상할 책임이 있다.

④ 경비원이 상가 건물 임차인의 생명을 구하기 위해 화재를 진압하다가 발생한 손해는 고의나 중과실이 없으면 배상할 책임이 없다.

15 다음 중 민법상 친족에 대한 설명으로 옳지 않은 것은?

① 자기의 직계존속과 직계비속을 직계혈족이라 한다.

② 자기의 형제자매와 형제자매의 직계비속, 직계존속의 형제자매 및 그 형제자매의 직계비속을 방계혈족이라 한다.

③ 혈족의 배우자, 배우자의 혈족, 배우자의 혈족의 배우자를 인척으로 한다.

④ 입양으로 인한 친족관계는 입양의 취소나 파양이 있어도 종료되지 않는다.

01 다음 빈칸에 들어갈 말을 〈보기〉에서 순서대로 바르게 고르면?

> ① 전세권자가 목적물을 개량하기 위하여 지출한 금액 기타 _____에 관하여는 그 가액의 증가가 현존한 경우에 한하여 소유자의 선택에 좇아 그 지출액이나 증가액의 상환을 청구할 수 있다.
> ② 전항의 경우에 법원은 _____의 청구에 의하여 상당한 상환기간을 허여할 수 있다.

> **보기**
> ㉠ 유익비　　　　　　　　　　㉢ 유류비
> ㉣ 소유자　　　　　　　　　　㉤ 소비자

(　　　　　　　　　)

02 다음 중 민법 재판상 이혼 원인에 해당하지 않는 것은?

> ㉠ 배우자의 생사가 1년간 분명하지 아니한 때
> ㉢ 배우자가 악의로 다른 일방을 유기한 때
> ㉣ 배우자로부터 심히 부당한 대우를 받았을 때
> ㉤ 자신의 직계존속이 배우자로부터 심히 부당한 대우를 받았을 때

(　　　　　　　　　)

03 다음 빈칸에 들어갈 숫자를 순서대로 바르게 나열하면?

> 조정위원회는 분쟁의 조정신청을 받은 날부터 _____ 이내에 그 분쟁조정을 마쳐야 한다. 다만, 부득이한 사정이 있는 경우에는 조정위원회의 의결을 거쳐 _____의 범위에서 그 기간을 연장할 수 있다.

(　　　　일,　　　　일)

04 A상가의 경비책임자인 乙의 부주의로 인해 甲점포에 도둑이 들었다. 이 경우 경비책임자인 乙의 민사상 손해배상 책임과 관련한 다음 중 옳지 않은 설명을 고르면?

> ㉠ 불법행위로 인한 손해배상에 있어서는 정신적 손해가 포함될 수 없다.
> ㉡ 乙은 甲에 대해 계약상의 손해배상책임을 부담할 수도 있다.
> ㉢ 甲이 乙에게 불법행위에 기한 손해배상을 청구하기 위해서는 乙에게 고의 또는 과실이 인정되어야 한다.
> ㉣ 乙의 불법행위책임이 인정되려면 乙의 부주의한 행위와 甲의 손해 사이에 인과관계가 인정되어야 한다.

(   )

05 다음 전세권자의 손해배상책임에 대한 O / × 퀴즈의 답을 구하면?

> • 전세권의 목적물의 전부 또는 일부가 전세권자의 책임 있는 사유로 인하여 멸실된 때에도 전세권자는 손해를 배상할 책임이 없다. (O / ×)
> • 전항의 경우에 전세권설정자는 전세권이 소멸된 후 전세금으로써 손해의 배상에 충당하고 잉여가 있으면 반환하여야 하며 부족이 있으면 다시 청구할 수 있다. (O / ×)

(,   )

04 | 전산이론 실전예제

정답 및 해설 p.050

※ 전산이론은 빈출키워드가 수록되지 않습니다.

| 객관식 |

01 다음 중 JK 플립플롭에서 J에 1, K에 1이 입력되면 동작 상태는 어떻게 되는가?

① 변화 없음　　　　　　　　　　　② Clear 상태

③ Set 상태　　　　　　　　　　　　④ 반전

02 다음 중 UNIX에 대한 설명으로 가장 옳지 않은 것은?

① 상당 부분 C 언어를 사용하여 작성되었으며, 이식성이 우수하다.

② 셸(Shell)은 프로세스 관리, 기억장치 관리, 입출력 관리 등의 기능을 수행한다.

③ 사용자는 하나 이상의 작업을 백그라운드에서 수행할 수 있어 여러 개의 작업을 병행 처리할 수 있다.

④ 두 사람 이상의 사용자가 동시에 시스템을 사용할 수 있어 정보와 유틸리티들을 공유하는 편리한 작업 환경을 제공한다.

03 다음 중 SQL 언어의 질의 기능에 대한 설명으로 옳지 않은 것은?

① FROM 절은 질의에 의해 검색될 데이터들을 포함하는 테이블을 기술한다.

② 복잡한 탐색 조건을 구성하기 위하여 단순 탐색 조건들을 And, Or, Not으로 결합할 수 있다.

③ ORDER BY 절은 질의 결과가 한 개 또는 그 이상의 열 값을 기준으로 오름차순 또는 내림차순으로 정렬될 수 있도록 기술된다.

④ SELECT 절은 질의 결과에 포함될 데이터 행들을 기술하며, 이는 데이터베이스로부터 데이터 행 또는 계산 행이 될 수 있다.

04 사관학교에서 입교 지원현황을 조회하고자 할 때, 다음 SQL 구문으로 알 수 없는 것은?

> SELECT 지원, 지원학과, 전화번호 FROM 지원자
> WHERE 점수>59 ORDER BY 지원학과, 점수 DESC

① 지원자 테이블을 검색한다.
② 점수가 60점 이상인 지원자만을 검색한다.
③ 지원자 전체에 대해 점수순(내림차순)으로 정렬된다.
④ 지원학과별 점수 순위를 알 수 있다.

05 다음 중 에러를 검출하고 검출된 에러를 교정하기 위하여 사용되는 코드는?

① ASCII 코드   ② BCD 코드
③ 8421 코드   ④ 해밍 코드

06 다음 중 인터럽트의 요청 판별 방법에 대한 내용으로 옳지 않은 것은?

① 소프트웨어에 의한 판별 방법은 폴링에 의한 방법이라고도 한다.
② 하드웨어에 의한 판별 방법은 장치 번호 버스를 이용한다.
③ 소프트웨어에 의한 판별 방법은 인터럽트 처리 루틴이 수행된다.
④ 하드웨어에 의한 판별 방법은 소프트웨어에 의한 판별 방법보다 속도가 느리다.

07 데이터베이스 관리 시스템(DBMS)의 필수 기능 중 제어 기능에 대한 설명으로 거리가 먼 것은?

① 데이터베이스를 접근하는 갱신, 삽입, 삭제 작업이 정확하게 수행되어 데이터의 무결성이 유지되도록 제어한다.
② 데이터의 논리적 구조와 물리적 구조 사이에 변환이 가능하도록 두 구조 사이의 사상(Mapping)을 명시한다.
③ 정당한 사용자가 허가된 데이터만 접근할 수 있도록 보안을 유지하고, 권한을 검사할 수 있어야 한다.
④ 여러 사용자가 데이터베이스를 동시에 접근하여 데이터를 처리할 때 결과가 항상 정확성을 유지하도록 병행 제어를 할 수 있다.

08 주기억장치 배치 전략 기법으로 최적 적합을 사용할 때, 다음과 같은 기억 장소 리스트에서 10K 크기의 작업은 어느 기억 공간에 할당되는가?

영역 기호	운영체제
A	사용 중
B	5K
C	사용 중
D	15K
E	사용 중
F	25K

① B ② C
③ D ④ F

09 다음 오버플로 처리 방법 중에서 여러 개의 해싱 함수를 준비하였다가 충돌 발생 시 새로운 해싱 함수를 적용하여 새로운 해시표를 생성하는 방법은?

① 개방 주소 방법 ② 이차 검색 방법
③ 재해싱 방법 ④ 체인 방법

10 설계 품질을 평가하기 위해서는 반드시 좋은 설계에 대한 기준을 세워야 한다. 다음 중 좋은 설계 기준이라고 할 수 없는 것은?

① 설계는 모듈적이어야 한다.
② 설계는 자료와 프로시저에 대한 분명하고, 분리된 표현을 포함해야 한다.
③ 소프트웨어 요소들 간의 효과적 제어를 위해 설계에서 계층적 조직이 제시되어야 한다.
④ 설계는 서브루틴이나 프로시저가 전체적이고, 통합적이 될 수 있도록 유도되어야 한다.

11 다음 중 소프트웨어의 신뢰성에 대한 설명으로 옳지 않은 것은?

① 시스템이 주어진 환경에서 정확한 결과를 얻기 위해 주어진 시간 동안 오류 없이 작동할 확률이다.
② 개발 시점의 자료를 이용하여 측정과 예측이 가능하다.
③ 간단한 신뢰도 측정은 MTBF로 가능하다.
④ 프로그램이 요구 사항에 따라 운영되는 확률이다.

12 다음 중 정형 기술 검토(FTR)에 대한 설명으로 옳지 않은 것은?

① 소프트웨어 공학의 실무자에 의해 수행되는 소프트웨어 품질 보증 활동이다.

② 기능과 로직의 오류 발견, 사용자 요구 사항의 확인, 프로젝트 관리의 편리성 등이 주목적이다.

③ 소프트웨어 분석, 설계, 구현을 위한 다양한 접근을 관찰할 수 있도록 한다.

④ 소프트웨어 생명 주기의 각 단계에서 산출된 결과물을 여러 사람이 검토한다.

13 다음 중 블랙 박스 테스트를 이용하여 발견할 수 있는 오류의 경우로 가장 거리가 먼 것은?

① 비정상적인 자료를 입력해도 오류 처리를 수행하지 않는 경우

② 정상적인 자료를 입력해도 요구된 기능이 제대로 수행되지 않는 경우

③ 반복 조건을 만족하는데도 루프 내의 문장이 수행되지 않는 경우

④ 경곗값을 입력할 경우 요구된 출력 결과가 나오지 않는 경우

14 다음은 객체 지향 소프트웨어 개발 및 UML Diagram에 대한 설명이다. 빈칸 ㉠ ~ ㉢에 들어갈 내용을 바르게 짝지은 것은?

> • ___㉠___ 은/는 외부에서 인식할 수 있는 특성이 담긴 소프트웨어의 골격이 되는 기본 구조로, 시스템 전체에 대한 큰 밑그림이다. 소프트웨어 품질 요구 사항은 ___㉠___ 을/를 결정하는 데 주요한 요소로 작용한다.
> • ___㉡___ 은/는 두 개 이상의 클래스에서 동일한 메시지에 대해 객체가 다르게 반응하는 것이다.
> • ___㉢___ 은/는 객체 간의 메시지 통신을 분석하기 위한 것으로 시스템의 동작을 정형화하고 객체들의 메시지 교환을 시각화한다.

	㉠	㉡	㉢
①	소프트웨어 아키텍처	다형성	시퀀스 모델
②	유스케이스	다형성	시퀀스 모델
③	클래스 다이어그램	캡슐화	상태 모델
④	디자인 패턴	캡슐화	상태 모델

15 다음 C 프로그램의 기본 사항 중 옳지 않은 것은?

① 프로그램을 실행한다는 의미로 반드시 main() 함수로부터 시작된다.

② main() 함수는 아래쪽으로 "["로 시작하여 "]"로 종료된다.

③ 하나의 문장이 끝날 때마다 반드시 세미콜론(;)을 입력한다.

④ 주석(설명문)은 /*와 */의 사이에 놓이며, 컴파일러는 이를 번역하지 않는다.

| 주관식 |

01 양자화 비트수가 6비트이면 양자화 계단 수는 얼마인가?

(단계)

02 다음 자료에서 속성(Attribute)의 개수는?

학번	이름	학과	성별	학년
001	김영수	경영	남	2
002	박철수	경영	남	2
003	홍길동	경제	남	3
004	김나라	법학	여	4

(개)

03 다음 〈보기〉에서 정규화에 대한 설명으로 옳은 것을 모두 고르면?

> **보기**
>
> ㉠ 정규화하는 것은 테이블을 결합하여 종속성을 증가시키는 것이다.
> ㉡ 제2정규형은 반드시 제1정규형을 만족해야 한다.
> ㉢ 제1정규형은 릴레이션에 속한 모든 도메인이 원자 값만으로 되어 있는 릴레이션이다.
> ㉣ BONF는 강한 제3정규형이라고도 한다.

(   )

04 S/W Project 일정이 지연된다고 해서 Project 말기에 새로운 인원을 추가 투입하면 Project는 더욱 지연된다는 내용과 관련되는 법칙은?

(의 법칙)

05 다음 A ~ D 중에서 주어진 함수식에 대한 결과값이 옳지 않은 것은?

번호	함수식	결과값
A	= SQRT(49)	7
B	= NOT(4 > 5)	FALSE
C	= MODE(5, 10, 15, 10)	10
D	= ROUND(13200, −3)	13000

(   )

PART 4

최종점검 모의고사

새마을금고중앙회 필기전형				
구분	문항 수	출제범위		응시시간
직무능력평가	40문항	의사소통능력, 수리능력, 문제해결능력		100분
	20문항	금융 · 디지털상식		
	40문항	일반	경영 · 경제 · 민법	
		IT	전산이론	

※ 쉬는 시간 없이 진행되며, 영역별 응시시간이 종료된 후 OMR 답안지에 마킹하거나 이전 영역의 시험지를 넘기는 행동은 부정행위로 간주한다.

01　다음 빈칸에 들어갈 내용으로 가장 적절한 것은?

> MZ세대 직장인을 중심으로 '조용한 사직'이 유행하고 있다. '조용한 사직'이라는 신조어는 2022년 7월 한 미국인이 SNS에 소개하면서 큰 호응을 얻은 것으로 실제로 퇴사하진 않지만 최소한의 일만 하는 업무 태도를 말한다. 실제로 MZ세대 직장인은 적당히 하자라는 생각으로 주어진 업무는 하되 더 찾아서 하거나 스트레스 받을 수준으로 많은 일을 맡지 않고, 사내 행사도 꼭 필요할 때만 참여해 일과 삶을 철저히 분리하고 있다.
>
> 한 채용플랫폼의 설문조사 결과에 따르면 직장인 10명 중 7명이 '월급 받는 만큼만 일하면 끝'이라고 답했고, 20대 응답자 중 78.5%, 30대 응답자 중 77.1%가 '받은 만큼만 일한다.'라고 답했다. 설문조사 결과 연령대가 높아질수록 그 비율은 감소해 젊은 층을 중심으로 이 같은 인식이 확산하고 있음을 짐작할 수 있다.
>
> 이러한 인식이 확산하는 데는 인플레이션으로 인한 임금 감소, '돈을 많이 모아도 집 한 채를 살 수 있을까?' 등 전반적인 경제적 불만이 기저에 있다고 전문가들은 말했다. 또 MZ세대가 '노력에 상응하는 보상을 받고 있는지'에 민감하게 반응하는 특성을 가지고 있는 것도 한 몫 하고 있다.
>
> 문제점은 이러한 '조용한 사직' 분위기가 기업의 전반적인 생산성 저하로 이어지고 있는 것이다. 이에 맞서 기업도 '조용한 사직'으로 대응해 게으른 직원에게 업무를 주지 않는 '조용한 해고'를 하는 상황이 발생하고 있다. 이에 전문가들은 MZ세대 직장인을 나태하다고 구분 짓는 사고방식은 잘못되었다고 지적하며, 기업 차원에서는 "_____"이, 개인 차원에서는 "스스로 일과 삶을 잘 조율하는 현명함을 만드는 것"이 필요하다고 언급했다.

① 직원이 일한 만큼 급여를 올려주는 것

② 직원이 스트레스를 받지 않게 적당량의 업무를 배당하는 것

③ 젊은 세대의 채용을 신중히 하는 것

④ 젊은 세대가 함께할 수 있도록 분위기를 만드는 것

02 다음 글의 주제로 적절한 것은?

1920년대 세계 대공황의 발생으로 애덤 스미스 중심의 고전학파 경제학자들의 '보이지 않는 손'에 대한 신뢰가 무너지게 되자 경제를 보는 새로운 시각이 요구되었다. 당시 고전학파 경제학자들은 국가의 개입을 철저히 배제하고 공급이 수요를 창출한다는 세이의 법칙을 믿고 있었다. 그러나 이러한 믿음으로는 세계 대공황을 설명할 수 없었다. 이때 새롭게 등장한 것이 케인스의 '유효수요이론'이다. 유효수요이론이란 공급이 수요를 창출하는 것이 아니라, 유효수요, 즉 물건을 살 수 있는 확실한 구매력이 뒷받침되는 수요가 공급 및 고용을 결정한다는 이론이다. 케인스는 세계 대공황의 원인이 이 유효수요의 부족에 있다고 보았다. 유효수요가 부족해지면 기업은 생산량을 줄이고, 이것은 노동자의 감원으로 이어지며 구매력을 감소시켜 경제의 악순환을 발생시킨다는 것이다. 케인스는 불황을 해결하기 위해서는 가계와 기업이 소비 및 투자를 충분히 해야 한다고 주장했다. 그는 소비가 없는 생산은 공급 과다 및 실업을 일으키며 궁극적으로는 경기 침체와 공황을 가져온다고 하였다. 절약은 분명 권장되어야 할 미덕이지만 소비가 위축되어 경기 침체와 공황을 불러올 경우, 절약은 오히려 악덕이 될 수도 있다는 것이다.

① 고전학파 경제학자들이 주장한 '보이지 않는 손'
② 세계 대공황의 원인과 해결책
③ '유효수요이론'의 영향
④ '유효수요이론'의 정의

03 다음 글에서 알 수 있는 것으로 적절하지 않은 것은?

참여예산제는 예산 편성의 단계에서 시민들의 참여를 가능하게 하는 제도이다. 행정부의 독점적인 예산 편성은 계층제적 권위에 의한 참여의 부족을 불러와 비효율성의 또 다른 원인이 될 수 있기 때문에, 참여예산제의 시행은 재정 민주주의의 실현을 위해서 뿐만 아니라 예산 배분의 효율성 제고를 위해서도 필요한 것이라 할 수 있다. 그러나 참여가 형식에 그치게 되거나 예기치 못한 형태의 주민 간 갈등이 나타날 수 있다는 문제점이 존재한다. 또 인기 영합적 예산 편성과 예산 수요의 증가 및 행정부 의사 결정의 곤란과 같은 문제점도 지적된다.

① 참여예산제의 시행은 민주성의 실현이라는 의의가 있다.
② 참여예산제의 시행은 예산 편성상의 효율성을 제고할 것이다.
③ 참여예산제는 주민들의 다양한 이익을 반영할 수 있을 것이다.
④ 참여예산제는 재정 상태를 악화시킬 것이다.

※ 다음 글을 읽고 이어지는 질문에 답하시오. [4~5]

4차 산업혁명 열풍은 제조업을 넘어, 농축산업, 식품, 유통, 의료 서비스 등 업종에 관계없이 모든 곳으로 퍼져나가고 있다. 에너지 분야도 4차 산업혁명을 통해 기술의 진보와 새로운 비즈니스 영역을 개척할 수 있을 것으로 기대하고 있다.

사실 에너지는 모든 밸류체인에서 4차 산업혁명에 가장 근접해 있다. 자원개발에선 초음파 등을 이용한 탐지기술과 지리정보 빅데이터를 이용한 분석, 설비 건설에서는 다양한 설계 및 시뮬레이션 툴이 동원된다. 자원 채광 설비와 발전소, 석유화학 플랜트에 들어가는 수만 개의 장비들은 센서를 부착하고 산업용 네트워크를 통해 중앙제어실과 실시간으로 소통한다.

원자력 발전소를 사례로 들어보면 원자력 발전소에는 수백 km에 달하는 배관과 수만 개의 밸브, 계량기, 펌프, 전기기기들이 있다. 그리고 그 어느 시설보다 안전이 중요한 만큼 기기 및 인명 안전 관련 센서들도 셀 수 없다. 이를 사람이 모두 관리하고 제어하는 것은 사실상 불가능하다. 원전 종사자들이 매일 현장 순찰을 돌고 이상이 있을 시 정지 등 조치를 취하지만, 대다수의 경우 설비에 이상신호가 발생하면 기기들은 스스로 판단해 작동을 멈춘다.

원전 사례에서 볼 수 있듯이 에너지 설비 운영 부문은 이미 다양한 4차 산업혁명 기술이 사용되고 있다. 그런데도 에너지 4차 산업혁명이 계속 언급되고 있는 것은 그 분야를 설비관리를 넘어 새로운 서비스 창출로까지 확대하기 위함이다.

2017년 6월 나주 에너지밸리에서는 드론을 활용해 전신주 전선을 점검하는 모습이 시연됐다. 이 드론은 정부 사업인 '2016년 시장 창출형 로봇보급사업'으로 만들어진 것으로 드론과 광학기술을 접목해 산이나 하천 등 사람이 접근하기 힘든 곳의 전선 상태를 확인하기 위해 만들어졌다. 드론은 GPS 경로를 따라 전선 위를 자율비행하면서 고장 부위를 찾는다.

전선 점검 이외에도 드론은 에너지 분야에서 매우 광범위하게 사용되는 아이템이다. 발전소의 굴뚝과 같은 고소설비와 위험지역, 사각지대 등 사람이 쉽게 접근할 수 없는 곳을 직접 확인하고, 고성능·열화상 카메라를 달아 고장 및 화재 위험을 미리 파악하는 등 다양한 활용사례가 개발되고 있다.

가상현실은 엔지니어 교육 분야에서 각광받는 기술이다. 에너지 분야는 중장비와 전기설비 및 화학약품 등을 가까이 하다 보니 항상 사상사고의 위험을 안고 있다. 때문에 현장 작업자 교육에선 첫째도 둘째도 안전을 강조한다. 최근에는 현장 작업 시뮬레이션을 3D 가상현실 기술로 수행하려는 시도가 진행되고 있다. 발전소, 변전소 등 현장의 모습을 그대로 3D 모델링한 가상현실 체험으로 복잡한 도면을 해석하거나 숙지할 필요가 없어 훨씬 직관적으로 업무를 할 수 있다. 작업자들은 작업에 앞서, 실제 현장에서 수행해야 할 일들을 미리 점검해 볼 수 있다.

에너지 4차 산업혁명은 큰 변화를 몰고 올 것으로 예상하고 있지만, 그 시작은 매우 사소한 일상생활의 아이디어에서 나올 수 있다. 지금 우리가 전기와 가스를 쓰면서 느끼는 불편함을 개선하려는 시도가 곧 4차 산업혁명의 시작이다.

04 A대리는 사보에 실릴 4차 산업혁명에 대한 원고를 청탁받았다. 해당 원고를 작성한 후 검수 과정을 거치는 중 사보담당자가 피드백할 내용으로 적절하지 않은 것은?

① 소제목을 이용해 문단을 구분해 줘도 좋을 것 같아요.

② 4차 산업혁명이 어떤 것인지 간단한 정의를 앞부분에 추가해주세요.

③ 4차 산업혁명에 대한 긍정적인 입장만 있으니 반대로 이로 인해 야기되는 문제점도 언급해 주는 게 어떨까요?

④ 서비스 등 에너지와 엔지니어 분야를 제외한 업종에 관한 사례만 언급하고 있으니 관련된 사례를 주제에 맞게 추가해주세요.

05 해당 기사는 사보 1면을 장식하고 회사 블로그에도 게재되었다. 다음 중 기사를 읽고 독자가 할 말로 적절하지 않은 것은?

① 지금은 에너지 설비 운영 부문에 본격적인 4차 산업혁명 기술이 도입되기 전 단계군요.

② 드론을 이용해 사람이 접근하기 힘든 곳을 점검하는 등 많은 활용을 할 수 있겠어요.

③ 엔지니어 교육 분야에 4차 산업혁명을 적용하면 안전사고를 줄일 수 있겠어요.

④ 4차 산업혁명이 현장에 적용되면 직관적으로 업무 진행이 가능하겠어요.

1894년, 화성에 고도로 진화한 지적 생명체가 존재한다는 주장이 언론의 주목을 받았다. 이러한 주장은 당시 화성의 지도들에 나타난, '운하'라고 불리던 복잡하게 얽힌 선들에 근거를 두고 있었다. 화성의 '운하'는 1878년에 처음 보고된 뒤 거의 30년간 여러 화성 지도에 계속해서 나타났다. 존재하지도 않는 화성의 '운하'들이 어떻게 그렇게 오랫동안 천문학자들에게 받아들여질 수 있었을까?

19세기 후반에 망원경 관측을 바탕으로 한 화성의 지도가 많이 제작되었다. 특히 1877년 9월은 지구가 화성과 태양에 동시에 가까워지는 시기여서 화성의 표면이 그 어느 때보다도 밝게 보였다. 영국의 아마추어 천문학자 그린은 대기가 청명한 포르투갈의 마데이라 섬으로 가서 13인치 반사 망원경을 사용해서 화성을 보이는 대로 직접 스케치했다. 그린은 화성 관측 경험이 많았으므로 이전부터 이루어진 자신의 관측 결과를 참고하고, 다른 천문학자들의 관측 결과까지 반영하여 당시로서는 가장 정교한 화성 지도를 제작하였다.

그런데 이듬해 이탈리아의 천문학자인 스키아파렐리의 화성 지도가 나오면서 이 지도의 정확성이 도전받았다. 그린과 같은 시기에 수행한 관측을 토대로 제작한 스키아파렐리의 지도에는, 그린의 지도에서 흐릿하게 표현된 지역에 평행한 선들이 그물 모양으로 교차하는 지형이 나타나 있었기 때문이었다. 스키아파렐리는 이것을 '카날리(Canali)'라고 불렀는데, 이것은 '해협'이나 '운하'로 번역될 수 있는 용어였다.

절차적 측면에서 보면 그린이 스키아파렐리보다 우위를 점하고 있었다. 우선 스키아파렐리는 전문 천문학자였지만 화성 관측은 이때가 처음이었다. 게다가 그는 마데이라 섬보다 대기의 청명도가 떨어지는 자신의 천문대에서 관측을 했고, 배율이 상대적으로 낮은 8인치 반사 망원경을 사용했다. 또한 그는 짧은 시간에 특징만을 스케치하고 기억에 의존해 그것을 정교화했으며, 자신만의 관측을 토대로 지도를 제작했던 것이다. 그런데도 승리는 스키아파렐리에게 돌아갔다. 그가 천문학계에서 널리 알려진 존경받는 천문학자였던 것이 결정적이었다. 대다수의 천문학자들은 그들이 존경하는 천문학자가 눈에 보이지도 않는 지형을 지도에 그려 넣었으리라고는 생각하기 어려웠다. 게다가 스키아파렐리의 지도는 지리학의 채색법을 그대로 사용하여 그린의 지도보다 호소력이 강했다. 그 후 스키아파렐리가 몇 번 더 '운하'의 관측을 보고하자 다른 천문학자들도 '운하'의 존재를 보고하기 시작했고, 이후 더 많은 '운하'들이 화성 지도에 나타나게 되었다.

일단 권위자가 무엇인가를 발견했다고 알려지면 그것이 존재하지 않는다는 것을 입증하기란 쉽지 않다. 더구나 관측의 신뢰도를 결정하는 척도로 망원경의 성능보다 다른 조건들이 더 중시되던 당시 분위기에서는 이러한 오류가 수정되기 어려웠다. 성능이 더 좋아진 대형 망원경으로는 종종 '운하'가 보이지 않았는데, 놀랍게도 '운하' 가설 옹호자들은 이것에 대해 대형 망원경이 높은 배율 때문에 어떤 대기 상태에서는 오히려 왜곡이 심해서 소형 망원경보다 해상도가 떨어질 수 있다고 '해명'하곤 했던 것이다.

06 다음 중 윗글의 제목으로 가장 적절한 것은?

① 과학의 방법 : 경험과 관찰

② 과학사의 그늘 : 화성의 운하

③ 과학의 신화 : 화성 생명체 가설

④ 설명과 해명 : 그린과 스키아파렐리

07 다음 중 윗글의 사례와 〈보기〉의 유사점으로 적절하지 않은 것은?

> 보기
>
> 17세기 초 갈릴레이는 당시로서는 배율이 가장 높은 망원경을 사용하여 달을 관측한 뒤, 달에서 산과 계곡을 발견했다고 보고했다. 갈릴레이는 이 발견을 토대로 전통적으로 믿어 왔던 아리스토텔레스의 견해에 도전했다. 아리스토텔레스의 견해에 따르면 달은 천상계의 물체이므로 완전한 구형이어야 했던 것이다. 당시 아리스토텔레스의 추종자들은 갈릴레이의 망원경이 달을 있는 그대로 보여 준다는 것을 믿을 수 없다고 주장했다. 이러한 반대는 더 높은 배율의 망원경이 개발되고, 아리스토텔레스의 천상계의 완전성 개념이 무너질 때까지 수십 년간 지속되었다.

① 망원경에 대한 불신이 개입된 점

② 천상계의 완전성 개념이 논란이 된 점

③ 관측 결과의 수용 문제를 다루고 있다는 점

④ 천체의 지형에 대한 관측을 소재로 한다는 점

우리는 보통 은행이나 새마을금고는 익숙해 하면서, 제1금융권, 제2금융권이라는 말은 왠지 낯설어한다. 제2금융권에는 상호저축은행, 새마을금고 등 여러 금융 기관이 있는데, 이러한 금융 기관들은 어떻게 다른 걸까? 먼저 은행에는 중앙은행, 일반은행, 특수은행이 있다. 이 중 중앙은행으로는 금융제도의 중심이 되는 한국은행이 있다. 한국은행은 우리가 사용하는 돈인 한국 은행권을 발행하고, 경제 상태에 따라 시중에 유통되는 돈의 양, 곧 통화량을 조절한다.

일반은행의 종류에는 큰 도시에 본점을 두고 전국적인 지점망을 형성하는 시중은행과 지방 위주로 영업하는 지방은행, 외국은행의 국내지점이 있다. 일반은행은 예금은행 또는 상업은행이라고도 하며, 예금을 주로 받고 그 돈을 빌려주어서 이익을 얻는 상업적 목적으로 운영된다.

특수은행은 정부가 소유한 은행으로서, 일반은행으로서는 수지가 맞지 않아 자금 공급이 어려운 경제 부문에 자금을 공급하는 것이 주요 업무이다. 국가 주요 산업이나 기술 개발용 장기 자금을 공급하는 한국산업은행, 기업이 수출입 거래를 하는 데 필요한 자금을 공급해주는 한국수출입은행, 중소기업 금융을 전문으로 하는 중소기업은행이 이에 해당한다. 농업과 축산업 금융을 다루는 농업협동조합중앙회, 또는 수산업 금융을 다루는 수산업 협동조합중앙회도 특수 은행에 포함된다. 이중에서 일반적으로 일반은행과 특수은행을 제1금융권이라고 한다.

제2금융권은 은행이 아니지만 은행과 비슷한 예금 업무를 다루는 기관으로, 은행에 비해 규모가 작고 특정한 부문의 금융 업무를 전문으로 한다. 상호저축은행, 신용협동기구, 투자신탁회사, 자산운용회사 등이 이에 해당한다. 상호저축은행은 도시 자영업자를 주요 고객으로 하는 소형 금융 기관이다. 은행처럼 예금 업무가 가능하고 돈을 빌려주기도 하지만 이자가 더 높고, 일반은행과 구별하기 위해서 상호저축은행이라는 이름을 쓴다. 신용협동조합, 새마을금고, 농협과 수협의 지역 조합을 통틀어 신용협동기구라고 하는데, 직장 혹은 지역 단위로 조합원을 모아서 이들의 예금을 받고, 그 돈을 조합원에게 빌려주는 금융 업무를 주로 담당한다. 투자신탁회사, 자산운용회사는 투자자들이 맡긴 돈을 모아 뭉칫돈으로 만들어 증권이나 채권 등에 투자해 수익을 올리지만, 돈을 빌려주지는 않는다.

이외에도 여러 금융 기관들이 있는데, 이를 기타 금융 기관이라고 한다. 기타 금융 기관으로는 여신 전문 금융회사가 있는데, 신용카드회사와 할부 금융회사, 기계 등의 시설을 빌려주는 리스회사 등이 포함된다. 그리고 증권사를 상대로 돈을 빌려주는 증권금융회사도 기타 금융 기관에 해당한다.

08 다음 중 윗글을 쓴 목적으로 가장 적절한 것은?

① 대상에 새로운 역할이 부여되어야 함을 주장하기 위해

② 대상의 특성을 설명하여 독자에게 정보를 제공하기 위해

③ 대상의 기능을 강조하여 독자의 인식 전환을 촉구하기 위해

④ 대상의 장점을 부각시켜 대상에 대한 관심을 유도하기 위해

PART 4

09 윗글을 바탕으로 할 때, 〈보기〉의 상황에 대해 제시할 수 있는 의견으로 적절하지 않은 것은?

> **보기**
> • 국회의원 A씨는 물가 상승의 원인이 통화량이 지나치게 많기 때문임을 파악하고, 이를 해결할 수 있는 방법을 찾고자 한다.
> • 농부 B씨는 이번에 새롭게 버섯농사를 시작하려 했으나, 자금이 부족하여 금융기관에서 일정 금액을 대출받으려 한다.
> • 중소기업의 사장 C씨는 제품의 생산량을 늘리기 위해 새로운 기계를 구입하려 했으나, 그 돈은 예금으로 맡겨 놓고 기계를 임대하는 것이 더욱 이익임을 알게 되었다.

① A씨가 해결 방법을 찾기 위해서는 한국은행 측에 자문을 구해 보는 것이 좋을 거야.

② B씨는 농업과 관련된 금융을 주로 다루는 농업협동조합중앙회에서 대출을 받을 수 있을 거야.

③ B씨가 좀 더 낮은 이자로 대출받기를 원한다면 투자신탁회사를 이용할 수도 있어.

④ C씨는 기타 금융 기관인 리스회사를 통해서 필요한 기계를 빌릴 수 있을 거야.

※ 다음은 안전보장이사회를 소개하는 기사이다. 내용을 읽고 이어지는 질문에 답하시오. [10~11]

국제연합(United Nations)은 제2차 세계대전 말에 태동하기 시작하여 1945년 샌프란시스코회의에서 헌장이 작성되고, 동년 10월 24일 발효함으로써 창설된 전후 최대 국제기구이다. 산하 주요기관으로는 총회, 안전보장이사회, 경제이사회, 신탁통치이사회, 국제사법재판소 그리고 사무국이 있다. 이 중에서 안전보장이사회는 국제평화와 안보에 대한 위협을 다루는 데 있어서 좀 더 효율적인 의사결정을 촉진하기 위해 작은 규모로 유지되어 왔다. 그러나 규모와 달리 평화를 파괴할 우려가 있는 분쟁 또는 사태를 평화적으로 처리하며, 평화에 대한 위협, 평화의 파괴 또는 침략행위 등에 대한 중지·권고 또는 강제조치를 결정하는 권한을 가지고 있다. 이에 관련된 군비규제 계획의 작성, 국제사법재판소의 판결이행사항 이행, 지방적 분쟁에 대한 지역적 처리 장려, 지역적 강제행동의 허가, 전략지구의 감독 등을 수행한다. 또한 총회와 공동으로 가맹승인·제명·권리정지 및 사무총장의 임명 등을 관장한다.

안전보장이사회는 또한 상임이사국과 비상임이사국 모두를 가진 유일한 UN기구이다. 5개 상임이사국은 미국, 영국, 프랑스, 러시아(1992년 소련의 의석을 승계)와 중국(1971년 중화민국의 의석을 승계)인데, 이들은 거부권을 가지고 있기 때문에 안전보장이사회 의사결정의 핵심이라고 할 수 있다. 1965년에 10개국으로 확대된 비상임이사국들은 2년 임기로 선출되고, 안전보장이사회의 모든 업무에 참여한다. 적어도 비상임이사국들이 찬성해야만 결의안이 통과된다. 현재의 규칙에 의하면 비상임이사국은 연임할 수 없으며 비상임이사국 중 5석은 아프리카와 아시아가 차지하고, 라틴아메리카와 서유럽국가들이 각각 2석을, 동유럽 국가들이 한 자리를 차지한다.

국제 평화와 안보의 목적을 추구하는 일차적 책임은 안전보장이사회에 있다. 안전보장이사회는 국제 평화와 안보를 유지하거나 혹은 회복하기 위해 심지어 군사조치까지 승인하는 결의안을 만들 수 있다. 이러한 경우에는 총 15개 안전보장이사회 회원국 중 5개의 상임이사국을 포함하고 9개 이상 이사국의 찬성 표결이 있어야만 한다. 이 중 5개 상임이사국은 거부권을 행사할 수 있다.

현재 안전보장이사회의 평화유지의 역할을 수행하는 것과 관련된 조항은 UN헌장 제6장과 제7장에 열거되어 있다. 제6장은 분쟁의 평화적 해결 문제를 다루고 있는데, 이 장은 분쟁을 조사하고 당사국들로 하여금 폭력의 사용 없이 분쟁을 해결하도록 돕는 여러 형태의 기술적 내용들을 제시하고 있다. 제7장은 침략자들을 규정하고, 경제제재 혹은 공동행동을 위한 군사력 제공 등과 같은 실행조치를 취하는 데 있어서 회원국들을 독려할 수 있는 안보리의 권한을 명시하고 있다. 1990년 이전, 안보리는 단지 두 사건에 있어서만 제7장에 근거한 강제 권력을 사용하였고, 대부분의 냉전시대 분쟁에 대응하기 위해서는 제6장의 절차에 근거하였다. 따라서 1992년 이전에 모든 UN 평화유지군은 제6장에 근거하여 권한이 주어졌다. 냉전종식 이후 가장 큰 변화 중 하나는 안보리가 제7장을 더 많이 활용한다는 것인데, 이는 경제제재와 군사적 행동을 위한 조치들을 포함하는 것이다. 이처럼 국제평화에 대해 지대한 책무를 지닌 까닭에 안보리 개최에 최적의 환경 확보를 위해 이사국은 그들의 대표를 유엔본부 내에 상주시키고 있다.

10 다음 중 각 문단의 제목으로 적절하지 않은 것은?

① 첫 번째 문단 : 안전보장이사회의 기능과 권한
② 두 번째 문단 : 안전보장이사회의 구성
③ 세 번째 문단 : 안전보장이사회의 거부권 행사
④ 네 번째 문단 : 안전보장이사회와 관련된 UN헌장 제6장과 제7장

11 다음 중 윗글의 내용으로 적절한 것은?

① UN헌장 제7장은 분쟁의 평화적 해결 문제를 다루고 있다.
② 5개의 상임이사국은 미국, 중국, 러시아, 일본, 프랑스로 구성되어 있다.
③ 안전보장이사회는 국제사법재판소의 판결이행사항을 이행하기도 한다.
④ 냉전종식 이후 UN헌장 제6장이 제7장보다 더 많이 활용되고 있다.

※ 다음 발표문을 읽고 이어지는 질문에 답하시오. [12~13]

펀드(Fund)를 우리말로 바꾸면 '모금한 기금'을 뜻하지만 경제 용어로는 '경제적 이익을 보기 위해 불특정 다수인으로부터 모금하여 운영하는 투자 기금'을 가리키는 말로 사용합니다. 펀드는 주로 주식이나 채권에 많이 투자를 하는데, 개인이 주식이나 채권에 투자하기 위해서는 어떤 회사의 채권을 사야 하는지, 언제 사야 하는지, 언제 팔아야 하는지, 어떻게 계약을 하고 세금을 얼마나 내야 하는지, 알아야 할 게 너무 많아 복잡합니다. 이러한 여러 가지 일을 투자 전문 기관이 대행하고 일정 비율의 수수료를 받게 되는데, 이처럼 펀드에 가입한다는 것은 투자 전문 기관에게 대행 수수료를 주고 투자 활동에 참여하여 이익을 보는 일을 말합니다.

펀드는 크게 보아 주식 투자 펀드와 채권 투자 펀드로 나눌 수 있습니다. 주식 투자 펀드를 살펴보면 회사가 회사를 잘 꾸려서 영업 이익을 많이 만들면 주식 가격이 오릅니다. 그래서 그 회사의 주식을 가진 사람은 회사의 이익을 나누어 받습니다. 이처럼 주식 투자 펀드는 주식을 사서 번 이익에서 투자 기관의 수수료를 뺀 금액이 '펀드 가입자의 이익'이 되며 이 이익은 투자한 자금에 비례하여 분배받습니다. 그리고 투자자는 분배받는 금액에 따라 세금을 냅니다. 채권 투자 펀드는 회사, 지방자치단체, 국가가 자금을 조달하기 위해 이자를 지불할 것을 약속하면서 발행하는 채권을 사서 이익을 보는 것입니다. 채권을 사서 번 이익에서 투자 기관의 수수료를 뺀 금액이 수익이 됩니다. 이외에도 투자 대상에 따라, 국내 펀드, 해외 펀드, 신흥국가 대상 펀드, 선진국 펀드, 중국 펀드, 원자재 펀드 등 펀드의 종류는 아주 다양합니다.

채권 투자 펀드는 회사나 지방자치단체 그리고 국가가 망하지 않는 이상 정해진 이자를 받을 수 있어 비교적 안정적입니다. 그런데 주식 투자 펀드는 일반 주식 가격의 변동에 따라 수익을 많이 볼 수도 있지만 손해를 보는 경우도 흔합니다. 예를 들어 어떤 펀드는 10년 후 누적 수익률이 원금의 열 배나 되지만 어떤 펀드는 수익률이 나빠져 1년 만에 원금의 절반이 되어버리는 일도 발생합니다. 이렇게 수익률 차이가 심하게 나는 것은 주식이 경기 변동의 영향을 많이 받기 때문입니다.

이로 인해 펀드와 관련하여 은행을 비롯한 투자 전문 기관에 가서 상담을 하면 상품에 대한 안내만 할 뿐, 가입 여부는 고객이 스스로 판단하도록 하고 있습니다. 합리적으로 안내를 한다고 해도 소비자의 투자 목적, 시장 상황, 투자 성향에 따라 맞는 펀드가 다르기 때문입니다. 그러니까 펀드에 가입하기 전에는 펀드의 종류를 잘 알아보고 결정해야 합니다. 또, 펀드에 가입을 해도 살 때와 팔 때를 잘 구분해야 합니다. 이것이 가장 어려운 일입니다. 그래서 주식이나 펀드는 사회 경험을 쌓고 경제 지식을 많이 알고 난 후에 하는 것이 좋다는 얘기를 많이 합니다.

12 다음 중 윗글을 통해 확인할 수 있는 질문으로 적절하지 않은 것은?

① 펀드에 가입하면 돈을 벌 수 있는가?

② 펀드란 무엇인가?

③ 펀드 가입 시 유의할 점은 무엇인가?

④ 펀드 가입 절차는 어떻게 되는가?

13 다음 중 윗글을 통해 이해한 내용으로 적절한 것은?

① 주식 투자 펀드는 경기 변동의 영향을 많이 받게 된다.

② 주식 투자 펀드는 정해진 이자를 받을 수 있어 안정적이다.

③ 채권 투자 펀드는 투자 기관의 수수료를 더한 금액이 수익이 된다.

④ 채권 투자 펀드는 주식 가격이 오를수록 펀드 이익을 많이 분배받게 된다.

14 M은행에서 근무하는 김사원은 P고객에게 적금만기를 통보하고자 한다. P고객의 적금상품 가입정보가 다음과 같을 때, 김사원이 P고객에게 안내할 만기환급금은 얼마인가?

〈P고객의 적금상품 가입정보〉

• 상품명 : M은행 튼튼준비적금   • 가입자 : P − 본인(개인)

• 가입기간 : 24개월   • 가입금액 : 매월 1일 120,000원 납입

• 적용금리 : 연 2.5%   • 저축방법 : 정기적립식

• 이자지급방식 : 만기일시지급, 단리식

---

① 2,718,000원   ② 2,750,400원

③ 2,925,500원   ④ 2,955,000원

15 A사원이 혼자서 작업을 하면 24일이 걸리는 업무가 있다. 반면 해당 업무를 B사원이 혼자서 작업을 진행하면 120일이 걸리며, C사원이 혼자서 작업을 진행하면 20일이 걸린다. 세 사람이 함께 업무를 진행할 때 작업에 소요되는 기간은?

① 6일   ② 10일

③ 12일   ④ 20일

16 승연이는 집에서 자전거를 타고 시속 20km의 속력으로 내리막길을 달린 후 시속 18km의 속력으로 평탄한 길을 달려 체육관까지 가는 데 32분이 걸렸다. 돌아올 때는 시속 15km의 속력으로 평탄한 길을 달린 후 시속 4km로 오르막길을 달려 집까지 오는 데 1시간 24분이 걸렸다. 이때, 집에서 체육관까지의 거리는?

① 6km
② 8km
③ 10km
④ 13km

17 다음은 A공사의 금융구조조정자금 총지원 현황이다. 〈보기〉의 설명 중 자료에 대한 설명으로 옳은 것을 모두 고르면?

〈금융구조조정자금 총지원 현황〉

(단위 : 억 원)

구분	은행	증권사	보험사	제2금융	저축은행	농협	소계
출자	222,039	99,769	159,198	26,931	1	0	507,938
출연	139,189	4,143	31,192	7,431	4,161	0	186,116
부실자산 매입	81,064	21,239	3,495	0	0	0	105,798
보험금 지급	0	113	0	182,718	72,892	47,402	303,125
대출	0	0	0	0	5,969	0	5,969
총계	442,292	125,264	193,885	217,080	83,023	47,402	1,108,946

보기

㉠ 출자 부문에서 은행이 지원받은 금융구조조정자금은 증권사가 지원받은 금융구조조정자금의 3배 이상이다.
㉡ 보험금 지급 부문에서 지원된 금융구조조정자금 중 저축은행이 지원받은 금액의 비중은 20%를 초과한다.
㉢ 제2금융에서 지원받은 금융구조조정자금 중 보험금 지급 부문으로 지원받은 금액이 차지하는 비중은 80% 이상이다.
㉣ 부실자산 매입 부문에서 지원된 금융구조조정자금 중 은행이 지급받은 금액의 비중은 보험사가 지급받은 금액 비중의 20배 이상이다.

① ㉠
② ㉡, ㉣
③ ㉠, ㉡, ㉢
④ ㉡, ㉢, ㉣

※ 다음은 한라산 이용객 현황에 대한 자료이다. 이어지는 질문에 답하시오. [18~19]

〈한라산 이용객 현황〉

구분	2020년		2021년		2022년		2023년	
	이용객(명)	증감률(%)	이용객(명)	증감률(%)	이용객(명)	증감률(%)	이용객(명)	증감률(%)
1월	73,932	−36.7	114,183	54.4	123,558	8.2	136,178	10.2
2월	72,716	26.2	88,505	21.7	71,900	−18.8	97,261	35.3
3월	72,079	11.8	67,343	−6.6	72,193	7.2	74,497	3.2
4월	94,476	−7.1	95,951	1.6	101,604	5.9	96,976	−4.6
5월	122,921	−16.9	140,080	14.0	135,758	−3.1	105,826	−22.0
6월	93,475	−0.4	98,905	5.8	105,521	6.7	93,486	−11.4
7월	68,851	−1.3	66,119	−4.0	80,365	21.5	67,778	−15.7
8월	76,940	−2.9	74,704	−2.9	88,995	19.1	77,866	−12.5
9월	84,810	4.9	69,778	−17.7	91,364	30.9	95,064	4.0
10월	165,086	14.9	149,825	−9.2	148,960	−0.6	133,509	−10.4
11월	94,203	−27.8	95,442	1.3	113,726	19.2	105,697	−7.1
12월	69,894	26.5	73,481	5.1	73,717	0.3	82,064	11.3
총계	1,089,383	−4.6	1,134,316	4.1	1,207,661	6.5	1,166,202	−3.4

※ 증감률은 전월 대비 증감률임

18 2020년부터 2023년까지 이용객 현황을 분석했을 때, 다음 중 옳은 것은?

① 2023년 한라산 이용객 수는 전년 대비 증가하였다.

② 2020년부터 2023년까지 매 10월은 연중 가장 많이 이용하고 있으며, 그 수가 지속적으로 상승하고 있다.

③ 전년 대비 한라산 이용객 증가율이 가장 높은 시기는 2023년 2월이다.

④ 2021년 대비 2023년 중 한라산 이용객 수가 가장 큰 비율로 변한 시기는 9월이다.

19 2024년 매달 한라산 이용객 수가 2023년 월별 한라산 이용객 수를 기준으로 2021∼2023년 월별 한라산 이용객 수 증감률의 평균만큼 변화한다고 할 때, 2024년 4분기 한라산 예상 이용객 수는 몇 명인가?(단, 증감률은 소수점 둘째 자리에서 반올림하고, 이용객 수 1명 미만은 절사한다)

① 281,984명   ② 289,541명

③ 301,589명   ④ 321,675명

※ 다음은 음식 업종별 사업자 수 현황에 관한 자료이다. 이어지는 질문에 답하시오. [20~21]

〈음식 업종별 사업자 수 현황〉

(단위 : 명)

구분	2019년	2020년	2021년	2022년
커피음료점	25,151	30,446	36,546	43,457
패스트푸드점	27,741	31,174	32,982	34,421
일식전문점	12,997	13,531	14,675	15,896
기타외국식전문점	17,257	17,980	18,734	20,450
제과점	12,955	13,773	14,570	15,155
분식점	49,557	52,725	55,013	55,474
기타음식점	22,301	24,702	24,818	24,509
한식전문점	346,352	360,209	369,903	375,152
중식전문점	21,059	21,784	22,302	22,712
호프전문점	41,796	41,861	39,760	37,543
간이주점	19,849	19,009	17,453	16,733
구내식당	35,011	31,929	29,213	26,202
합계	632,026	659,123	675,969	687,704

20 2019년 대비 2022년 사업자 수의 감소율이 두 번째로 큰 업종의 감소율을 바르게 구한 것은?(단, 소수점 둘째 자리에서 반올림한다)

① 25.2%

② 18.5%

③ 15.7%

④ 10.2%

21 다음 중 제시된 자료에 대한 설명으로 옳지 않은 것은?

① 사업자 수가 해마다 감소하는 업종은 두 곳이다.

② 기타음식점의 2022년 사업자 수는 전년보다 309명 감소했다.

③ 2019년 대비 2021년 일식전문점 사업자 수의 증감률은 약 15.2%이다.

④ 2020년의 전체 음식 업종 사업자 수에서 분식점 사업자 수가 차지하는 비중과 패스트푸드점 사업자 수가 차지하는 비중의 차이는 5%p 미만이다.

※ 다음은 국내 연간 취수량에 관한 자료이다. 이어지는 질문에 답하시오. [22~23]

〈국내 연간 취수량〉

(단위 : 백만m³)

구분		2015년	2016년	2017년	2018년	2019년	2020년	2021년	2022년
지하수		89	90	93	96	98	102	163	170
지표수	하천표류수	3,207	3,154	3,267	3,253	3,270	3,256	3,235	2,599
	하천복류수	433	417	463	474	(가)	434	437	451
	댐	3,148	3,121	3,281	3,194	3,311	3,431	3,404	3,270
	기타 저수지	51	46	58	56	55	58	61	64
총취수량		6,928	6,828	7,162	7,073	7,176	7,281	7,300	(나)

22 자료의 빈칸 (가)+(나)의 값은?

① 6,554

② 6,702

③ 6,804

④ 6,996

23 자료에 대한 설명으로 옳은 것은?

① 총취수량은 2019년 이후 계속 증가했다.

② 2016~2022년 중 모든 항목의 취수량이 전년보다 증가한 해는 2017년뿐이다.

③ 하천표류수의 양이 가장 많았던 해에 댐의 취수량도 가장 많았다.

④ 지표수의 양은 항상 총취수량의 98% 이상을 차지한다.

24 M은행 본사의 A~D사원은 각각 홍보팀, 총무팀, 영업팀, 기획팀 소속으로 3~6층의 서로 다른 층에서 근무하고 있다. 이들 중 한 명이 거짓말을 하고 있을 때, 다음 중 바르게 추론한 것은?(단, 각 팀은 서로 다른 층에 위치한다)

A사원 : 저는 홍보팀과 총무팀 소속이 아니며, 3층에서 근무하고 있지 않습니다.
B사원 : 저는 영업팀 소속이며, 4층에서 근무하고 있습니다.
C사원 : 저는 홍보팀 소속이며, 5층에서 근무하고 있습니다.
D사원 : 저는 기획팀 소속이며, 3층에서 근무하고 있습니다.

① A사원은 홍보팀 소속이다.

② B사원은 6층에서 근무하고 있다.

③ 홍보팀은 3층에 위치한다.

④ 기획팀은 4층에 위치한다.

※ 다음은 M은행의 환율과 관련된 자료들이다. 이어지는 질문에 답하시오. [25~27]

〈M은행 환율조회〉

(2024.01.21. AM 10:49 기준)

통화명	매매기준율	현찰 살 때	현찰 팔 때	송금 보낼 때	송금 받을 때
미국 USD	1,122.00	1,141.63	1,102.37	1,132.90	1,111.10
일본 JPY 100	1,005.92	1,023.52	988.32	1,015.77	996.07
유럽연합 EUR	1,252.15	1,277.06	1,227.24	1,264.67	1,239.63
중국 CNY	163.03	171.18	154.88	164.66	161.40
호주 AUD	836.00	852.46	819.54	844.36	827.64

※ 2024년 1월 동안 인터넷 환전 고객에게는 미국달러화, 일본엔화, 유로화는 80%, 기타통화는 30%로 수수료를 할인해
   드리는 할인쿠폰을 증정함A(보유 통화는 영업점마다 다르니 확인 후 방문하기를 권한다)
※ 현찰 실거래 가격은 매매기준율에 환전 수수료를 더한 가격임

〈외환수수료 규정〉

		국내 간 외화송금	실시간 국내송금(결제원이체)
외화자금 국내이체 수수료(당·타발)		USD 5,000 이하 : 5,000원 USD 10,000 이하 : 7,000원 USD 10,000 초과 : 10,000원	USD 10,000 이하 : 5,000원 USD 10,000 초과 : 10,000원
		※ 인터넷뱅킹 : 5,000원 ※ 실시간이체 : 타발 수수료는 없음	
해외로 외화송금	송금 수수료	USD 500 이하 : 5,000원 USD 2,000 이하 : 10,000원 USD 5,000 이하 : 15,000원 USD 20,000 이하 : 20,000원 USD 20,000 초과 : 25,000원 ※ 인터넷뱅킹 이용 시 건당 3,000원~5,000원, ATM 및 자동이체 이용 시 40~70% 　우대(타 서비스와 중복 할인 가능)	
		해외 및 중계은행 수수료를 신청인이 부담하는 경우 국외 현지 및 중계은행의 통화별 수수료 를 추가로 징수(USD 18, EUR 20, JPY 3,000, GBP 12, CAD 20, AUD 20 등)	
	전신료	8,000원 ※ 인터넷뱅킹 및 자동이체 : 5,000원	
	조건변경 전신료	8,000원	
해외 / 타행에서 받은 송금		건당 10,000원	

25 M은행에 근무하는 Y사원은 다음과 같은 고객의 문의를 받게 되었다. 이에 대한 답변으로 옳은 것은?

> 안녕하세요. 일주일 뒤에 유럽 여행을 가기 전에 환전을 해두려고 합니다. 1,500유로를 영업점에 가서 환전하려면 얼마 정도의 비용이 드는지와 인터넷뱅킹으로 환전하면 얼마 정도 드는지 각각 알려주시면 감사하겠습니다.

① 고객님께서 환전하시는 데 드는 금액은 현재 환율 기준으로 1,885,930원이며, 인터넷뱅킹 이용 시 80% 환전 수수료 할인쿠폰을 적용하여 1,795,125원이 듭니다.

② 고객님께서 환전하시는 데 드는 금액은 현재 환율 기준으로 1,915,110원이며, 인터넷뱅킹 이용 시 80% 환전 수수료 할인쿠폰을 적용하여 1,802,105원이 듭니다.

③ 고객님께서 환전하시는 데 드는 금액은 현재 환율 기준으로 1,915,160원이며, 인터넷뱅킹 이용 시 80% 환전 수수료 할인쿠폰을 적용하여 1,835,725원이 듭니다.

④ 고객님께서 환전하시는 데 드는 금액은 현재 환율 기준으로 1,915,590원이며, 인터넷뱅킹 이용 시 80% 환전 수수료 할인쿠폰을 적용하여 1,885,698원이 듭니다.

26 A씨는 친구의 부탁으로 보유하고 있는 엔화를 국내의 타 은행으로 송금해야 한다. A씨가 800,000엔을 타 은행으로 송금 시 인터넷뱅킹을 이용할 경우와 영업점을 이용할 경우 수수료의 차이는 얼마인가?(단, 이날 일본 JPY 100 대비 미국 USD 매매기준율은 0.92달러/100엔이었다)

① 1,000원   ② 2,000원
③ 3,000원   ④ 5,000원

27 자녀를 외국으로 유학 보낸 고객이 찾아와 유학생 자녀에게 다음과 같이 송금을 하고자 한다. 고객이 지불해야 할 금액은 얼마인가?(단, 1원 미만은 절사한다)

> • 송금 금액 : USD 4,000
> • 송금 수수료 : 30% 할인쿠폰을 가지고 있음
> • 중계은행 수수료 본인 부담

① 4,418,065원   ② 4,448,842원
③ 4,515,854원   ④ 4,570,492원

※ 갑과 을은 항공 마일리지 적립용 신용카드를 만들려고 자료를 조사하였다. 다음 자료를 보고 이어지는 질문에 답하시오. [28~29]

〈카드별 연회비 및 마일리지 혜택〉

카드	연회비	마일리지 적립 및 혜택
C카드	150,000원	• 기본적립 : 1,000원당 A항공 1.2마일리지 또는 B항공 1.6마일리지 • 연간 소비 5천만 원 보너스 적립 : A항공 6,000마일리지 또는 B항공 8,000마일리지 • PP카드 연 25회 무료 이용 / 전월실적 : 없음
K카드	20,000원	• 기본적립 : A항공 1,500원당 1.2마일리지 또는 B항공 1,000원당 1.2마일리지 • 모바일 게임 : A항공 1,500원당 2마일리지 또는 B항공 1,000원당 2마일리지 • 엔터테인먼트/커피/영화 : A항공 1,500원당 3마일리지 또는 B항공 1,000원당 3마일리지 ※ 엔터테인먼트/커피/영화 한도 : 월 20만 원 이용금액까지 제공(초과 시 기본적립 제공) • PP카드 무료제공 없음 / 전월실적 : 20만 원
E카드	40,000원	• 기본적립 : 1,500원당 1.8 HA 마일(월 1,000 HA 마일 한도) ※ 1 HA 마일당 A항공 1마일리지, B항공은 1.2마일리지 • PP카드 3회 이용 가능 / 전월실적 : 없음

S카드	50,000원	• 특별적립한도 : 월 최대 약 70만 원 한도까지 최대적립 가능
		  – A항공 최대 1,000원당 3마일리지 적립
		  – B항공 최대 1,000원당 3.5마일리지 적립
		• 기본적립 : 1,000원당 A항공 1마일리지 또는 B항공 1.3마일리지 적립(한도 없음)
		• PP카드 무료제공 없음
		• 전월실적에 따른 마일리지
		  – 월 80만 원 미만은 기본적립 적용
		  – 월 80만 원 이상 100만 원 이하는 A항공 2마일리지 또는 B항공 2.5마일리지
		  – 100만 원 초과는 특별적립한도까지 최대적립 후 나머지는 기본적립

※ 단, 연회비와 PP카드 사용 시 비용을 합산한 최고액을 기준으로 나머지 카드들의 해당 차액은 모두 해당 카드 마일리지로 기본적립됨

28 갑이 다음과 같은 〈조건〉을 가지고 있을 때, 갑에게 1년 마일리지 적립 기준으로 가장 마일리지가 높은 카드와 두 번째로 높은 카드를 바르게 나열한 것은?(단, PP카드 무료제공이 없을 경우, 1회 사용 시 비용은 30,000원이다)

> **조건**
> • 예상 월 소비 지출액은 100만 원이다.
> • B항공의 마일리지로 적립한다.
> • 해외여행을 1년에 한 번 가며, PP카드를 2번 사용하고자 한다.
> • 커피에 8만 원, 영화에 3만 원을 매달 고정적으로 지출하고 있다.

① S카드, C카드   ② E카드, C카드
③ K카드, C카드   ④ S카드, K카드

29 을의 〈조건〉이 다음과 같을 때, 1년 동안 마일리지 적립이 가장 높은 카드부터 차례대로 나열한 것은?(단, PP카드 무료제공이 없을 경우, 1회 사용 시 비용은 30,000원이다)

> **조건**
> • 예상 월 소비 지출액은 70만 원이다.
> • A항공 마일리지로 적립한다.
> • 해외출장을 1년에 3번 다니며, PP카드를 6번 사용한다.
> • 커피에 10만 원, 영화에 5만 원, 공연에 5만 원을 매달 고정적으로 지출한다.

① C카드 – K카드 – S카드 – E카드
② C카드 – K카드 – E카드 – S카드
③ K카드 – C카드 – S카드 – E카드
④ K카드 – E카드 – C카드 – S카드

30 M공장에서 제조하는 화장품 용기의 일련번호는 다음과 같이 구성된다. 일련번호는 '형태 - 용량 - 용기높이 - 재질 - 용도' 순으로 표시할 때, 일련번호로 적절하지 않은 것은?

〈일련번호 구성요소〉

형태	기본형		단지형		튜브형	
	CR		SX		TB	
용량	100mL 이하		150mL 이하		150mL 초과	
	K		Q		Z	
용기높이	4cm 미만	8cm 미만		15cm 미만	15cm 이상	
	040	080		150	151	
재질	유리		플라스틱A		플라스틱B	
	G1		P1		P2	
용도	스킨	토너		에멀전	크림	
	S77	T78		E85	C26	

〈제품 정보〉

㉠ A화장품 토너 기본형 용기로 높이는 14cm이며, 유리로 만들어졌다.
㉡ 용량이 100mL인 플라스틱 튜브형 크림은 용기 높이가 약 17cm이다.
㉢ 특별 프로모션으로 나온 K회사 화장품 에멀전은 150mL의 유리용기에 담겨 있다.
㉣ B코스메틱의 스킨은 200mL로 플라스틱B 기본형 용기에 들어 있다.

① TBK151P2C26
② CRZ150P1S77
③ CRQ080G1E85
④ CRZ150G1T78

31 M사 총무팀, 개발팀, 영업팀, 홍보팀, 고객지원팀이 각각 1~5층에 있다. 각 팀 탕비실에는 이온음료, 탄산음료, 에너지음료, 캔 커피가 구비되어 있다. 총무팀에서 각 팀에 채워 넣을 음료를 일괄적으로 구매하고자 한다. 〈조건〉에 따라 각 음료를 구매하려고 할 때 주문해야 할 최소 개수를 바르게 연결한 것은?

조건

〈M사 탕비실 내 음료 구비 현황〉

(단위 : 캔)

구분	총무팀	개발팀	영업팀	홍보팀	고객지원팀
이온음료	3	10	10	10	8
탄산음료	10	2	16	7	8
에너지음료	10	1	12	8	7
캔 커피	2	3	1	10	12

- 이온음료, 탄산음료, 에너지음료, 캔 커피는 각각 최소 6캔, 12병, 10캔, 30캔이 구비되어 있어야 하며, 최소 수량 미달 시 음료를 구매한다.
- 각 팀은 구매 시 각 음료의 최소 구비 수량의 1.5배를 구매한다.
- 모든 음료는 낱개로 구매할 수 없으며 묶음 단위로 구매해야 한다.
- 이온음료, 탄산음료, 에너지음료, 캔 커피 각각 6캔, 6캔, 6캔, 30캔을 묶음으로 판매하고 있다.

	이온음료	탄산음료	에너지음료	캔 커피
①	12캔	72캔	48캔	240캔
②	12캔	72캔	42캔	240캔
③	12캔	66캔	42캔	210캔
④	18캔	66캔	48캔	210캔

32 S시에서 1박 2일 초등학생 독서 캠프를 열고자 한다. 충족되는 〈조건〉이 있어야 참가 신청이 가능할 때, 캠프에 참가할 수 있는 어린이는?

〈1박 2일 초등학생 독서 캠프 희망 어린이〉

(단위 : 권)

이름	성별	학년	S시 시립 어린이 도서관 대출 도서명	교내 도서관 대출 수
강지후	남	6학년	• 『열두 살 인생』 • 『아이 돌보는 고양이 고마워』	–
김바다	남	1학년	• 『아빠는 화만 내 • 『나는 따로 할거야』	5
신예준	남	3학년	–	2
황윤하	여	2학년	• 『강아지똥』	3

> **조건**
> • S시 시립 어린이도서관 대출 도서 수가 3권 이상이어야 한다.
> • S시 시립 어린이도서관 대출 도서 수가 2권, 교내 도서관 대출 도서 수가 2권 이상이어야 한다.
> • S시 시립 어린이도서관 대출 도서 수가 1권, 교내 도서관 대출 도서 수가 4권 이상이어야 한다.
> • 교내 도서관 대출 도서 수가 5권 이상이어야 한다.

① 강지후
② 김바다
③ 신예준
④ 황윤하

33 다음은 중국에 진출한 프랜차이즈 커피전문점에 대해 SWOT 분석을 한 것이다. (가), (나), (다), (라)에 들어갈 전략으로 올바르게 나열된 것은?

〈중국 지점 커피전문점 SWOT 분석〉

S(강점)	W(약점)
• 풍부한 원두커피의 맛 • 독특한 인테리어 • 브랜드 파워 • 높은 고객 충성도	• 낮은 중국 내 인지도 • 높은 시설비 • 비싼 임대료
O(기회)	**T(위협)**
• 중국 경제 급성장 • 서구문화에 대한 관심 • 외국인 집중 • 경쟁업체 진출 미비	• 중국의 차 문화 • 유명 상표 위조 • 커피 구매 인구의 감소

〈SWOT 전략〉

(가)	(나)
• 브랜드가 가진 미국 고유문화 고수 • 독특하고 차별화된 인테리어 유지 • 공격적 점포 확장	• 외국인 많은 곳에 점포 개설 • 본사 직영으로 인테리어
(다)	**(라)**
• 고품질 커피로 상위 소수고객에 집중	• 녹차 향 커피 • 개발 상표 도용 감시

	(가)	(나)	(다)	(라)
①	SO전략	ST전략	WO전략	WT전략
②	WT전략	ST전략	WO전략	SO전략
③	SO전략	WO전략	ST전략	WT전략
④	ST전략	WO전략	ST전략	WT전략

34 다음 자료와 〈조건〉을 바탕으로 철수, 영희, 민수, 철호가 상품을 구입한 쇼핑몰을 바르게 연결한 것은?

〈이용약관의 주요내용〉

쇼핑몰	주문 취소	환불	배송비	포인트 적립
A	주문 후 7일 이내 취소 가능	10% 환불수수료, 송금수수료 차감	무료	구입 금액의 3%
B	주문 후 10일 이내 취소 가능	환불수수료, 송금수수료 차감	20만 원 이상 무료	구입 금액의 5%
C	주문 후 7일 이내 취소 가능	환불수수료, 송금수수료 차감	1회 이용 시 1만 원	–
D	주문 후 당일에만 취소 가능	환불수수료, 송금수수료 차감	5만 원 이상 무료	–
E	취소 불가능	고객 귀책 사유에 의한 환불 시에만 10% 환불수수료	1만 원 이상 무료	구입 금액의 10%
F	취소 불가능	원칙적으로 환불 불가능 (사업자 귀책 사유일 때만 환불 가능)	100g당 2,500원	–

조건

- 철수는 부모님의 선물로 등산 용품을 구입하였는데, 판매자의 업무 착오로 배송이 지연되어 판매자에게 전화로 환불을 요구하였다. 판매자는 판매금액 그대로를 통장에 입금해 주었고 구입 시 발생한 포인트도 유지하여 주었다.
- 영희는 옷을 구매할 때 배송료를 고려하여 한 가지씩 여러 번에 나누어 구매하기보다는 가능한 한 한꺼번에 주문하곤 하였다.
- 인터넷 사이트에서 영화티켓을 20,000원에 주문한 민수는 다음날 같은 티켓을 18,000원에 파는 가게를 발견하고 전날 주문한 물건을 취소하려 했지만 취소가 되지 않아 곤란을 겪은 적이 있다.
- 가방을 10만 원에 구매한 철호는 도착한 물건의 디자인이 마음에 들지 않아 환불 및 송금수수료와 배송료를 감수하는 손해를 보면서도 환불할 수밖에 없었다.

	철수	영희	민수	철호
①	E	B	C	D
②	F	E	D	B
③	E	D	F	C
④	F	C	E	B

35 귀하는 M호텔에서 연회장 예약 일정을 관리하고 있다. 곧 연말이라 다양한 행사를 위해 연회장 예약문의가 빈번히 접수되고 있다. 다음과 같은 고객의 전화를 받았을 때, 귀하의 판단으로 적절하지 않은 것은?

〈12월 연회장 예약 일정〉

일	월	화	수	목	금	토
1 라벤더(13) 팬지(17)	2 팬지(15)	3 민트(14) 세이지(16)	4 세이지(14)	5 라벤더(11) 세이지(16)	6 민트(13) 세이지(18)	7 민트(11) 세이지(16)
8 민트(12) 라벤더(17)	9 민트(17)	10 세이지(15)	11 라벤더(13) 팬지(16)	12 라벤더(15) 세이지(16)	13 세이지(14) 팬지(15)	14 민트(11) 팬지(16)

※ 예약 : 연회장 이름(시작시간)

〈호텔 연회장 현황〉

구분	수용 가능 인원	최소 투입인력	이용시간
민트	300명	35명	3시간
라벤더	300명	30명	2시간
팬지	250명	25명	3시간
세이지	200명	20명	2시간

※ 오전 10시부터 시작하여 오후 9시에 모든 업무를 종료함
※ 연회부의 동 시간대 투입인력은 총 50명을 넘을 수 없음
※ 연회시작 전·후 1시간씩 연회장 세팅 및 정리함

〈고객〉

연말을 맞이하여 12월 초에 송년회를 개최하려고 합니다. 그래서 연회장을 예약하려고 하는데, 가능한지 확인 부탁드립니다. 인원은 총 250명이고, 월, 화, 수요일은 피하고 싶습니다. 그리고 행사는 정오에서 저녁 7시 사이에 진행할 수 있도록 알아봐 주십시오.

① 12월 초에 행사를 진행하길 원하니까, 최대한 첫 번째 주에 예약이 될 수 있도록 검토해야겠군.
② 송년회 참석인원만 고려했을 때, 세이지를 제외한 나머지 연회장은 모두 가능하겠군.
③ 저녁 7시 이전에 마칠 수 있는 시간대를 고려하여 일정을 확인해야 해.
④ 목요일부터 일요일까지 일정을 검토했을 때, 주말은 예약이 불가능해.

36 갑은 효율적인 월급 관리를 위해 펀드에 가입하고자 한다. A~D펀드 중에 하나를 골라 가입하려 하는데, 안정적이고 우수한 펀드에 가입하기 위해 〈조건〉에 따라 비교하여 다음과 같은 결과를 얻었다. 〈보기〉에서 옳은 것만을 모두 고르면?

조건

- 둘을 비교하여 우열을 가릴 수 있으면 우수한 쪽에는 5점, 아닌 쪽에는 2점을 부여한다.
- 둘을 비교하여 어느 한 쪽이 우수하다고 말할 수 없는 경우에는 둘 다 0점을 부여한다.
- 각 펀드는 다른 펀드 중 두 개를 골라 총 4번의 비교를 했다.
- 총합의 점수로는 우열을 가릴 수 없으며 각 펀드와의 비교를 통해서만 우열을 가릴 수 있다.

〈결과〉

A펀드	B펀드	C펀드	D펀드
7점	7점	4점	10점

보기

㉠ D펀드는 C펀드보다 우수하다.
㉡ B펀드가 D펀드보다 우수하다고 말할 수 없다.
㉢ A펀드와 B펀드의 우열을 가릴 수 있으면 A~D까지의 우열순위를 매길 수 있다.

① ㉠

② ㉠, ㉡

③ ㉡, ㉢

④ ㉠, ㉡, ㉢

---

37 A~C상자에 금화 13개가 나뉘어 들어가 있는데, 금화는 A상자에 가장 적게 있고, C상자에 가장 많이 있다. 각 상자에는 금화가 하나 이상 있으며, 개수는 서로 다르다는 사실을 알고 있는 갑, 을, 병이 다음과 같은 순서로 각 상자를 열어본 후 생각을 말했다. 이들의 말이 모두 참일 때, B상자에 들어있는 금화의 개수는?

갑이 A상자를 열어본 후 말했다.
"B와 C에 금화가 각각 몇 개 있는지 알 수 없어."
을은 갑의 말을 듣고 C상자를 열어본 후 말했다.
"A와 B에 금화가 각각 몇 개 있는지 알 수 없어."
병은 갑과 을의 말을 듣고 B상자를 열어본 후 말했다.
"A와 C에 금화가 각각 몇 개 있는지 알 수 없어."

① 2개

② 3개

③ 4개

④ 5개

38 A고객은 3일 후 떠날 3주간의 제주도 여행에 대비하여 가족 모두 여행자 보험에 가입하기 위해 M은행에 방문하였다. 이에 K사원이 A고객에게 여행자 보험 상품을 추천하고자 할 때, K사원의 설명으로 적절하지 않은 것은?(단, A고객 가족의 나이는 만 14세, 17세, 45세, 51세, 75세이다)

〈M은행 여행자 보험〉

- 가입연령 : 만 1 ~ 79세(인터넷 가입 만 19 ~ 70세)
- 납입방법 : 일시납
- 납입기간 : 일시납
- 보험기간 : 2일 ~ 최대 1개월
- 보장내용

보장의 종류	보험금 지급사유	지급금액
상해사망 및 후유장해	여행 중 사고로 상해를 입고 그 직접적인 결과로 사망하거나 후유장해상태가 되었을 때	– 사망 시 가입액 전액 지급 – 후유장해 시 장해정도에 따라 가입금액의 30 ~ 100% 지급
질병사망	여행 중 발생한 질병으로 사망 또는 장해지급률 80% 이상의 후유장해가 남았을 경우	가입금액 전액 지급
휴대품 손해	여행 중 우연한 사고로 휴대품이 도난 또는 파손되어 손해를 입은 경우	가입금액 한도 내에서 보상하되 휴대품 1개 또는 1쌍에 대하여 20만 원 한도로 보상(단, 자기부담금 1만 원 공제)

- 유의사항
  - 보험계약 체결일 기준 만 15세 미만자의 경우 사망은 보장하지 않음
  - 보장금액과 상해, 질병 의료실비에 관한 보장내용은 홈페이지 참조

---

① 가족 모두 가입하시려면 반드시 은행에 방문해주셔야 합니다.

② 만 14세 자녀의 경우 본 상품에 가입하셔도 사망보험금은 지급되지 않습니다.

③ 여행 도중 휴대폰 손해에 대하여 휴대폰 분실 수량과 관계없이 최대 20만 원까지 보상해드립니다.

④ 후유장해 시 보험금은 장해정도에 따라 차등지급됩니다.

39 A씨는 자신에게 가장 적합한 신용카드를 발급받고자 한다. 다음 4가지의 카드 중 가장 적절한 것은?

〈A씨의 생활〉

A씨는 아침에 일어나 간단하게 끼니를 챙기고 출근을 한다. 자가용을 타고 가는 길은 항상 막혀 짜증이 날 법도 하지만, A씨는 라디오 뉴스로 주요 이슈를 확인하느라 정신이 없다. 출퇴근 중에는 차에서 보내는 시간이 많아 주유비가 상당히 나온다. 그나마 기름 값이 싸져서 부담은 덜하다. 보조석에는 공과금 용지가 펼쳐져 있다. 혼자 살기 때문에 많은 요금이 나오지 않아 납부하는 것을 신경 쓰지 못하고 있다. 이제 곧 겨울이 올 것을 대비하여 오늘 오후에 차량 점검을 맡기려고 예약을 해두었다. 아직 사고는 난 적이 없지만 혹시나 하는 마음에 점검을 받으려고 한다.

〈신용카드 종류〉

A카드	B카드	C카드	D카드
• 놀이공원 할인 • 커피 할인 • 키즈카페 할인	• 포인트 두 배 적립 • 6개월간 무이자 할인	• 공과금 할인 • 온라인 쇼핑몰 할인 • 병원 / 약국 할인	• 주유비 할인 • 차량 소모품 할인 • 상해보험 무료 가입

① A카드　　　　　　　　　　　② B카드
③ C카드　　　　　　　　　　　④ D카드

40 최근 스마트폰 보급과 모바일 쇼핑의 활성화를 바탕으로 모바일 결제시장이 급성장하고 있다. 이에 M금융기관은 모바일 뱅킹 서비스와 관련하여 분석한 결과를 토대로 다음과 같은 전략 과제를 수립하였다. 이를 근거로 실행방안을 구상하였을 때, 적절하지 않은 것은?

단계	전략 과제
정보 취득 및 설치 단계	1. 최초 접근 채널 다양화 2. 모바일 뱅킹 서비스 친숙도 증대 3. 모바일 뱅킹 이용방법 이해도 증진 4. 앱 / 인증서 설치 등 편의성 증대 5. 시스템 안전성 어필 및 고객의 이체 실수 두려움 제거
이용단계	6. 직관적이고 심플한 UI구성 7. 이용단계 간소화 및 오류 제거 8. 대면 – 비대면 채널 간 연계 강화 9. 다양한 채널로 언제 어디서든 도움 제공

① 스마트 체험존 구축
② 직원을 통한 모바일 결제서비스 안내 강화
③ 서비스 단계 축소로 간편함 어필
④ 안전한 금융거래를 위한 스마트 OTP 도입 추진

01 통화정책의 전달경로는 '통화량 변화 → 이자율 변화 → 투자 변화 → 유효수요 변화 → 국민소득 변화'와 같다. 다음 〈보기〉에서 통화량 증대를 통해 국민소득을 증가시키고자 하는 정책이 더 효과적으로 되기 위한 조건을 모두 고르면?

> **보기**
>
> ㉠ 한계소비성향이 클수록 정책효과가 크다.
> ㉡ 유동성함정에 놓여 있을 때 정책효과가 크다.
> ㉢ 투자함수의 기울기가 완만할수록 정책효과가 크다.
> ㉣ 경제가 완전고용에 가까울수록 정책효과가 크다.

① ㉠, ㉡ ② ㉠, ㉢

③ ㉡, ㉢ ④ ㉡, ㉣

02 다음 〈보기〉에서 이자율 타겟팅 정책과 통화량 타겟팅 정책에 대한 설명으로 옳은 것을 모두 고르면?(단, IS곡선은 우하향하고, LM곡선은 우상향한다)

> **보기**
>
> ㉠ 이자율과 통화량을 동시에 타겟팅하는 것은 생산물시장의 균형을 변화시키는 충격이 존재하는 한 불가능하다.
> ㉡ 경기변동의 주요 요인이 생산물시장의 균형을 변화시키는 충격이라면, 이자율 타겟팅 정책이 통화량 타겟팅 정책보다 국민소득 안정화에 더 효과적이다.
> ㉢ 경기변동의 주요 요인이 주로 화폐시장의 균형을 변화시키는 충격이라면, 통화량 타겟팅 정책이 이자율 타겟팅 정책보다 국민소득 안정화에 더 효과적이다.

① ㉠ ② ㉡

③ ㉢ ④ ㉡, ㉢

03 금융기관이 투자자 성향에 맞추어 자산구성부터 운용, 투자자문까지 통합적으로 관리해주는 종합금융서비스는?

① 랩어카운트 ② CMA

③ MMF ④ MMDA

04 다음 중 통화선물거래(Currency Futures)의 특징이 아닌 것은?

① 거래소에서 정한 표준화된 조건으로 거래가 이루어지므로 거래의 유동성이 높다.

② 모든 거래자는 거래이행을 보증하기 위해 청산소에 일정수준 이상의 증거금을 예치하여야 한다.

③ 청산소가 거래의 결제 및 이행을 보증하므로 계약불이행위험이 거의 없다.

④ 거래되는 통화의 종류, 거래량, 환율 만기 등을 협의해서 자유롭게 정할 수 있다.

05 다음 〈보기〉에서 '장기적으로 우리는 모두 죽는다.'라는 말로 압축할 수 있는 케인스학파 이론에 따라, 중앙은행이 화폐 공급을 증가시킬 경우 일어나는 경제 현상을 모두 고르면?

> **보기**
> ㉠ 단기적으로 이자율이 하락한다.
> ㉡ 장기적으로 이자율이 하락한다.
> ㉢ 단기적으로 GDP가 증가한다.
> ㉣ 장기적으로 GDP가 증가한다.
> ㉤ 장기적으로 물가가 상승한다.

① ㉠, ㉡   ② ㉢, ㉣

③ ㉣, ㉤   ④ ㉠, ㉢, ㉤

06 다음 중 환율과 국제수지에 대한 설명으로 옳지 않은 것은?

① 달러 대비 원화 가치의 하락은 우리나라의 대미 수출 증가 요인으로 작용한다.

② 인위적인 원화가치 부양은 외환보유고를 줄인다.

③ 경상수지와 자본수지는 같은 방향으로 발생한다.

④ 명목환율이 상승해도 국내물가가 상승하면 무역수지가 악화될 수 있다.

07 환율결정 이론 중 구매력평가(PPP)이론에 대한 설명으로 옳지 않은 것은?

① 환율은 두 국가의 물가수준의 비율에 의해 결정된다.

② 환율의 장기적인 변동 추세를 잘 설명해 준다.

③ 통화 공급을 늘리면 물가가 상승하여 통화가치가 오른다.

④ 어떤 통화 한 단위의 실질 가치는 모든 나라에서 동일하다.

08 다음 중 원화의 상대적인 가치를 상승시키는 요인이 아닌 것은?

① 물가의 상승　　　　　　　　　　② 이자율의 상승

③ 긴축적 통화정책　　　　　　　　④ 재정지출의 증가

09 다음 〈보기〉에서 원화가치가 상승할 때 초래되는 상황을 모두 고르면?

> 보기
> ㉠ 국내로 여행 오는 외국인들에겐 이익이다.
> ㉡ 외화로 환산한 1인당 국민소득이 증가한다.
> ㉢ 한국산 수출상품의 가격 경쟁력이 강해질 것이다.
> ㉣ 국내 수입업체들은 보다 저렴한 가격으로 해외 상품을 수입할 수 있다.
> ㉤ 외화 부채가 많은 기업들은 원화로 환산한 부채가 늘어나 부담이 된다.

① ㉠, ㉢　　　　　　　　　　　② ㉡, ㉣

③ ㉣, ㉤　　　　　　　　　　　④ ㉠, ㉡, ㉣

10 다음 중 미국 달러화에 대한 원화의 가치가 지속적으로 상승할 때 발생 가능한 상황으로 적절하지 않은 것은?

① 달러화로 상환해야 할 금융채무를 가진 기업의 부채비율이 높아진다.

② 달러화로 출자한 미국 현지 자회사에 대한 주식 투자 평가액이 감소한다.

③ 한국인의 미국 여행이 증가한다.

④ 미국 내에서 한국산 수입품의 가격이 상승한다.

11 다음 중 파이썬 함수를 정의하는 명령어는?

① def
② ads
③ upper
④ append

12 다음에서 설명하는 ㉠에 대한 내용으로 옳은 것은?

최근 _____㉠_____ 서비스를 강화하는 기업들이 늘어나고 있다. 모바일이나 온라인 쇼핑몰에서 물건을 구매한 뒤 오프라인 매장에서 찾을 수 있도록 하는 등 온·오프라인, 모바일의 경계를 허무는 서비스를 제공하는 것이다.

① 쇼루밍, 역쇼루밍족의 등장과 관련이 있다.
② ㉠은 기업 주도적으로 온·오프라인 채널을 확장하는 특징이 있다.
③ 위치 기반 서비스나 NFC를 활용한 서비스를 제공하기도 한다.
④ 젊은 층의 고객을 유치하는 데 더욱 유리하다.

13 다음에서 설명하는 기술은 무엇인가?

• 현실 세계의 배경에 3D의 가상 이미지를 중첩하여 영상으로 보여주는 기술이다.
• 스마트폰 카메라로 주변을 비추면 인근에 있는 상점의 위치, 전화번호 등의 정보가 입체영상으로 표시된다.

① SSO(Single Sign On)
② 증강현실(Augmented Reality)
③ RSS(Rich Site Summary)
④ 가상현실(Virtual Reality)

14 다음 중 OLED, LCD, 퀀텀닷에 대한 설명으로 적절한 것은?

① OLED란 수동형 액정표시장치로, 스스로 발광하지 않는다.

② OLED는 LCD에 비해 응답 속도가 빠르고 화면을 휠 수도 있다.

③ LCD는 자체적으로 빛을 내는 수 나노미터의 반도체이다.

④ LCD는 '양자점'이라고도 불린다.

15 다음 중 10cm 이내의 가까운 거리에서 다양한 무선 데이터를 주고받는 통신 기술은?

① WLAN   ② 블루투스
③ NFC   ④ MST

16 다음 중 미국의 차세대 ICT 기업 4곳을 가리키는 'FANG'에 해당하는 곳이 아닌 곳은?

① 넷플릭스   ② 알리바바
③ 아마존   ④ 구글

17 다음 프로그램의 실행 결과로 옳은 것은?

```c
#include <stdio.h>
void main() {
  int a=10;
  float b=1.3;
  double c;
  c=a+b;
  printf("%.2lf", c);
}
```

① 11
② 11.3
③ 11.30
④ .30

18 다음 Java 프로그램의 실행 결과는?

```java
public class C {
  private int a;
  public void set(int a) {this.a=a;}
  public void add(int d) {a+=d;}
  public void print() {System.out.println(a);}
  public static void main(String args[]) {
    C p=new C();
    C q;
    p.set(10);
    q=p;
    p.add(10);
    q.set(30);
    p.print();
  }
}
```

① 10
② 20
③ 30
④ 40

19 다음 Java 프로그램에서 사용되지 않는 기법은?

```
class Adder {
    public int add(int a, int b) { return a+b;}
    public double add(double a, double b) { return a+b;}
}
class Computer extends Adder {
    private int x;
    public int calc(int a, int b, int c) { if (a==1) return add(b, c);        else return x;}
    Computer( ) { x=0;}
}

public class Adder_Main {
    public static void main(String args[ ]) {
        Computer c=new Computer( );
        System.out.println("100+200="+c.calc(1, 100, 200));
        System.out.println("5.7+9.8="+c.add(5.7, 9.8));
    }
}
```

① 캡슐화(Encapsulation)   ② 상속(Inheritance)
③ 오버라이딩(Overriding)   ④ 오버로딩(Overloading)

20 다음 C 프로그램의 실행 결과로 옳은 것은?

```
#include <stdio.h>
int main()
{
    int sum=0;
    int x;
    for(x=1;x<=100;x++)
        sum+=x;
    printf("1+2+...+100=%d\n", sum);
        return 0;
}
```

① 5010   ② 5020
③ 5040   ④ 5050

| 객관식 |

01 다음 제시된 각 사례에서 설명하는 법칙을 바르게 연결한 것은?

> ㉠ 상위 20%의 사람들이 전체 부(富)의 80%를 차지하고 있다는 것, 즉 '핵심적 소수'와 '사소한 다수' 이론은 이미 사회학과 경제학에서 유명한 논리이다. 이는 기업의 매출에도 적용되어 상위 20%의 고객이 기업 이윤의 80%를 창출한다는 결론을 가져온다. 이 법칙은 대인관계에서도 성립할 수 있다. 자신의 인맥 중에 결정적 역할을 하는 이들은 '핵심적 소수'이며, 그 외 80%는 그다지 중요하지 않은 사람들이라는 것이다. 따라서 우리는 '핵심적 소수'에 시간과 노력을 들여야 한다는 것이다.
>
> ㉡ S온라인 서점에서 올해 매출을 분석해 본 결과 수익의 80%를 차지하는 것은 잘 나가는 베스트셀러 몇 권이 아니라 그 밖의 나머지 책들이었다. 이는 인터넷의 발달로 구매 방법 및 소비문화가 바뀌면서 나타난 현상으로 보인다. 오프라인 서점은 공간의 한정성으로 진열할 수 있는 책의 양에 한계가 있었고, 따라서 사람들의 눈에 띌 수 있게 배치할 수 있었던 것은 기존의 인기도서 몇 권뿐이었다. 하지만 온라인 서점의 경우 이러한 공간적 제한을 극복할 수 있었고, 사람들이 자신의 취향을 살려 어떠한 책이든 검색을 통해 접할 수 있게 됨으로써 수많은 '비주류 도서'들이 도서 매출액에 일조할 수 있게 된 것이다.

	㉠	㉡
①	하인리히 법칙	파레토 법칙
②	파레토 법칙	하인리히 법칙
③	롱테일 법칙	파레토 법칙
④	파레토 법칙	롱테일 법칙

02 다음 중 BCG 매트릭스에서 원의 크기가 의미하는 것은?

① 시장성장률　　　　　　　　　② 상대적 시장점유율
③ 기업의 규모　　　　　　　　　④ 매출액의 크기

03 다음 중 마이클 포터의 경쟁우위전략에 대한 설명으로 옳지 않은 것은?

① 차별화우위전략은 경쟁사들로부터 차별화된 제품을 생산하여 높은 가격에 판매하는 방법이다.
② 비용우위전략은 동질의 상품을 경쟁사들보다 저비용으로 생산하여 낮은 가격에 판매하는 것이다.
③ 비용우위전략과 차별화우위전략은 주로 대기업에 의해 수행된다.
④ 기업의 성공을 위해서는 비용우위전략과 차별화우위전략 등 두 가지 이상의 전략을 동시에 추구해야 한다.

04 다음은 M사의 간이재무제표이다. 해당 재무제표에서 2022년과 2023년 중 이자보상비율이 더 높은 연도와 그 비율을 바르게 연결한 것은?(단, 이자보상배율은 소수점 둘째 자리에서 반올림한다)

〈M사 간이재무제표〉

(단위 : 억 원)

구분		2022년	2023년
재무상태표	유동자산	1,400	1,700
	유동부채	160	200
	자산총계	5,000	5,200
	부채총계	3,000	3,700
	자본총계	2,000	1,500
손익계산서	영업이익	485	525
	이자비용	320	540
	당기순이익	125	10

① 2022년, 150%
② 2022년, 125%
③ 2023년, 150%
④ 2023년, 125%

05 다음 각 사례와 가장 관계 깊은 마케팅 방법을 바르게 연결한 것은?

> ㉠ K사는 담뱃갑 포장에 폐암 환자의 폐 사진을 부착했다.
> ㉡ 2002년 한일 월드컵 때 S통신사는 '붉은 악마' 캠페인을 통해 당시 대회 공식 스폰서로 지정된 K통신사보다 훨씬 큰 마케팅 효과를 거두었다.

	㉠	㉡
①	디마케팅	앰부시 마케팅
②	그린 마케팅	터보 마케팅
③	앰부시 마케팅	전환적 마케팅
④	감성 마케팅	터보 마케팅

06 다음 글을 읽고 해석한 내용으로 적절하지 않은 것은?

'투자의 귀재' 워런 버핏(Warren Buffett)이 이끄는 버크셔해서웨이가 역대 최대 규모의 자사주 매입을 단행했다.

CNBC 방송에 따르면 버크셔해서웨이는 3분기 수익보고서에서 90억 달러(약 10조 원) 규모의 자사주를 사들였다고 밝혔다. 지난 2분기 자사주 매입 규모인 51억 달러의 두 배에 가까운 금액이다. 이로써 올해 버크셔해서웨이의 자사주 매입 규모는 총 157억 달러로 불어났다.

버핏의 이런 움직임은 신종 코로나바이러스 감염증(코로나19) 사태로 글로벌 경제가 어려움을 겪는 가운데 이뤄진 것이다. 철도와 보험 등의 사업을 소유한 버크셔해서웨이도 코로나19 사태의 직격탄을 맞아 3분기 영업이익이 55억 달러로 전년 동기보다 30% 이상 감소했다. 다만, 순이익은 이 회사가 투자한 애플과 코카콜라 등의 주가 상승에 힘입어 작년 3분기보다 82% 급등한 30억 달러를 기록했다.

이런 상황에서 버핏이 자사주 매입 규모를 늘린 것은 그만큼 버크셔해서웨이 주가가 저평가됐다고 판단했기 때문으로 보인다. 그는 앞서 "(버크셔해서웨이) 주식이 가치보다 낮은 가격에 팔리고 충분한 현금 여력이 있다면 자사주를 매입하겠다."라고 밝힌 바 있다.

버크셔해서웨이 주가는 3분기 들어 20% 가까이 회복됐으나 당해년도 전체로는 여전히 8% 하락한 상태다. 스탠더드앤드푸어스(S&P)500 지수는 올해 들어 10% 오른 상태여서 그만큼 버크셔해서웨이 주가가 부진하다는 뜻으로 해석된다.

① 자사주 매입 후 주당순이익(EPS)는 증가한다.
② 자사주 매입 후 주가수익비율(PER)은 감소한다.
③ 자사주 매입 후 자기자본가치는 증가한다.
④ 자사주 매입 대신 동일한 금액을 현금으로 배당한다면 자기자본가치는 감소한다.

07 M회사의 하루 상품 생산비용이 다음과 같고, 상품의 가격이 7만 원일 때 이 회사의 이윤은 하루에 상품 몇 단위를 생산할 때 극대화되는가?(단, 시장의 형태는 완전경쟁시장이다)

생산량(개)	0	1	2	3	4	5
총비용(만 원)	5	7	10	15	17	25

① 1개
② 2개
③ 3개
④ 4개

08 M회사는 상품 30,000개를 시중에 판매할 계획을 가지고 있다. 고정비용은 300만 원이고 변동비용은 매출액의 60%라고 할 때, 200만 원의 영업이익을 실현하기 위한 단위당 판매가격은 얼마인가? (단, 소수점 셋째 자리에서 반올림한다)

① 166.77원   ② 277.77원

③ 312.57원   ④ 416.67원

09 건물을 2년간 임대하고 임대보증금 30,000,000원을 현금으로 받았을 경우에 해당하는 분개를 바르게 나타내면?(단, 임대료는 아직 받지 않았다)

	차	대
①	자산의 증가	부채의 증가
②	자산의 증가	자산의 감소
③	자본의 감소	부채의 증가
④	부채의 감소	자산의 감소

10 다음 자료를 이용하여 매출원가를 구하면 얼마인가?(단, 재고자산 평가손실과 재고자산 감모손실은 없다)

			(단위 : 원)
기초제품 재고액	17,000	기말제품 재고액	15,000
기초재공품 재고액	3,000	기말재공품 재고액	6,000
당기제품 제조원가	280,000		

① 272,000원   ② 274,000원

③ 280,000원   ④ 282,000원

11 수요의 가격탄력성이 0.5이고 상품의 가격이 10이면 MR은?

① −5   ② 1

③ 0   ④ −10

12 다음 중 재고자산에 대한 설명으로 옳은 것은?(단, 재고자산감모손실 및 재고자산평가손실은 없다)

① 선입선출법 적용시 물가가 지속적으로 상승한다면, 계속기록법에 의한 기말재고자산금액이 실지재고조사법에 의한 기말재고자산 금액보다 작다.

② 선입선출법 적용시 물가가 지속적으로 상승한다면, 계속기록법에 의한 기말재고자산금액이 실지재고조사법에 의한 기말재고자산 금액보다 크다.

③ 재고자산 매입시 부담한 매입운임은 운반비로 구분하여 비용처리한다.

④ 부동산매매기업이 정상적인 영업과정에서 판매를 목적으로 보유하는 건물은 재고자산으로 구분한다.

13 X재의 수요함수가 $Q_X = 380 - 4P_X + 0.6P_Y + 1.0M$으로 주어져 있으며, $P_X = 100$, $P_Y = 200$, $M = 400$일 때 다음 중 옳지 않은 설명은?(단, Q_X는 X재의 수요량, P_X는 X재의 가격, P_Y는 Y재의 가격, M은 소득을 의미한다)

① X재의 가격탄력성은 0.8이다.

② X재는 정상재이다.

③ Y재는 X재의 보완재이다.

④ X재의 소득탄력성은 0보다 크고 1보다 작다.

14 다음 중 칼도어(N.Kaldor)의 정형화된 사실(Stylized Facts)에 대한 내용으로 옳지 않은 것은?

① 자본수익률은 지속적으로 증가한다.

② 1인당 산출량(Y/L)이 지속적으로 증가한다.

③ 산출량 − 자본비율(Y/K)은 대체로 일정한 지속성(Steady)을 보인다.

④ 총소득에서 자본에 대한 분배와 노동에 대한 분배 간의 비율은 일정하다.

15 다음 제시된 경제 현상에 대한 설명으로 옳은 것을 〈보기〉에서 모두 고르면?

> 노동자들은 물가의 변동으로 인해 임금이나 소득의 실질가치는 변하지 않았거나 하락하였음에도 명목단위가 오르면 임금이나 소득이 상승했다고 인식한다.

보기
㉠ 제시된 경제 현상은 화폐환상에 따른 현상이다.
㉡ 동일한 기간 동안 근로자의 명목임금상승률과 물가상승률의 차이가 클수록 위 현상의 발생가능성은 높아진다.
㉢ 케인스학파는 이러한 현상이 실업의 해소를 방해한다고 주장하였다.

① ㉠, ㉡   ② ㉠, ㉢
③ ㉡, ㉢   ④ ㉠, ㉡, ㉢

16 자동차와 오토바이 두 재화만을 생산하는 A국이 있다. 각 재화의 생산량과 가격이 〈보기〉와 같을 때, 2022년 가격을 기준으로 A국의 GDP를 계산한 결과로 옳은 것은?

보기

연도	자동차		오토바이	
	생산량	가격	생산량	가격
2023년	16	4	12	2
2022년	20	2	10	4

① A국의 2022년 GDP디플레이터는 150이다.
② A국의 2022년 명목GDP는 100이다.
③ A국의 2023년 실질GDP는 80이다.
④ A국의 2023년 GDP디플레이터 상승률은 전년 대비 5%이다.

17 (주)대한은 20×1년 1월 1일 유형자산(취득원가 10,000원, 내용연수 4년, 잔존가치 0원)을 취득하고 이를 연수합계법으로 상각해왔다. 그 후 20×2년 12월 31일 동 자산을 4,000원에 처분하였다. 동 유형자산의 감가상각비와 처분손익이 20×2년 당기순이익에 미치는 영향의 합계는?

① 4,000원 감소   ② 3,000원 감소
③ 2,000원 감소   ④ 1,000원 감소

18 다음은 자산과 부채항목에 속하는 계정들이다. 금융자산과 금융부채에 해당하는 계정을 각각 바르게 구분한 것은?

㉠ 매입채무	㉡ 차입금
㉢ 미지급금	㉣ 현금
㉤ 사채	㉥ 타사에 관한 지분증권

	금융자산	금융부채
①	㉠, ㉡, ㉢	㉣, ㉤, ㉥
②	㉢, ㉤	㉠, ㉡, ㉣, ㉥
③	㉣, ㉥	㉠, ㉡, ㉢, ㉤
④	㉢, ㉣, ㉤, ㉥	㉠, ㉡

19 사원 갑과 을은 좁은 사무실에서 함께 일하고 있는데, 갑은 애연가지만 을은 담배연기를 무척 싫어한다. 갑의 한계편익과 한계비용, 을의 한계피해가 다음과 같다고 할 때 옳은 것은?

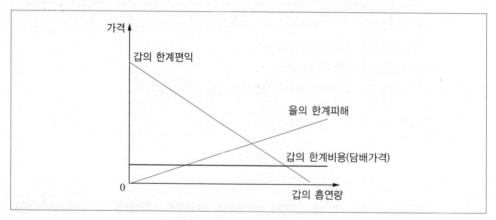

① 갑이 담배를 피울 때 사회적 한계비용은 갑의 사적 한계비용보다 크다.

② 사무실 내에서는 담배를 절대 피우지 못하도록 규제할 때 갑의 총편익은 가장 커진다.

③ 갑은 한계편익과 한계비용의 차이가 가장 큰 수준에서 흡연량을 결정한다.

④ 갑과 을이 협상을 통하여 효율적인 수준에 도달할 가능성은 없다.

20 다음과 같은 수요곡선에서 어느 상품의 가격이 100원에서 150원으로 상승하고, 수요량은 200개에서 125개로 감소하였을 때 수요의 가격탄력성을 바르게 구한 것은?(단, 중간점을 이용하여 탄력성을 계산하며, 소수점 셋째 자리에서 반올림한다)

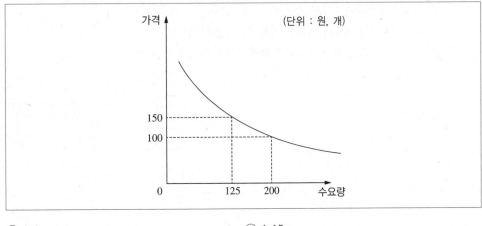

① 0.8

② 1.15

③ 1.65

④ 1.95

21 다음 중 유형자산의 재평가에 대한 설명으로 옳은 것은?

① 재평가가 단기간에 수행되며 계속적으로 갱신된다면, 동일한 분류에 속하는 자산이라 하더라도 순차적으로 재평가할 수 없다.

② 감가상각대상 유형자산을 재평가할 때, 그 자산의 최초원가를 재평가금액으로 조정하여야 한다.

③ 특정 유형자산을 재평가할 때, 해당 자산이 포함되는 유형자산 분류 전체를 재평가한다.

④ 자산의 장부금액이 재평가로 인하여 감소된 경우에 그 자산에 대한 재평가잉여금의 잔액이 있더라도 재평가감소액 전부를 당기손익으로 인식한다.

22 무위험이자율이 5%이고 시장포트폴리오의 기대수익률이 12%라고 가정할 때, 현재 균형주가를 유지하고 있는 주식 A, B, C, D, E에 대한 다음 설명 중 옳지 않은 것은?

① 주식 A의 베타가 2라면 주식 A의 기대수익률은 19%이다.

② 주식 B의 베타가 −1일 수 있다.

③ 주식 C가 효율적 자산이라면 자본시장선상에 위치한다.

④ 주식 E가 비효율적 자산이라면 증권시장선 아래에 위치한다.

23 여러 관점에서의 소득재분배에 대한 내용으로 옳지 않은 것은?

① 공리주의는 최대다수의 최대행복이라는 사상으로 대표된다.

② 자유주의는 소득재분배문제에서 정당한 권리의 원칙을 주장한다.

③ 평등주의는 소득재분배 과정에서 저소득계층에게 보다 높은 가중치를 부여한다.

④ 공리주의 관점에서 가장 바람직한 소득분배상태는 사회구성원 전체의 효용의 곱이 최대가 되는 것이다.

24 우리나라 기업들의 경우 근속연수에 따라 상승하는 임금체계가 보편적이다. 이 상황에서 정년연장이 추가로 시행되게 된다면 발생할 상황으로 가장 관련성이 적은 것은?

① 기업의 인건비 부담이 가중될 것이다.

② 노동시장 양극화가 심화될 것이다.

③ 신규채용이 증가할 것이다.

④ 조기 퇴직자가 증가할 것이다.

25 다음 중 지상권에 대한 설명으로 옳지 않은 것은?

① 지상권자는 타인에게 그 권리를 양도하거나 그 권리의 존속기간 내에서 그 토지를 임대할 수 없다.

② 당사자가 계약을 갱신하는 경우 지상권의 존속기간은 갱신한 날로부터 최단존속기간보다 단축하지 못하지만, 당사자는 이보다 장기의 기간을 정할 수 있다.

③ 지상권이 소멸한 때에는 지상권자는 건물 기타 공작물이나 수목을 수거하여 토지를 원상에 회복해야 한다.

④ 지상권자가 2년 이상의 지료를 지급하지 않은 때에는 지상권설정자가 지상권의 소멸을 청구할 수 있다.

26 다음 중 채권의 양도에 대한 설명으로 옳지 않은 것은?

① 기본적으로 채권은 양도할 수 있지만, 채권의 성질이 양도를 허용하지 않을 때에는 양도 또한 불가능해진다.

② 채권은 당사자가 반대의 의사를 표시한 경우에는 양도할 수 없지만, 그 의사표시로써 선의의 제삼자에게 대항하지 못한다.

③ 지명채권의 양도는 양도인이 채무자에게 통지하거나 채무자가 승낙하지 않아도 채무자 기타 제삼자에게 대항할 수 있다.

④ 양도인이 양도통지만을 한 때에는 채무자가 그 통지를 받은 때까지 양도인에 대하여 생긴 사유로써 양수인에게 대항할 수 있다.

27 다음 중 임차인이 민법에 따라 임대인의 협력을 얻어 임대차등기를 신청하는 경우에 신청서에 기재해야 하는 내용으로 옳지 않은 것은?

① 주민등록을 마친 날

② 임차주택을 점유한 날

③ 우선변제권을 취득한 날

④ 임대차계약증서상의 확정일자를 받은 날

28 다음 중 주택 임차권의 승계에 대한 내용으로 옳은 것은?

① 임차인이 상속인 없이 사망한 경우에는 그 주택에서 가정공동생활을 하던 사실상의 혼인 관계에 있는 자가 임차인의 권리와 의무를 승계한다.

② 임차인이 사망한 때에 사망 당시 상속인이 그 주택에서 가정공동생활을 하고 있지 않았던 경우에는 그 주택에서 가정공동생활을 하던 사실상의 혼인 관계에 있는 자와 4촌 이내의 친족이 공동으로 임차인의 권리와 의무를 승계한다.

③ 임차인이 사망한 후 3개월 이내에 임대인에게 법적인 승계 대상자가 반대의사를 표시한 경우에는 임차권이 승계되지 않는다.

④ 임대차 관계에서 생긴 채권·채무는 임차인의 권리의무를 승계한 자에게 귀속되지 않고 소멸한다.

29 다음 중 주택임대차분쟁조정위원회에서 심의·조정하는 분쟁에 포함되지 않는 것은?

① 차임 또는 보증금의 증감에 관한 분쟁

② 임대차 기간에 관한 분쟁

③ 임차주택의 유지·수선 의무에 관한 분쟁

④ 담보책임에 관한 분쟁

30 다음 중 전세권의 존속기간에 대한 설명으로 적절하지 않은 것은?

① 건물에 대한 전세권의 존속기간을 1년 미만으로 정한 때에는 이를 유지한다.

② 전세권의 설정은 이를 갱신할 수 있으며, 그 기간은 갱신한 날로부터 10년을 넘지 못한다.

③ 전세권의 존속기간은 10년을 넘지 못하며, 당사자의 약정기간이 10년을 넘을 때에는 이를 10년으로 단축한다.

④ 건물의 전세권설정자가 전세권의 존속기간 만료 전 6월부터 1월까지 사이에 전세권자에 대하여 갱신거절의 통지 또는 조건을 변경하지 않으면 갱신하지 않는다는 뜻의 통지를 하지 않은 경우에는 그 기간이 만료된 때에 전전세권과 동일한 조건으로 다시 전세권을 설정한 것으로 본다.

31 A씨는 5,000만 원의 자금으로 연간 기대수익률이 20%인 주식에 투자할지, 연간 이자율이 10%인 적금에 가입할지 고민하다 적금에 가입하기로 결정하였다. 이때 연간 기회비용은 얼마인가?

(만 원)

32 다음은 20×1년 말 (주)대한과 관련된 자료이다. 충당부채와 우발부채 금액으로 옳은 것은?

- 20×1년 초 제품보증충당부채는 없었으며, 20×1년 말 현재 향후 보증청구가 이루어질 것으로 판단되는 최선의 추정치는 20,000원이다.
- (주)대한은 특허권 침해소송에 피고로 계류되었으며, 패소시 부담하게 될 손해배상액은 30,000원이다. 패소 가능성은 높지 않다.
- 기말 현재 매출채권에 대한 대손충당금으로 계상되어야 할 금액은 20,000원이다.
- 유형자산의 내용연수가 종료된 후 복구공사비용으로 추정되는 지출액의 현재가치금액은 50,000원이다.

(원,   원)

PART 4

33 다음 자료를 이용하여 계산한 영업활동순현금흐름은?

• 당기순이익	300,000
• 감가상각비	30,000
• 재고자산 증가	40,000
• 매입채무 증가	60,000
• 기계장치 처분금액	90,000
(장부금액 : 70,000원)	

(원)

34 다음 사례에 해당하는 리더십 이론을 〈보기〉에서 고르면?

보기

서비스 마스터는 세계 최대 청소업체로 이 기업의 윌리엄 폴라드 전 회장이 1999년 부사장으로 부임하면서 처음으로 한 일은 고객사인 한 병원의 계단과 화장실의 변기를 부하직원과 함께 청소한 것이다. 폴라드는 직원들과 같이 청소하는 과정에 직원들이 서비스 일을 하면서 겪게 되는 어려움을 몸소 체험하고 고객을 섬기는 일이 어떠한 것인지 분명히 알게 되었다.

보기

㉠ 현대적 리더십	㉡ 서번트 리더십
㉢ 변혁적 리더십	㉣ 수퍼 리더십

(   )

35 어느 상품이 거래되는 시장이 완전경쟁시장이라고 한다. 이 상품의 시장수요량과 공급량은 가격에 대해 다음과 같은 관계를 가진다고 할 때, 개별기업의 한계수입은 얼마인가?

가격	수요량	공급량
0	30	5
1	25	9
2	21	13
3	17	17
4	15	22
5	12	25

(   )

36 초기 노동자 10명이 생산에 참여할 때 1인당 평균생산량은 30단위였다. 노동자를 한 사람 더 고용하여 생산하니 1인당 평균생산량은 28단위로 줄었다. 이 경우 노동자의 한계생산량은 얼마인가?

(단위)

37 재산이 900만 원인 지혜는 500만 원의 손실을 볼 확률이 $\dfrac{3}{10}$ 이고, 손실을 보지 않을 확률이 $\dfrac{7}{10}$ 이다. 보험회사는 지혜가 일정 금액을 보험료로 지불하면 손실 발생 시 손실 전액을 보전해주는 상품을 판매하고 있다. 지혜의 효용함수가 $U(X) = \sqrt{X}$ 이고 기대효용을 극대화한다고 할 때, 지혜가 보험료로 지불할 용의가 있는 최대금액은 얼마인가?

(만 원)

38 다음은 A국의 총생산함수를 나타낸 것이다. 실질 GDP증가율이 7%, 노동증가율이 4%, 자본증가율이 8%라면 솔로우 잔차(Solow Residual)은 얼마인가?(단, Y는 실질 GDP, A는 기술수준, L은 노동, K는 자본이다)

$$Y = AL^{0.5}K^{0.5}$$

(%)

39 다음 제시문의 빈칸에 들어갈 단어를 〈보기〉에서 고르면?

전세권설정자가 전세금의 반환을 지체한 때에는 전세권자는 민사집행법의 정한 바에 의하여 전세권의 목적물의 _____을(를) 청구할 수 있다.

보기
㉠ 압류   ㉡ 대여
㉢ 반압   ㉣ 경매

(   )

40 다음 지상권 또는 전세권을 목적으로 하는 저당권에 대한 ○ / × 퀴즈의 답을 구하면?

지상권 또는 전세권을 목적으로 저당권을 설정한 자는 저당권자의 동의없이 지상권 또는 전세권을 소멸하게 하는 행위를 하지 못한다. (○ / ×)

| 객관식 |

01 다음 중 DDL에 해당하는 SQL 명령으로만 짝지어진 것은?

① SELECT, ALTER, UPDATE

② INSERT, CREATE, DELETE

③ DELETE, DROP, ALTER

④ DROP, ALTER, CREATE

02 다음 SQL 명령 중 DISTINCT의 의미를 가장 적절하게 설명한 것은?

SELECT DISTINCT 학과명 FROM 학생 WHERE 총점 > 80;

① 학과명이 중복되지 않게 검색한다.

② 중복된 학과명만 검색한다.

③ 동일한 총점을 가진 학생만 검사한다.

④ 학과명만 제외하고 검색한다.

03 다음 중 병행 제어 기법 중 로킹에 대한 설명으로 옳지 않은 것은?

① 로킹의 대상이 되는 객체의 크기를 로킹 단위라고 한다.

② 데이터베이스, 파일, 레코드 등은 로킹 단위가 될 수 있다.

③ 로킹의 단위가 작아지면 로킹 오버헤드가 증가한다.

④ 로킹의 단위가 커지면 데이터베이스 공유도가 증가한다.

04 다음 중 데이터베이스 관리 시스템에서 데이터 언어(Data-Language)에 대한 설명으로 옳지 않은 것은?

① 데이터 정의어(DDL)는 데이터베이스를 정의하거나 그 정의를 수정할 목적으로 사용하는 언어이다.

② 데이터베이스를 정의하고 접근하기 위해서 시스템과의 통신 수단이 데이터 언어이다.

③ 데이터 조작어(DML)는 대표적으로 질의어(SQL)가 있으며, 질의어는 터미널에서 주로 이용하는 비절차적(Non Procedural) 데이터 언어이다.

④ 데이터 제어어(DCL)는 주로 응용 프로그래머와 일반 사용자가 사용하는 언어이다.

05 다음 중 모든 응용프로그램이나 사용자들이 필요로 하는 데이터를 통합한 조직 전체의 데이터베이스 구조를 논리적으로 정의하는 스키마는?

① 개념 스키마　　　　　　　　　② 외부 스키마
③ 내부 스키마　　　　　　　　　④ 관계 스키마

06 다음 중 데이터베이스 설계 단계 중 응답시간, 저장 공간의 효율화, 트랜잭션 처리도와 가장 밀접한 관계가 있는 것은?

① 물리적 설계　　　　　　　　　② 논리적 설계
③ 개념적 설계　　　　　　　　　④ 요구 조건 분석

07 다음 중 기본 키에 속해 있는 애트리뷰트는 항상 널(Null) 값을 가질 수 없는 제약을 무엇이라고 하는가?

① 개체 무결성   ② 참조 무결성
③ 키 무결성   ④ 널 무결성

08 다음 중 주기억장치의 관리 기법인 First Fit, Best Fit, Worst Fit 방법을 각각 적용할 경우 9K의 프로그램이 할당될 영역을 순서대로 바르게 짝지은 것은?

영역 1	9K
영역 2	15K
영역 3	10K
영역 4	30K

① 1, 1, 4   ② 1, 4, 2
③ 4, 3, 4   ④ 4, 3, 2

09 FIFO 스케줄링에서 3개의 작업 도착 시간과 CPU 사용 시간(Burst Time)이 다음 표와 같다. 이때 모든 작업들의 평균 반환 시간(Turn Around Time)은?(단, 소수점 첫째 자리에서 반올림한다)

작업	도착 시간	CPU 사용 시간(Burst Time)
JOB1	0	13
JOB2	3	35
JOB3	8	2

① 33   ② 20
③ 17   ④ 16

10 교착 상태는 순환 대기(Circular Wait) 상황을 허용하지 않음으로써 해결할 수 있다. 이에 대한 설명 중 옳지 않은 것은?

① 모든 자원들을 선형 순서(Linear Order)로 분류한다.

② 프로세스는 자신이 가지고 있는 자원보다 앞의 순서에 있는 자원들만을 요청하게 한다.

③ 프로세스는 자신이 가지고 있는 자원보다 뒤의 순서에 있는 자원들만을 요청하게 한다.

④ 프로세스는 자신이 가지고 있는 자원의 앞 또는 뒤의 순서에 있는 자원들을 자유롭게 요청하게 한다.

11 다음 중 임계 구역의 원칙으로 옳지 않은 것은?

① 두 개 이상의 프로세스가 동시에 사용할 수 없다.

② 인터럽트가 가능한 상태로 만들어야 한다.

③ 사용 중에 중단되거나 무한 루프에 빠지지 않도록 주의해야 한다.

④ 하나의 프로세스가 독점하여 사용할 수 없고, 한 프로세스가 임계 구역에 대한 진입을 요청하면 일정 시간 내에 허락하여야 한다.

12 다음 중 PCB(Process Control Block)가 갖고 있는 정보가 아닌 것은?

① 프로세스의 현재 상태

② 프로세스 고유 식별자

③ 스케줄링 및 프로세스의 우선순위

④ 할당되지 않은 주변 장치의 상태 정보

13 다음 표는 고정 분할에서의 기억장치 단편화(Fragmentation) 현상을 보이고 있다. 외부단편화(External Fragmentation)의 크기는 총 얼마인가?(단, 페이지 크기의 단위는 K를 사용한다)

구분	분할의 크기		작업의 크기
A	20K	←	10K
B	50K	←	60K
C	120K	←	160K
D	200K	←	100K
E	300K	←	150K

① 480K ② 430K
③ 260K ④ 170K

14 다음 중 분산 운영체제의 구조 중 완전 연결(Fully Connection)에 대한 설명으로 옳지 않은 것은?

① 모든 사이트는 시스템 안의 다른 모든 사이트와 직접 연결된다.
② 사이트들 간의 메시지 전달이 매우 빠르다.
③ 기본비용이 적게 들고, 통신비용이 많이 든다.
④ 사이트 간의 연결은 여러 회선이 존재하므로 신뢰성이 높다.

15 다음 중 PERT(Program Evaluation and Review Technique)에 대한 설명으로 옳지 않은 것은?

① 프로젝트를 평가하는 검토 기술로 예측치를 이용하여 불확실성을 고려한다.
② 프로젝트의 작업 일정을 네트워크로 기술하여 프로젝트의 지연을 방지한다.
③ 짧은 시간에 프로젝트의 완성을 목표로 한다.
④ 프로젝트 작업 사이의 관계를 나타내며, 최장 경로를 파악할 수 있다.

16 다음 중 CPM(Critical Path Method)에 대한 설명으로 옳지 않은 것은?

① 노드에서 작업을 표시하고, 간선은 작업 사이의 전후 의존 관계를 나타낸다.

② 프로젝트의 완성에 필요한 작업을 나열하고, 작업에 필요한 소요 기간을 예측하는 데 사용한다.

③ 박스 노드는 프로젝트의 중간 점검을 뜻하는 이정표로 이 노드 위에서 예상 완료 시간을 표시한다.

④ 한 이정표에서 다른 이정표에 도달하기 전의 작업은 모두 완료되지 않아도 다음 작업을 진행할 수 있다.

17 S/W 각 기능의 원시 코드 라인 수의 비관치, 낙관치, 기대치를 측정하여 예측치를 구하고 이를 이용하여 비용을 산정하는 기법은?

① Effort Per Task 기법   ② 전문가 감정 기법

③ 델파이 기법   ④ LOC 기법

18 다음 두 명의 개발자가 5개월에 걸쳐 10,000 라인의 코드를 개발하였을 때 월별 생산성 측정을 위한 계산 방식으로 가장 적절한 것은?

① $10,000 \div 2$ ② $10,000 \div 5$

③ $10,000 \div (5 \times 2)$ ④ $(2 \times 10,000) \div 5$

19 다음 중 자료 사전(Data Dictionary)에 사용되는 기호의 의미를 나타낸 것으로 바르게 짝지어진 것은?

① { } : 자료의 생략 가능, ( ) : 자료의 선택

② ( ) : 자료의 설명, ** : 자료의 선택

③ = : 자료의 설명, ** : 자료의 정의

④ + : 자료의 연결, ( ) : 자료의 생략 가능

20 다음 중 기본 DFD의 특성이라고 볼 수 없는 것은?

① 시스템 내의 모든 자료 흐름은 4가지의 기본 기호로 표시된다.

② 각각의 변환(처리) 대하여 개별적인 상세화가 가능하다.

③ 변환(처리) 과정이 버블로 표현된다.

④ 배경도는 단 하나의 원으로 구성되어 Level 1을 의미한다.

21 다음 중 N – S(Nassi – Schneiderman) Chart에 대한 설명으로 거리가 먼 것은?

① 논리의 기술에 중점을 둔 도형식 표현 방법이다.

② 연속, 선택 및 다중 선택, 반복 등의 제어 논리 구조로 표현한다.

③ 주로 화살표를 사용하여 논리적인 제어 구조로 흐름을 표현한다.

④ 조건이 복합되어 있는 곳의 처리를 시각적으로 명확히 식별하는 데 적합하다.

22 다음 중 프로그램 구조에서 Fan – In의 의미를 적절하게 설명한 것은?

① 얼마나 많은 모듈이 주어진 모듈을 호출하는가를 나타낸다.

② 주어진 모듈이 호출하는 모듈의 개수를 나타낸다.

③ 같은 등극(Level)의 모듈 수를 나타낸다.

④ 최상위 모듈에서 주어진 모듈까지의 깊이를 나타낸다.

23 다음 중 객체 지향 개념 중 하나 이상의 유사한 객체들을 묶어 공통된 특성을 표현한 데이터 추상화를 의미하는 것은?

① 메소드(Method)

② 클래스(Class)

③ 상속성(Inheritance)

④ 메시지(Message)

24 다음 중 럼바우(Rumbaugh)의 객체 지향 분석 절차를 바르게 나열한 것은?

① 객체 모델링 → 동적 모델링 → 기능 모델링

② 객체 모델링 → 기능 모델링 → 동적 모델링

③ 기능 모델링 → 동적 모델링 → 객체 모델링

④ 기능 모델링 → 객체 모델링 → 동적 모델링

25 다음 중 화이트 박스 시험(White Box Testing)에 대한 설명으로 옳지 않은 것은?

① 모듈 안의 작동을 직접 관찰할 수 있다.

② 원시 코드의 모든 문장을 한 번 이상 수행함으로써 수행된다.

③ 프로그램의 제어 구조에 따라 선택, 반복 등의 부분들을 수행함으로써 논리적 경로를 제어한다.

④ 소프트웨어 산물의 기능별로 적절한 정보 영역을 정하여 적합한 입력에 대한 출력의 정확성을 점검한다.

26 다음 중 반복문에 해당하지 않는 것은?

① for문

② while문

③ switch문

④ do/while문

27 다음 중 함수의 형식에 대한 설명으로 옳지 않은 것은?

① 함수의 머리 부분은 리턴 타입, 함수명, 매개 변수로 구분한다.

② 처리 동작에 관련된 코드는 중괄호({ }) 속에 넣어 하나의 블록을 만든다.

③ 리턴 타입에 따라 void형과 void형이 아닌 함수로 나눈다.

④ 함수 정의 부분에서 필요한 데이터를 함수 내부에서 입력받는 경우 매개 변수가 필요하다.

28 다음 그림의 순서도를 표현하는 문장 형식으로 적절한 것은?

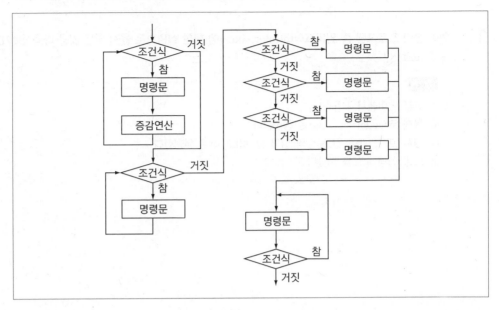

① for문 − while문 − case문 − do ∼ while문

② do ∼ while문 − for문 − 중첩조건문 − 조건문

③ for문 − do ∼ while문 − 중첩조건문 − 조건문

④ do ∼ while문 − 조건문 − case문 − while문

29 다음 중 C++ 프로그램에서 수식 a=++b * c;와 같은 의미인 것은?

① b=b + 1;
  a=b * c;

② a=b * c;
  b=b + 1;

③ a=b * c;
  a=b + 1;

④ a=b + 1;
  a=b * c;

30 다음 중 SGML(Standard Generalized Markup Language)에 대한 설명으로 옳지 않은 것은?

① 문서의 마크업 언어나 태그 셋을 정의하는 문서 표준이다.

② 문서 언어의 각 요소와 속성을 자신만의 태그(Tag)로 정의할 수 있는 메타 언어이다.

③ 문서의 논리 구조, 의미 구조를 간단한 마크로 기술한다.

④ 유연성이 좋고 구조적인 시스템 운용이 가능하며, 기능이 간단하다.

31 언어 번역 프로그램 중 인터프리터(Interpreter)에 대한 설명으로 옳지 않은 것을 다음 〈보기〉에서 모두 고르면?

> **보기**
> ㉠ 고급 언어에서 사용한다.
> ㉡ 목적 코드(Object Code)를 생성한다.
> ㉢ 원시 프로그램을 한 문장씩 읽어 번역하고 바로 실행한다.
> ㉣ 느린 실행 속도를 지녔다.

(   )

32 다음 〈보기〉에서 가장 먼저 개발된 프로그래밍 언어를 고르면?

> **보기**
> ㉠ FORTRAN   ㉡ BASIC
> ㉢ C   ㉣ Java

(   )

33 키가 아닌 모든 속성이 기본 키(Primary Key)에 충분한 함수적 종속을 만족하는 정규형은?

(NF)

34 Linear Search의 평균 검색 횟수는?

(회)

35 다음과 같은 이진 트리를 후위 순서로 순회할 때 네 번째로 방문하는 노드는?

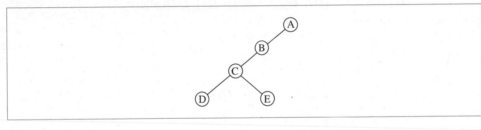

(   )

36 해싱 함수의 값을 구한 결과 키 K1, K2가 같은 값을 가질 때, 이들 키 K1, K2의 집합을 무엇이라 하는가?

(   )

37 8진수(Octal Number) 474를 2진수(Binary Number)로 변환하면?

( )

38 다음 〈보기〉에서 레지스터에 대한 설명으로 옳지 않은 것을 고르면?

> **보기**
> ㉠ 데이터를 처리하는 동안 중간 결과를 일시적으로 저장해 두는 CPU 내의 고속 기억장치를 의미한다.
> ㉡ 다음에 수행하려는 명령어의 주소를 기억하는 레지스터를 프로그램 카운터(PC)라고 한다.
> ㉢ 산술 및 논리 연산의 결과를 일시적으로 기억하는 레지스터를 기억 레지스터라고 한다.
> ㉣ 레지스터의 수는 CPU의 성능을 결정하는 요인 중 하나이다.

( )

39 컴퓨터 시스템이 단위 시간에 얼마나 많은 자료를 처리할 수 있는가를 표시하는 용어는?

( )

40 토글 또는 보수 플립플롭으로서 JK 플립플롭의 J와 K를 묶어서 입력이 구성되며, 입력이 0일 경우에는 상태가 불변이고, 입력이 1인 경우에는 보수가 출력되는 것은?

(플립플롭)

PART 5

인성검사

5 인성검사

인성검사의 개요

1. 인성검사란?

개인이 업무를 수행하면서 능률적인 성과물을 만들기 위해서는 개인의 능력과 경험 그리고 회사의 교육 및 훈련 등이 필요하지만, 개인의 성격이나 성향 역시 중요하다. 여러 직무분석 연구에서 나온 결과들에 따르면, 직무에서의 성공과 관련된 특성들 중 최고 70% 이상이 능력보다는 성격과 관련이 있다고 한다. 따라서 최근 기업들은 인성검사의 비중을 높이고 있는 추세이다.

현재 기업들은 인성검사를 KIRBS(한국행동과학연구소)나 SHL(에스에이치엘) 등의 전문기관에 의뢰해서 시행하고 있다. 전문기관에 따라서 인성검사 방법에 차이가 있고, 보안을 위해서 인성검사를 의뢰한 기업을 공개하지 않을 수 있기 때문에 특정 기업의 인성검사를 정확하게 판단할 수 없지만, 지원자들이 후기에 올린 문제를 통해 인성검사 유형을 예상할 수 있다.

2. 인성검사 수검요령

인성검사에 대한 특별한 수검기법은 없다. 인성검사에서 문제를 어떻게 잘 풀 것인가 하는 차원과는 달리 자신의 상태나 경험에 입각하여 자신을 솔직하게 그대로 표현하는 것이 가장 좋다. 인성검사에 의한 성격분석은 장점과 단점이라는 양면을 나타낸다. 예를 들어, 민감성에서의 득점이 높으면 섬세하고 배려심이 있다는 장점과 걱정이 많고 자신감이 없다는 단점이 있고, 독자성에서의 득점이 높으면 신념이 있고 독창적이라는 장점과 융통성이 없다는 단점이 있는 것이다. 면접 담당자는 각 항목 중에서 득점이 극단적으로 높거나 낮은 특징적인 부분에 대해서 질문하게 되는데, 이는 그 특징적인 부분이 장점으로 나타나기 쉬운지 단점으로 나타나기 쉬운지를 확인하기 위한 것이다. 그러므로 극단적인 득점을 보이는 항목에 대해서는 단점을 보완하는 응답을 준비해야 한다. 즉, 어떻게 자신의 상태를 정확히 표현할 수 있느냐가 수검요령이 되겠으며, 그 일반적인 요령에는 다음과 같은 것들이 있다.

① 인성검사를 소홀히 대하지 말라.

인성검사의 결과 중에서 정신건강(정서안정성, 감정통제력, 신경질 경향)에 관한 측면은 전형 사정 시 매우 중시되고 있다. 다른 평가 요인에 대하여 아무리 좋고 바람직한 결과를 얻었더라도, 심지어 서류전형이나 필기시험 등에서 좋은 결과를 얻은 지원자라 할지라도 정신건강 측면에 대한 결과가 바람직하지 못하면 탈락될 정도로 중요시되고 있는 추세이다. 따라서 사전에 자기 자신의 내적인 측면을 정확히 파악해야 한다.

② 평소의 경험과 선호도를 자연스럽게 답하라.

검사의 내용들은 대개 평소 우리가 경험하는 내용들에 관한 짧은 진술문과 어떤 대상에 대한 선호를 묻는 내용들로 구성된 진술문으로 구성되어 있으므로, 시험이라고 생각하지 말고 그냥 평소의 경험과 선호도에 따라 자연스럽게 답한다. 또한 상식적인 반응을 묻는 문항에는 너무 민감하게 반응하지 말고 솔직하게 답한다. 자칫 검사 무효화의 결과를 초래할 수도 있다.

③ 수험 전날이나 수험기간 동안에 음주나 지나친 운동 등을 삼가라.

심신이 지쳐 있으면 심약한 생각을 갖기 쉽다. 신체적으로나 정신적으로 충분한 휴식을 취하고 심리적으로 안정된 상태에서 검사에 임해야 자신을 정확히 나타낼 수 있다.

④ 검사시간에 너무 신경쓰지 말라.

시간제한이 없거나 충분한 시간이 주어지기 때문에 남보다 빨리 하려고 한다든가 다른 사람의 퇴실에 신경 쓸 필요가 없다.

⑤ 각 진술문에 대하여 너무 골똘히 생각하거나 불필요한 생각을 하지 말라.

지나친 생각은 자신을 잘못 표현하게 만들고, 불필요한 생각은 검사의 타당도·신뢰도 등에 좋지 않은 영향을 미칠 수 있다.

⑥ 솔직하게 표현하라.

대개의 인성검사 문항은 피검사자의 솔직성을 알 수 있게 제작되어 있다. 자칫 솔직성이 너무 결여될 경우에는 검사 자체가 무효화되어 불이익을 받을 수 있다.

⑦ 비교적 일관성 있게 답하라.

이는 앞의 솔직성과 관계된다. 그러나 오히려 너무 일관성에 치우치려는 생각은 검사 자체를 다른 방향으로 이끌 수도 있다.

⑧ 마지막 문항까지 최선을 다하라.

한 문항도 빠뜨리지 말고 전체 문항에 대해 자신의 의견을 답하는 것이 매우 중요하다. 각 문항을 깊이 있게 분석하면서 풀어나갈 것이 아니라 직감적으로 '예', '아니요' 중 하나에 자신의 색깔을 명확히 표현하는 것이 결과가 깨끗하다. 모든 문항은 평가 결과와 밀접한 관련이 있기 때문에 응답하지 않은 문항이 많으면 검사 자체를 무효로 처리하거나 불리한 평가를 내릴 수 있으므로 주의해야 한다.

⑨ 사전에 검사를 받아보는 것이 좋다.

검사 대행업체나 학교의 학생생활연구소와 같은 곳을 이용하여 사전에 검사를 받아보는 것도 좋은 방법이다. 검사의 유형을 미리 경험해봄으로써 자신감을 얻을 수 있고 성격상 바람직하지 않은 결과를 얻은 요인에 대해서 사전에 끊임없는 노력으로 개선할 수 있기 때문이다.

02 인성검사 모의연습

인성검사는 정신의학에 의한 성격분석검사를 기초로 한 일종의 심리테스트로 이를 통해 지원자의 성격이나 흥미, 대인관계 등을 분석한다. 검사 결과에는 지원자가 자각하고 있는 부분도, 자각하지 못한 부분도 나타나기 때문에 자각하고 싶지 않은 성격까지 면접 담당자는 모두 파악하는 것이다.

만약 면접 시 면접 담당자가 지원자의 성격을 파악하고 있는데 정작 지원자가 자신의 성격을 파악하지 못했다면 전적으로 불리하다. 그러나 인성검사의 결과를 참고로 지원자가 자기의 성격을 파악하여 질문의 내용을 예측한다면 장점은 살리고, 단점은 보완하는 응답이 가능하게 될 것이다.

사람의 성격은 쉽게 변하지 않지만, 장점과 단점을 파악하여 자신을 매력적으로 어필하는 것은 가능하다. 성격을 파악하지 않고 그저 자신을 잘 보이려 해도 면접 담당자에게는 인성검사와의 모순을 확실히 알 수 있다는 것을 기억하자.

※ 다음 질문을 읽고, '① 매우 그렇지 않다, ② 거의 그렇지 않다, ③ 조금 그렇지 않다, ④ 보통이다, ⑤ 조금 그렇다, ⑥ 거의 그렇다, ⑦ 매우 그렇다'에 표시하시오. [1~100]

번호	질문	응답
1	사생대회 위원과 체육대회 위원 중 체육대회 위원을 하고 싶다.	① ② ③ ④ ⑤ ⑥ ⑦
2	보고 들은 것을 문장으로 옮기기를 좋아한다.	① ② ③ ④ ⑤ ⑥ ⑦
3	남에게 뭔가 가르쳐주는 일이 좋다.	① ② ③ ④ ⑤ ⑥ ⑦
4	많은 사람과 장시간 함께 있으면 피곤하다.	① ② ③ ④ ⑤ ⑥ ⑦
5	엉뚱한 일을 하기 좋아하고 발상도 개성적이다.	① ② ③ ④ ⑤ ⑥ ⑦
6	전표 계산 또는 장부 기입 같은 일을 싫증내지 않고 할 수 있다.	① ② ③ ④ ⑤ ⑥ ⑦
7	책이나 신문을 열심히 읽는 편이다.	① ② ③ ④ ⑤ ⑥ ⑦
8	신경이 예민한 편이며, 감수성도 예민하다.	① ② ③ ④ ⑤ ⑥ ⑦
9	연회석에서 망설임 없이 노래를 부르거나 장기를 보이는 편이다.	① ② ③ ④ ⑤ ⑥ ⑦
10	즐거운 캠프를 위해 계획 세우기를 좋아한다.	① ② ③ ④ ⑤ ⑥ ⑦
11	데이터를 분류하거나 통계 내는 일을 싫어하지는 않는다.	① ② ③ ④ ⑤ ⑥ ⑦
12	드라마나 소설 속 등장인물의 생활과 사고방식에 흥미가 있다.	① ② ③ ④ ⑤ ⑥ ⑦
13	나의 미적 표현력을 살리면 상당히 좋은 작품이 나올 것 같다.	① ② ③ ④ ⑤ ⑥ ⑦
14	화려한 것을 좋아하며 주위의 평판에 신경을 쓰는 편이다.	① ② ③ ④ ⑤ ⑥ ⑦
15	여럿이서 여행할 기회가 있다면 즐겁게 참가한다.	① ② ③ ④ ⑤ ⑥ ⑦
16	여행 소감 쓰기를 좋아한다.	① ② ③ ④ ⑤ ⑥ ⑦
17	상품전시회에서 상품설명을 한다면 잘할 수 있을 것 같다.	① ② ③ ④ ⑤ ⑥ ⑦
18	변화가 적고 손이 많이 가는 일도 꾸준히 하는 편이다.	① ② ③ ④ ⑤ ⑥ ⑦
19	신제품 홍보에 흥미가 있다.	① ② ③ ④ ⑤ ⑥ ⑦
20	열차시간표 한 페이지 정도라면 정확하게 옮겨 쓸 수 있다.	① ② ③ ④ ⑤ ⑥ ⑦
21	자신의 장래에 대해 자주 생각해본다.	① ② ③ ④ ⑤ ⑥ ⑦
22	상품을 고를 때 디자인과 색에 신경을 많이 쓴다.	① ② ③ ④ ⑤ ⑥ ⑦
23	극단이나 탤런트 양성소에서 공부해보고 싶다는 생각을 한 적 있다.	① ② ③ ④ ⑤ ⑥ ⑦
24	외출할 때 날씨가 좋지 않아도 그다지 신경을 쓰지 않는다.	① ② ③ ④ ⑤ ⑥ ⑦
25	손님을 불러들이는 호객행위도 마음만 먹으면 할 수 있다.	① ② ③ ④ ⑤ ⑥ ⑦
26	신중하고 주의 깊은 편이다.	① ② ③ ④ ⑤ ⑥ ⑦
27	하루 종일 책상 앞에 앉아 있어도 지루해지지 않는 편이다.	① ② ③ ④ ⑤ ⑥ ⑦
28	알기 쉽게 요점을 정리한 다음 남에게 잘 설명하는 편이다.	① ② ③ ④ ⑤ ⑥ ⑦
29	친목회나 송년회 등의 총무 역할을 좋아하는 편이다.	① ② ③ ④ ⑤ ⑥ ⑦
30	생물 시간보다는 미술 시간에 흥미가 있다.	① ② ③ ④ ⑤ ⑥ ⑦
31	다른 사람이 자신에게 상담을 해오는 경우가 많다.	① ② ③ ④ ⑤ ⑥ ⑦
32	실패하든 성공하든 그 원인은 꼭 분석한다.	① ② ③ ④ ⑤ ⑥ ⑦

번호	질문	응답
33	실내장식품이나 액세서리 등에 관심이 많다.	① ② ③ ④ ⑤ ⑥ ⑦
34	남에게 보이기 좋아하고 지기 싫어하는 편이다.	① ② ③ ④ ⑤ ⑥ ⑦
35	대자연 속에서 마음대로 몸을 움직이는 일이 좋다.	① ② ③ ④ ⑤ ⑥ ⑦
36	파티나 모임에서 자연스럽게 돌아다니며 인사하는 성격이다.	① ② ③ ④ ⑤ ⑥ ⑦
37	무슨 일에 쉽게 구애받는 편이며 장인의식도 강하다.	① ② ③ ④ ⑤ ⑥ ⑦
38	우리나라 분재를 파리에서 파는 방법 따위를 생각하기 좋아한다.	① ② ③ ④ ⑤ ⑥ ⑦
39	하루 종일 돌아다녀도 그다지 피곤을 느끼지 않는다.	① ② ③ ④ ⑤ ⑥ ⑦
40	컴퓨터의 키보드 조작도 연습하면 잘할 수 있을 것 같다.	① ② ③ ④ ⑤ ⑥ ⑦
41	자동차나 모터보트 등의 운전에 흥미를 갖고 있다.	① ② ③ ④ ⑤ ⑥ ⑦
42	인기 연예인의 인기 비결을 곧잘 생각해본다.	① ② ③ ④ ⑤ ⑥ ⑦
43	과자나 빵을 판매하는 일보다 만드는 일이 나에게 맞는다.	① ② ③ ④ ⑤ ⑥ ⑦
44	대체로 걱정하거나 고민하지 않는다.	① ② ③ ④ ⑤ ⑥ ⑦
45	비판적인 말을 들어도 쉽게 상처받지 않는다.	① ② ③ ④ ⑤ ⑥ ⑦
46	초등학교 선생님보다는 등대지기가 더 재미있을 것 같다.	① ② ③ ④ ⑤ ⑥ ⑦
47	남에게 줄 선물을 사러 다니는 일이 귀찮게 느껴진다.	① ② ③ ④ ⑤ ⑥ ⑦
48	조심스러운 성격이라고 생각한다.	① ② ③ ④ ⑤ ⑥ ⑦
49	사물을 신중하게 생각하는 편이다.	① ② ③ ④ ⑤ ⑥ ⑦
50	동작이 기민한 편이다.	① ② ③ ④ ⑤ ⑥ ⑦
51	포기하지 않고 노력하는 것이 중요하다.	① ② ③ ④ ⑤ ⑥ ⑦
52	일주일의 예정을 만드는 것을 좋아한다.	① ② ③ ④ ⑤ ⑥ ⑦
53	노력의 여하보다 결과가 중요하다.	① ② ③ ④ ⑤ ⑥ ⑦
54	자기주장이 강하다.	① ② ③ ④ ⑤ ⑥ ⑦
55	장래의 일을 생각하면 불안해질 때가 있다.	① ② ③ ④ ⑤ ⑥ ⑦
56	소외감을 느낄 때가 있다.	① ② ③ ④ ⑤ ⑥ ⑦
57	훌쩍 여행을 떠나고 싶을 때가 자주 있다.	① ② ③ ④ ⑤ ⑥ ⑦
58	대인관계가 귀찮다고 느낄 때가 있다.	① ② ③ ④ ⑤ ⑥ ⑦
59	자신의 권리를 주장하는 편이다.	① ② ③ ④ ⑤ ⑥ ⑦
60	낙천가라고 생각한다.	① ② ③ ④ ⑤ ⑥ ⑦
61	싸움을 한 적이 없다.	① ② ③ ④ ⑤ ⑥ ⑦
62	자신의 의견을 상대에게 잘 주장하지 못한다.	① ② ③ ④ ⑤ ⑥ ⑦
63	좀처럼 결단하지 못하는 경우가 있다.	① ② ③ ④ ⑤ ⑥ ⑦
64	하나의 취미를 오래 지속하는 편이다.	① ② ③ ④ ⑤ ⑥ ⑦
65	한 번 시작한 일은 끝을 맺는다.	① ② ③ ④ ⑤ ⑥ ⑦
66	행동으로 옮기기까지 시간이 걸린다.	① ② ③ ④ ⑤ ⑥ ⑦
67	다른 사람들이 하지 못하는 일을 하고 싶다.	① ② ③ ④ ⑤ ⑥ ⑦

PART 5

번호	질문	응답
68	해야 할 일은 신속하게 처리한다.	① ② ③ ④ ⑤ ⑥ ⑦
69	병이 아닌지 걱정이 들 때가 있다.	① ② ③ ④ ⑤ ⑥ ⑦
70	다른 사람의 충고를 기분 좋게 듣는 편이다.	① ② ③ ④ ⑤ ⑥ ⑦
71	다른 사람에게 의존적이 될 때가 많다.	① ② ③ ④ ⑤ ⑥ ⑦
72	타인에게 간섭받는 것은 싫다.	① ② ③ ④ ⑤ ⑥ ⑦
73	자의식 과잉이라는 생각이 들 때가 있다.	① ② ③ ④ ⑤ ⑥ ⑦
74	수다를 좋아한다.	① ② ③ ④ ⑤ ⑥ ⑦
75	잘못된 일을 한 적이 한 번도 없다.	① ② ③ ④ ⑤ ⑥ ⑦
76	모르는 사람과 이야기하는 것은 용기가 필요하다.	① ② ③ ④ ⑤ ⑥ ⑦
77	끙끙거리며 생각할 때가 있다.	① ② ③ ④ ⑤ ⑥ ⑦
78	다른 사람에게 항상 움직이고 있다는 말을 듣는다.	① ② ③ ④ ⑤ ⑥ ⑦
79	매사에 얽매인다.	① ② ③ ④ ⑤ ⑥ ⑦
80	잘하지 못하는 게임은 하지 않으려고 한다.	① ② ③ ④ ⑤ ⑥ ⑦
81	어떠한 일이 있어도 출세하고 싶다.	① ② ③ ④ ⑤ ⑥ ⑦
82	막무가내라는 말을 들을 때가 많다.	① ② ③ ④ ⑤ ⑥ ⑦
83	신경이 예민한 편이라고 생각한다.	① ② ③ ④ ⑤ ⑥ ⑦
84	쉽게 침울해한다.	① ② ③ ④ ⑤ ⑥ ⑦
85	쉽게 싫증을 내는 편이다.	① ② ③ ④ ⑤ ⑥ ⑦
86	옆에 사람이 있으면 싫다.	① ② ③ ④ ⑤ ⑥ ⑦
87	토론에서 이길 자신이 있다.	① ② ③ ④ ⑤ ⑥ ⑦
88	친구들과 남의 이야기를 하는 것을 좋아한다.	① ② ③ ④ ⑤ ⑥ ⑦
89	푸념을 한 적이 없다.	① ② ③ ④ ⑤ ⑥ ⑦
90	남과 친해지려면 용기가 필요하다.	① ② ③ ④ ⑤ ⑥ ⑦
91	통찰력이 있다고 생각한다.	① ② ③ ④ ⑤ ⑥ ⑦
92	집에서 가만히 있으면 기분이 우울해진다.	① ② ③ ④ ⑤ ⑥ ⑦
93	매사에 느긋하고 차분하게 대처한다.	① ② ③ ④ ⑤ ⑥ ⑦
94	좋은 생각이 떠올라도 실행하기 전에 여러모로 검토한다.	① ② ③ ④ ⑤ ⑥ ⑦
95	누구나 권력자를 동경하고 있다고 생각한다.	① ② ③ ④ ⑤ ⑥ ⑦
96	몸으로 부딪혀 도전하는 편이다.	① ② ③ ④ ⑤ ⑥ ⑦
97	당황하면 갑자기 땀이 나서 신경 쓰일 때가 있다.	① ② ③ ④ ⑤ ⑥ ⑦
98	친구들은 나를 진지한 사람으로 생각하고 있다.	① ② ③ ④ ⑤ ⑥ ⑦
99	감정적으로 될 때가 많다.	① ② ③ ④ ⑤ ⑥ ⑦
100	다른 사람의 일에 관심이 없다.	① ② ③ ④ ⑤ ⑥ ⑦

PART 6

면접

01 | 면접 유형 및 실전 대책

01 면접 주요사항

면접의 사전적 정의는 면접관이 지원자를 직접 만나보고 인품(人品)이나 언행(言行) 따위를 시험하는 일로, 흔히 필기시험 후에 최종적으로 심사하는 방법이다.

최근 주요 기업의 인사담당자들을 대상으로 채용 시 면접이 차지하는 비중을 설문조사했을 때, 50 ~ 80% 이상이라고 답한 사람이 전체 응답자의 80%를 넘었다. 이와 대조적으로 지원자들을 대상으로 취업 시험에서 면접을 준비하는 기간을 물었을 때, 대부분의 응답자가 2 ~ 3일 정도라고 대답했다.

지원자는 서류전형과 직무성검사를 통과해야만 면접을 볼 수 있기 때문에 자연스럽게 면접은 그 비중이 작아질 수밖에 없다. 하지만 아이러니하게도 실제 채용 과정에서 면접이 차지하는 비중은 절대적이라고 해도 과언이 아니다.

기업들은 채용 과정에서 토론 면접, 인성 면접, 프레젠테이션 면접, 역량 면접 등의 다양한 면접을 실시한다. 1차 커트라인이라고 할 수 있는 서류전형을 통과한 지원자들의 스펙이나 능력은 서로 엇비슷하다고 판단하기 때문에 지원자의 인성을 파악하기 위해 면접을 더욱 강화하는 것이다.

면접의 기본은 자기 자신을 면접관에게 알기 쉽게 표현하는 것이다. 이러한 표현을 바탕으로 자신의 단점을 극복할 수 있는 연습을 한다면 좋은 결과를 얻을 수 있을 것이다.

1. 자기소개

자기소개를 시키는 이유는 면접자가 지원자의 자기소개서를 압축해서 듣고, 지원자의 첫인상을 평가할 시간을 가질 수 있기 때문이다. 면접을 위한 워밍업이라고 할 수 있으며, 첫인상을 결정하는 과정이므로 매우 중요한 순간이다. 자신을 잘 소개할 수 있는 문구의 1분 자기소개를 미리 준비해서 연습해야 한다.

2. 1분 자기소개 시 주의사항

(1) 자기소개서와 자기소개가 똑같다면 감점일까?

자기소개서의 내용을 잘 정리한 자기소개는 좋은 결과를 만들 수 있다. 하지만 자기소개서와 상반된 내용을 말하는 것은 적절하지 않다. 지원자의 신뢰성을 의심받을 수 있기 때문이다.

(2) 말하는 자세를 바르게 익혀라.

면접에서 바른 자세가 중요하다는 것은 익히 알고 있다. 하지만 문제는 무의식적으로 나오는 흐트러진 자세 때문에 나쁜 인상을 줄 수 있다는 것이다. 이러한 습관을 고칠 수 있는 가장 좋은 방법은 휴대폰으로 촬영하거나 스터디를 통해 모의 면접을 해보면서 끊임없이 피드백을 받는 것이다.

(3) 정확한 발음과 억양으로 자신 있게 말하라.

지원자의 모양새가 아무리 뛰어나도, 목소리가 작고 발음이 부정확하면 큰 감점을 받는다. 이러한 모습은 지원자의 좋은 점까지 악영향을 끼칠 수 있다. 직장을 흔히 사회생활의 시작이라고 말하는 시대적 정서에서 사람들과 의사소통을 하는 데 문제가 있다고 판단되는 지원자는 부적절한 인재로 평가될 수밖에 없다.

3. 대화법

전문가들이 말하는 대화법의 핵심은 '상대방을 배려하면서 이야기하라.'는 것이다. 대화는 나와 다른 사람의 소통이다. 내용에 대한 공감이나 이해가 없다면 대화는 더 이상 진전되지 않는다.

4. 첫인상

취업을 위해 성형수술을 받는 지원자들에 대한 이야기는 더 이상 뉴스거리가 되지 않는다. 그만큼 많은 사람이 좁은 취업문을 뚫기 위해 이미지 향상에 신경을 쓰고 있다. 하지만 외모와 첫인상을 절대적인 관계로 이해하는 것은 잘못된 판단이다. 외모가 첫인상에서 많은 부분을 차지하지만, 외모 외에 다른 결점이 발견된다면 그로 인해 장점들이 가려질 수도 있다. 첫인상은 말 그대로 한 번밖에 기회가 주어지지 않으며 몇 초 안에 결정된다. 첫인상을 결정짓는 요소 중 시각적인 요소가 80% 이상을 차지한다. 첫눈에 들어오는 생김새나 복장, 표정 등에 의해서 결정되는 것이다.

면접을 시작할 때 자기소개를 시키는 것도 지원자별로 첫인상을 평가하기 위해서이다. 첫인상이 중요한 이유는 만약 첫인상이 부정적으로 인지될 경우, 지원자의 다른 좋은 면까지 거부당하기 때문이다. 이러한 현상을 심리학에서는 초두효과(Primacy Effect)라고 한다. 이는 먼저 제시된 정보가 추후 알게 된 정보보다 더 강력한 영향을 미치는 현상으로, 앞서 제시된 정보가 나중의 것보다 기억이 더 잘되고, 인출도 더 잘된다는 것이다. 예를 들어 첫인상이 착하게 기억되면 나중에 나쁜 행동을 하더라도 순간의 실수로 생각되는 반면, 첫인상이 나쁘다면 착한 행동을 하더라도 그 진위에 의심을 사게 되는 것이다. 이처럼 한 번 형성된 첫인상은 여간해서 바꾸기 힘들다. 따라서 평소에 첫인상을 좋게 만들기 위한 노력을 꾸준히 해야만 한다.

깔끔한 옷차림과 부드러운 표정 그리고 말과 행동 등에 의해 전반적인 이미지가 만들어진다. 누구나 이러한 것 중에 한두 가지 단점을 가지고 있다. 요즈음은 이미지 컨설팅을 통해서 자신의 단점들을 보완하는 지원자도 있다. 특히, 표정이 밝지 않은 지원자는 평소 웃는 연습을 의식적으로 하여 면접을 받는 동안 계속해서 여유 있는 표정을 짓는 것이 중요하다. 성공한 사람들은 인상이 좋다는 것을 명심하자.

1. 면접의 유형

과거 천편일률적인 일대일 면접과 달리 현재는 면접에 다양한 유형이 도입되어 "면접은 이렇게 보는 것이다."라고 말할 수 있는 정해진 유형이 없어졌다. 그러나 대부분의 기업에서 현재까지는 집단 면접과 다대일 면접을 진행하고 있으므로 어느 정도 유형을 파악하여 사전에 대비가 가능하다. 면접의 기본인 단독 면접부터 다대일 면접, 집단 면접, PT 면접 유형과 그 대책에 대해 알아보자.

(1) 단독 면접

단독 면접이란 응시자와 면접관이 1대1로 마주하는 형식을 말한다. 면접관 한 사람과 응시자 한 사람이 마주 앉아 자유로운 화제를 가지고 질의응답을 되풀이하는 방식이다. 이 방식은 면접의 가장 기본적인 방법으로 소요시간은 10 ~ 20분 정도가 일반적이다.

① 단독 면접의 장점

필기시험 등으로 판단할 수 없는 성품이나 능력을 알아내는 데 가장 적합하다고 평가받아 온 면접방식으로 응시자 한 사람 한 사람에 대해 여러 면에서 비교적 폭넓게 파악할 수 있다. 응시자의 입장에서는 한 사람의 면접관만을 대하는 것이므로 상대방에게 집중할 수 있으며, 긴장감도 다른 면접방식에 비해서는 적은 편이다.

② 단독 면접의 단점

면접관의 주관이 강하게 작용해 객관성을 저해할 소지가 있으며, 면접 평가표를 활용한다 하더라도 일면적인 평가에 그칠 가능성을 배제할 수 없다. 또한 시간이 많이 소요되는 것도 단점이다.

> **단독 면접 준비 Point**
>
> 단독 면접에 대비하기 위해서는 평소 1대1로 논리 정연하게 대화를 나눌 수 있는 능력을 기르는 것이 중요하다. 그리고 면접장에서는 면접관을 선배나 선생님 혹은 부모님을 대하는 기분으로 면접에 임하는 것이 부담도 훨씬 적고 실력을 발휘할 수 있는 방법이 될 것이다.

(2) 다대일 면접

다대일 면접은 일반적으로 가장 많이 사용되는 면접방법으로 보통 2 ~ 5명의 면접관이 1명의 응시자에게 질문하는 형태의 면접방법이다. 면접관이 여러 명이므로 다각도에서 질문을 하여 응시자에 대한 정보를 많이 알아낼 수 있다는 점 때문에 선호하는 면접방법이다.

하지만 응시자의 입장에서는 면접관에 따라 질문도 각양각색이고 동료 응시자가 없으므로 숨 돌릴 틈도 없게 느껴진다. 또한 관찰하는 눈도 많아서 조그만 실수라도 지나치는 법이 없기 때문에 정신적 압박과 긴장감이 높은 면접방법이다. 따라서 응시자는 긴장을 풀고 한 명의 면접관이 질문하더라도 면접관 전원을 향해 대답한다는 기분으로 또박또박 대답하는 자세가 필요하다.

① 다대일 면접의 장점

면접관이 집중적인 질문과 다양한 관찰을 통해 응시자가 과연 조직에 필요한 인물인가를 완벽히 검증할 수 있다.

② 다대일 면접의 단점

면접시간이 보통 10 ～ 30분 정도로 긴 편이고 응시자에게 지나친 긴장감을 조성하는 면접방법이다.

다대일 면접 준비 Point

질문을 들을 때 시선은 면접위원을 향하고 다른 데로 돌리지 말아야 하며, 대답할 때에도 고개를 숙이거나 입속에서 우물거리는 소극적인 태도는 피하도록 한다. 면접위원과 대등하다는 마음가짐으로 편안한 태도를 유지하면 대답도 자연스러운 상태에서 좀 더 충실히 할 수 있고, 이에 따라 면접위원이 받는 인상도 달라진다.

(3) 집단 면접

집단 면접은 다수의 면접관이 여러 명의 응시자를 한꺼번에 평가하는 방식으로 짧은 시간에 능률적으로 면접을 진행할 수 있다. 각 응시자에 대한 질문 내용, 질문 횟수, 시간 배분이 똑같지는 않으며, 모두에게 같은 질문이 주어지기도 하고, 각각 다른 질문을 받기도 한다.

또 어떤 응시자가 한 대답에 대한 의견을 묻는 등 그때그때의 분위기나 면접관의 의향에 따라 변수가 많다. 집단 면접은 응시자의 입장에서는 개별 면접에 비해 긴장감은 다소 덜한 반면에 다른 응시자들과 확실하게 비교되므로 응시자는 몸가짐이나 표현력·논리성 등이 결여되지 않도록 자신의 생각이나 의견을 솔직하게 발표하여 집단 속에 묻히거나 밀려나지 않도록 주의해야 한다.

① 집단 면접의 장점

집단 면접의 장점은 면접관이 응시자 한 사람에 대한 관찰시간이 상대적으로 길고, 비교 평가가 가능하기 때문에 결과적으로 평가의 객관성과 신뢰성을 높일 수 있다는 점이며, 응시자는 동료들과 함께 면접을 받기 때문에 긴장감이 다소 덜하다는 것을 들 수 있다. 또한 동료가 답변하는 것을 들으며, 자신의 답변 방식이나 자세를 조정할 수 있다는 것도 큰 이점이다.

② 집단 면접의 단점

응답하는 순서에 따라 응시자마다 유리하고 불리한 점이 있고, 면접위원의 입장에서는 각각의 개인적인 문제를 깊게 다루기가 곤란하다는 것이 단점이다.

집단 면접 준비 Point

너무 자기 과시를 하지 않는 것이 좋다. 대답은 자신이 말하고 싶은 내용을 간단명료하게 말해야 한다. 내용이 없는 발언을 한다거나 대답을 질질 끄는 태도는 좋지 않다. 또 말하는 중에 내용이 주제에서 벗어나거나 자기중심적으로만 말하는 것도 피해야 한다. 집단 면접에 대비하기 위해서는 평소에 설득력을 지닌 자신의 논리력을 계발하는 데 힘써야 하며, 다른 사람 앞에서 자신의 의견을 조리 있게 개진할 수 있는 발표력을 갖추는 데에도 많은 노력을 기울여야 한다.

• 실력에는 큰 차이가 없다는 것을 기억하라.
• 동료 응시자들과 서로 협조하라.
• 답변하지 않을 때의 자세가 중요하다.
• 개성 표현은 좋지만 튀는 것은 위험하다.

(4) 집단 토론식 면접

집단 토론식 면접은 집단 면접과 형태는 유사하지만 질의응답이 아니라 응시자들끼리의 토론이 중심이 되는 면접방법으로 최근 들어 급증세를 보이고 있다.

이는 공통의 주제에 대해 다양한 견해들이 개진되고 결론을 도출하는 과정, 즉 토론을 통해 응시자의 다양한 면에 대한 평가가 가능하다는 집단 토론식 면접의 장점이 널리 확산된 데 따른 것으로 보인다. 사실 집단 토론식 면접을 활용하면 주제와 관련된 지식 정도와 이해력, 판단력, 설득력, 협동성은 물론 리더십, 조직 적응력, 적극성과 대인관계 능력 등을 파악하는 것이 용이하다고 한다. 토론식 면접에서는 자신의 의견을 명확히 제시하면서도 상대방의 의견을 경청하는 토론의 기본자세가 필수적이며, 지나친 경쟁심이나 자기 과시욕은 접어두는 것이 좋다.

또한 집단 토론의 목적이 결론을 도출해 나가는 과정에 있다는 것을 감안하여 무리하게 자신의 주장을 관철시키기보다 오히려 토론의 질을 높이는 데 기여하는 것이 좋은 인상을 줄 수 있다는 점을 알아야 한다. 취업 희망자들은 토론식 면접이 급속도로 확산되는 추세임을 감안해 특히 철저한 준비를 해야 한다. 평소에 신문의 사설이나 매스컴 등의 토론 프로그램을 주의 깊게 보면서 논리 전개 방식을 비롯한 토론 과정을 익히도록 하고, 친구들과 함께 간단한 주제를 놓고 토론을 진행해 볼 필요가 있다. 또한 사회·시사문제에 대해 자기 나름대로의 관점을 정립해두는 것도 꼭 필요하다.

집단 토론식 면접 준비 Point

- 토론은 정답이 없다는 것을 명심한다.
- 내 주장을 강조하지 않는다.
- 다른 사람이 말할 때 끼어들지 않는다.
- 필기구를 준비하여 메모하면서 면접에 임한다.
- 주제에 자신이 없다면 첫 번째 발언자가 되지 않는다.
- 자신의 입장을 먼저 밝힌다.
- 상대측의 사소한 발언에 집착하지 않고 전체적인 의미에 초점을 놓치지 않아야 한다.
- 남의 의견을 경청한다.
- 예상 밖의 반론에 당황스럽다 하더라도 유연함을 잃지 않아야 한다.

(5) PT 면접

PT 면접, 즉 프레젠테이션 면접은 최근 들어 집단 토론 면접과 더불어 그 활용도가 점차 커지고 있다. PT 면접은 기업마다 특성이 다르고 인재상이 다른 만큼 인성 면접만으로는 알 수 없는 지원자의 문제해결 능력, 전문성, 창의성, 기본 실무능력, 논리성 등을 관찰하는 데 중점을 두는 면접으로, 지원자 간의 변별력이 높아 대부분의 기업에서 적용하고 있으며, 확산하는 추세이다.

면접 시간은 기업별로 차이가 있지만, 전문지식, 시사성 관련 주제를 제시한 다음 보통 20 ~ 50분 정도 준비하여 5분가량 발표할 시간을 준다. 단순히 질의응답으로 이루어지는 것이 아니라 면접관은 주제에 대해 일정 시간 동안 지원자의 발언과 발표하는 모습 등을 관찰하게 된다. 정확한 답이나 지식보다는 논리적 사고와 의사표현력이 더 중시되기 때문에 자신의 생각을 어떻게 설명하느냐가 매우 중요하다. PT 면접에서 같은 주제라도 직무별로 평가요소가 달리 나타난다. 예를 들어, 영업직은 설득력과 의사소통 능력에 중점을 둘 수 있겠고, 관리직은 신뢰성과 창의성 등을 더 중요하게 평가한다.

- 면접관의 관심과 주의를 집중시키고, 발표 태도에 유의한다.
- 모의 면접이나 거울 면접으로 미리 점검한다.
- PT 내용은 세 가지 정도로 정리해서 말한다.
- PT 내용에는 자신의 생각이 담겨 있어야 한다.
- PT 중간에 자문자답 방식을 활용한다.
- 평소 지원하는 업계의 동향이나 직무에 대한 전문지식을 쌓아둔다.
- 부적절한 용어 사용이나 무리한 주장 등은 하지 않는다.

2. 면접의 실전 대책

(1) 면접 대비사항

① 지원 회사에 대한 사전지식을 충분히 갖는다.

필기시험 또는 서류전형의 합격통지가 온 후 면접시험 날짜가 정해지는 것이 보통이다. 이때 지원자는 면접시험을 대비해 사전에 본인이 지원한 계열사 또는 부서에 대해 폭넓은 지식을 가질 필요가 있다.

지원 회사에 대해 알아두어야 할 사항

- 회사의 연혁
- 회사의 최근 이슈
- 신입사원의 인재상
- 회사의 사훈, 사시, 경영이념, 창업정신
- 회사의 대표적 상품, 특색
- 업종별 계열회사의 수
- 해외지사의 수와 그 위치
- 신 개발품에 대한 기획 여부
- 자신이 생각하는 회사의 장단점
- 회사의 잠재적 능력개발에 대한 제언

② 충분한 수면을 취한다.

충분한 수면으로 안정감을 유지하고 첫 출발의 신선한 마음가짐을 갖는다.

③ 아침에 인터넷 뉴스를 읽는다.

그날의 뉴스가 질문 대상에 오를 수가 있다. 특히 경제면, 정치면, 문화면 등을 유의해서 볼 필요가 있다.

출발 전 확인할 사항

이력서, 자기소개서, 회사안내책자, 스케줄표, 지갑, 도장, 신분증(주민등록증), 손수건, 휴지, 필기도구, 잔돈, 예비스타킹 등을 준비한다.

(2) 면접 시 옷차림

면접에서 옷차림은 간결하고 단정한 느낌을 주는 것이 가장 중요하다. 색상과 디자인 면에서 지나치게 화려한 색상이나, 노출이 심한 디자인은 자칫 면접관의 눈살을 찌푸리게 할 수 있다. 단정한 차림을 유지하면서 자신만의 독특한 멋을 연출하는 것, 지원하는 회사의 분위기를 파악했다는 센스를 보여주는 것 등이 면접 복장의 포인트이다.

복장 점검

- 구두는 잘 닦여 있는가?
- 옷은 깨끗이 다려져 있으며 스커트 길이는 적당한가?
- 손톱은 길지 않고 깨끗한가?
- 머리는 흐트러짐 없이 단정한가?

(3) 면접요령

① 첫인상을 중요시한다.

상대에게 인상을 좋게 주지 않으면 어떠한 얘기를 해도 이쪽의 기분이 충분히 전달되지 않을 수 있다. 예를 들면 '저 친구는 표정이 없고 무엇을 생각하고 있는지 전혀 알 길이 없다.'라고 생각하게 만들면 최악의 상태이다. 청결한 복장과 바른 자세로 면접장에 침착하게 들어가 건강하고 신선한 이미지를 주도록 한다.

② 좋은 표정을 짓는다.

얘기할 때의 표정은 중요한 사항 중 하나다. 거울 앞에서는 웃는 얼굴의 연습을 해본다. 웃는 얼굴은 상대를 편안하게 만들고 특히 면접 등 긴박한 분위기에서는 큰 효과를 나타낼 것이다. 그렇다고 하여 항상 웃고만 있어서는 안 된다. 본인이 할 얘기를 진정으로 전하고 싶을 때는 진지한 표정으로 상대의 눈을 바라보며 이야기한다.

③ 결론부터 이야기한다.

본인의 의사나 생각을 상대에게 정확하게 전달하기 위해서는 먼저 무엇을 말하고자 하는가를 명확히 결정해 두어야 한다. 대답을 할 경우에는 결론을 먼저 이야기하고 나서 그에 따르는 설명과 이유를 나중에 덧붙이면 논지(論旨)가 명확해지고 이야기가 깔끔하게 정리된다. 보통 한 가지 사실을 이야기하거나 설명하는 데는 3분이면 충분하다. 복잡한 이야기도 어느 정도의 길이로 요약해서 이야기하면 상대도 이해하기 쉽고 자기도 정리할 수 있다. 긴 이야기는 오히려 상대를 불쾌하게 할 수가 있다.

④ 질문의 요지를 파악한다.

면접 때의 이야기는 간결성만으로 부족하다. 상대의 질문이나 이야기에 대해 적절하고 필요한 대답을 하지 않으면 대화는 끊어지고 자기의 생각도 제대로 표현하지 못한다. 이는 면접관이 지원자의 인품이나 사고방식 등을 명확히 파악할 수 없도록 만들게 된다. 면접에서는 면접관이 무엇을 묻고 있는지, 무슨 이야기를 하고 있는지 그 요점을 정확히 알아내야 한다.

(4) 면접 시 주의사항

① 지각은 있을 수 없다.

면접 당일에 시간을 맞추지 못하여 지각하는 것은 있을 수 없는 일이다. 약속을 못 지키는 사람은 좋은 평가를 받을 수 없다. 면접 당일에는 지정시간 10～20분쯤 전에 미리 면접장에 도착해 마음을 가라앉히고 준비해야 한다.

② 손가락을 움직이지 마라.

면접 시에 손가락을 까딱거리거나 만지작거리는 행동은 유난히 눈에 띌 뿐만 아니라 면접관의 눈에 거슬리기 마련이다. 다리를 떠는 행동은 말할 것도 없다. 불안정하거나 산만하다는 느낌을 줄 수 있으므로 주의할 필요가 있다.

③ 옷매무새를 자주 고치지 마라.

외모에 너무 신경 쓴 나머지 머리를 계속 쓸어 올리거나, 깃과 치마 끝을 만지작거리지 않도록 한다. 인사담당자의 말에 의하면 이런 사람이 의외로 많다고 한다. 집중을 하지 못하고 어수선한 사람처럼 보일 수 있으니 이러한 행동을 삼가도록 한다.

④ 적당한 목소리 톤으로 말해라.

면접관과의 거리가 어느 정도 떨어져 있기 때문에 작은 소리로 웅얼거리는 것은 좋지 않다. 그러나 너무 큰 소리로 소리를 질러가며 말하는 사람은 오히려 거북스럽게 느껴진다.

⑤ 성의 있는 응답 자세를 보여라.

질문에 대해 너무 '예, 아니요'로만 답변하면 성의 없다는 인상을 심어주게 된다. 따라서 설명을 덧붙일 수 있는 질문에 대해서는 지루하지 않을 만큼의 설명을 붙인다.

⑥ 구두를 깨끗이 닦는다.

앉아있는 사람의 구두는 면접관의 위치에서 보면 눈에 잘 띈다. 그러나 의외로 구두에 대해 신경써서 미리 깨끗이 닦아둔 사람은 드물다. 면접 전날 반드시 구두를 깨끗이 닦아준다.

⑦ 지나친 화장은 피한다.

지나치게 짙은 화장은 거부감을 불러일으킬 수 있다. 또한 머리도 단정히 정리해서 이마가 가급적이면 드러나 보이게 하는 것이 좋다. 여기저기 흘러나온 머리는 지저분하고 답답한 느낌을 준다. 지나친 액세서리도 금물이다.

⑧ 기타 사항

㉠ 앉으라고 할 때까지 앉지 마라. 의자로 재빠르게 다가와 앉으면 무례한 사람처럼 보이기 쉽다.
㉡ 응답 시 너무 말을 꾸미지 마라.
㉢ 질문이 떨어지자마자 답변을 외운 것처럼 바쁘게 대답하지 마라.
㉣ 혹시 잘못 대답하였다고 해서 혀를 내밀거나 머리를 긁지 마라.
㉤ 머리카락에 손대지 마라. 정서불안으로 보이기 쉽다.
㉥ 면접실에 다른 지원자가 들어올 때 절대로 일어서지 마라.
㉦ 동종업계나 라이벌 회사에 대해 비난하지 마라.
㉧ 면접관 책상에 있는 서류를 보지 마라.
㉨ 농담을 하지 마라. 쾌활한 것은 좋지만 지나치게 경망스러운 태도는 취업에 대한 의지가 부족하게 보인다.

ⓩ 질문에 대해 대답할 말이 생각나지 않는다고 천장을 쳐다보거나 고개를 푹 숙이고 바닥을 내려다 보지 마라.

ⓚ 면접관이 서류를 검토하는 동안 말하지 마라.

ⓣ 과장이나 허세로 면접관을 압도하려 하지 마라.

ⓟ 최종 결정이 이루어지기 전까지 급여에 대해 언급하지 마라.

ⓗ 은연중에 연고를 과시하지 마라.

면접에서 고득점을 받을 수 있는 성공요령

• 기업이나 단체의 소재지(본사·지사·공장 등)를 정확히 알고 있다.
• 기업이나 단체의 정식 명칭(Full Name)을 알고 있다.
• 약속된 면접시간 10분 전에 도착하도록 스케줄을 짤 수 있다.
• 면접실에 들어가서 공손히 인사한 후 또렷한 목소리로 자기 수험번호와 성명을 말할 수 있다.
• 앉으라고 할 때까지는 의자에 앉지 않는다는 것을 알고 있다.
• 자신에 대해 3분간 이야기할 수 있는 준비가 되어 있다.
• 자신의 긍정적인 면을 상대방에게 바르게 전달할 수 있다.

02 | MG새마을금고중앙회 실제 면접

MG새마을금고중앙회는 1차로 실무면접을 진행하며, 이는 조별 토론발표와 PT면접, 인성면접으로 구성되어 있다. 1차 합격자들을 대상으로 2차 임원면접을 실시한다.

1) 실무면접 기출질문

- '엔데믹' 이후 재택 업무에 대해 찬성과 반대로 나눠 토론해 보시오.
- 1분 동안 자기소개를 해 보시오.
- 새마을금고중앙회와 시중은행의 차이점을 논해 보시오.
- 왜 새마을금고중앙회에 취업하려 하는지 말해 보시오.
- 학과 생활을 많이 한 이유를 설명해 보시오.
- 수평적인 조직문화와 수직적인 조직문화 중 어느 곳에서 일하고 싶은지 말해 보시오.
- 한국 금융의 역사를 설명해 보시오.
- 새마을금고가 카카오뱅크, 인터넷은행에 맞서 어떻게 나아가야 하는지 제시해 보시오.
- 오픈뱅킹이 무엇인지 설명하고 그로 인해 새마을금고에게 어떤 장단점이 있는지 말해 보시오.
- 금융소비자법에 대해 아는 대로 말해 보시오.
- 새마을금고가 MZ세대를 대상으로 어떻게 마케팅을 하면 좋을지 말해 보시오.
- 새마을금고가 노년층을 대상으로 어떻게 마케팅을 하면 좋을지 말해 보시오.
- 한국의 부동산 정책에 대해 비판해 보시오.
- 지역금융활성화 방안과 마케팅 방향을 제시해 보시오.
- 자신을 동물이나 꽃에 비유한다면 무엇인지 말하고 설명해 보시오.
- RBC가 무엇인지 설명해 보시오.
- 국제 환율 변화가 한국의 경제에 끼치는 영향을 논해 보시오.
- 금리가 변동하면 어떻게 해야 하는지 말해 보시오.
- 젠트리피케이션에 대해 아는 대로 설명해 보시오.
- 새마을금고 지점을 방문해 본 경험이 있다면 감상을 말해 보시오.
- 배당금과 출자금의 차이를 설명해 보시오.
- 새마을금고의 체크카드는 무엇이 있는지 소개해 보시오.
- 최근 경제와 관련하여 가장 기억에 남는 기사를 말해 보시오.
- 이용해 본 은행들 인터넷뱅킹의 특징은 무엇인지 말해 보시오.
- 비전공자인데 왜 은행에 관심을 갖게 되었지 말해 보시오.
- 자신의 단점을 소개하고, 일하면서 어떻게 극복할 것인지 설득해 보시오.
- 고객과 조직 중 어느 이익이 중요한지 답해 보시오.
- 은행원이 되기 위해 어떤 노력을 했는지 답해 보시오.
- 금융스터디에서 다룬 주제 중 가장 인상적인 것을 소개해 보시오.

- 자신만의 스트레스 환기 방법을 소개해 보시오.
- 동물실험에 대한 의견을 제시해 보시오.
- '현금 없는 사회'에 대한 생각을 말해 보시오.
- 세대 갈등에 대한 의견과 해결 방안을 제시해 보시오.
- 같이 일하고 싶은 이상적인 상사의 모습과 일하기 싫은 상사의 모습을 설명해 보시오.
- 자신을 한 단어로 표현해 보시오.
- 최근에 읽은 책을 소개해 보시오.
- 자신을 나타낼 키워드를 제시하고 키워드에 맞는 자기소개를 해 보시오.
- 새마을금고의 장단점을 말해 보시오.
- 디지털 금융에 있어서 무엇이 가장 중요한지 말해 보시오.
- 점포의 수를 늘려야 하는지 줄여야 하는지 말해 보시오.
- 지원한 직무에서 하고 싶은 일을 말해 보시오.
- 자신이 생각하는 새마을금고중앙회의 역할과 메리트에 대해 설명해 보시오.
- 새마을금고중앙회를 알게 된 계기를 말해 보시오.
- 인턴 생활을 했던 경험이 새마을금고중앙회에서 어떻게 작용할 수 있을지 피력해 보시오.
- 새마을금고 로열티 사용 방법에 대해 아는 대로 설명해 보시오.
- 자기소개서에 적힌 역량 외에 다른 역량이 있다면 피력해 보시오.
- PB에 대해 어떻게 생각하는지 말해 보시오.
- 현재 IT 발달로 지점방문고객이 줄고 있는데, 은행원을 줄여야 한다는 의견에 반박해 보시오.
- 숏폼 영상을 활용한 새마을금고 마케팅 방안을 제시해 보시오.

2) 임원면접 기출질문

- 새마을금고의 광고모델이 누구인지 안다면 말해 보시오.
- 테이퍼링이 무엇인지 설명해 보시오.
- 주식 공매도의 문제점을 말해 보시오.
- 기준금리 FOMC가 무엇인지 설명해 보시오.
- 금융활동을 하고 있는 게 있다면 소개해 보시오.
- 새마을금고 부실채권 이슈에 대해 솔직한 생각을 말하고, 중앙회의 해결 방안을 제시해 보시오.
- 최근 관심을 갖고 있는 시사 문제가 있다면 말해 보시오.
- 실리콘밸리 은행의 파산 원인이 무엇이라고 생각하는지와 해결 방안에 대해 말해 보시오.
- 유동성비율 산출식을 안다면 설명해 보시오.
- 흑자도산에 대해 아는 대로 설명해 보시오.
- 새마을금고중앙회의 경영공시에 대한 의견을 말해 보시오.

현재 나의 실력을 객관적으로 파악해 보자!

모바일 OMR
답안채점 / 성적분석 서비스

도서에 수록된 모의고사에 대한 객관적인 결과(정답률, 순위)를
종합적으로 분석하여 제공합니다.

OMR 입력
성적분석
채점결과

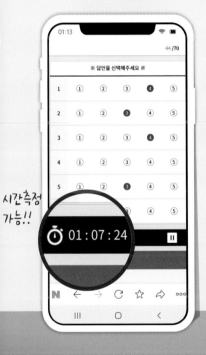

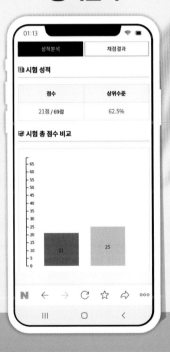

※OMR 답안채점 / 성적분석 서비스는 등록 후 30일간 사용가능합니다.

참여방법

도서 내 모의고사
우측 상단에 위치한
QR코드 찍기

➡

로그인
하기

➡

'시작하기'
클릭

➡

'응시하기'
클릭

➡

① ② ③ ④ ⑤
① ② ③ ④ ⑤
① ② ③ ④ ⑤
나의 답안을
모바일 OMR
카드에 입력

➡

'성적분석&채점결과'
클릭

➡

현재 내 실력
확인하기

SD에듀

금융권 필기시험
시리즈

알차다!	친절하다!	명쾌하다!	핵심을 뚫는다!
꼭 알아야 할 내용을 담고 있으니까	핵심내용을 쉽게 설명하고 있으니까	상세한 풀이로 완벽하게 익힐 수 있으니까	시험 유형과 흡사한 문제를 다루니까

"신뢰와 책임의 마음으로 수험생 여러분에게 다가갑니다."

"농협" 합격을 위한 시리즈

농협 계열사 취업의 문을 여는
Master Key!

2024 최신판

MG새마을금고
중앙회

최신기출유형 ➕ 모의고사 4회 ➕ 무료NCS특강

정답 및 해설

편저 | SDC(Sidae Data Center)

SDC

SDC는 SD에듀 데이터 센터의 약자로 약 30만 개의 NCS·적성 문제 데이터를
바탕으로 최신출제경향을 반영하여 문제를 출제합니다.

합격의 모든 것!

모바일 OMR
답안채점/성적분석
서비스

| NCS 핵심이론
및 대표유형
무료 PDF 제공

| [합격시대]
온라인 모의고사
무료쿠폰

| [WiN시대로]
AI면접
무료쿠폰

SD에듀
(주)시대고시기획

PART 1

NCS 직업기초능력

끝까지 책임진다! SD에듀!

도서 출간 이후에 발견되는 오류와 개정법령 등 변경된 시험 관련 정보, 최신기출문제, 도서 업데이트 자료 등이
있는지 QR코드를 통해 확인해보세요! **시대에듀 합격 스마트 앱**을 통해서도 알려 드리고 있으니 구글플레이나
앱스토어에서 다운 받아 사용하세요! 또한, 도서가 파본인 경우에는 구입하신 곳에서 교환해 드립니다.

01 | 의사소통능력

01

먹고 난 뒤의 그릇을 씻어 정리하는 일을 뜻하는 단어는 '설거지'이다.

정답 ④

오답분석

① ~로서 : 지위나 신분 또는 자격을 나타내는 격 조사
② 왠지 : 왜 그런지 모르게. 또는 뚜렷한 이유도 없이
③ 드러나다 : 가려 있거나 보이지 않던 것이 보이게 되다.

02

한글 맞춤법 제2절 제42항 '의존 명사는 띄어 쓴다.'는 규정에 따라 '나간지' → '나간 지'로 띄어 써야 한다.

정답 ①

오답분석

② 의존 명사는 띄어 쓴다.
③ 성과 이름 다음에 붙는 호칭어는 띄어 써야 한다(한글 맞춤법 제4절 제48항).
④ 단위를 나타내는 명사는 띄어 쓴다. 다만, 순서를 나타내는 경우나 숫자와 어울리어 쓰이는 경우에는 붙여 쓸 수 있다(한글 맞춤법 제2절 제43항).

03

'나뉘다'는 '나누다'의 피동형으로, 피동을 만드는 접사인 '-어지다'를 결합할 경우 이중피동이 되기 때문에 옳은 표현은 '나뉘어'이다.

정답 ①

01

정답 ③

(가) 계몽의 작업이 공포를 몰아내는 작업이라는 것이 명시되어 있듯이, ⓒ은 인간의 계몽 작업이 왜 이루어져 왔는지를 요약하는 문장이다.

(나) 이해가 역사 속에서 가능하다는 ⓐ은 두 번째 입장을 잘 요약하고 있는 문장이다.

(다) 권력과 지식의 관계가 대립이 아니라는 세 번째 입장에 비추어 볼 때, ⓑ이 적절하다.

02

정답 ③

제시된 보기의 문장에서는 사행 산업 역시 매출의 일부를 세금으로 추가 징수하는 경우가 있지만, 게임 산업은 사행 산업이 아닌 문화 콘텐츠 산업이라고 주장한다. 따라서 글의 흐름상 보기의 문장은 게임 산업이 이미 세금을 납부하고 있다는 내용 뒤에 오는 것이 자연스럽다. (다)의 앞 문장에서는 게임 업체가 이미 매출에 상응하는 세금을 납부하고 있음을 이야기하므로 보기는 (다)에 들어가는 것이 적절하다.

03

정답 ④

보기의 내용은 감각이 아닌 산술 혹은 기하학 등 단순한 것의 앎에 대한 의심으로써, '하느님과 같은 어떤 전능자가 명백하게 여겨지는 것에 대해서도 속을 수 있는 본성을 나에게 줄 수 있다.'라는 마지막 문장을 주시해야 한다. 또한 (라) 다음의 시작 부분에 '누구든지 나를 속일 수 있으면 속여 보라.'라는 문장을 보면, 보기의 마지막과 (라)의 시작 부분이 연결됨을 알 수 있다.

04

정답 ④

ⓐ '점탄성체의 변형이 그대로 유지될 때'는 두 번째 문단에서 예시로 든 늘어난 고무줄의 길이를 그대로 고정해 놓은 경우를 가리키며, 이러한 경우에는 고무줄의 분자 배열 구조가 점차 변하며 응력이 서서히 감소한다. 즉, ⓐ은 두 번째 문단에서 든 예시를 통해 유추할 수 있는 과학적 사실을 요약한 것이므로 ⓐ의 위치는 (다)가 가장 적절하다.

ⓑ ⓑ은 마지막 문단에서 설명한 응력 완화와 크리프 관련 내용을 통해 유추할 수 있는 과학적 사실에 해당한다. 따라서 ⓑ의 위치는 (마)가 가장 적절하다.

05

정답 ①

ⓐ (가) 이후 '다시 말해서 ~'가 이어지는 것으로 보아 (가)에는 뒤 문장과 비슷한 내용을 언급하고 있는 문장이 와야 한다. ⓐ은 우주 안에서 일어나는 사건이라는 측면에서 과학에서 말하는 현상과 현상학에서 말하는 현상은 다를 바가 없고, (가)의 바로 뒤에 있는 문장에서는 현상학적 측면에서 볼 때, 철학의 구조와 과학적 지식의 구조가 다를 바 없음을 말하고 있다. 따라서 ⓐ은 (가)에 들어가는 것이 적절하다.

ⓑ ⓑ은 언어학의 특징을 설명하고 있다. (나)의 앞에서 철학과 언어학의 차이를 언급하고 있으며, 뒤 문장에서는 언어학에 대한 설명이 이어지고 있으므로 ⓑ의 위치는 (나)가 가장 적절하다.

01
정답 ④

첫 번째 문장에서 경기적 실업이란 노동에 대한 수요가 감소하여 고용량이 줄어들어 발생하는 실업이라고 하였으므로, 기업이 생산량을 줄임으로써 노동에 대한 수요가 감소한다는 내용이 들어가야 한다.

02
정답 ③

제시문은 절차의 정당성을 근거로 한 과도한 권력, 즉 무제한적 민주주의에 대해 비판적인 논조를 취하고 있는 글이다. 따라서 빈칸에는 무제한적 민주주의의 문제점을 보완할 수 있는 해결책이 제시되어야 한다.

[오답분석]
① 다수의 의견을 그대로 수용하는 것은 필자의 견해가 아니다.
② 사회적 불안의 해소는 언급되지 않았다.
④ 무제한적 민주주의를 제한적으로 수용하자는 견해는 나타나지 않았다.

03
정답 ①

평균 세율은 세액을 과세 표준으로 나눈 값이므로 과세 표준 금액이 3,000만 원이고, 세액이 '1,000×10%+2,000×20%=500만 원'인 경우 평균 세율은 약 16.7%(500÷3,000×100)가 된다.

04
정답 ④

제시문은 앞부분에서 언어가 사고능력을 결정한다는 언어결정론자들의 주장을 소개하고, 이어지는 문단에서 이에 대하여 반박하면서 우리의 생각과 판단이 언어가 아닌 경험에 의해 결정된다고 결론짓고 있다. 따라서 빈칸에 들어갈 문장은 언어결정론자들이 내놓은 근거를 반박하면서도 사고능력이 경험에 의해 결정된다는 주장에 위배되지 않는 내용이어야 한다. 그러므로 풍부한 표현을 가진 언어를 사용함에도 인지능력이 뛰어나지 못한 경우가 있다는 내용이 들어가는 것이 적절하다.

05
정답 ③

미생물을 끓는 물에 노출하면 영양세포나 진핵포자는 죽일 수 있으나, 세균의 내생포자는 사멸시키지 못한다. 멸균은 포자, 박테리아, 바이러스 등을 완전히 파괴하거나 제거하는 것이므로 물을 끓여서 하는 열처리 방식으로는 멸균이 불가능함을 알 수 있다. 따라서 빈칸에 들어갈 내용으로는 소독은 가능하지만, 멸균은 불가능하다는 ③이 가장 적절하다.

01

정답 ④

높은 물가 상승률은 이자율의 상승과 함께 대출 조건을 악화시키므로 기업들은 생산 비용 상승과 이로 인한 이윤 감소에 직면하게 된다.

오답분석

① 높은 물가는 가계의 실질 소비력을 약화시키므로 소비 심리를 위축시켜 경기 둔화를 초래할 수 있다.
②·③ 세금 조정, 통화량 조절, 금리 조정 등 여러 금융 정책의 목적은 물가 상승률을 통제하여 안정성을 확보하는 것이다.

02

정답 ④

1972년 8월 8·3조처로 1970년대에 대체로 30% 이상의 신장세를 유지하였으나, 1974년과 1979년에는 제외되었다.

오답분석

① 1945년 광복 이후 1950년대 초까지는 정치적·사회적 혼란과 경제적 무질서, 그리고 극심한 인플레이션뿐만 아니라 일반 국민의 소득도 적었고 은행금리가 실세금리보다 낮았기 때문에 예금실적은 미미한 상태였다.
② 은행 조례에서 '임치'라는 말이 사용되었으며, 당시 예금자는 임주(任主)라고 불렀다.
③ 1980년대에는 물가안정과 각종 우대금리의 확대에 따라 예금은행의 총예금이 1980년에 12조 4,219억 원, 1985년에는 31조 226억 원, 그리고 1990년에는 84조 2,655억 원에 이르렀다.

03

정답 ②

제시문에서 댐라 샛의 말을 인용하여 기후 목표를 달성하고자 한다면 스마트 그리드로 전환해야 한다고 하였다.

오답분석

① 스마트 그리드 소프트웨어는 비용 절감의 효과도 있다고 하였다.
③ 스마트 계량기 산업도 주목을 받고 있다.
④ 2021년에도 316TW/h의 전력을 절약할 수 있다고 하였다.

04

정답 ①

㉠ 에스페란토의 문자는 영어 알파벳 26개 문자에서 4개의 문자를 빼고 6개의 문자를 추가하여 만들어졌다고 하였으므로 28개임을 알 수 있다.
㉢ 단어의 강세는 항상 뒤에서 두 번째 모음에 있다고 하였으므로 '어머니'를 나타내는 patrino는 'i'에, 장모를 나타내는 bopatrino 역시 'i'에 강세가 있음을 알 수 있다.

오답분석

㉡ 제시된 사례에서 '사랑'의 어간은 'am'임을 알 수 있으며, 미래형의 경우는 어간에 −os를 붙인다고 하였으므로 '사랑할 것이다.'는 'amos'로 표현한다는 것을 알 수 있다.
㉣ 자멘호프는 1민족 2언어주의에 입각하여 같은 민족끼리는 모국어를, 다른 민족과는 에스페란토를 사용하자고 하였다.

05

정답 ③

채권을 발행한 기업의 경영 환경이 악화되면 지급 불능 위험이 높아지므로, 채권가격은 떨어지게 된다.

06

정답 ①

빈칸 앞의 '금리는 현재가치에 반대 방향으로 영향을 준다.'와 빈칸 뒤의 '금리가 상승하면 채권의 현재가치가 하락하게 되고'는 논리적 모순 없이 인과관계를 이룬다. 그러므로 빈칸에는 '따라서'가 가장 적절하다.

출제유형분석 05 · 실전예제

01

정답 ④

제시문은 임베디드 금융에 대한 정의와 장점 및 단점 그리고 이에 대한 개선 방안을 설명하는 글이다. 따라서 (라) 임베디드 금융의 정의 – (나) 임베디드 금융의 장점 – (다) 임베디드 금융의 단점 – (가) 단점에 대한 개선 방안 순서로 연결되어야 한다.

02

정답 ③

제시문은 코젤렉의 '개념사'에 대한 정의와 특징에 대한 글이다. 따라서 (라) 개념에 대한 논란과 논쟁 속에서 등장한 코젤렉의 '개념사' – (가) 코젤렉의 개념에 대한 분석 – (나) 개념에 대한 추가적인 분석 – (마) '개념사'에 대한 추가적인 분석 – (다) '개념사'의 목적과 코젤렉의 주장 순서로 연결되어야 한다.

03

정답 ②

제시문은 고전주의의 예술관을 설명한 후 이에 반하는 수용미학의 등장을 설명하고, 수용미학을 처음 제시한 야우스의 주장에 대해 설명한다. 이어서 이것을 체계화한 이저의 주장을 소개하고 이저가 생각한 독자의 역할을 제시한 뒤 이것의 의의에 대해 설명하고 있는 글이다. 따라서 (가) 고전주의 예술관과 이에 반하는 수용미학의 등장 – (라) 수용미학을 제기한 야우스의 주장 – (다) 야우스의 주장을 정리한 이저 – (나) 이저의 이론 속 텍스트와 독자의 상호작용의 의의 순서로 연결되어야 한다.

04

정답 ④

제시문은 자본주의의 발생과 한계, 그로 인한 수정자본주의의 탄생과 수정자본주의의 한계로 인한 신자유주의의 탄생에 대해 다루고 있다. 제시된 글의 마지막 문장인 '이러한 자본주의는 어떻게 발생하였을까?'를 통해, 이어질 내용이 자본주의의 역사임을 유추할 수 있다. 따라서 (라) 자본주의의 태동 – (나) 자본주의의 학문화를 통한 영역의 공고화 – (가) 고전적 자본주의의 문제점을 통한 수정자본주의의 탄생 – (다) 수정자본주의의 문제점을 통한 신자유주의의 탄생 순서로 연결되어야 한다.

05

정답 ③

제시문에서는 경기적 실업에 대한 고전학파의 입장을 설명하고 있으며, (나)의 '이들'은 바로 이 고전학파를 지시하고 있다. 따라서 제시문 바로 다음에 (나)가 와야 자연스럽다. 다음으로 (가)의 '이렇게 실질임금이 상승하게 되면'을 통해 실질임금 상승에 관해 언급하는 (나) 뒤에 (가)가 와야 함을 알 수 있다. 마지막으로 정부의 역할에 반대하는 고전학파의 주장을 강조하는 (다)는 결론에 해당하므로 (나) – (가) – (다) 순서로 연결되어야 한다.

01

정답 ④

제시문의 필자는 시장 메커니즘의 부정적인 면을 강조하면서 인간과 자연이 어떠한 보호도 받지 못한 채 시장 메커니즘에 좌우된다면 사회가 견뎌낼 수 없을 것이라고 주장한다. 따라서 필자의 주장으로 가장 적절한 것은 시장 메커니즘에 대한 적절한 제도적 보호 장치를 마련해야 한다는 내용이다.

[오답분석]
① 필자는 무분별한 환경 파괴보다는 인간과 자연이라는 사회의 실패를 막기 위한 보호가 필요하다고 주장한다.
② 필자는 구매력의 공급을 시장 기구의 관리에 맡기게 되면 영리 기업들은 주기적으로 파산하게 될 것이라고 주장하므로 적절하지 않다.
③ 필자는 시장 메커니즘이 인간의 존엄성을 파괴할 수 있다고 주장하지만, 한편으로는 시장 경제에 필수적인 존재임을 인정하므로 철폐되어야 한다는 주장은 적절하지 않다.

02

정답 ②

제시문에서는 종합지급결제사업자 제도가 등장한 배경과 해당 제도를 통해 얻을 수 있는 이익과 우려되는 상황에 대해 다루고 있다. 따라서 '종합지급결제사업자 제도의 득과 실'이 주제로 가장 적절하다.

[오답분석]
① 제시문에서는 은행의 과점체제 해소를 위한 여러 방안 중 금융당국 판단에서 가장 큰 효과가 기대되는 종합지급결제사업자 제도에 대해서만 언급하고 있으므로, 지나치게 포괄적인 주제이다.
③ 제시문은 비은행 업계가 은행의 권리를 침해한다기보다는 은행의 과점체제인 현 상황을 개선하기 위해 은행 업무 중 일부를 비은행 기관이 같이 하게 된 배경과 그로 인해 발생하는 장점과 단점을 다루고 있다. 따라서 글의 주제로 적절하지 않다.
④ 제시문은 종합지급결제사업자 제도의 도입으로 인한 은행과 비은행의 경쟁과 그로 인해 발생할 수 있는 장점과 단점을 다루고 있으며, 이는 소비자의 실익에만 국한되어 있지 않기 때문에 주제로 보기에는 적절하지 않다.

03

정답 ①

제시문은 일반적인 의미와 다른 나라의 사례를 통해 대체의학의 정의를 설명하고, 크게 세 가지 유형으로 나눠 대체의학의 종류를 설명하고 있다. 따라서 '대체의학의 의미와 종류'가 제목으로 가장 적절하다.

[오답분석]
② 대체의학이 지니는 문제점은 언급되지 않았다.
③ 대체의학에 따른 부작용 사례는 언급되지 않았다.
④ 대체의학이 무엇인지 설명하고 있을 뿐 개선방향에 대해 언급하지 않았다.

04

정답 ②

제시문은 시장집중률의 정의와 측정 방법 등 그 개념과 의의에 대해 이야기하고 있다.

05

정답 ④

제시문은 물리학의 근본 법칙들이 사실을 정확하게 기술하기 위해 조건을 추가할 경우 오히려 일반적인 상황이 아닌 특수한 상황만을 설명하게 되는 문제점을 서술하고 있으므로 ④가 논지로 가장 적절하다.

01

정답 ③

㉠은 '인간에게 반사회성이 없다면 인간의 모든 재능이 꽃피지(발전하지) 못하고 사장될 것'이라는 내용이므로 '사회성만으로도 재능이 계발될 수 있다.'가 ㉠에 대한 반박으로 가장 적절하다.

02

정답 ②

기계화·정보화의 긍정적인 측면보다는 부정적인 측면을 부각시키고 있는 본문을 통해 기계화·정보화가 인간의 삶의 질 개선에 기여하고 있음을 경시한다고 지적할 수 있다.

03

정답 ③

제시문의 핵심 내용은 4차 산업혁명의 신기술로 인해 금융의 종말이 올 것임을 예상하는 것이다. 따라서 앞으로도 기술 발전은 금융업의 본질을 바꾸지 못할 것임을 나타내는 ③이 비판 내용으로 가장 적절하다.

04

정답 ②

제시문은 인간의 문제를 자연의 힘이 아니라 인간의 힘으로 해결해야 한다는 생각으로 정나라의 재상인 자산(子産)이 펼쳤던 개혁 정책의 특징과 결과를 설명한다. 보기는 통치자들의 무위(無爲)를 강조하고 인위적인 규정의 해체를 주장하는 노자의 사상을 설명하고 있는데, 이러한 노자의 입장에서는 인간의 힘으로 문제를 해결하려는 자산의 개혁 정책은 인위적이어서 사회를 해체해야 할 허위로 가득 차게 한다고 비판할 수 있다.

[오답분석]
① 자산의 입장에서 주장할 수 있는 내용이며, 보기의 노자는 오히려 인위적 사회 제도의 해체를 주장했다.
③·④ 자산을 비판하는 입장이 아니라 자산의 입장에서 주장할 수 있는 내용이다.

05

정답 ③

제시문은 인간에게 어떠한 이익을 주는가에 초점을 맞춰 생물 다양성의 가치를 논하고 있다. 즉, 인간 자신의 이익을 위해 생물 다양성을 보존해야 한다는 것이다. 따라서 ③에서처럼 인간 중심적인 시각을 비판할 수 있다.

[오답분석]
① 마지막 문단에서 문제 해결을 촉구하며 그 실천 방안이 제시되었다.
② 생물 다양성의 경제적 가치뿐만 아니라 생태적 봉사 기능, 학술적 가치 등을 설명하며 동등하게 언급하였다.
④ 자연을 우선시하고 있지는 않지만, 마지막 문단에서 인간 중심에 따른 생태계 파괴의 문제를 지적하고 보존 대책을 제시하는 등 인간과 자연이 공존할 수 있는 길을 모색하고 있다.

01 정답 ③

두 번째 문단에서 '절차적 지식을 갖기 위해 ~ 정보를 마음에 떠올릴 필요는 없다.'고 하였다.

오답분석
① 마지막 문단에서 '표상적 지식은 절차적 지식과 달리 특정한 일을 수행하는 능력과 직접 연결되어 있지 않다.'고 하였으나, 특정 능력의 습득에 전혀 도움을 줄 수 있는지 아닌지는 제시문의 내용을 통해서는 알 수 없다.
② 마지막 문단에 따르면 '이 사과는 둥글다.'라는 지식은 둥근 사과의 이미지일 수도, '이 사과는 둥글다.'는 명제일 수도 있다.
④ 인식론에서 나눈 지식의 유형에는 능력의 소유를 의미하는 절차적 지식과 정보의 소유를 의미하는 표상적 지식이 모두 포함된다.

02 정답 ③

레일리 산란의 세기는 보랏빛이 가장 강하지만 우리 눈은 보랏빛보다 파란빛을 더 잘 감지하기 때문에 하늘이 파랗게 보이는 것이다.

오답분석
①·② 첫 번째 문단을 통해 추론할 수 있다.
④ 빛의 진동수는 파장과 반비례하고, 레일리 산란의 세기는 파장의 네제곱에 반비례한다. 즉, 빛의 진동수가 2배가 되면 파장은 1/2배가 되고, 레일리 산란의 세기는 $2^4=16$배가 된다.

03 정답 ②

르네상스의 야만인 담론은 이전과는 달리 현실적 구체성을 띠고 있지만 서구의 전통 야만인관에 의해 각색되는 것은 여전하다.

오답분석
①·④ 두 번째 문단에서 확인할 수 있다.
③ 첫 번째 문단에서 확인할 수 있다.

04 정답 ③

제시문에서 다루고 있는 내용은 충돌 이후 발생한 먼지가 태양광선을 가림으로써 지구 기온이 급락(急落)하였다는 것을 전제로 하고 있다. 그 근거는 세 번째 문단의 '급속한 기온의 변화'와 네 번째 문단의 '길고 긴 겨울'에서 찾을 수 있다. 따라서 가장 적절하게 추론한 것은 ③이다.

05 정답 ①

A사원은 계획적이고 순차적으로 업무를 수행하므로 효율적인 업무 수행을 하고 있다.

오답분석
② 다른 사람의 업무에 지나칠 정도로 책임감을 느끼며 괴로워하는 B대리는 '배려적 일중독자'에 해당한다.
③ 음식을 과다 섭취하는 폭식처럼 일을 한 번에 몰아서 하는 C주임은 '폭식적 일중독자'에 해당한다.
④ 휴일이나 주말에도 일을 놓지 못하는 D사원은 '지속적인 일중독자'에 해당한다.

02 | 수리능력

출제유형분석 01 | 실전예제

01

정답 ①

올라간 거리를 $x$km라 하면 내려온 거리는 $(x+2)$km이고, 올라간 시간과 내려간 시간이 같다.

$$\frac{x}{4} = \frac{x+2}{6}$$

$$3x = 2(x+2)$$

$$\therefore x = 4$$

따라서 내려올 때 걸린 시간은 $\frac{4+2}{6} = 1$시간이다.

02

정답 ④

• 순항 중일 때 날아간 거리 : $860 \times \left(3 + \frac{30-15}{60}\right) = 2,795$km

• 기상 악화일 때 날아간 거리 : $(860-40) \times \frac{15}{60} = 205$km

$$\therefore 2,795 + 205 = 3,000$$

따라서 비행기가 날아간 총거리는 3,000km이다.

03

정답 ④

강을 거슬러 올라가는 데 걸리는 시간을 a시간, 내려오는 데 걸리는 시간을 b시간이라고 하자.

$$a = \frac{5}{2}b \cdots \text{㉠}$$

$$a + b = \frac{7}{4} \cdots \text{㉡}$$

㉠과 ㉡을 연립하면 $a = \frac{5}{4}$, $b = \frac{1}{2}$이다.

정지한 물에서의 배의 속력을 시속 $x$km, 강물의 속력을 시속 $y$km라고 하면

$$\frac{5}{4}(x-y) = 10 \cdots \text{㉢}$$

$$\frac{1}{2}(x+y) = 10 \cdots \text{㉣}$$

㉢과 ㉣을 연립하면 $x = 14$, $y = 6$이다.

따라서 정지한 물에서의 배의 속력은 14km/h이다.

01

두 소금물을 합하면 소금물의 양은 800g이 된다. 이 소금물을 농도 10% 이상인 소금물로 만들기 위한 물의 증발량을 xg이라고 하자.

$$\frac{(300 \times 0.07) + (500 \times 0.08)}{800 - x} \times 100 \geq 10 \rightarrow (21 + 40) \times 10 \geq 800 - x \rightarrow x \geq 800 - 610$$

$$\therefore x \geq 190$$

따라서 800g인 소금물에서 최소 190g 이상의 물을 증발시켜야 농도가 10% 이상인 소금물을 얻을 수 있다.

02

A, B, C설탕물의 설탕 질량을 구하면 다음과 같다.
• A설탕물의 설탕 질량 : $200 \times 0.12 = 24$g
• B설탕물의 설탕 질량 : $300 \times 0.15 = 45$g
• C설탕물의 설탕 질량 : $100 \times 0.17 = 17$g

A, B설탕물을 합치면 설탕물 500g에 들어있는 설탕은 $24 + 45 = 69$g, 농도는 $\frac{69}{500} \times 100 = 13.8\%$이다. 합친 설탕물을 300g만 남기고, C설탕물과 합치면 설탕물 400g이 되고 여기에 들어있는 설탕의 질량은 $300 \times 0.138 + 17 = 58.4$g이다. 이 합친 설탕물도 300g만 남기면 농도는 일정하므로 설탕물이 $\frac{3}{4}$으로 줄어든 만큼 설탕의 질량도 같이 줄어든다.

따라서 설탕의 질량은 $58.4 \times \frac{3}{4} = 43.8$g이다.

03

물의 중량을 xg이라고 하자.

$$\frac{75}{75 + x} \times 100 = 15 \rightarrow x + 75 = \frac{75}{15} \times 100$$

$$\therefore x = 500 - 75 = 425$$

01

전체 일의 양을 1이라고 하면, A기계가 한 시간 동안 작업할 수 있는 일의 양은 $\frac{1}{12}$이고, B기계가 한 시간 동안 작업할 수 있는 일의 양은 $\frac{1}{18}$이다. 이미 절반의 작업이 수행되었으므로 남은 일의 양은 $1 - \frac{1}{2} = \frac{1}{2}$이다.

이중 A기계로 4시간 동안 작업을 수행했으므로 A기계와 B기계가 함께 작업해야 하는 일의 양은 $\frac{1}{2} - \left(\frac{1}{12} \times 4 \right) = \frac{1}{6}$이다.

따라서 A, B 두 기계를 모두 동원해 남은 $\frac{1}{6}$을 수행하는 데는 $\frac{\frac{1}{6}}{\left(\frac{1}{12} + \frac{1}{18} \right)} = \frac{\frac{1}{6}}{\frac{5}{36}} = \frac{6}{5}$시간, 즉 1시간 12분이 걸린다.

02

갑과 을이 함께 곰인형 132개를 만드는 데 걸리는 시간을 x시간이라고 하자.

갑과 을이 한 시간 동안 만들 수 있는 곰인형의 수는 각각 $\frac{100}{4}=25$개, $\frac{25}{10}=2.5$개이다.

$(25+2.5)\times0.8\times x=132 \rightarrow 27.5x=165$

$\therefore x=6$

03

명훈이와 우진이가 같이 초콜릿을 만드는 시간을 x시간이라고 하자.

초콜릿 한 상자를 완성하는 일의 양을 1이라 하면, 명훈이와 우진이가 한 시간 동안 만들 수 있는 초콜릿 양은 각각 $\frac{1}{30}$, $\frac{1}{20}$이다.

$\frac{1}{30}\times3+\frac{1}{20}\times5+\left(\frac{1}{30}+\frac{1}{20}\right)\times x=1 \rightarrow \frac{1}{12}x=\frac{13}{20}$

$\therefore x=\frac{39}{5}$

출제유형분석 04 실전예제

01

작년 교통비를 x원, 숙박비를 y원이라 하자.
$1.15x+1.24y=1.2(x+y) \cdots \bigcirc$
$x+y=36 \cdots \bigcirc$
$\bigcirc$과 $\bigcirc$을 연립하면 $x=16$, $y=20$이다.
따라서 올해 숙박비는 $20\times1.24=24.8$만 원이다.

02

기본요금이 x원이고 추가요금이 y원이므로 식으로 나타내면 다음과 같다.
$x+19y=20,950 \cdots \bigcirc$
$x+30y=21,390 \cdots \bigcirc$
$\bigcirc$과 $\bigcirc$을 연립하면 $11y=440$, $y=40$, $x=20,190$이다.
따라서 엄마의 통화요금은 $20,190+40\times40+(2\times40)\times1=21,870$원이다.

03

A원두의 100g당 원가를 a원, B커피의 100g당 원가를 b원이라고 하면 다음과 같다.
$1.5(a+2b)=3,000 \cdots \bigcirc$
$1.5(2a+b)=2,850 \cdots \bigcirc$
$\bigcirc$과 $\bigcirc$을 연립하면 $a=600$, $b=700$이다.
따라서 B원두의 100g당 원가는 700원이다.

출제유형분석 05 실전예제

01

P지점에서 Q지점까지 가는 경우의 수와 S지점에서 R지점까지 가는 경우의 수를 곱하면 P지점에서 Q, S지점을 거쳐 R지점으로 가는 방법을 구할 수 있다. P지점에서 Q지점으로 가는 최단거리의 경우는 총 $\frac{5!}{3! \times 2!} = \frac{5 \times 4 \times 3 \times 2}{3 \times 2 \times 2} = 10$가지이고, S지점에서 R지점까지 가는 최단거리의 경우는 총 $\frac{3!}{2!} = 3$가지이다.

따라서 P지점에서 Q, S지점을 거쳐 R지점으로 가는 경우의 수는 모두 $10 \times 3 = 30$가지이다.

02

반장과 부반장을 서로 다른 팀에 배치하는 경우는 2가지이다. 2명을 제외한 인원을 2명, 4명으로 나누는 경우는 먼저 6명 중 2명을 뽑는 방법과 같으므로 $_6C_2 = \frac{6 \times 5}{2} = 15$가지이다.

따라서 래프팅을 두 팀으로 나눠 타는 경우의 수는 $2 \times 15 = 30$가지이다.

03

한 번에 5장의 카드를 뽑아 두 자리 짝수와 세 자리 홀수를 만들어야 하므로 카드 중 홀수와 짝수가 각각 1장씩 필요하다.

ⅰ) 두 자리 짝수의 일의 자리가 0이고, 세 자리 홀수의 일의 자리가 홀수 카드 숫자인 경우

카드 중 홀수는 1, 3, 5, 7, 9 총 5가지이고, 이 중 1장을 뽑는다. 반드시 들어가야 하는 0을 제외하고 나머지 8장 중 3장을 뽑는 경우는 $_8C_3 = \frac{8 \times 7 \times 6}{3 \times 2} = 56$가지이고, 3장이 자리를 서로 바꾸는 방법은 $3! = 3 \times 2 = 6$가지이다. 그러므로 5장의 카드로 짝수와 홀수를 만들 수 있는 경우의 수는 $5 \times 56 \times 6 = 1,680$가지이다.

ⅱ) 두 자리 짝수의 일의 자리가 0을 제외한 짝수 카드 숫자인 경우

두 자리 짝수의 일의 자리로 2, 4, 6, 8이 적힌 카드 4가지가 가능하고, 세 자리 홀수의 일의 자리는 1, 3, 5, 7, 9가 적힌 카드 5가지가 가능하다. 또한 짝수의 십의 자리와 홀수의 백의 자리는 0이 올 수 없으므로 0을 제외한 7장 카드 중에서 2장을 뽑아 배치하고 순서는 바꿀 수 있으므로 $_7C_2 \times 2 = \frac{7 \times 6}{2} \times 2 = 42$가지가 나온다. 홀수의 십의 자리에는 나머지 0을 포함한 6장의 카드 중 1장을 뽑는다. 그러므로 5장의 카드로 만들 수 있는 경우의 수는 $4 \times 5 \times 42 \times 6 = 5,040$가지이다.

따라서 10장의 카드 중 5장을 뽑아 짝수와 홀수를 만들 수 있는 경우의 수는 $1,680 + 5,040 = 6,720$가지이다.

출제유형분석 06 실전예제

01

• 두 사원이 $1 \sim 9$층에 내리는 경우의 수 : $9 \times 9 = 81$가지
• A가 $1 \sim 9$층에 내리는 경우의 수 : 9가지
• B가 $1 \sim 9$층에 내리는 경우의 수 : 8가지($\because$ B는 A가 내리지 않은 층에서 내려야 함)

따라서 서로 다른 층에 내릴 확률은 $\frac{9 \times 8}{81} = \frac{8}{9}$이다.

02

- 비가 왔을 때 이길 확률 : $\dfrac{2}{5} \times \dfrac{1}{3} = \dfrac{2}{15}$

- 비가 오지 않았을 때 이길 확률 : $\dfrac{3}{5} \times \dfrac{1}{4} = \dfrac{3}{20}$

$\therefore \ \dfrac{2}{15} + \dfrac{3}{20} = \dfrac{17}{60}$

03

주사위를 2번 던졌을 때 나온 눈의 수의 합의 범위는 2 ~ 120|고, 도착점이 C가 되려면 합은 2, 5, 8, 110| 나와야 한다.
- 합이 2인 경우 : (1, 1) → 1가지
- 합이 5인 경우 : (1, 4), (2, 3), (3, 2), (4, 1) → 4가지
- 합이 8인 경우 : (2, 6), (3, 5), (4, 4), (5, 3), (6, 2) → 5가지
- 합이 11인 경우 : (5, 6), (6, 5) → 2가지
- 전체 경우의 수 : 36가지(주사위를 2번 던진 경우의 수)

$\therefore \ \dfrac{1+4+5+2}{36} = \dfrac{1}{3}$

출제유형분석 07 | 실전예제

01

- 직장인사랑적금 : 만기 시 수령하는 이자액은 $100,000 \times \left(\dfrac{36 \times 37}{2}\right) \times \left(\dfrac{0.02}{12}\right) = 111,000$원이고, A대리가 가입기간 동안 납입한 적립 원금은 $100,000 \times 36 = 3,600,000$원이므로 A대리의 만기환급금은 $111,000 + 3,600,000 = 3,711,000$원이다.

- 미래든든적금 : 만기 시 수령하는 이자액은 $150,000 \times \left(\dfrac{24 \times 25}{2}\right) \times \left(\dfrac{0.015}{12}\right) = 56,250$원이고, A대리가 가입기간 동안 납입한 적립 원금은 $150,000 \times 24 = 3,600,000$원이므로 A대리의 만기환급금은 $56,250 + 3,600,000 = 3,656,250$원이다.
따라서 A대리가 가입할 적금은 '직장인사랑적금'이며, 이때의 만기환급금은 3,711,000원이다.

02

(만기 시 수령하는 이자액)$= 200,000 \times \left(\dfrac{24 \times 25}{2}\right) \times \left(\dfrac{0.02}{12}\right) = 100,000$원

따라서 만기 시 원리금 수령액은 $200,000 \times 24 + 100,000 = 4,900,000$원이다.

03

목표 수익률은 원금의 10%인 $2,000 \times 0.1 = 200$만 원이다.
현재 $2,000 \times 0.04 = 80$만 원의 수익을 얻었고, 앞으로 6개월 동안 120만 원의 수익을 더 내야 한다.
따라서 현재부터 6개월까지 누적 수익률은 2,000만 원 중 120만 원이므로 6%이다.

04

연단리와 연복리 예금의 만기환급금을 계산하는 문제가 나왔을 때는 다음 식을 사용한다(원금 a원, 연이율 r%, 예치기간 n개월).

· (연단리 예금 만기환급금)$=a\left(1+\dfrac{n}{12}r\right)$

· (연복리 예금 만기환급금)$=a(1+r)^{\frac{n}{12}}$

단리 예금상품의 만기환급금은 $4{,}000+4{,}000\times0.07\times3=4{,}840$만 원이고,

복리 예금상품의 만기환급금은 $4{,}000\times(1+0.1)^3=4{,}000\times1.331=5{,}324$만 원이다.

따라서 두 예금상품의 만기 시 수령액 차이는 $5{,}324-4{,}840=484$만 원임을 알 수 있다.

05

기본이율과 앱 가입 시 이율일 때의 단리 예금상품의 금액 차이는 두 경우 모두 원금이 동일하기 때문에 이자금액의 차이와 같다.

따라서 $4{,}000\times(0.09\times3-0.07\times3)=240$만 원임을 알 수 있다.

출제유형분석 08 | 실전예제

01

· 투자규모가 100만 달러 이상인 투자 금액 비율 : $19.4+69.4=88.8\%$
· 투자규모가 50만 달러 미만인 투자 건수 비율 : $28+20.9+26=74.9\%$

02

2022년	2023년	2024년	확률
C등급	A등급	C등급	$0.1\times0.1=0.01$
	B등급		$0.22\times0.33=0.0726$
	C등급		$0.68\times0.68=0.4624$

따라서 2022년 C등급이 2024년에도 C등급으로 유지될 가능성은 $0.01+0.0726+0.4624=0.545$이다.

03

주어진 자료를 바탕으로 지점 수를 정리하면 다음과 같다. 증감표의 부호를 반대로 하여 2023년 지점 수에 대입하면 쉽게 계산이 가능하다.

(단위 : 개)

지역	2020년 지점 수	2021년 지점 수	2022년 지점 수	2023년 지점 수
서울	15	17	19	17
경기	13	15	16	14
인천	14	13	15	10
부산	13	11	7	10

2020년에 지점 수가 두 번째로 많은 지역은 인천이며, 지점 수는 14개이다.

PART 1

04

(단위 : 명)

구분	2022년 하반기 입사자 수	2023년 상반기 입사자 수
마케팅	50	100
영업	a	$a+30$
상품기획	100	$100 \times (1-0.2)=80$
인사	b	$50 \times 2=100$
합계	320	$320 \times (1+0.25)=400$

• 2023년 상반기 입사자 수의 합 : $400=100+(a+30)+80+100 \rightarrow a=90$

• 2022년 하반기 입사자 수의 합 : $320=50+90+100+b \rightarrow b=80$

∴ 2022년 하반기 대비 2023년 상반기 인사팀 입사자 수의 증감률 : $\dfrac{100-80}{80} \times 100 = 25\%$

05

2022년 15세 미만 인구를 x, 65세 이상 인구를 y, 15~64세 인구를 a라 하면, 15세 미만 인구 대비 65세 이상 인구 비율은 $\dfrac{y}{x} \times 100$이다.

(2022년 유소년부양비)$= \dfrac{x}{a} \times 100 = 19.5 \rightarrow a = \dfrac{x}{19.5} \times 100 \cdots$ ㉠

(2022년 노년부양비)$= \dfrac{y}{a} \times 100 = 17.3 \rightarrow a = \dfrac{y}{17.3} \times 100 \cdots$ ㉡

㉠과 ㉡을 연립하면, $\dfrac{x}{19.5} = \dfrac{y}{17.3} \rightarrow \dfrac{y}{x} = \dfrac{17.3}{19.5}$

따라서 15세 미만 인구 대비 65세 이상 인구의 비율은 $\dfrac{17.3}{19.5} \times 100 ≒ 88.7\%$이다.

출제유형분석 09 실전예제

01

A국의 GDP는 18,562십억 달러로 나머지 다섯 국가의 GDP의 합인 $4,730+3,495+2,650+2,488+1,404=14,767$십억 달러보다 크다.

[오답분석]

㉠ B국은 C국보다 GDP와 GDP 대비 국가자산총액 모두 높다.

㉢ (국가자산총액)=(GDP 대비 국가자산총액)×(GDP)÷100으로 F국과 D국의 국가자산총액을 구하면 D국의 총액이 더 크다.

• F국 : $\dfrac{828}{100} \times 1,404 ≒ 11,625$십억 달러

• D국 : $\dfrac{522}{100} \times 2,650 ≒ 13,833$십억 달러

02

정답 ④

2017년의 노령연금 대비 유족연금의 비율은 $\frac{485}{2,532} \times 100 = 19.2\%$이고, 2018년의 비율은 $\frac{571}{3,103} \times 100 = 18.4\%$이다. 따라서 2017년이 2018년보다 높다.

오답분석

① 매년 가장 낮은 것은 장애연금 지급액이다.
② 일시금 지급액은 2019년과 2020년에 감소했다.
③ 2017년 지급총액의 2배는 3,586×2=7,172억 원이므로 2021년에 처음으로 2배를 넘어섰다.

03

정답 ③

• 2022년 5월 지방의 준공 호수 : $36,827 \times \frac{36}{100} = 13,258$호

• 2022년 5월 지방의 착공 호수 : $34,919 \times \frac{47}{100} = 16,412$호

따라서 지방의 준공 호수는 착공 호수보다 적다.

오답분석

① 2022년 5월 분양 실적은 26,768호이고, 2021년 5월 분양 실적은 50,604호이므로, 2022년 5월 분양 실적의 전년 동월 대비 증감률은 $\frac{26,768 - 50,604}{50,604} \times 100 = -47.1\%$이다. 따라서 2022년 5월의 분양 실적은 작년 동월 분양 실적보다 약 47.1% 감소하였다.

② 2022년 5월 인허가 실적은 53,511호이고, 전체 인허가 실적 중 지방이 차지하는 비율은 55%이다. 따라서 지방의 인허가 실적 수는 $53,511 \times \frac{55}{100} = 29,431$호이다.

④ 2020 ~ 2022년 5월 전체 인허가 호수 대비 전체 준공 호수의 비중을 구하면 다음과 같다.

• 2020년 5월 : $\frac{27,763}{56,861} \times 100 = 48.83\%$

• 2021년 5월 : $\frac{36,785}{52,713} \times 100 = 69.78\%$

• 2022년 5월 : $\frac{36,827}{53,511} \times 100 = 68.82\%$

따라서 전체 인허가 호수 대비 전체 준공 호수의 비중은 2021년 5월에 가장 컸다.

04

정답 ④

ⓒ 보험금 지급 부문에서 지원된 금융 구조조정 자금 중 저축은행이 지원받은 금액의 비중은 $\frac{72,892}{303,125} \times 100 = 24.0\%$로, 20%를 초과한다.

ⓒ 제2금융에서 지원받은 금융 구조조정 자금 중 보험금 지급 부문으로 지원받은 금액이 차지하는 비중은 $\frac{182,718}{217,080} \times 100 = 84.2\%$로, 80% 이상이다.

ⓔ 부실자산 매입 부문에서 지원된 금융 구조조정 자금 중 은행이 지급받은 금액의 비중은 $\frac{81,064}{105,798} \times 100 = 76.6\%$로, 보험사가 지급받은 금액의 비중의 20배인 $\frac{3,495}{105,798} \times 100 \times 20 = 66.1\%$ 이상이다.

오답분석

⊙ 출자 부문에서 은행이 지원받은 금융 구조조정 자금은 222,039억 원으로, 증권사가 지원받은 금융 구조조정 자금의 3배인 99,769×3=299,307억 원보다 작다.

01

정답 ④

그래프의 제목은 'TV+스마트폰 이용자의 도시 규모별 구성비'인 것에 반해 그래프에 있는 수치들을 살펴보면, TV에 대한 도시 규모별 구성비와 같은 것을 알 수 있다. 따라서 제목과 그래프의 내용이 서로 일치하지 않는다.
TV+스마트폰 이용자의 도시 규모별 구성비는 다음과 같이 구할 수 있다.

(단위 : %)

구분	TV	스마트폰
총사례 수(명)	7,000	6,000
대도시	45.3	47.5
중소도시	37.5	39.6
군 지역	17.2	12.9

- 대도시 : $45.3\% \times \dfrac{7,000}{13,000} + 47.5\% \times \dfrac{6,000}{13,000} \fallingdotseq 46.32\%$

- 중소도시 : $37.5\% \times \dfrac{7,000}{13,000} + 39.6\% \times \dfrac{6,000}{13,000} \fallingdotseq 38.47\%$

- 군 지역 : $17.2\% \times \dfrac{7,000}{13,000} + 12.9\% \times \dfrac{6,000}{13,000} \fallingdotseq 15.22\%$

오답분석

① 연령대별 스마트폰 이용자 비율에 사례 수(조사인원)를 곱하면 이용자 수를 구할 수 있다.
② 매체별 성별 이용자 비율에 사례 수(조사인원)를 곱하면 구할 수 있다.
③ 주어진 표에서 쉽게 확인할 수 있다.

02

정답 ③

오답분석

① 2020 ~ 2022년 동안의 40대 여성 취업자 수가 자료보다 높게 제시되었다.
② 20대와 30대의 전체 수치가 바뀌었다.
④ 40대와 50대 이상의 전체 수치가 바뀌었다.

03

정답 ④

네 번째 문단에 제시된 영업용으로 등록된 특수차의 수에 따라 2019 ~ 2022년 전년 대비 증가량 중 2019년과 2022년의 전년 대비 증가량이 자료보다 높다.

(단위 : 대)

구분	2019년	2020년	2021년	2022년
증가량	59,281−57,277=2,004	60,902−59,281=1,621	62,554−60,902=1,652	62,946−62,554=392

오답분석

① 두 번째 문단에서 자가용으로 등록된 특수차의 연도별 수를 계산하면 2018년 2만 대, 2019년 2.4만 대, 2020년 2.8만 대이며, 2021년 3만 대, 2022년 3.07만 대가 된다.
② 두 번째 문단에서 자가용으로 등록된 연도별 승용차 수와 일치한다.
③ 네 번째 문단에서 영업용으로 등록된 연도별 특수차 수와 일치한다.

04

㉠ 연도별 층간소음 분쟁은 2019년 430건, 2020년 520건, 2021년 860건, 2022년 1,280건이다.

㉡ 2020년 전체 분쟁신고에서 각 항목이 차지하는 비중을 구하면 다음과 같다.

- 2020년 전체 분쟁신고 건수 : 280+60+20+10+110+520=1,000건

- 관리비 회계 분쟁 : $\dfrac{280}{1,000} \times 100 = 28\%$

- 입주자대표회의 운영 분쟁 : $\dfrac{60}{1,000} \times 100 = 6\%$

- 정보공개 관련 분쟁 : $\dfrac{20}{1,000} \times 100 = 2\%$

- 하자처리 분쟁 : $\dfrac{10}{1,000} \times 100 = 1\%$

- 여름철 누수 분쟁 : $\dfrac{110}{1,000} \times 100 = 11\%$

- 층간소음 분쟁 : $\dfrac{520}{1,000} \times 100 = 52\%$

오답분석

㉢ 연도별 전체 분쟁신고 건수를 구하면 다음과 같다.
- 2019년 : 220+40+10+20+80+430=800건
- 2020년 : 280+60+20+10+110+520=1,000건
- 2021년 : 340+100+10+10+180+860=1,500건
- 2022년 : 350+120+30+20+200+1,280=2,000건

전년 대비 아파트 분쟁신고 증가율이 잘못 입력되어 있어, 바르게 구하면 다음과 같다.
- 2020년 : $\dfrac{1,000-800}{800} \times 100 = 25\%$

- 2021년 : $\dfrac{1,500-1,000}{1,000} \times 100 = 50\%$

- 2022년 : $\dfrac{2,000-1,500}{1,500} \times 100 ≒ 33\%$

㉣ 2020년 아파트 분쟁신고 건수가 2019년 값으로 잘못 입력되어 있다.

03 | 문제해결능력

출제유형분석 01 　실전예제

01
정답 ③

조건을 정리했을 때 가격은 공책 – 가위 – 테이프 – 볼펜 순으로 비싸다. 따라서 가위가 두 번째로 비싼 문구임을 확인할 수 있다.

02
정답 ③

참인 명제의 대우는 언제나 참이다. 따라서 대우 명제인 '당근을 먹지 않는다면 흰 토끼가 아니다.'는 참이다.

03
정답 ③

a는 'A가 외근을 나감', b는 'B가 외근을 나감', c는 'C가 외근을 나감', d는 'D가 외근을 나감', e는 'E가 외근을 나감'이라고 할 때, 네 번째 조건과 다섯 번째 조건의 대우인 $b \rightarrow c$, $c \rightarrow d$에 따라 $a \rightarrow b \rightarrow c \rightarrow d \rightarrow e$가 성립한다. 따라서 'A가 외근을 나가면 E도 외근을 나간다.'는 항상 참이 된다.

04
정답 ④

'등산을 하는 사람'을 A, '심폐지구력이 좋은 사람'을 B, '마라톤 대회에 출전하는 사람'을 C, '자전거를 타는 사람'을 D라고 하면, 첫 번째 명제와 세 번째 명제, 네 번째 명제는 다음과 같은 벤 다이어그램으로 나타낼 수 있다.

1) 첫 번째 명제　　　　　　　2) 세 번째 명제　　　　　　　3) 네 번째 명제

이를 정리하면 다음과 같은 벤 다이어그램이 성립한다.

따라서 반드시 참인 명제는 '심폐지구력이 좋은 어떤 사람은 등산을 하고 자전거도 탄다.'의 ④이다.

05
정답 ③

가전제품을 A/S 기간이 짧은 순서대로 나열하면 '컴퓨터 – 세탁기 – 냉장고 – 에어컨'이므로 컴퓨터의 A/S 기간이 가장 짧은 것을 알 수 있다.

06

재은이가 요일별로 달린 거리를 정리하면 다음과 같다.

월	화	수	목
200−50=150m	200m	200−30=170m	170+10=180m

따라서 재은이가 목요일에 화요일보다 20m 적게 달린 것을 알 수 있다.

출제유형분석 02   실전예제

01

먼저 B의 진술이 거짓일 경우 A와 C는 모두 프로젝트에 참여하지 않으며, C의 진술이 거짓일 경우 B와 C는 모두 프로젝트에 참여한다. 따라서 B와 C의 진술은 동시에 거짓이 될 수 없으므로 둘 중 한 명의 진술은 반드시 참이 된다.

ⅰ) B의 진술이 참인 경우

A는 프로젝트에 참여하지 않으며, B와 C는 모두 프로젝트에 참여한다. B와 C 모두 프로젝트에 참여하므로 D는 프로젝트에 참여하지 않는다.

ⅱ) C의 진술이 참인 경우

A의 진술은 거짓이므로 A는 프로젝트에 참여하지 않으며, B는 프로젝트에 참여한다. C는 프로젝트에 참여하지 않으나, B가 프로젝트에 참여하므로 D는 프로젝트에 참여하지 않는다.

따라서 반드시 프로젝트에 참여하는 사람은 B이다.

02

우선 A의 아이가 아들이라고 하면 A의 진술에 따라 B, C의 아이도 아들이므로 이것은 아들이 2명밖에 없다는 조건에 모순된다. 그러므로 A의 아이는 딸이다.

또한 C의 아이가 아들이라고 하면 C의 진술에서 D의 아이는 딸이 되므로 B의 아이는 아들이어야 한다. 그런데 이것은 아들의 아버지인 B가 거짓말을 한 것이 되므로 아들의 아버지인 2명만 진실을 말한다는 조건에 모순된다. 따라서 C의 아이도 딸이다. 그러므로 아들의 아버지는 B와 D이다.

03

A가 참을 말하는 경우와 A가 거짓을 말하는 경우로 나눌 수 있는데, 만약 A가 거짓이라면 B와 C가 모두 범인인 경우와 모두 범인이 아닌 경우로 나눌 수 있고, A가 참이라면 B가 범인인 경우와 C가 범인인 경우로 나눌 수 있다.

ⅰ) A가 거짓이고 B와 C가 모두 범인인 경우

B, C, D, E의 진술이 모두 거짓이 되어 5명이 모두 거짓말을 한 것이 되므로 조건에 모순된다.

ⅱ) A가 거짓이고 B와 C가 모두 범인이 아닌 경우

B가 참이 되므로 C, D, E 중 1명만 거짓, 나머지는 참이 되어야 한다. C가 참이면 E도 반드시 참, C가 거짓이면 E도 반드시 거짓이므로 D가 거짓, C, E가 참을 말하는 것이 되어야 한다. 따라서 이 경우 D와 E가 범인이 된다.

ⅲ) A가 참이고 B가 범인인 경우

B가 거짓이 되기 때문에 C, D, E 중 1명만 거짓, 나머지는 참이 되어야 하므로 C, E가 참, D가 거짓이 된다. 따라서 이 경우 B와 E가 범인이 된다.

ⅳ) A가 참이고 C가 범인인 경우

B가 참이 되기 때문에 C, D, E 중 1명만 참, 나머지는 거짓이 되어야 하므로 C, E가 거짓, D가 참이 된다. 따라서 범인은 A와 C가 된다.

따라서 선택지 중 ④만 동시에 범인이 될 수 있다.

04

ⅰ) A의 말이 거짓인 경우

구분	A(원료 분류)	B(제품 성형)	C(제품 색칠)	D(포장)
실수	○		×	○

실수는 한 곳에서만 발생했으므로 A의 말은 진실이다.

ⅱ) B의 말이 거짓인 경우

구분	A(원료 분류)	B(제품 성형)	C(제품 색칠)	D(포장)
실수	× / ○		×	×

A와 D 두 사람 말이 모두 진실일 때 모순이 발생하므로 B의 말은 진실이다.

ⅲ) C의 말이 거짓인 경우

구분	A(원료 분류)	B(제품 성형)	C(제품 색칠)	D(포장)
실수	× / ○		○	○

A와 D 두 사람 말이 모두 진실일 때 모순이 발생하며 실수는 한 곳에서만 발생했으므로 C의 말은 진실이다.

ⅳ) D의 말이 거짓인 경우

구분	A(원료 분류)	B(제품 성형)	C(제품 색칠)	D(포장)
실수	×		×	○

D가 거짓을 말했을 때 조건이 성립한다.
따라서 거짓을 말한 사람은 D이며, 실수가 발생한 단계는 포장 단계이다.

05

5명 중 단 1명만이 거짓말을 하고 있으므로 C와 D 중 1명은 반드시 거짓을 말하고 있다.
ⅰ) C의 진술이 거짓일 경우
    B와 C의 말이 모두 거짓이 되므로 1명만 거짓말을 하고 있다는 조건이 성립하지 않는다.
ⅱ) D의 진술이 거짓일 경우

구분	A	B	C	D	E
출장지역	잠실		여의도	강남	

이때, B는 상암으로 출장을 가지 않는다는 A의 진술에 따라 상암으로 출장을 가는 사람은 E임을 알 수 있다.
따라서 ④는 반드시 거짓이 된다.

06

B의 진술에 따르면 A가 참이면 B도 참이므로, A와 B는 모두 참을 말하거나 모두 거짓을 말한다. 또한 C와 E의 진술은 서로 모순되므로 둘 중에 1명의 진술은 참이고, 다른 1명의 진술은 거짓이 된다. 이때, A와 B의 진술이 모두 거짓일 경우 3명의 진술이 거짓이 되므로 2명의 학생이 거짓을 말한다는 조건에 맞지 않는다. 따라서 A와 B의 진술은 모두 참이 된다.
ⅰ) C와 D의 진술이 거짓인 경우
    C와 E의 진술에 따라 범인은 C이다.
ⅱ) D와 E의 진술이 거짓인 경우
    C의 진술에 따르면 A가 범인이나, A와 B의 진술에 따르면 A는 양호실에 있었으므로 성립하지 않는다.
따라서 범인은 C이다.

01

원탁 자리에 다음과 같이 임의로 번호를 지정하고, 기준이 되는 C를 앉히고 나머지를 배치한다.

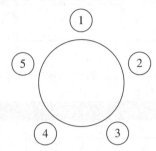

C를 1번에 앉히면, 첫 번째 조건에서 C 바로 옆에 E가 앉아야 하므로 E는 5번 또는 2번에 앉는다. 만약 E가 2번에 앉으면 세 번째 조건에 따라 D가 A의 오른쪽에 앉아야 한다. A, D가 4번과 3번에 앉으면 B가 5번에 앉게 되어 첫 번째 조건에 부합하지 않는다. 또한 A가 5번, D가 4번에 앉는 경우 B는 3번에 앉게 되지만 두 번째 조건에서 D와 B는 나란히 앉을 수 없어 불가능하다. E를 5번에 앉히고 A는 3번, D는 2번에 앉게 되면 B는 4번에 앉아야 하므로 모든 조건을 만족하게 된다. 따라서 C를 첫 번째로 하여 시계 방향으로 세 번째에 앉는 사람은 A이다.

02

조건에 따라 A, B, C, D의 사무실 위치를 정리하면 다음과 같다.

구분	2층	3층	4층	5층
경우 1	부장	B과장	대리	A부장
경우 2	B과장	대리	부장	A부장
경우 3	B과장	부장	대리	A부장

B가 과장이므로 대리가 아닌 A는 부장의 직위를 가진다.

[오답분석]
① A부장 외의 또 다른 부장은 2층, 3층 또는 4층에 근무한다.
③ 대리는 3층 또는 4층에 근무한다.
④ B는 2층 또는 3층에 근무한다.

03

세 번째 조건에 따라 D는 6명 중 두 번째로 키가 크므로 1팀에 배치되는 것을 알 수 있다. 또한 두 번째 조건에 따라 B는 2팀에 배치되므로 한 팀에 배치되어야 하는 E와 F는 아무도 배치되지 않은 3팀에 배치되는 것을 알 수 있다. 마지막으로 네 번째 조건에 따라 B보다 키가 큰 A는 2팀에 배치되므로 결국 A, B, C, D, E, F는 다음과 같이 배치된다.

1팀	2팀	3팀
C>D	A>B	E, F

따라서 키가 가장 큰 사람은 C이다.

04

직원 갑, 을, 병의 공정 순서에 따른 시간을 표로 나타내면 다음과 같다. 선행공정에 따른 순서가 알맞고, A공정이 동시에 진행되지 않으므로 가장 적절한 생산 공정 순서이다. 표에 제시된 숫자는 공정의 소요시간을 나타낸다.

구분	1	2	3	4	5	6	7	8
갑	E		D		C		B	A			
을			C		E		D		B	A	
병				E		D		B		C		A

오답분석

① 갑은 D공정이 선행공정인 E공정보다 먼저 배치되었고, 을은 A, D공정이 각각 선행공정인 B, E공정보다 먼저 배치되었다.
② 을과 병의 A공정이 30분 겹치므로 불가능하다.

구분	1	2	3	4	5	6	7	8
갑	B	E		A		D			C			
을		B		C			E		D		A	
병				C			B		E		A		D

③ 을과 병의 A공정이 동시에 진행되므로 불가능하다.

구분	1	2	3	4	5	6	7	8
갑		C			E	B		A		D			
을		B		E		A		D			C		
병				B		A		E			C		D

05

대표의 옆방에는 부장만 배정받을 수 있으므로 대표는 오직 111호에만 묵을 수 있으며, 110호에는 총무팀 박부장이 배정받는다. 따라서 111호에는 생산팀 장과장은 묵을 수 없다.

오답분석

① 두 번째 조건에서 같은 부서 임직원은 마주보는 방을 배정받을 수 없으므로 인사팀 유과장은 105호에 배정받을 수 없다.
② 만약 105호에 생산팀 장과장이 배정받으면, 인사팀 유과장은 102 · 104 · 107호에 배정받을 수 있으므로 102호 또는 107호에 배정받으면 104호는 빈방으로 남을 수 있다.
④ 111호에 대표가 묵는다고 했으므로 총무팀 박부장은 110호로 배정받는다.

출제유형분석 04   실전예제

01

두 빵집은 서로의 결정에 대해 알 수 없으므로 각자 최고의 이익을 얻을 수 있는 최선의 선택을 할 것이다. 따라서 A빵집과 B빵집은 모두 가격을 인하할 가능성이 높다.

02

상속 전과 다른 분야의 사업을 시작하는 경우로 창업으로 인정한다.

[오답분석]
㉠ 기업형태는 변경하였지만, 변경 전 사업과 같은 사업을 이어가기 때문에 창업에서 제외된다.
㉡ 폐업 전과 후의 사업이 같은 종류이기 때문에 창업에서 제외된다.

03

정답 ①

각 선택지의 통합방안에 따라 선거구 통합은 지지율에 영향을 주지 않고, 선거구마다 유권자 수가 같다고 했으므로 두 선거구에서 지지율을 유권자 인원으로 가정하여 합하면 통합된 선거구에서 승리할 정당을 알 수 있다. ①~④ 보기를 정리하면 다음과 같다.

①

구분	(A, C)	(B, D)	(F, G)	(E, H)
당선자 소속 정당	을	을	을	갑
지지율 합	90 : 110	95 : 105	90 : 110	115 : 85

을 정당은 갑 정당보다 2명의 당선자를 더 배출한다.

②

구분	(A, B)	(C, F)	(D, G)	(E, H)
당선자 소속 정당	을	갑	을	갑
지지율 합	80 : 120	125 : 75	70 : 130	115 : 85

을 정당은 갑 정당과 동일한 수의 당선자를 배출한다.

③

구분	(A, B)	(C, D)	(F, G)	(E, H)
당선자 소속 정당	을	갑	을	갑
지지율 합	80 : 120	105 : 95	90 : 110	115 : 85

을 정당은 갑 정당과 동일한 수의 당선자를 배출한다.

④

구분	(A, B)	(C, F)	(D, E)	(G, H)
당선자 소속 정당	을	갑	을	갑
지지율 합	80 : 120	125 : 75	80 : 120	105 : 95

을 정당은 갑 정당과 동일한 수의 당선자를 배출한다.
따라서 ①번처럼 통합하는 것이 을에게 가장 유리하다.

04

정답 ④

F카드사는 전월 52만 원을 사용했을 때 K통신사에 대한 할인금액이 15,000원으로 가장 많다.

[오답분석]
① S통신사를 이용할 경우 가장 많은 통신비를 할인받을 수 있는 제휴카드사는 C카드사이다.
② 전월에 33만 원을 사용했을 경우 L통신사에 대한 할인금액은 G카드사는 1만 원, D카드사는 9천 원이므로 G카드사가 더 많다.
③ C카드사는 전월 카드 1회 사용 시 5천 원 할인 가능하다.

05

정답 ③

산재근로자의 장해등급 구분에 영향을 미치는 요인은 '산재근로자의 노동시장 참여(2)'에서 다룬다.

CHAPTER .03 문제해결능력 • 25

01

정답 ③

ⓛ에는 외부위협요인을 줄이거나 제거하는 ST전략이 와야 하지만, 안정적인 자금력(S)를 통해 약점(W)인 부유층 고객을 늘이거나, 부유층 고객이 이동하는 기회(O)를 잡으려는 전략(SW, SO)에 해당하므로 옳지 않다.

02

정답 ②

국내 금융기관에 대한 SWOT 분석 결과는 다음과 같다.

강점(Strength)	약점(Weakness)
• 높은 국내 시장 지배력 • 우수한 자산건전성 • 뛰어난 위기관리 역량	• 은행과 이자수익에 편중된 수익구조 • 취약한 해외 비즈니스와 글로벌 경쟁력
기회(Opportunities)	위협(Threats)
• 해외 금융시장 진출 확대 • 기술 발달에 따른 핀테크의 등장 • IT 인프라를 활용한 새로운 수익 창출	• 새로운 금융 서비스의 등장 • 글로벌 금융기관과의 경쟁 심화

㉠ SO전략은 강점을 살려 기회를 포착하는 전략으로, 강점인 국내 시장 점유율을 기반으로 핀테크 사업에 진출하려는 ㉠은 적절한 SO전략으로 볼 수 있다.
㉢ ST전략은 강점을 살려 위협을 회피하는 전략으로, 강점인 우수한 자산건전성을 강조하여 글로벌 금융기관과의 경쟁에서 우위를 차지하려는 ㉢은 적절한 ST전략으로 볼 수 있다.

[오답분석]
ⓛ WO전략은 약점을 강화하여 기회를 포착하는 전략이다. 그러나 위기관리 역량은 국내 금융기관이 지니고 있는 강점에 해당하므로 WO전략으로 적절하지 않다.
㉣ 해외 비즈니스 역량을 강화하여 해외 금융시장에 진출하는 것은 약점을 보완하여 기회를 포착하는 WO전략에 해당한다.

03

정답 ④

전문가용 카메라가 일반화됨에 따라 사람들은 사진관을 이용하지 않고도 고화질의 사진을 촬영할 수 있게 되었다. 따라서 전문가용 카메라의 일반화는 사진관을 위협하는 외부환경에 해당한다.

SWOT 분석
기업의 내부환경과 외부환경을 분석하여 강점(Strength), 약점(Weakness), 기회(Opportunity), 위협(Threat) 요인을 규정하고 이를 토대로 경영전략을 수립하는 기법
• 강점(Strength) : 내부환경(자사 경영자원)의 강점
• 약점(Weakness) : 내부환경(자사 경영자원)의 약점
• 기회(Opportunity) : 외부환경(경쟁, 고객, 거시적 환경)에서 비롯된 기회
• 위협(Threat) : 외부환경(경쟁, 고객, 거시적 환경)에서 비롯된 위협

04

정답 ③

리스크 관리 능력의 부족은 기업 내부환경의 약점 요인에 해당한다. 위협은 외부환경 요인에 해당하므로 위협 요인에는 회사 내부를 제외한 외부에서 비롯되는 요인이 들어가야 한다.

05

정답 ②

㉠ 회사가 가지고 있는 신속한 제품 개발 시스템의 강점을 활용하여 새로운 해외시장의 소비자 기호를 반영한 제품을 개발하는 것은 강점을 통해 기회를 포착하는 SO전략에 해당한다.
㉢ 공격적 마케팅을 펼치고 있는 해외 저가 제품과 달리 오히려 회사가 가지고 있는 차별화된 제조 기술을 활용하여 고급화 전략을 추구하는 것은 강점으로 위협을 회피하는 ST전략에 해당한다.

[오답분석]
㉡ 저임금을 활용한 개발도상국과의 경쟁 심화와 해외 저가 제품의 공격적 마케팅을 고려하면 국내에 화장품 생산 공장을 추가로 건설하는 것은 적절한 전략으로 볼 수 없다. 약점을 보완하여 위협을 회피하는 전략을 활용하기 위해서는 오히려 저임금의 개발도상국에 공장을 건설하여 가격 경쟁력을 확보하는 것이 더 적절하다.
㉣ 낮은 브랜드 인지도가 약점이기는 하나, 해외시장에서의 한국 제품에 대한 선호가 증가하고 있는 점을 고려하면 현지 기업의 브랜드로 제품을 출시하는 것은 적절한 전략으로 볼 수 없다. 약점을 보완하여 기회를 포착하는 전략을 활용하기 위해서는 오히려 한국 제품임을 강조하는 홍보 전략을 세우는 것이 더 적절하다.

06

정답 ③

해결해야 할 전략 과제란 취약한 부분에 대해 보완해야 할 과제를 말한다. 따라서 이미 우수한 고객서비스 부문을 강화한다는 것은 전략 과제로 삼기에 적절하지 않다.

[오답분석]
① 해외 판매망이 취약하다고 분석되었으므로 중국 시장의 판매유통망을 구축하는 전략 과제를 세우는 것은 적절하다.
② 중국 시장에서 보조배터리 제품의 구매 방식이 대부분 온라인으로 이루어지는 데 반해, 자사의 온라인 구매시스템은 미흡하기 때문에 온라인 구매시스템을 강화한다는 전략 과제는 적절하다.
④ 보조배터리 제품에 대해 중국기업들 간의 가격 경쟁이 치열하다는 것은 제품의 가격이 내려가고 있다는 의미인데, 자사는 생산원가가 높다는 약점이 있다. 그러므로 원가 절감을 통한 가격경쟁력 강화 전략은 적절하다.

먼저 행동으로 옮기고 말을 하라.

- 스티븐 스필버그 -

PART 2

금융 · 디지털상식

01 | 금융상식 실전예제

01	02	03	04	05	06	07	08	09	10	11	12	13	14	15					
②	④	④	④	②	③	①	④	③	②	①	②	④	④	③					

01
정답 ②

빅 스텝(Big Step)이란 중앙은행이 물가를 조정하기 위해 기준금리를 0.50%p 인상하는 것을 뜻한다. 이 밖에도 가장 통상적인 0.25%p 인상은 베이비 스텝(Baby Step), 0.75%p의 상당 규모 인상은 자이언트 스텝(Giant Step), 1.00%p 인상은 울트라 스텝(Ultra Step)이라고 부른다. 다만 이러한 용어들은 우리나라의 국내 언론과 경제계, 증권시장에서만 사용하는 것으로 알려져 있다.

02
정답 ④

벌처펀드(Vulture Fund)는 대머리독수리를 뜻하는 단어 'Vulture'에서 유래한 표현이다. 파산 위기의 기업이나 부실채권에 투자해 사업정리로 수익을 내거나 정상화시킨 후 비싼 값에 팔아 고수익을 노린다.

03
정답 ④

주식시장에서 '베어마켓(Bear – Market)'이란 약세장을 의미하는 용어이다. 여기에 상승장세를 뜻하는 '랠리(Rally)'가 합쳐진 '베어마켓 랠리'는 약세 속에서도 일시적으로 주가가 상승하는 현상을 일컫는다. 투자자들이 긴 불황이 끝나간다고 판단하여 주식이 저가일 때 집중적으로 매수하면서 발생하는 현상이다.

04
정답 ④

스튜어드십 코드(Stewardship Code)는 투자 수탁자들이 고객의 자금을 투명하게 운용하고 수익률을 높이는 데 목적을 둔 일종의 가이드라인이다. 우리나라도 2018년 7월에 도입하여 국민연금 운용에 적용하고 있다.

05
정답 ②

기준금리란 중앙은행이 시중은행에 돈을 빌려주는 금리로, 기준금리의 조정을 통해 경기부양과 부채축소를 조절할 수 있다. 미국이나 일본 등의 기준금리가 올라갈 경우 한국은 외국 자본이 빠져나가 경기가 침체되는 현상이 나타난다.

> **기준금리**
> 한국은행 금융통화위원회에서 결정하는 정책금리를 말한다. 한국은행과 금융기관 간에 환매조건부채권매매(RP)와 대기성 여수신 등의 자금거래를 할 때 기준으로 적용된다. 2008년 3월부터 한국은행은 정책금리의 실체를 종전의 '익일물 콜금리 목표'에서 '기준금리(Base Rate)'로 변경하였다. 콜금리는 대표적인 시장금리 중 하나로 초단기 금융시장의 자금상황을 반영하는 금리이다. 그러나 1999년 콜금리목표제를 도입한 이후 콜금리가 자금수급사정에 관계없이 목표수준에서 고정되면서 콜금리의 시장신호 전달 및 자금배분 기능이 약화되었고, 단기자금거래가 콜시장에 과도하게 집중되어 금융기관 간 RP 등 기일물 단기자금시장의 발달이 저해되는 부작용이 발생하였다. 한국은행이 정책금리의 실체를 '기준금리'로 변경한 것은 이러한 문제를 해소하는 한편 통화정책 파급경로(정책금리 변경 → 단기 및 장기 시장금리 변동)의 원활한 작동을 도모한 것이다.

06

정답 ③

2013년 당시 벤 버냉키 미국 연방준비제도(Fed) 의장이 처음으로 양적완화 종료를 시사한 뒤 신흥국의 통화 가치와 증시가 급락하는 현상이 발생했는데, 이를 가리켜 강대국의 금리 정책에 대한 신흥국의 '긴축발작(Taper Tantrum)'이라고 부르게 되었다. 미국의 금리인상 정책 여부에 따라 신흥국이 타격을 입을 때마다 관심이 집중되는 용어이다.

07

정답 ①

그린스펀의 수수께끼는 중앙은행이 금리인상을 해도 시중의 금리가 반응을 보이지 않는 현상을 말하며, 여러 차례 미국 연방준비제도(Fed)의 의장을 역임한 앨런 그린스펀의 이름에서 비롯된 금융 용어이다. 2005년 당시 그린스펀은 기준금리 인상을 단행했지만, 미국 국채수익률의 상승률은 미미했다. 이에 연준은 곤혹스러워했고 미국 경제계는 이를 그린스펀의 수수께끼라고 불렀는데, 후에 경상수지에서 흑자를 낸 국가들이 막대한 미국 국채를 사들였음이 밝혀지면서 수수께끼가 풀리게 되었다.

[오답분석]

② 낙타의 코란 처음에는 매우 사소해서 별것 아닌 것처럼 보이지만, 차츰 커져서 결국에는 예기치 않은 일이 발생하게 된다는 의미이다. 큰 규모의 예산이 필요한 사업인데도 처음에는 정보 수집, 수요 조사 명목으로 소액만 요구한 뒤 여러 가지 명분을 붙여 해마다 예산을 눈덩이처럼 키우는 수법을 말한다. 낙타가 사막의 추위를 피하려고 처음에는 텐트 안으로 코를 들이밀다가 결국에는 텐트 안을 다 차지하게 되어 정작 텐트 안에 있던 사람을 내쫓게 만든다는 뜻에서 유래했다.

08

정답 ④

업틱룰(Up-tick Rule)은 주식을 공매도할 경우 직전 거래가격 이상으로 매도호가를 제시하도록 한 규정이다. 그럼으로써 대규모 공매도로 인한 주가 하락을 방지하려는 조치이다. 공매도는 보통 기관 등 고액 투자자들에 의해 이루어진다. 주가가 하락할 것이라 예상되는 종목을 빌려 투자한 뒤 하락하면 낮은 가격에 구입해 갚고 이익을 얻는다. 이 과정에서 해당 종목의 주가는 추가적으로 하락하게 되는데, 이로 인한 소액 투자자들의 피해를 막기 위한 것이다.

[오답분석]

① 제로틱룰 : 업틱룰과 대립되는 개념으로 매도호가를 자유롭게 제시할 수 있는 것을 뜻한다.

09

정답 ③

금융업계에서 브래키팅(Bracketing)은 새롭게 발행하는 주식(신주)을 모집할 때 인수기관들의 중요성을 기준으로 그 이름을 순서대로 표시하는 것을 말한다.

[오답분석]

① 섀도보팅(Shadow Voting) : 의결권 분산을 목적으로 뮤추얼 펀드가 특정 기업의 경영권을 지배할 정도로 지분을 보유할 경우, 그 의결권을 중립적으로 행사하도록 제한하는 것을 뜻한다. 그러나 섀도보팅을 활용하면 쉽게 의결정족수를 확보할 수 있지만, 소액주주의 권리를 경시하는 풍조가 생겼다는 비판이 제기돼 2017년 말 폐지되었다.
② 캐리트레이드(Carry Trade) : 투자자가 자기 자본에 대한 수익률을 높이기 위하여 투자 기대 수익률보다 낮은 이자율로 빌린 돈으로 유가증권 등의 금융 자산을 사들였다가 일정한 기간이 지난 후에 팔아 그 차액으로 수익을 얻으려고 하는 거래나 투자 기법이다.
④ 피보팅(Pivoting) : 외부 환경의 급변에 대응해 기존 사업 아이템이나 모델을 바탕으로 사업의 방향을 전환하는 것을 뜻한다.

10

정답 ②

디폴트 옵션은 자동투자 옵션이라고도 한다. 개인책임형(DC) 퇴직연금에 가입한 사람이 별도로 운용 지시를 하지 않을 경우 금융회사가 미리 지정되었던 방법으로 연금을 운용하는 방식이다. 장기적 운용이 필요한 퇴직연금 가입자들에게 운용의 어려움을 덜어줄 수 있는 방법으로 평가받는다.

11

정답 ①

국제결제은행(BIS)이 은행의 건전성과 안정성을 확보할 목적으로 은행의 위험자산에 대해 일정 비율 이상의 자기자본을 보유하도록 하는 것으로, 은행의 신용위험과 시장위험에 대비해 최소 8% 이상이 되도록 권고하고 있으며, 10% 이상이면 우량은행으로 평가받는다.

12

정답 ②

국제은행간통신협회(SWIFT)는 전 세계의 금융기관들이 국제 금융거래를 원활하게 할 수 있도록 지원하는 기구이다. 가입된 금융기관에 국제적으로 표준화된 금융정보 및 서비스·통신망을 제공한다. 거의 모든 국가의 금융기관이 외환거래를 위해 SWIFT를 이용하고 있고, 여기서 퇴출되면 사실상 금융거래는 불가능하다.

13

정답 ④

자기자본은 재무상태표를 구성하는 요소 중 하나로 흔히 소유자지분 혹은 주주지분으로 칭한다. 회계적으로는 전체 자산 중 부채를 제외한 나머지 금액이며, 주주들 소유이다. 이러한 자기자본의 계정과목으로는 자본금, 자본잉여금, 이익잉여금, 자본조정, 기타포괄손익누계액이 해당한다. 차입금은 부채계정 중 유동부채에 해당한다.

14

정답 ④

$$(부채비율) = \frac{(타인자본)}{(자기자본)} \times 100$$

당기 말 (주)한국물산의 부채비율은 200%이고, 전년도 대비 부채비율은 100%p 하락하였다.
따라서 전년도 대비 부채비율은 33.33%p 하락하였다.

15

정답 ③

$$(자기자본이익률) = \frac{(당기순이익)}{(자본총액)} \times 100$$

$$\frac{240,000}{(1,300,000+400,000)} \times 100 = 14.1176 ≒ 14\%$$

따라서 (주)시대의 자기자본이익률은 14%이다.

02 | 디지털상식 실전예제

01	02	03	04	05	06	07	08	09	10	11	12	13	14	15					
④	④	②	②	④	④	①	④	④	③	③	③	②	②	①					

PART 2

01

정답 ④

데이터 라벨링(Data Labelling)은 사진·문서 등 사람이 만든 데이터를 인공지능(AI)이 스스로 인식할 수 있는 형태로 재가공하는 작업이다. AI가 학습할 데이터인 동영상이나 사진에 등장하는 사물 등에 라벨을 달아 주입하면 되며, AI는 이를 바탕으로 데이터들을 학습하면서 유사한 이미지를 인식하며 고품질의 알고리즘을 구축한다.

02

정답 ④

NFT(Non Fungible Token; 대체불가능토큰)는 하나의 토큰을 다른 토큰과 대체하거나 교환할 수 없는 가상화폐이다. 2017년에 처음 등장했고, 주로 미술품과 게임 아이템 거래를 통해 성장했다. 토큰 하나마다 다른 가치와 특성을 갖고 있어 가격 또한 천차만별 이다.

03

정답 ②

오답분석

① 스택(Stack)은 입력된 순서로 저장되며 출력 시 가장 늦게 저장된 데이터가 먼저 출력된다.
③ 계층형 자료 구조의 트리(Tree)에 대한 설명이다.
④ 연결된 원소 사이의 多 : 多 관계를 표현하는 그래프(Graph)에 대한 설명이다.

04

정답 ②

침입 방지 시스템(IPS; Intrusion Prevention System)은 침입 경고 이전에 공격을 중단시키는 데 초점을 둔, 침입 유도 기능과 자동 대처 기능이 합쳐진 개념의 솔루션으로 비정상적인 행동을 탐지하고, 탐지된 불법 행위를 실시간으로 차단하는 기능을 가졌다.

오답분석

① 방화벽(Firewall) : 사설 네트워크를 외부로부터 보호하기 위한 보안 솔루션으로 외부에서 내부, 내부에서 외부의 정보통신망에 불법으로 접근하는 것을 차단한다.
③ 가상사설망(VPN; Virtual Private Network) : 인터넷과 같은 공중망을 마치 전용선으로 사설망을 구축한 것처럼 사용할 수 있는 방식으로 접근통제, 인증과 기밀성 서비스를 이용할 수 있게 한다.
④ 통합인증(SSO; Single Sign On) : 하나의 사이트에 로그인한 후 여러 사이트에 별도의 절차 없이 자동으로 인증할 수 있도록 한다.

05

정답 ④

[오답분석]

① 에이전트 방식 : DB 서버 자체에 접근통제 및 로깅 기능을 포함하는 에이전트를 설치하고, DB에 접근하기 위한 전용 클라이언트를 사용하여 접근하는 방식
② 하이브리드 방식 : DB 접근통제 구축을 위해 각 방식의 단점을 보완하도록 다른 방식을 혼합하는 방식
③ 네트워크 스니핑 방식 : 네트워크 패킷들에 대해 TAP 방지 등을 통해 패킷 분석 및 로깅하는 방식

06

정답 ④

데이터베이스는 중복된 데이터를 한 군데 집약시켜 최대한 중복을 배제한 상태에서 관리한다.

데이터베이스의 특징
- 실시간 접근성 : 프로그래밍 언어를 통해 수시적이고 비정형적인 질의에 대하여 실시간으로 응답한다.
- 계속적 변화 : 입력, 수정, 삭제를 통해 지속적으로 변화한다.
- 동시 공용 : 여러 명의 사용자가 동시에 접근하여 사용이 가능하다.
- 내용에 의한 참조 : 사용자가 요구하는 데이터의 내용에 따라 참조할 수 있다.

07

정답 ①

데이터 모델링 특징
- 추상화 : 현실 세계를 일정한 형식에 맞추어 표현한다.
- 단순화 : 현실 세계를 약속된 규약이나 제한된 표기법과 언어로 표현한다.
- 명확화 : 누구나 이해하기 쉽도록 모호함을 제거하고 정확하게 현상을 기술한다.

08

정답 ④

인덱스를 이용하면 전체 데이터를 검색하지 않고도 원하는 정보를 빠르게 검색할 수 있으며, 레코드 수가 증가하더라도 검색 속도에 큰 변화가 없다.

09

정답 ④

NoSQL은 기존 관계형 데이터베이스의 SQL과 같은 질의 언어를 제공하지 않고, 간단한 API Call 또는 HTTP를 통한 단순한 접근 인터페이스의 CLI(Call Level Interface)를 제공한다.

NoSQL의 특징
- 유연한 스키마를 사용하여 각기 다른 칼럼과 다른 데이터 타입을 가질 수 있다.
- 저렴한 클러스터로 구성되어 있다.
- 높은 가용성을 제공한다.

10

자료에 나타난 데이터웨어하우스 모델링 기법은 스타 스키마 기법이다. 스타 스키마 기법은 팩트 테이블과 차원 테이블로 데이터를 분리하여 설계하는 모델링 기법으로, 이해하기 쉽고 조인 수가 적어 질의 성능이 좋다. 그러나 차원 테이블의 데이터가 정규화되어 있지 않아 데이터 중복이 발생하며, 이로 인한 데이터 일관성의 문제가 발생할 수 있다.

11

정답 ③

예측 부호화 방식은 압축률을 높이기 위해 중복되거나 불필요한 정보가 손실되는 것을 허용하는 손실 압축방식에 해당한다.

[오답분석]

①·②·④ 데이터의 무결성이 보존되어 어떤 부분도 손실되지 않는 무손실 압축방식에 해당한다.

12

정답 ③

TOS 필드는 네트워크에서 처리량, 지연, 신뢰성, 비용 간에 균형을 유지하는지를 나타내며, 0010의 TOS 필드 값은 신뢰성을 가장 우선한다는 의미를 나타낸다.

13

정답 ②

int는 정수형 변수를 뜻한다. 본 프로그램의 02행부터 08행까지는 입력받은 숫자 k의 팩토리얼(계승)을 구하는 재귀 함수가 구현되어 있다. 재귀 함수 안에서 벌어지는 일은 입력된 k=6에서부터 1씩을 빼서 자기 자신에게 곱하고, 곱한 결괏값을 fact 변수에 저장하는 것이다.

수행 횟수	1회	2회	3회	4회	5회	⋯
k값	6	5	4	3	2	⋯
fact 변수	30 (6×5)	120 (30×4)	360 (120×3)	720 (360×2)	720 (720×1)	⋯

k=6 → 6×5, k=5 → 30×4, k=4 → 120×3, ⋯, k=2 → 720×1
입력 값이 6이므로 6의 팩토리얼 값인 6!=6×5×4×3×2×1=720이 결괏값이다.

14

정답 ②

x값을 1 증가하여 x에 저장하고, 변경된 x값과 y값을 덧셈한 결과를 p에 저장한 후 y값을 1 증가하여 y에 저장한다.
따라서 x=10+1=11, y=x+1=12 → p=x+y=23이다.

15

정답 ①

상위층으로 갈수록 비트당 가격이 높아지고, 저장 용량이 감소하며, 액세스 시간은 짧아지고, CPU에 의한 액세스 빈도는 높아진다.

CHAPTER 02 디지털상식 · **35**

침묵은 다른 방식으로 펼친 주장이다.

- 체 게바라 -

PART **3**

직무전공

01 | 경영 실전예제

| 객관식 |

01	02	03	04	05	06	07	08	09	10	11	12	13	14	15					
④	②	①	④	③	①	④	①	④	③	④	①	②	④	④					

01
정답 ④

니블링 전략(Nibbling Tactics)은 협상 마무리 단계에서 작은 것을 요구해 얻어내 약간의 양보를 받는 것이다. '야금야금 먹는다.'는 뜻의 '니블(Nibble)'이라는 단어에서 착안했다. 대부분의 협상가는 그동안의 협상에 들인 시간이나 성과를 망치는 것을 주저하기 때문에 상대방의 니블링을 받아들이는 가능성이 높다. 이와 반대로 상대가 수용하는 것을 전제로 상대 요구를 받아들일 의사가 있다고 맞받아치는 역니블링(Counter Nibbling)도 있다.

02
정답 ②

오답분석
① 횡축은 상대적 시장점유율, 종축은 시장성장률이다.
③ 별은 시장성장률이 높고, 상대적 시장점유율도 높다.
④ 자금젖소는 시장점유율이 높아 자금투자보다 자금산출이 많다.

03
정답 ①

매슬로우는 인간의 욕구에 대해 5단계로 설명하고 있으며, 하위 단계의 욕구가 충족되지 못하면 상위 단계로 올라가지 못한다. 1단계 생리적 욕구 - 2단계 안전 욕구 - 3단계 소속 욕구(애정과 공감의 욕구) - 4단계 존중 욕구 - 5단계 자아실현의 욕구이다.

04
정답 ④

㉠ 피들러(Fiedler)의 리더십 상황이론에 따르면 리더십 스타일은 리더가 가진 고유한 특성으로 한 명의 리더가 과업지향적 리더십과 관계지향적 리더십을 모두 가질 수 없다. 그렇기 때문에 어떤 상황에 어떤 리더십이 어울리는가를 분석한 것이다.
㉢ 상황이 호의적인지 비호의적인지를 판단하는 상황변수로 리더 - 구성원 관계, 과업구조, 리더의 직위권력을 고려하였다.
㉣ 상황변수들을 고려하여 총 8가지 상황으로 분류하였고, 이를 다시 호의적인 상황, 보통의 상황, 비호의적인 상황으로 구분하였다. 상황이 호의적이거나 비호의적인 경우, 과업지향적 리더십이 적합하다. 그리고 상황이 보통인 경우에는 관계지향적 리더십이 적합하다.

오답분석
㉡ LPC 설문을 통해 리더의 특성을 측정하였다. LPC 점수가 낮으면 과업지향적 리더십, 높으면 관계지향적 리더십으로 정의한다.
㉤ 리더가 처한 상황이 호의적이거나 비호의적인 경우, 과업지향적 리더십이 적합하다.

05
정답 ③

워크샘플링법은 직무분석방법에 해당한다.

직무평가방법
- 서열법 : 직무의 상대적 가치에 따라 서열을 매기는 방법
- 분류법 : 직무를 조사하여 직무 요소에 따라 미리 설정해둔 등급에 분류 및 배치하는 방법
- 점수법 : 직무의 가치를 점수로 나타내어 평가하는 방법
- 요소비교법 : 기준직무 선정 후, 각 직무와 기준직무의 평가요소를 비교함으로써 직무의 상대적 가치를 결정하는 방법

06
정답 ①

성장기에는 신제품을 인지시키기 위한 정보제공형 광고에서 소비자의 선호도를 높이기 위한 제품선호형 광고로 전환한다.

07
정답 ④

동일한 세분시장 내에서는 소비자들의 동질성이 극대화되도록 하여야 마케팅 믹스를 개발할 수 있다.

08
정답 ①

공급사슬관리(SCM)는 공급업체, 구매기업, 유통업체 그리고 물류회사들이 주문, 생산, 재고 수준과 제품 및 서비스의 배송에 관한 정보를 공유하도록 하여 제품과 서비스를 효율적으로 구매, 생산, 배송할 수 있도록 지원하는 시스템이다.

[오답분석]
② 적시생산시스템(JIT) : 모든 프로세스에 걸쳐 필요한 때 필요한 것을 필요한 만큼만 생산하는 생산시스템
③ 유연생산시스템(FMS) : 다양한 제품을 높은 생산성으로 유연하게 제조하는 것을 목적으로 생산을 자동화한 시스템
④ 컴퓨터통합생산(CIM) : 제조 – 개발 – 판매로 연결되는 과정을 일련의 정보시스템으로 통합한 생산관리시스템

09
정답 ④

재고 부족현상이 발생하게 되면 EOQ모형을 적용하기 어렵다. 하지만 실제 상황에서는 갑작스러운 수요 상승으로 인한 재고 부족이 나타날 수 있고 이러한 단점으로 인해 실제로는 추가적으로 여러 가지 요소들을 함께 고려해야 EOQ모형을 적절하게 사용할 수 있다. 따라서 EOQ모형을 사용하기 위한 과정에 재고 부족현상은 발생하지 않고, 주문 시 정확한 리드타임이 적용된다는 것을 가정하여 계산한다.

10
정답 ③

[오답분석]
① 순현금흐름의 현재가치로부터 차감한 기법이다.
② 0보다 크면 투자안을 선택하고 0보다 작으면 투자안을 기각한다.
④ 순현가법과 내부수익률법 모두 현금흐름을 할인한다는 점에서 같은 맥락에 놓여 있다.

11
정답 ④

경영활동은 크게 기술활동, 상업활동, 재무활동, 보호활동, 회계활동, 관리활동으로 구분할 수 있다. 그중에 페이욜은 관리활동을 '계획, 조직, 지휘, 조정, 통제'로 구분하여 '관리 5요소론'을 정립하였다. '분업'은 14가지 관리일반원칙에 해당한다.

12

정답 ①

마이클 포터(M. Porter)의 경쟁전략 유형
- 원가우위 전략
- 차별화 전략
- 원가집중화 전략
- 차별적 집중화 전략

13

정답 ②

공정성이론은 조직구성원은 자신의 투입에 대한 결과의 비율을 동일한 직무 상황에 있는 준거인의 투입 대 결과의 비율과 비교해 자신의 행동을 결정하게 된다는 이론이다.

[오답분석]
① 기대이론 : 구성원 개인의 동기 강도를 성과에 대한 기대와 성과의 유의성에 의해 설명하는 이론
③ 욕구단계이론 : 인간의 욕구는 위계적으로 조직되어 있으며 하위 단계의 욕구 충족이 상위 계층 욕구의 발현을 위한 조건이 된다는 이론
④ 목표설정이론 : 의식적인 목표나 의도가 동기의 기초이며 행동의 지표가 된다고 보는 이론

14

정답 ④

평가센터법 안에서 다양한 방법의 평가기법들이 사용되기 때문에 표준화가 어렵고 상대적 비교도 어려우며, 시간과 비용이 많이 든다.

15

정답 ④

최저임금제의 필요성
- 계약자유 원칙의 한계 보완 : 계약의 자유가 소유권과 결합하여 오히려 경제적 강자를 보호하고 경제적 약자를 지배하는 제도로 전환되는 한계를 보완
- 사회적 약자 보호 : 생존임금과 생활임금을 보장하여 저임금 노동자 등의 사회적 약자들을 보호
- 시장실패 보완 : 임금이 하락함에도 불구하고 노동공급은 줄어들지 않고 계속 증가하여, 임금이 계속 떨어지는 현상인 왜곡된 임금구조를 개선
- 유효수요 증대 : 저소득층의 한계소비성향을 높여 사회 전반적인 수요 증대

| 주관식 |

01	02	03	04	05	06	07
㉠, ㉣, ㉾	㉠, ㉯	500,000	95,000	㉤, ㉯, ㉸	1,970	982

01

정답 ㉠, ㉣, ㉾

후입선출법은 매출원가가 크게 계상되어 당기순이익이 적게 계상된다(㉠). 또한 기말 재고자산이 과거의 취득원가로 기록되어 현행가치를 나타내지 못한다는 단점도 있으며(㉣), 최근에 구입한 것이 가장 먼저 팔린다는 것은 실제물량흐름과도 불일치한다(㉾). 반면 장점으로는 현행수익에 최근 구입한 현행원가가 대응되므로 대응원칙에 충실하다는 점, 낮은 당기순이익으로 세금납부를 이연하여 현금흐름이 개선된다는 점, 판매 가격이 최근 구입한 원가를 초과해야 하므로 이익이 발생하기 때문에 가격정책결정에 유용하다는 점이 있다.

02

살찐 고양이법은 1928년 저널리스트 프랭크 켄트가 발간한 저서에서 처음 등장한 용어로 탐욕스럽고 배부른 자본가나 기업가를 지칭한다. 또한 황금 낙하산은 인수대상 기업의 이사가 임기 전에 물러나게 될 경우 일반적인 퇴직금 외에 거액의 특별 퇴직금이나 보너스 등을 주도록 하는 제도를 의미한다.

03

- 매출원가 : 3,000,000(기중상품매출)×(1−0.4)=1,800,000원
- 기중외상매입 : 1,800,000(매출원가)+500,000(기말재고)−100,000(기초재고)=2,200,000원
- ∴ 기말 외상매입금 잔액 : 300,000(기초)+2,200,000(기중외상매입)−2,000,000(기중외상지급)=500,000원

04

매출원가는 재고자산과 당기매입액을 더한 값에 기말재고를 뺀 값이다.
- 유동비율(110%) : 77,000(유동자산)÷70,000(유동부채)
- 당좌비율(80%) : 56,000(당좌자산)÷70,000(유동부채)
- 기말재고자산 : 77,000(유동자산)−56,000(당좌자산)=21,000원
- ∴ 20,000(기초재고)+96,000(당기매입)−21,000(기말재고자산)=95,000원

05

매파는 긴축정책과 금리인상을 주장하며 경제적으로 진보성향을 주장하는 강경파이며, 비둘기파는 양적완화와 금리인하를 주장하며 경제적으로 보수성향을 띠는 온건파이다. 올빼미파는 양측의 의견을 지지하지 않고 상황을 지켜보는 중립파이다.

06

(현금 및 현금성자산)=(당좌예금)+(배당금지급통지표)+(우편환증서)+(타인발행수표)
∴ 1,000+455+315+200=1,970원

07

기업은 유상증자를 통해 자금조달을 단행한다, 이때 주주가 가지게 되는, 주식을 살 수 있는 권리를 신주인수권이라고 한다. 보통 신주를 인수할 수 있는 가격은 기존 주식 가격보다 저렴하며 신주인수권은 비싼 주식을 싸게 살 수 있는 권리이므로 경제적 가치가 발생하고 그 가치를 가격으로 하여 거래를 할 수 있다.

$$신주인수권가치 = \frac{기업\ 전체가치}{총\ 발행\ 주식수} = \frac{(기존발행주식수 \times 주가) + (유상증자\ 발행\ 주식수 \times 유상증자\ 발행주가)}{(기존발행\ 주식수 + 유상증자발행\ 주식수)}$$

따라서 $\dfrac{(10,000 \times 1,000) + (1,000 \times 800)}{11,000} ≒ 982원$이다.

02 | 경제 실전예제

| 객관식 |

01	02	03	04	05	06	07	08	09	10	11	12	13	14	15					
④	④	③	④	②	①	④	②	③	①	④	④	②	②	②					

01

정답 ④

펀더멘털(Fundamental)은 국가나 기업의 경제 상태를 가늠할 수 있는 기초경제여건으로, 대개 경제성장률, 물가상승률, 실업률, 경상수지 등 경제 상태를 표현하는 데 기초적인 자료가 되는 주요 거시경제지표가 이에 해당한다.

오답분석

㉠ 금융기관 매출액은 미시경제지표에 해당한다.

> 펀더멘털(Fundamental)
> 'Fundamental'은 '기본이 되는', '근본적인' 등의 뜻을 가지고 있으며, 경제 용어로 쓰이면서 한 나라의 기초경제여건이라는 의미를 나타내고 있다. 대개 경제성장률, 물가상승률, 실업률 등 경제상태를 표현하는 데 기초적인 자료가 되는 주요 거시경제지표가 이에 해당한다. 펀더멘털은 환율과도 관련이 있는데, 단기적으로는 외환시장에서 투자자들이 펀더멘털을 기준으로 투자 대상을 결정하면서 달라지는 측면이 있으나 중장기적으로는 환율이 펀더멘털의 상태에 따라 움직이는 경향이 있다.

02

정답 ④

$MR_A = MC_A$, $MR_B = MC_B$를 이용하여 A기업과 B기업의 반응곡선을 구한다.

$84 - 2Q_A - Q_B = 28$, $Q_A = -\dfrac{1}{2}Q_B + 28$

$84 - Q_A - 2Q_B = 20$, $Q_B = -\dfrac{1}{2}Q_A + 32$

꾸르노 모형의 균형은 두 기업의 반응곡선이 교차하는 점에서 이루어지므로

$-2Q_A + 56 = -\dfrac{1}{2}Q_A + 32$, $\dfrac{3}{2}Q_A = 24$이다.

따라서 $Q_A = 16$, $Q_B = 24$이다.

03

정답 ③

화폐수량설에 따르면 $MV = PY \rightarrow \dfrac{\Delta M}{M} + \dfrac{\Delta V}{V} = \dfrac{\Delta P}{P} + \dfrac{\Delta Y}{Y}$이다.

따라서 $\dfrac{\Delta P}{P} = \dfrac{\Delta M}{M} + \dfrac{\Delta V}{V} - \dfrac{\Delta Y}{Y} = 6 + 0 - 3 = 3\%$이다.

피셔방정식에 따르면 i(명목이자율) $= r$(실질이자율) $+ \pi$(물가상승률)이다.

따라서 $r = i - \pi = 10 - 3 = 7\% \left(\pi = \dfrac{\Delta P}{P} \right)$이다.

04

솔로우 성장모형에서 기술진보가 이루어지면 경제성장률이 높아지므로 균형성장경로가 바뀌게 되는데 기술진보는 외생적으로 주어진 것으로 가정할 뿐 모형 내에서는 기술진보의 원인을 설명하지 못한다.

[오답분석]
② 솔로우 성장모형은 생산요소 간 대체가 가능한 콥 - 더글라스 생산함수를 가정한다. 솔로우 성장모형에서 인구증가율이 높아지면 1인당 자본량이 감소하므로 새로운 정상상태에서 1인당 산출량은 감소한다.
③ 솔로우 성장모형에서는 저축률이 높을수록 투자가 증가하여 1인당 자본량과 1인당 소득은 증가하지만 저축률이 황금률의 균제상태보다 더 높다면 저축을 감소시켜야 1인당 소비가 증가하게 된다. 그러므로 저축률이 높다고 해서 항상 좋은 것은 아니다.

05

케인스학파는 생산물시장과 화폐시장을 동시에 고려하는 IS - LM 모형으로 재정정책과 통화정책의 효과를 분석했다. 케인스학파에 의하면 투자의 이자율탄력성이 작기 때문에 IS 곡선은 대체로 급경사이고, 화폐수요의 이자율탄력성이 크므로 LM 곡선은 매우 완만한 형태이다. 따라서 재정정책은 매우 효과적이나, 통화정책은 별로 효과가 없다는 입장이다.

06

IS 곡선 혹은 LM 곡선이 오른쪽으로 이동하면 총수요곡선도 우측으로 이동한다.
개별소득세가 인하되면 투자가 증가하며, 장래경기에 대한 낙관적인 전망은 미래 소득 및 미래 소비심리의 상승에 영향을 미치기 때문에 소비가 증가하여 IS 곡선이 오른쪽으로 이동한다.
• IS 곡선의 우측이동 요인 : 소비 증가, 투자 증가, 정부지출 증가, 수출 증가
• LM 곡선의 우측이동 요인 : 통화량 증가

07

재산권이 확립되어 있다고 하더라도 거래비용이 너무 크면 협상이 이루어지지 않기 때문에 거래비용이 너무 크면 협상을 통해 외부성 문제가 해결될 수 없다.

08

개별기업의 수요곡선을 수평으로 합한 시장 전체의 수요곡선은 우하향하는 형태이다. 그러나 완전경쟁기업은 시장에서 결정된 시장가격으로 원하는 만큼 판매하는 것이 가능하므로, 개별기업이 직면하는 수요곡선은 수평선으로 도출된다.

09

X재 수입에 대해 관세를 부과하면 X재의 국내 가격이 상승한다. X재의 국내 가격이 상승하면 국내 생산량은 증가하고 소비량은 감소하게 된다. 또한 국내 가격 상승으로 생산자잉여는 증가하지만 소비자잉여는 감소하게 된다. X재에 대한 수요와 공급의 가격탄력성이 낮다면 관세가 부과되더라도 수입량은 별로 줄어들지 않으므로, 관세부과에 따른 손실이 작아진다.

10

가격차별(Price Discrimination)이란 동일한 상품에 대하여 서로 다른 가격을 설정하는 것을 의미하며, 다른 시장 간에는 재판매가 불가능해야 한다.

[오답분석]
② 가격차별이 가능하기 위해서는 소비자를 특성에 따라 구분할 수 있어야 한다.
③ 가격차별이 가능하다는 것은 기업에 시장지배력이 있다는 의미이다.

11

정답 ④

오답분석

① 불황기의 평균소비성향이 호황기의 평균소비성향보다 크다. 호황기에는 일시적으로 소득이 증가하며 이러한 일시소득이 대부분 저축되는 반면, 일시적으로 소득이 감소하는 불황기에는 돈의 차입 등을 통해 종전과 비슷한 소비수준을 유지한다.

② 생애주기가설에 따르면 소비는 일생 동안의 총소득에 의해 결정된다.

③ 한계소비성향과 한계저축성향의 합이 언제나 1이다.

12

정답 ④

화폐발행이득은 화폐발행의 특권에서 나오는 이득을 의미하는 것으로, ㉠, ㉡, ㉢ 모두 옳은 설명에 해당한다.

13

정답 ②

두 나라의 쌀과 옷 생산의 기회비용을 계산해 보면 다음과 같다.

구분	A국	B국
쌀(섬)	1	0.5
옷(벌)	1	2

쌀 생산의 기회비용은 B국이 더 작고, 옷 생산의 기회비용은 A국이 더 작으므로 A국은 옷 생산에 비교우위가 있고, B국은 쌀 생산에 비교우위가 있다. 따라서 A국은 옷을 수출하고 쌀을 수입한다.

14

정답 ②

리카도의 대등정리는 정부지출 수준이 일정할 때 정부가 재원조달 방법(조세 또는 채권 등)을 변화시키더라도 민간의 경제활동은 아무런 영향을 받지 않는다는 이론이다. 정부가 세금을 감면하고 이에 따른 재정적자를 국채발행을 통해 정부지출 재원을 조달하는 경기부양정책을 펼치게 되면, 정부는 언젠가 늘어난 부채를 갚기 위해 세금을 올려야 하고, 사람들은 이를 예상하여 감세로 인해 늘어난 소득만큼 저축을 늘려 미래의 증세에 대비한다. 따라서 저축에는 변화가 생기지만 소비에는 아무런 변화가 생기지 않는다는 것이고, 실질이자율도 변하지 않게 된다. 이러한 리카도 대등정리를 바탕으로 배로(R. Barro)는 재정정책의 무력성을 주장하였다.

15

정답 ②

이자율 상승으로 요구불예금이 증가하면 시장에 있는 현금들이 예금 쪽으로 들어와서 민간 화폐보유성향이 낮아져 통화승수가 증가한다.

| 주관식 |

01	02	03	04	05
㉣, ㉤	㉠, ㉢, ㉥, ㉧	㉡	80	㉡, ㉢, ㉣

01

정답 ㉣, ㉤

세금이 부과될 때 수요가 얼마나 변할 것인가는 수요의 가격탄력성에 의해 결정된다. 수요의 가격탄력성은 가격변화율에 대한 수요량의 변화율이다. 수요의 법칙에 따라 가격이 오르면 수요량은 감소할 것으로 추정할 수 있으나, 판매액의 증감 여부는 알 수 없다. 만약 가격탄력성이 1보다 작다면 가격이 올랐더라도 판매액이 증가했을 것이다.

02

정답 ㉠, ㉢, ㉣, ㉧

완전경쟁시장의 성립요건으로는 ㉠ 다수의 공급자와 다수의 수요자, ㉢ 완전한 정보의 공유, ㉣ 동질의 상품, ㉧ 자유로운 시장 진입과 이탈이 있다.

03

정답 ㉡

디노미네이션(Denomination)은 한 국가 내에서 통용되는 모든 화폐의 가치는 그대로이고 액면가를 낮추는 것을 의미하며 이를 위해서는 국회의 동의가 필요하다.

오답분석

㉠ 스태그플레이션(Stagflation) : 경제불황 속에서 물가 상승이 동시에 발생하고 있는 상태
㉢ 리디노미네이션(Redenomination) : 화폐의 가치를 비율에 따라 조정하는 화폐개혁으로 국회의 동의 없이 정부와 중앙은행의 독단적 집행이 가능
㉣ 카니벌라이제이션(Cannibalization) : 기능이나 디자인이 탁월한 후속 제품이 나오면서 해당 기업이 먼저 내놓은 비슷한 제품의 시장점유율이 하락하거나, 해외의 값싼 노동력으로 제작한 저가 상품이 국내 시장에 들어와 해당 기업이 만든 고가의 제품을 밀어내는 현상
㉤ 통화스왑 : 두 거래 당사자가 계약일에 약정된 환율에 따라 해당 통화를 일정시점에 상호 교환하는 외환거래
㉥ 젠트리피케이션(Gentrification) : 낙후된 구도심 지역이 활성화되면 중산층의 이상 계층의 유입으로 기존 저소득 거주자가 살던 지역에서 쫓겨나 이주하는 현상
㉦ 하이브리드 : 이질적인 요소가 서로 섞인 것으로 이종, 혼합, 혼성, 혼혈을 의미함
㉧ 밸류에이션(Valuation) : 특정 자산 혹은 특정 기업의 가치를 평가하는 프로세스

04

정답 80

총수입 TR은 다음과 같이 나타낼 수 있다.
$TR = P \times Q = (100 - 2Q) \times Q = 100Q - 2Q^2$
이윤극대화의 조건은 한계수입과 한계비용이 같아야 하기 때문에 MR=MC가 된다.
한계 비용은 1단위당 60원이므로 MC=60이 된다.
$MR = \dfrac{\Delta TR}{\Delta Q} = 100 - 4Q$이므로
$100 - 4Q = 60$
$4Q = 40$
∴ $Q = 10$
이 값을 시장 수요 곡선식인 $P = 100 - 2Q$에 대입하면 P=80이다.
따라서 이 독점기업의 이윤극대화 가격은 80원이고, 생산량은 10개이다.

05

정답 ㉡, ㉢, ㉣

A는 비경제활동인구로 일할 능력은 있지만 일할 의사가 없거나 아예 일할 능력이 없는 사람들을 의미하며, 가정주부, 학생, 취업준비생, 고령자, 심신장애자, 실망노동자 등이 여기에 해당한다. 또한 B는 취업자를 나타내며 수입을 목적으로 1주일에 1시간 이상 일을 하는 사람, 가족이 경영하는 사업체에서 일하는 사람, 일시적으로 휴직하는 사람 등이 해당한다.

03 | 민법 실전예제

| 객관식 |

01	02	03	04	05	06	07	08	09	10	11	12	13	14	15					
①	④	②	①	④	④	④	①	③	②	①	①	①	③	④					

01
정답 ①

오답분석

② 소멸시효는 법률행위에 의하여 이를 배제, 연장 또는 가중할 수 없으나 이를 단축 또는 경감할 수 있다(제184조 제2항).
③ 소멸시효의 중단사유이다(제68조).
④ 채권은 10년간 행사하지 아니하면 소멸시효가 완성된다(제62조 제1항).

02
정답 ④

기한이익상실의 특약이 채권자를 위하여 둔 것인 점에 비추어 정지조건부 기한이익상실의 특약이라고 볼만한 특별한 사정이 없는 한 형성권적 기한이익상실의 특약으로 추정한다.

03
정답 ②

사단법인의 정관은 '총사원 2/3 이상'의 동의가 있는 때에 한하여 이를 변경할 수 있다. 그러나 정수에 관하여 정관에 다른 규정이 있을 때에는 그 규정에 의한다(제42조). 따라서 사원의 정수에 대한 정관규정만 허용되므로 정관변경은 사원총회를 반드시 거쳐야 한다.

04
정답 ①

모든 자연인은 권리능력의 주체가 될 수 있다. 그러나 건전한 판단력을 갖지 못한 자의 행위는 유효하지 못하다. 단독으로 유효한 법률행위를 할 수 있는 자를 행위능력자라고 부르고 이러한 능력이 없는 자를 제한능력자라 한다. 행위능력이 없으면 원칙적으로 취소 사유가 된다.

05
정답 ④

근대 민법은 추상적 인격의 형식적 평등을 보장하려 했으나, 현대 민법은 구체적 인격의 실질적 평등을 보장하려 하고 있다.

06
정답 ④

소유권절대의 원칙, 계약자유의 원칙, 과실책임의 원칙 등은 근대 민법의 기본원리로서 현대 민법의 수정원리가 아니다.

민법의 지도이념(민법 제2조)

신의성실의 원칙	권리의 행사와 의무의 이행은 신의에 좇아 성실히 하여야 한다. 따라서 신의성실의 원칙에 반하는 권리행사는 권리남용이 되고 의무이행도 신의성실의 원칙에 반할 때에는 의무불이행으로 간주된다.
권리남용금지의 원칙	민법 제2조 제2항은 "권리는 남용하지 못한다."라고 하여 권리남용금지의 법리를 규정하고 있다. 권리남용이라 함은 외형적으로는 권리의 행사인 것처럼 보이나, 실질적으로 보면 신의성실의 원칙과 권리의 사회성에 반하는 권리행사로 인정되는 경우이다.

07　　정답 ④

도급인이 파산선고를 받은 때에는 수급인 또는 파산관재인은 계약을 해제할 수 있다. 이 경우 각 당사자는 상대방에 대하여 계약해제로 인한 손해의 배상을 청구하지 못한다(민법 제674조).

08　　정답 ①

취소의 의사표시는 착오가 있는 법률행위의 상대방에게 하여야 한다.

09　　정답 ③

손님이 목욕탕 주인에게 귀중품을 맡기지 않고 목욕 중 귀중품을 잃어버렸다면 분실에 대한 고의와 과실이 없는 한 책임이 없다.

10　　정답 ②

물권적 청구권이라 함은 물권내용의 완전한 실현이 어떤 사정으로 방해되었거나 또는 방해될 염려가 있는 경우에 그 방해사실을 제거 또는 예방하여 물권내용의 완전한 실현을 가능케 하는 데 필요한 행위를 청구할 수 있는 권리로서 이는 사권의 보호를 위한 한 수단이다.

11　　정답 ①

성년후견인과 피한정후견인의 요건으로 가장 중요한 것이 법원의 선고를 받아야 한다는 점이다. 상습도박이나 낭비벽으로 자기나 가족의 생활을 궁박하게 할 염려가 있는 자라 하더라도 법원의 피한정후견의 심판이 없다면 피한정후견인에 해당되지 않는다.

제한능력자

구분	미성년자	피한정후견인	피성년후견인
요건	19세 미만자	질병, 장애, 노령, 그 밖의 사유로 인한 정신적 제약으로 사무를 처리할 능력이 부족한 사람	질병, 장애, 노령, 그 밖의 사유로 인한 정신적 제약으로 사무를 처리할 능력이 지속적으로 결여된 사람
행위	법정대리인이 대리하여 하거나 법정대리인의 동의를 얻어서 함	한정후견인의 동의가 필요한 법률행위를 동의 없이 하였을 때에는 취소할 수 있다. 다만, 일용품의 구입 등 일상생활에 필요하고 그 대가가 과도하지 아니한 법률행위에 대하여는 그러하지 아니하다.	피성년후견인의 법률행위는 취소할 수 있다. 단, 일용품의 구입 등 일상생활에 필요하고 그 대가가 과도하지 아니한 법률행위는 성년후견인이 취소할 수 없다.
해소	19세가 되거나 혼인(성년의제)	한정후견종료의 심판	성년후견종료의 심판

12　　정답 ①

우리 민법은 특별실종으로 선박실종, 전쟁실종, 항공기실종, 위난실종을 인정하고 있다(제27조 제2항).

13

정답 ①

집세나 이자 등은 원물을 타인에게 사용시킨 대가로 얻는 과실로 법정과실이다(제101조 제2항).

[오답분석]

② 유체물 및 전기 기타 관리할 수 있는 자연력은 물건인데(제98조), 부동산(토지 및 그 정착물) 이외의 물건은 동산이므로(제99조 제2항) 관리할 수 있는 자연력은 동산이다.

③·④ 토지 및 그 정착물은 부동산이므로 건물은 토지로부터 독립한 부동산으로 다루어질 수 있다(제99조 제1항).

14

정답 ③

아파트 경비원이 상가 건물주의 이익에 반하지만 공공의 이익을 위해 화재를 진압하다가 손해를 끼친 경우 경비원에게 중대한 과실이 없으면 배상할 책임이 없다(제734조 제3항).

[오답분석]

① 경비업무의 범위를 벗어난 화재 진압은 경비업무의 법적의무 사항이 아니다.

② 제734조 제1항에서 확인할 수 있다.

④ 제735조에서 확인할 수 있다.

> **사무관리의 내용(민법 제734조)**
> ① 의무없이 타인을 위하여 사무를 관리하는 자는 그 사무의 성질에 좇아 가장 본인에게 이익되는 방법으로 이를 관리하여야 한다.
> ② 관리자가 본인의 의사를 알거나 알 수 있는 때에는 그 의사에 적합하도록 관리하여야 한다.
> ③ 관리자가 전2항의 규정에 위반하여 사무를 관리한 경우에는 과실없는 때에도 이로 인한 손해를 배상할 책임이 있다. 그러나 그 관리행위가 공공의 이익에 적합한 때에는 중대한 과실이 없으면 배상할 책임이 없다.
>
> **긴급사무관리(민법 제735조)**
> 관리자가 타인의 생명, 신체, 명예 또는 재산에 대한 급박한 위해를 면하게 하기 위하여 그 사무를 관리한 때에는 고의나 중대한 과실이 없으면 이로 인한 손해를 배상할 책임이 없다.

15

정답 ④

입양으로 인한 친족관계는 입양의 취소 또는 파양으로 인하여 종료한다(제776조).

[오답분석]

①·② 제 768조에서 확인할 수 있다.

③ 제769조에서 확인할 수 있다.

01	02	03	04	05
㉠, ㉢	㉠	60, 30	㉠	×, ○

01

정답 ㉠, ㉢

① 전세권자의 상환청구권(제310조)에 의하면 전세권자가 목적물을 개량하기 위하여 지출한 금액 기타 '유익비'에 관하여는 그 가액의 증가가 현존한 경우에 한하여 소유자의 선택에 좇아 그 지출액이나 증가액의 상환을 청구할 수 있다.
② 전항의 경우에 법원은 '소유자'의 청구에 의하여 상당한 상환기간을 허여할 수 있다.

02

정답 ㉠

배우자의 생사가 3년간 분명하지 아니한 때에 재판상 이혼 원인이 된다(민법 제840조 제5호).

03

정답 60, 30

주택임대차보호법 처리기간(제23조) 제1항에 의하면 조정위원회는 분쟁의 조정신청을 받은 날부터 60일 이내에 그 분쟁조정을 마쳐야 한다. 다만, 부득이한 사정이 있는 경우에는 조정위원회의 의결을 거쳐 30일의 범위에서 그 기간을 연장할 수 있다.

04

정답 ㉠

불법행위란 불법으로 타인의 권리 혹은 이익을 침해하여 손해를 입히는 것을 말하며, 손해를 입은 자에게 불법행위자 혹은 그와 긴밀한 관계에 있는 자가 지는 배상책임으로 재산상의 손해는 물론 정신적 피해도 포함될 수 있다.

05

정답 ×, ○

민법 전세권자의 손해배상책임(제315조)에 따르면 전세권의 목적물의 전부 또는 일부가 전세권자의 책임 있는 사유로 인하여 멸실된 때에는 전세권자는 손해를 배상할 책임이 있다. 또한 이 경우 전세권설정자는 전세권이 소멸된 후 전세금으로써 손해의 배상에 충당하고 잉여가 있으면 반환하여야 하며 부족이 있으면 다시 청구할 수 있다.

04 | 전산이론 실전예제

| 객관식 |

01	02	03	04	05	06	07	08	09	10	11	12	13	14	15					
④	②	④	③	④	④	②	③	③	④	④	④	③	①	②					

01

정답 ④

JK 플립플롭은 RS 플립플롭(R=1, S=1일 때 부정)의 단점을 개선한 플립플롭으로, J=1, K=1일 때 반전된다.

02

정답 ②

프로세스 관리, 기억장치 관리, 입출력 관리 등의 기능을 수행하는 것은 커널(Kernel)이다. 유닉스에서 셸은 사용자와 커널을 연결시켜주는 기능을 수행하는 특별한 프로그램이다.

03

정답 ④

SELECT 절은 질의 결과에 포함될 데이터 열 또는 계산 열들을 기술한다.

04

정답 ③

점수가 59점보다 큰 경우만 지원학과별 점수를 내림차순으로 정렬하라는 의미로, '지원자 전체'에 대해서가 아니라 '지원학과'별로 점수를 정렬한다.

05

정답 ④

해밍 코드(Hamming Code)는 오류를 스스로 검출할 수 있을 뿐만 아니라 오류를 수정(교정)할 수 있는 코드이다. 그러나 1Bit의 오류는 검출할 수 있으나 2개 이상의 오류는 검출할 수 없다.

06

정답 ④

하드웨어적 판별 방법은 CPU와 인터럽트를 요청할 수 있는 장치 사이에 해당 버스를 병렬이나 직렬로 연결하여 요청 장치의 번호를 CPU에 알리는 방법으로 장치 판별 과정이 간단해서 응답 속도가 빠르다.

07

정답 ②

데이터의 논리적 구조와 물기적 구조 사이에 변환이 가능토록 두 구조 간 사상을 명시하는 것은 정의 기능(Definition Facility)에 대한 설명이다.

08

정답 ③

최적 적합은 사용 가능한 공간들 중에서 가장 적합한 또는 작은 공간에 할당하므로 10K 이상의 공간을 가진 기억 장소 중 남은 공간이 가장 적은 곳을 찾으면 D에 할당된다.

09

정답 ③

재해싱(Rehashing) 방식은 여러 개의 해싱 함수를 준비한 후 충돌이 발생하면 새로운 해싱 함수를 이용하여 새로운 홈 주소를 구하는 방식이다.

10

정답 ④

설계는 논리적으로 특정한 기능과 부(서브루틴) 기능을 수행하는 요소들로 분할되어야 한다.

11

정답 ④

프로그램이 요구 사항에 따라 운영되는 확률은 가용성(이용 가능성)에 대한 설명이다.

12

정답 ④

심사(Inspection)에 대한 설명으로, 심사(Inspection)는 팀 관리 조정자가 과정에서 얻은 출력을 일반 설정과 비교하여 오류가 제거되도록 한다.

13

정답 ③

화이트 박스 테스트에 관한 내용이다. 화이트 박스 테스트는 프로그램 내부 구조의 타당성 여부를 시험하는 방식으로, 내부 구조를 해석해서 프로그램의 모든 처리 루틴에 대해 시험하는 기본 사항이다. 가끔 발생하는 조건도 고려해서 처리 루틴을 검증하기 위한 시험 데이터를 작성하여 시험을 실시할 필요가 있다.

14

정답 ①

• 유스케이스 : 시스템을 블랙박스로 보고 행위자 입장에서 시스템을 어떻게 사용하는지 분석하는 것을 의미하고, 시스템의 기능을 정의하고 범위를 결정함으로써 시스템과 외부 환경 변수를 구분하고 상호 관계를 정립하는 것을 말한다.
• 클래스 다이어그램 : 클래스와 클래스 사이의 관계를 나타낸 다이어그램을 말한다.
• 캡슐화 : 알고리즘이나 자료 구조를 모듈 내부에 포함하여 자세한 내부 사항을 모듈 인터페이스 안에 숨기는 개념을 말한다.
• 상태모델 : 외부에서 보이는 시스템이나 객체의 동작을 나타낸 다이어그램을 말한다.
• 디자인 패턴 : 자주 사용하는 설계 문제를 해결해주는 증명된 솔루션(템플릿)을 만들어 놓은 것을 말한다.

15

정답 ②

main( ) 함수는 아래쪽으로 "{"로 시작하여 "}"로 종료된다(블록 단위로 묶음).

| 주관식 |

01	02	03	04	05
64	5	ⓒ, ⓒ, ⓔ	Brooks(브룩스)	B

01

정답 64

샘플링을 할 때 레벨을 어느 정도로 잘게 나누어 기록할지를 나타낸다. 예를 들면 16비트인 경우는 $2^{16}=65,536$단계로 레벨을 기록할 수 있다. 따라서 양자화 비트수가 6비트일 때 양자화 계단 수는 $2^6=64$단계이다.

02

정답 5

속성(Attribute)은 하나의 릴레이션에서 열(Column)의 이름을 의미하므로 속성(학번, 이름, 학과, 성별, 학년)의 개수는 5개이다.

03

정답 ⓒ, ⓒ, ⓔ

오답분석

ⓐ 데이터베이스를 설계할 때, 함수적 종속성을 이용해 잘못 설계된 관계형 스키마를 더 작은 속성으로 분리하는 것을 정규화라고 한다.

04

정답 Brooks(브룩스)

Brooks(브룩스)의 법칙은 지연된 소프트웨어 프로젝트에 인원을 추가 투입하면 일정이 더 늦어짐을 의미하는 법칙이다. 인원을 추가할 경우 일정이 더 늦어지는 이유는 기존 인력이 충원 인력의 교육을 담당해야 하므로 개발 시간이 감소하고, 충원 인원은 적응기간이 필요해서 업무속도가 저하되기 때문이다. 또한, 업무의 상관도가 높은 경우 분업이 불가능하므로 업무의 속도가 더 느려진다.

05

정답 B

NOT 함수는 인수의 반대값을 표시하는 함수로 =NOT(4>5)의 결과값은 TRUE이다.

PART 4

최종점검 모의고사

최종점검 모의고사

01	02	03	04	05	06	07	08	09	10	11	12	13	14	15	16	17	18	19	20
④	②	④	④	①	②	②	②	③	③	③	④	①	④	②	③	④	④	④	③
21	22	23	24	25	26	27	28	29	30	31	32	33	34	35	36	37	38	39	40
③	④	②	②	④	②	④	①	④	②	①	②	③	③	④	④	③	③	④	④

01
정답 ④

단순히 젊은 세대의 문화만을 존중하거나, 또는 기존 세대의 문화만을 따르는 것이 아닌 두 문화가 어우러질 수 있도록 기업 차원에서 분위기를 만드는 것이 제시된 지문 속 문제의 본질적인 해결법으로 가장 적절하다.

오답분석

① 급여 받은 만큼만 일하게 되는 악순환이 반복될 것이므로 글에서 언급된 문제를 해결하는 기업 차원의 방법으로는 적절하지 않다.
② 기업의 전반적인 생산성 향상을 이룰 수 없으므로 기업 차원의 방법으로 적절하지 않다.
③ 젊은 세대의 채용을 기피하는 분위기가 생길 수 있으므로 적절하지 않다.

02
정답 ②

제시문은 세계 대공황의 원인으로 작용한 '보이지 않는 손'과 그에 대한 해결책으로 새롭게 등장한 케인스의 '유효수요이론'을 설명하고 있다. 따라서 제시문의 주제로 세계 대공황의 원인과 해결책이 가장 적절하다.

오답분석

① 고전학파 경제학자들이 주장한 '보이지 않는 손'은 세계 대공황의 원인에 해당하는 부분이므로 글 전체의 주제가 될 수 없다.
③·④ 유효수요이론은 해결책 중 하나로 언급되었으며, 일부에 지나지 않으므로 글 전체의 주제가 될 수 없다.

03
정답 ④

참여예산제는 인기 영합적 예산 편성으로 예산 수요가 증가하여 재정 상태를 악화시킬 가능성이 있지만, 참여예산제 자체가 재정 상태를 악화시키지는 않는다.

04
정답 ④

제시문에서는 에너지와 엔지니어 분야에 관련된 다양한 사례들을 언급하고 있으며 이외 다른 분야에 관한 사례는 설명하지 않고 있다.

05

정답 ①

원자력 발전소에서 설비에 이상신호가 발생하면 스스로 위험을 판단하고 작동을 멈추는 등 에너지 설비 운영 부문에서는 이미 다양한 4차 산업혁명 기술이 사용되고 있다.

06

정답 ②

제시문은 화성의 '운하'를 사례로 들어 과학적 진실이란 무엇인지를 설명하고 있다. 존재하지 않는 화성의 '운하' 사례를 들어 사회적인 영향 때문에 오류를 사실로 착각해 진실을 왜곡하는 경우가 있음을 소개함으로써 사실을 추구해야 하는 과학자들에게는 객관적인 증거와 연구 태도가 필요함을 강조하였다.

07

정답 ②

보기에 제시된 갈릴레이의 경우에만 해당하며, 제시문에는 화성의 완전성에 대한 언급은 없다.

08

정답 ②

제시문은 은행의 종류와 역할에 대한 설명을 통해 독자에게 새로운 정보를 제공하고 있다.

09

정답 ③

제시문에 따르면 투자신탁회사, 자산운용회사는 투자자들이 맡긴 돈을 모아 뭉칫돈으로 만들어 증권이나 채권 등에 투자해 수익을 올리지만, 돈을 빌려주지는 않는다.

10

정답 ③

세 번째 문단은 안전보장이사회의 결의안 채택 방식을 소개하고 있으며 상임이사국의 거부권 행사는 그중 일부 내용이므로 문단의 제목으로는 적절하지 않다.

11

정답 ③

국제사법재판소의 판결이행사항 이행은 안전보장이사회의 역할 중 하나이다.

오답분석

① 분쟁의 평화적 해결 문제를 다루는 것은 UN헌장 제6장이다.
② 5개의 상임이사국은 미국, 영국, 프랑스, 러시아, 중국으로 구성되어 있다.
④ 냉전종식 이후 UN헌장 제7장이 더 많이 활용되고 있다.

12

정답 ④

제시문에서 펀드 가입 절차에 대한 내용은 찾아볼 수 없다.

오답분석

① 펀드에 가입하면 돈을 벌 수도 손해를 볼 수도 있다고 세 번째 문단에서 확인할 수 있다.
② 첫 번째 문단에서 확인할 수 있다.
③ 마지막 문단에서 확인할 수 있다.

13

주식 투자 펀드의 수익률 차이가 심하게 나는 것은 주식이 경기 변동의 영향을 많이 받기 때문이다.

오답분석

② 채권 투자 펀드에 대한 설명이다.
③ 채권을 사서 번 이익에서 투자 기관의 수수료를 뺀 금액이 수익이 된다.
④ 주식 투자 펀드에 대한 설명이다.

14

정답 ④

n을 개월 수, r을 연이자율이라 하면 다음과 같다.

(단리식 적금 이자)=(월 납입액)$\times n \times \dfrac{n+1}{2} \times \dfrac{r}{12}$

• P가 만기 시 수령하는 이자액 : $120,000 \times \dfrac{24 \times 25}{2} \times \dfrac{0.025}{12} = 75,000$원
• P가 가입 기간 동안 납입한 원금 : $120,000 \times 24 = 2,880,000$원
따라서 만기환급금은 $75,000 + 2,880,000 = 2,955,000$원이다.

15

정답 ②

전체 일의 양을 1이라고 하자.

• A사원의 작업 속도 : $\dfrac{1}{24}$

• B사원의 작업 속도 : $\dfrac{1}{120}$

• C사원의 작업 속도 : $\dfrac{1}{20}$

세 사람의 작업 속도를 더하면 $\dfrac{1}{24} + \dfrac{1}{20} + \dfrac{1}{120} = \dfrac{12}{120} = \dfrac{1}{10}$ 이다.
따라서 세 사람이 함께 일을 진행하면 10일이 걸린다.

16

정답 ③

내리막길(또는 오르막길)의 거리를 $x$km, 평탄한 길의 거리를 $y$km라고 하자.

$\dfrac{x}{20} + \dfrac{y}{18} = \dfrac{32}{60} \rightarrow 3x + \dfrac{10}{3}y = 32 \cdots \text{㉠}$

$\dfrac{x}{4} + \dfrac{y}{15} = \dfrac{84}{60} \rightarrow 15x + 4y = 84 \cdots \text{㉡}$

㉠과 ㉡을 연립하면

$\dfrac{38}{3}y = 76 \rightarrow y = 6$

이를 ㉡에 대입하면 $x = 4$이다.
따라서 집에서 체육관까지의 거리는 10km이다.

17

ⓛ 보험금 지급 부문에서 지원된 금융구조조정자금 중 저축은행이 지원받은 금액의 비중은 $\frac{72,892}{303,125} \times 100 = 24.0\%$로 20%를 초과한다.

ⓒ 제2금융에서 지원받은 금융구조조정자금 중 보험금 지급 부문으로 지원받은 금액이 차지하는 비중은 $\frac{182,718}{217,080} \times 100 =$ 84.2%로, 80% 이상이다.

ⓔ 부실자산 매입 부문에서 지원된 금융구조조정자금 중 은행이 지급받은 금액의 비중은 $\frac{81,064}{105,798} \times 100 = 76.6\%$로, 보험사가 지급받은 금액의 비중의 20배인 $\frac{3,495}{105,798} \times 100 \times 20 = 66.1\%$ 이상이므로 옳은 설명이다.

[오답분석]

ⓐ 출자 부문에서 은행이 지원받은 금융구조조정자금은 222,039억 원으로, 증권사가 지원받은 금융구조조정자금의 3배인 99,769 ×3=299,307억 원보다 적다.

18

2021년 대비 2023년 한라산 이용객 증감률은 다음과 같다.

구분	증감률	구분	증감률
1월	19.3%	7월	2.5%
2월	9.9%	8월	4.2%
3월	10.6%	9월	36.2%
4월	1.1%	10월	−10.9%
5월	−24.5%	11월	10.7%
6월	−5.5%	12월	11.7%

여기서 가장 큰 비율로 변한 시기를 찾는 것이므로, 증감률의 절대값이 가장 큰 시기는 9월(36.2%)이다.

[오답분석]

① 2023년 전체 증감률은 −3.4%이다. 즉, 전년 대비 감소하였다는 것을 알 수 있다.

② 2020년부터 2022년까지는 매 10월에 방문객 수가 가장 많았으나 2023년에는 1월이 가장 많았고, 방문객 수는 감소하는 추세를 보이고 있다.

③ 전년 대비 증가율이 가장 높은 시기는 54.4%로 2021년 1월이다.

19

2024년 월별 예상되는 증감률은 2021년부터 2023년까지의 이용객 수 증감률의 평균이므로, 주어진 자료에서 2021년 증감률부터 2024년 증감률을 활용하여 다음과 같이 구한다.

(단위 : %)

구분	2021년	2022년	2023년	평균(=2024년 증감률)
10월	−9.2	−0.6	−10.4	−6.7
11월	1.3	19.2	−7.1	4.5
12월	5.1	0.3	11.3	5.6

2024년 4분기 예상 이용객 수는 2023년의 월별 이용객 수에 각 증감률을 곱하여 산출한다.

• 10월 : 133,509×(1−6.7%)=124,563.897 → 124,563명
• 11월 : 105,697×(1+4.5%)=110,453.365 → 110,453명
• 12월 : 82,064×(1+5.6%)=86,659.584 → 86,659명

따라서 2024년 4분기 예상 이용객 수는 124,563+110,453+86,659=321,675명이다.

20

정답 ③

2019년 대비 2022년 사업자 수가 감소한 호프전문점, 간이주점, 구내식당 세 곳의 감소율은 다음과 같다.

- 호프전문점 : $\dfrac{41,796-37,543}{41,796}\times100 ≒ 10.2\%$

- 간이주점 : $\dfrac{19,849-16,733}{19,849}\times100 ≒ 15.7\%$

- 구내식당 : $\dfrac{35,011-26,202}{35,011}\times100 ≒ 25.2\%$

따라서 2019년 대비 2022년 사업자 수의 감소율이 두 번째로 큰 업종은 간이주점으로, 감소율은 15.7%이다.

21

정답 ③

2019년 대비 2021년 일식전문점 사업자 수의 증감률은 $\dfrac{14,675-12,997}{12,997}\times100 ≒ 12.9\%$이다.

오답분석

① 제시된 자료를 통해 사업자 수가 해마다 감소하는 업종은 간이주점, 구내식당 두 곳임을 알 수 있다.
② 기타음식점의 2022년 사업자 수는 24,509명, 2021년 사업자 수는 24,818명이므로 24,818-24,509=309명 감소했다.
④ 2020년의 전체 음식 업종 사업자 수에서 분식점 사업자 수가 차지하는 비중은 $\dfrac{52,725}{659,123}\times100 ≒ 8.0\%$, 패스트푸드점 사업자 수가 차지하는 비중은 $\dfrac{31,174}{659,123}\times100 ≒ 4.7\%$이므로, 둘의 차이는 8.0-4.7=3.3%p이다.

22

정답 ④

(가) : 7,176-(98+3,270+3,311+55)=442
(나) : 170+2,599+451+3,270+64=6,554
∴ (가)+(나) : 442+6,554=6,996

23

정답 ②

오답분석

① 2022년 총 취수량은 6,554백만m³로 전년보다 감소하였다.
③ 하천표류수의 양이 가장 많았던 해는 2017년, 댐의 취수량이 가장 많았던 해는 2020년이다.
④ 지하수의 양이 총취수량의 2% 미만이면 지표수의 양은 총취수량의 98% 이상이다.

- 2021년 총취수량 중 지하수의 비중 : $\dfrac{163}{7,300}\times100 ≒ 2.23\%$

- 2022년 총취수량 중 지하수의 비중 : $\dfrac{170}{6,554}\times100 ≒ 2.59\%$

따라서 2021~2022년에는 지표수의 양이 총 취수량의 98%에 미치지 못한다.

24

정답 ②

먼저 A사원의 말이 거짓이라면 A사원과 D사원 두 명이 3층에서 근무하게 되고, 반대로 D사원의 말이 거짓이라면 3층에는 아무도 근무하지 않게 되므로 조건에 어긋난다. 따라서 A사원과 D사원은 진실을 말하고 있음을 알 수 있다. 또한 C사원의 말이 거짓이라면 아무도 홍보팀에 속하지 않으므로 C사원도 진실을 말하고 있음을 알 수 있다. 그러므로 거짓말을 하고 있는 사람은 B사원이며, 이때 B사원은 총무팀 소속으로 6층에서 근무하고 있다.

25

현재 시각 환율을 기준으로 1,500유로 환전에 필요한 금액을 각각 구해보면 다음과 같다.
- 영업점을 방문하여 환전할 경우
  1,277.06×1,500=1,915,590원
- 인터넷뱅킹을 이용할 경우(유로화 환전 수수료 80% 할인쿠폰 적용)
  - (환전 수수료)=(현찰 살 때)-(매매기준율)
  - 환전 수수료 80% 할인된 수수료 금액 : (환전 수수료)×(1-0.8)=(1,277.06-1,252.15)×0.2=4.982원
  ∴ (1,252.15+4.982)×1,500=1,885,698원

26

국내 간 외화송금 시 인터넷뱅킹 수수료는 5,000원이고, 영업점의 수수료는 송금 금액에 따라 다른데 JPY 100=0.92 USD이므로 800,000엔을 미국 USD로 변환하면 8,000×0.92=7,360달러이다. USD 10,000 이하이므로 수수료는 7,000원이다.
따라서 두 수수료의 차이는 2,000원이다.

27

해외로 송금할 경우 송금 금액과 각각의 수수료를 생각해보면 다음과 같다.
- 송금 금액 : 4,000×1,132.90=4,531,600원
- 송금 수수료 : 15,000×0.7=10,500원(∵ USD 5,000 이하)
- 중계은행 수수료 : 18×1,132.90=20,392.2원
- 전신료 : 8,000원
따라서 4,531,600+10,500+20,392.2+8,000≒4,570,492원을 지불해야 한다.

28

1년 기본 마일리지 적립 외에 고려할 사항들은 PP카드 사용 여부, 연회비, 커피 및 영화로 인한 마일리지 추가 적립이다. 우선 천 원당 마일리지는 S카드가 가장 많고, 여기에 PP카드를 2번 사용한다고 했으므로 무료제공이 없는 K카드와 S카드는 모두 연회비에 각각 6만 원씩을 더한다. 카드별 B항공 마일리지와 비용을 정리해 보면 다음과 같다.

구분	마일리지(천 원당)	PP카드 무료제공 유무	연회비+PP카드 비용
C카드	1.6	○	150,000원
K카드	1.2	×	80,000원
E카드	$1.8×1.2×\dfrac{1,000}{1,500}=1.44$	○	40,000원
S카드	2.5 (월 100만 원 지출)	×	110,000원

연회비와 PP카드 비용 합산 최고액(15만 원) 기준 나머지 차액들은 모두 마일리지로 적립 가능하다. 또한 K카드의 경우 11만 원(영화+커피)을 모두 추가 마일리지로 적립하므로 천 원당 3마일리지 적립이 가능하다. 먼저 금액이 월 지출에 포함되어 있어 1.2마일리지를 제외하고, 추가로 마일리지를 적립하면, 한 달에 1.8×110=198마일리지가 더 적립된다.
최종적으로 갑이 1년간 카드별 적립할 수 있는 B항공 총마일리지를 정리하면 다음과 같다.

구분	기본적립	연회비+PP카드 차액 추가 적립	커피+영화 추가 적립	총마일리지
C카드	1,600×12=19,200	0	0	19,200
K카드	1,200×12=14,400	70×1.2=84	198×12=2,376	16,860
E카드	1,440×12=17,280	110×1.44=158.4	0	17,438.4
S카드	2,500×12=30,000	40×1.3=52	0	30,052

따라서 갑이 1년 동안 가장 높은 마일리지를 쌓을 수 있는 카드는 S카드, 두 번째는 C카드이다.

29

28번과 같이 고려해야 할 사항은 PP카드 사용 여부, 연회비, 커피 및 영화 그리고 공연으로 인한 마일리지 추가 적립이다. 여기서 PP카드 사용 조건이 6회이기 때문에 PP카드 무료제공이 없는 카드는 3만 원×6=18만 원의 비용이 들며, E카드의 경우 3회가 무료이므로, 나머지 3회 비용 9만 원을 지불한다. 이를 정리하면 다음과 같다.

구분	마일리지(천 원당)	PP카드 무료제공 유무	연회비+PP카드 비용
C카드	1.2	○	150,000원
K카드	$1.2 \times \frac{1,000}{1,500} = 0.8$	×	200,000원
E카드	$1.8 \times 1 \times \frac{1,000}{1,500} = 1.2$	○	130,000원
S카드	1	×	230,000원

K카드의 경우 3마일리지를 커피, 영화, 공연 지출 비용으로 추가 적립 가능하므로 기본 마일리지에서 매달 $(3-0.8) \times 200 = 440$마일리지를 추가로 얻는다. 또한 연회비와 PP카드 비용의 최고액 23만 원(S카드)을 기준으로 나머지 차액들을 각 카드에 추가 마일리지로 1년 마일리지를 얻을 수 있다.

1년간 마일리지 기본적립과 기타 추가 적립을 정리하면 다음과 같다.

구분	기본적립	연회비+PP카드 차액 추가 적립	커피+영화+공연 추가 적립	총마일리지
C카드	$1.2 \times 700 \times 12 = 10,080$	$1.2 \times 80 = 96$	0	10,176
K카드	$0.8 \times 700 \times 12 = 6,720$	$0.8 \times 30 = 24$	$440 \times 12 = 5,280$	12,024
E카드	$1.2 \times 700 \times 12 = 10,080$	$1.2 \times 100 = 120$	0	10,200
S카드	$1 \times 700 \times 12 = 8,400$	0	0	8,400

따라서 을이 가장 많은 마일리지를 적립할 수 있는 카드는 'K카드 – E카드 – C카드 – S카드' 순이다.

30

ⓔ제품 정보에서 'CR – Z – (040, 080, 150, 151) – P2 – S77'의 일련번호이고, 용기높이의 정보는 모르므로 4가지 경우가 가능하다. 따라서 재질의 일련번호가 'P2'가 되어야 한다.

[오답분석]

① ⓛ제품 정보에서 가능한 일련번호는 TB – K – 151 – (P1, P2) – C26이다.
③ ⓒ제품 정보에서 가능한 일련번호는 (CR, SX, TB) – Q – (040, 080, 150, 151) – G1 – E85이다.
④ ⓐ제품 정보에서 가능한 일련번호는 CR – (K, Q, Z) – 150 – G1 – T78이다.

31

음료의 종류별로 부족한 팀 수를 구하면 다음과 같다.
• 이온음료 : 총무팀(1팀)
• 탄산음료 : 총무팀, 개발팀, 홍보팀, 고객지원팀(4팀)
• 에너지음료 : 개발팀, 홍보팀, 고객지원팀(3팀)
• 캔 커피 : 총무팀, 개발팀, 영업팀, 홍보팀, 고객지원팀(5팀)

음료 구매 시 각 음료의 최소 구비 수량의 1.5배를 구매해야 하므로 이온음료는 9캔, 탄산음료는 18캔, 에너지음료는 15캔, 캔 커피는 45캔씩 구매해야 한다. 그러므로 구매해야 하는 전체 음료의 수는 다음과 같다.

- 이온음료 : 9×1=9캔
- 탄산음료 : 18×4=72캔
- 에너지음료 : 15×3=45캔
- 캔 커피 : 45×5=225캔

음료는 정해진 묶음으로만 판매하므로 이온음료는 12캔, 탄산음료는 72캔, 에너지음료는 48캔, 캔 커피는 240캔을 구매해야 한다.

32 정답 ②

오답분석
① 어린이도서관 대출 도서 수가 2권, 교내 도서관 대출 수는 2권 이상이어야 참가가 가능하다.
③ 교내 도서관 대출 도서 수가 2권, 어린이 도서관 대출 수는 2권 이상이어야 참가가 가능하다.
④ 어린이도서관 대출 도서 수가 1권, 교내 도서관 대출 수는 4권 이상이여야 참가가 가능하다.

33 정답 ③

- (가) : 외부의 기회를 활용하면서 내부의 강점을 더욱 강화시키는 SO전략
- (나) : 외부의 기회를 활용하여 내부의 약점을 보완하는 WO전략
- (다) : 외부의 위협을 회피하며 내부의 강점을 적극 활용하는 ST전략
- (라) : 외부의 위협을 회피하고 내부의 약점을 보완하는 WT전략

34 정답 ③

각각의 조건에서 해당되지 않는 쇼핑몰을 체크하여 선지에서 하나씩 제거하는 방법으로 푸는 것이 좋다.
- 철수 : C, D, F는 포인트 적립이 안 되므로 해당 사항이 없다(②, ④ 제외).
- 영희 : A에는 해당 사항이 없다.
- 민수 : A, B, C에는 해당 사항이 없다(① 제외).
- 철호 : 환불 및 송금수수료, 배송료가 포함되었으므로 A, D, E, F에는 해당 사항이 없다.

35 정답 ④

주말 예약 현황과 고객의 조건을 서로 비교하여 가능한 날이 있는지 판단하면 된다. 7일(토)의 경우에는 16시에 세이지 연회장이 예약되어 있지만, 동시간대 인력이 30명이 남기 때문에 라벤더 연회장을 함께 사용할 수 있다. 라벤더 연회장은 수용인원이 300명까지이고, 세팅 및 정리시간을 포함하여 이용시간을 고려했을 때 저녁 7시 전까지 행사를 진행할 수 있으므로 고객의 요구사항에 모두 부합한다. 반면 1일(일), 8일(일), 14일(토)은 동시간대 사용가능한 연회장이 없으므로 예약이 불가하다.

오답분석
① 고객이 12월 초에 예약할 수 있기를 원하므로 최대한 첫 번째 주에 예약을 할 수 있도록 돕는 것은 적절한 판단이다.
② 고객이 250명을 수용할 수 있는 연회장을 요구하였으므로, 세이지를 제외한 나머지 연회장이 가능하다는 판단은 적절하다.
③ 고객이 정오부터 저녁 7시 사이에 행사가 진행되길 원하므로 적절한 판단이다.

36

각 펀드의 총점을 통해 비교 결과를 유추하면 다음과 같다.
- A펀드 : 한 번은 우수(5점), 한 번은 우수 아님(2점)
- B펀드 : 한 번은 우수(5점), 한 번은 우수 아님(2점)
- C펀드 : 두 번 모두 우수 아님(2+2점)
- D펀드 : 두 번 모두 우수(5+5점)

각 펀드의 비교 대상은 다른 펀드 중 두 개이며, 총 4번의 비교를 했다고 하였으므로 다음과 같은 경우를 고려할 수 있다.

ⅰ)

A		B		C		D	
B	D	A	C	B	D	A	C
5	2	2	5	2	2	5	5

표의 결과를 정리하면 D>A>B, A>B>C, B·D>C, D>A·C이므로 D>A>B>C이다.

ⅱ)

A		B		C		D	
B	C	A	D	A	D	C	B
2	5	5	2	2	2	5	5

표의 결과를 정리하면 B>A>C, D>B>A, A·D>C, D>C·B이므로 D>B>A>C이다.

ⅲ)

A		B		C		D	
D	C	C	D	A	B	A	B
2	5	5	2	2	2	5	5

표의 결과를 정리하면 D>A>C, D>B>C, A·B>C, D>A·B이므로 D>A·B>C이다.

㉠ 세 가지 경우에서 모두 D펀드는 C펀드보다 우수하다.
㉡ 세 가지 경우에서 모두 B펀드보다 D펀드가 우수하다.
㉢ 마지막 경우에서 A펀드와 B펀드의 우열을 가릴 수 있으면 A~D까지 우열순위를 매길 수 있다.

37

금화가 총 13개가 있으며 각 상자에 들어 있는 금화의 개수는 다르고, 금화의 개수가 A<B<C라고 하였으므로 이를 정리하면 다음과 같다.

경우의 수	A상자	B상자	C상자
(1)		2개	10개
(2)	1개	3개	9개
(3)		4개	8개
(4)		5개	7개
(5)		3개	8개
(6)	2개	4개	7개
(7)		5개	6개
(8)	3개	4개	6개

갑이 A상자를 열어본 후 B와 C에 각각 몇 개가 들어 있는지 알 수 없다고 하였으므로, (8)은 제외한다. 을이 상자 C를 열어본 후 A와 B에 각각 몇 개가 들어 있는지 알 수 없다고 하였으므로, (1), (2), (7)이 제외된다. 이는 C상자에 10개, 9개, 6개 중 하나가 들어 있는 경우 조건에 따라 A상자와 B상자 금화의 개수를 계산할 수 있기 때문이다. 두 사람의 말을 듣고 병이 B상자를 열어본 후 A상자와 C상자에 각각 몇 개가 들어 있는지 알 수 없다고 하였으므로 (4)와 (5)가 제외된다. 따라서 성립할 수 있는 경우는 (3)과 (6)이고, 이 두 경우에 B상자에 들어 있는 금화의 개수는 4개이다.

38

휴대품 손해로 인한 보상 시, 휴대품 1개 또는 1쌍에 대해서만 20만 원 한도로 보상한다.

39

A씨의 생활을 살펴보면 출퇴근길에 자가용을 사용하고 있다. 그리고 주유비에 대해서 부담을 가지고 있으며, 곧 겨울이 올 것을 대비해 차량 점검을 할 예정이다. 이러한 사항을 고려해 볼 때 A씨는 자동차와 관련된 혜택을 받을 수 있는 카드인 D카드를 선택하는 것이 가장 적절하다고 볼 수 있다.

40

정답 ④

스마트 OTP는 금융거래에서 정보보안을 강화하는 데 주목적이 있다. 따라서 보안과 관련된 전략 과제에 적절한 실행방안이 된다. 그러나 문제에서 제시된 전략 과제 중에는 보안과 관련된 것은 없다.

오답분석
① '2. 모바일 뱅킹 서비스 친숙도 증대'의 실행방안으로 적절하다.
② '1. 최초 접근 채널 다양화'의 실행방안으로 적절하다.
③ '7. 이용단계 간소화 및 오류 제거'의 실행방안으로 적절하다.

02　금융 · 디지털상식

01	02	03	04	05	06	07	08	09	10	11	12	13	14	15	16	17	18	19	20
②	①	①	④	④	③	③	①	②	①	①	②	②	②	③	②	③	③	③	④

01

정답 ②

㉠ 한계소비성향이란 추가소득 중 저축되지 않고 소비되는 금액의 비율을 의미하므로 한계소비성향이 클수록 국민소득의 증대에 따른 소비증대의 효과가 크다.
㉢ 투자함수의 기울기가 완만할수록 통화량 증가에 따른 국민소득의 증가 폭이 크게 나타난다.

02

정답 ①

민간투자 혹은 민간소비가 불안정적이어서 IS곡선이 왼쪽이나 오른쪽으로 이동하는 경우에는 통화량을 일정하게 유지하는 통화량 타겟팅이 경제안정화에 더 효과적이나, 화폐수요가 불안정적이어서 LM곡선이 왼쪽이나 오른쪽으로 이동하는 경우에는 이자율을 일정하게 유지하는 이자율 타겟팅이 경제안정화에 더 효과적이다. 한편, 생산물시장의 불안정성으로 인해 IS곡선이 왼쪽이나 오른쪽으로 이동하는 경우에는 통화량과 이자율을 모두 일정하게 유지하는 것이 불가능하나, 화폐부문이 불안정적일 때는 이자율 타겟팅을 실시하면 LM곡선이 목표이자율 수준에서 수평선의 형태가 되므로 이자율과 통화량을 모두 일정하게 유지할 수 있다.

03

정답 ①

오답분석
② CMA(Cash Management Account) : 고객이 예치한 자금을 LP나 양도성예금증서(CD) · 국공채 등의 채권에 투자하여 그 수익을 고객에게 돌려주는 금융상품 종합자산관리계정이라고도 한다.
③ MMF(Money Market Funds) : 정부가 발행하는 단기증권 등에 투자해서 원금의 안전성을 확보하면서 안정된 이율을 얻을 수 있게 하는 투자신탁의 일종이다.
④ MMDA(Money Market Deposit Account) : 가입 당시 적용되는 금리가 시장금리의 변동에 따라 결정되는 시장금리부 수시입출금식 저축성예금 계좌이다.

04

④는 선물환거래의 특징이다. 통화선물거래란 선물거래소를 통해 달러, 엔 등 특정 통화를 장래 일정 시점에 미리 정해진 환율로 매매하거나 매도하는 것을 약속하는 거래를 말하며, 환율변동을 헤지하기 위해 현 시점에서 매매계약을 체결하고 장래의 일정 시점에서 거래가 이행된다는 점에서는 선물환계약과 유사하지만 계약조건이 표준화되어 있다는 점에서 차이가 있다. 또한 통화선물 거래는 선물거래소가 중간에서 거래 증거금을 받기 때문에 결제불이행 위험이 없는 반면, 당사자끼리 직접 거래가 이루어지는 선물환거래는 결제 불이행 위험이 있다. 그러나 선물환거래는 통화의 종류, 거래량, 환율 만기 등을 협의해서 자유롭게 정할 수 있는 장점이 있다.

05

고전학파는 실물시장과 화폐시장의 고전적 이분성(Classical Dichotomy)으로 인해 통화량의 변화가 실질변수에 아무런 영향을 미치지 못하는 화폐의 중립성(Neutrality of Money)이 성립한다고 주장하였다. 반면, 케인스학파는 실물시장과 화폐시장은 상호 연계되어 있기 때문에 실물 현상은 화폐 부문의 변화에 크게 영향을 받는다고 주장하였다. 따라서 케인스학파 이론에 따르면 중앙은 행이 통화량을 늘리면 단기적으로 이자율이 하락한다. 이자율이 하락하면서 실물 투자가 활성화되기 때문에 국내총생산(GDP)이 증가하게 된다. 하지만 장기적으로는 통화량 증가로 인해 물가가 상승하게 되므로 국내총생산(GDP)이 원래 수준으로 복귀된다.

06

경상수지와 자본수지의 합은 항상 0이므로 경상수지와 자본수지는 항상 반대 방향으로 발생한다.

07

구매력평가설은 환율이 두 나라 통화의 구매력에 의해 결정된다는 이론이다. 즉, 환율은 두 나라의 물가 수준에 따라 결정된다. $P = e \times P_f$, $e = \dfrac{P}{P_f}$ (e=환율, P : 국내 물가수준, P_f : 외국 물가수준)이므로 물가가 상승하면 환율이 상승해 해당 통화가치는 하락하고, 물가가 하락하면 환율이 하락해 해당 통화가치는 상승한다.

08

물가의 상승은 통화가치를 하락시킨다. 즉, 물가 상승 → 수출 감소 → 외화유입 감소 → 원화의 상대적 가치 하락의 과정으로 이루어진다.

09

원화가치 상승은 해외에서 원화의 구매력을 높이고 수출품의 가격 상승 효과를 발생시킨다.

[오답분석]
㉠ 해외로 여행 가는 내국인들에게 이익이다.
㉢ 한국산 수출상품의 가격 경쟁력이 약해질 가능성이 크다.
㉺ 외화부채가 많은 기업들은 원화 가치가 상승한 만큼 부채 부담이 줄어든다.

10

달러화 가치가 하락하면 달러로 상환해야 할 금융채무 부채비율이 낮아진다.

11

정답 ①

def는 사용자 정의 함수이다.

오답분석
② ads : 절대값 도출
③ upper : 대문자로 출력
④ append : 리스트 요소 추가

12

정답 ②

옴니채널에 대한 설명으로, 옴니채널은 고객 중심으로 모든 채널과 관련된 체계를 통합하는 것에 초점을 맞춘 서비스이다.

13

정답 ②

증강현실은 현실의 이미지나 배경에 3차원 가상 이미지를 겹쳐서 하나의 영상으로 보여주는 기술이다.

오답분석
① SSO : 단 한번의 로그인으로 여러 사이트나 서비스를 이용할 수 있는 시스템을 말한다.
③ RSS : 업데이트가 빈번한 웹사이트의 정보를 사용자에게 보다 쉽게 제공하기 위하여 만들어진 XML 기반의 콘텐츠 배급 포맷을 말한다.
④ 가상현실 : 컴퓨터로 만들어 놓은 가상의 세계에서 사람이 실제와 같은 체험을 할 수 있도록 하는 최첨단 기술이다.

14

정답 ②

• OLED(Organic Light Emitting Diode) : 유기발광 다이오드로, 형광성 유기 화합물에 전류가 흐르면 빛을 내는 자체발광현상을 이용하여 만든 디스플레이이다.
• LCD(Liquid Crystal Display) : 액정표시장치로 인가전압에 따른 액정 투과도의 변화를 이용하여 각종 장치에서 발생하는 여러 가지 전기적인 정보를 시각정보로 변화시켜 전달하는 전기소자를 말한다.
• 퀀텀닷(Quantum Dot) : 자체적으로 빛을 내는 수 나노미터(nm)의 반도체 결정으로 양자점이라고도 한다. 물질의 크기가 나노미터로 줄어들 경우 전기적·광학적 성질이 크게 변하는 반도체 나노 입자를 말한다.

오답분석
① LCD에 대한 설명이다.
③·④ 퀀텀닷에 대한 설명이다.

15

정답 ③

NFC(Near Field Communication)는 13.56MHz 대역의 주파수를 사용하여 약 10cm 이내의 근거리에서 데이터를 교환할 수 있는 비접촉식 무선통신 기술로, 다양한 분야에서 활용될 수 있다.

오답분석
① WLAN : 기존 케이블 대신에 전파를 이용해 컴퓨터 간의 네트워크를 구축하는 방식이다.
② 블루투스 : 휴대폰, 노트북 등의 휴대기기를 서로 연결해 정보를 교환하는 근거리 무선 기술 표준이다.
④ MST(Magnetic Secure Trasmissn) : 마그네틱 신용카드가 정보를 무선으로 전송시켜 결제하는 마그네틱 보안 전송 방식이다.

16

정답 ②

'FANG'이란 미국 IT 업계를 선도하는 기업 4곳으로, 페이스북(Facebook), 아마존(Amazon), 넷플릭스(Netflix), 구글(Google)을 가리킨다.

17

정답 ③

서식지정자 lf는 double형 실수형 값을 표시할 때 쓰이며, %.2lf의 .2는 소수점 2자리까지 표시한다는 의미이다.

18

정답 ③

객체 C는 q와 p로 접근하게 된다. p와 q가 같고, q는 30이다. 따라서 처리되는 a의 값은 30이다.

JAVA 언어의 명령어

Public	접근 제한자, 내부 및 외부 어디서든 참조할 수 있는 가장 넓은 범위를 지님
Static	JAVA는 main 메소드로 시작하므로 main 메소드는 인스턴스의 생성과 상관없이 JVM에 의해 호출되므로 main 메소드 앞에 Static을 붙여야 함(Static은 메모리에 제일 먼저 로딩)
void	리턴(반환) 값을 의미하며 main 메소드는 리턴해야 하는 값이 없으므로 void를 표기
main	메소드 이름으로, 반드시 main이라는 이름을 사용해야 함(프로그램이 시작되면 JVM이 가장 먼저 호출되는 것이 main 메소드이기 때문에 main이라는 메소드가 존재해야 함)
String[ ] args	메인 메소드로 시작할 때 메소드에서 인자 값으로 배열을 받을 수 있다는 의미(args : 배열 이름)
Private	외부 클래스에서 사용 시 정보 보호를 위해 쓰이며, Private 접근자는 같은 클래스 내부에서는 접근이 가능(메소드를 통해 Private의 변수를 매개 변수로 받아 저장하고, 메소드 값을 Public으로 지정함으로써 메서드 접근을 가능하게 하여 return값을 통해 전달되는 값을 받음)

19

정답 ③

오버라이딩은 서로 다른 클래스에서 정의된 동일한 함수의 형태를 우선권을 부여하여 한 함수를 가리고 사용하는 기법을 말한다. 주어진 JAVA 언어에서는 사용되지 않았다.

[오답분석]

① 캡슐화는 멤버 변수와 상관 관계에 있는 멤버 함수를 하나로 묶어 클래스로 정의한 것이다.
class Computer extends Adder {
private int x;
public int calc(int a, int b, int c) { if (a==1) return add(b, c); else return x;} Computer( ) { x=0;}
② 상속은 하위 클래스 Computer가 상위 클래스 Adder를 포함하는 것이다.
class Computer extends Adder
④ 오버로딩은 동일한 함수를 사용하고 있고, 인수의 타입과 개수가 서로 다른 형태이다.
public int add(int a, int b) { return a+b;}
public double add(double a, double b) { return a+b;}

20

정답 ④

1부터 100까지의 값은 변수 x에 저장한다. 1, 2, 3, …에서 초기값은 1이고, 최종값은 100이며, 증분값은 1씩 증가시키면 된다. 즉, 1부터 100까지를 덧셈하려면 99단계를 반복 수행해야 하므로 결과는 50500이 된다.

| 객관식 |

01	02	03	04	05	06	07	08	09	10	11	12	13	14	15	16	17	18	19	20
④	④	④	①	①	③	④	④	①	④	④	④	③	①	②	③	③	③	①	②
21	**22**	**23**	**24**	**25**	**26**	**27**	**28**	**29**	**30**										
③	④	④	③	①	③	③	①	④	①										

01
정답 ④

㉠ 파레토 법칙 : '80 대 20 법칙'이라고도 불린다. 이른바 '핵심적 소수'와 '사소한 다수'에 대한 이 이론은 기업의 전체 매출은 소수의 상품이 좌우한다는 결론을 도출한다.

㉡ 롱테일 법칙 : 파레토 법칙과 반대되는 이론으로, 80%의 '사소한 다수'가 20%의 '핵심적 소수'보다 뛰어난 가치를 창출한다는 내용이다.

[오답분석]

• 하인리히 법칙 : 대형사고는 우연히 갑작스럽게 발생하는 것이 아니며, 이 사고가 발생하기 이전에 이와 관련된 경미한 사건들이 수도 없이 발생했었을 것이라는 이론이다. 이는 1931년 허버트 윌리엄 하인리히(Herbert William Heinrich)가 자신의 저서에서 밝힌 것으로, 산업재해가 발생하여 중상자가 1명 나오면 그 전에 같은 원인으로 인해 나온 경상자가 29명, 그리고 역시 같은 원인으로 부상을 당할 뻔했던 잠재적 부상자가 300명 있었다는 사실을 의미한다고 주장하였다.

02
정답 ④

BCG매트릭스는 미국의 보스턴 컨설팅 그룹이 개발한 사업전략의 평가 기법으로 '성장 – 점유율 분석'이라고도 한다. 상대적 시장점유율과 시장성장률 2가지를 각각 X, Y축으로 하여 매트릭스(2차원 공간)에 해당 사업을 위치시켜 사업전략을 위한 분석과 판단에 이용한다. 여기서 해당 사업 단위의 매출액 크기를 원의 크기로 나타낸다.

03
정답 ④

마이클 포터는 경쟁에서 우위를 차지하기 위해서 차별화우위전략 또는 비용우위전략 둘 중 하나에 집중해야 한다고 주장했다.

04
정답 ①

2022년	2023년
(이자보상배율)$=\dfrac{485}{320}=1.515625 ≒ 1.5$배	(이자보상배율)$=\dfrac{525}{540}=0.9722222\cdots ≒ 1$배
(이자보상비율)$=1.5\times100=150\%$	(이자보상비율)$=1\times100=100\%$

2022년의 이자보상비율은 150%로 2023년의 100%보다 50%가량 높다.

• (이자보상배율)$=\dfrac{(영업이익)}{(이자비용)}$ 　　　　• (이자보상비율)$=\dfrac{(영업이익)}{(이자비용)}\times100$

05

㉠ 디마케팅(Demarketing) : 기업이 사회적 책임 수행을 위해 과잉 구매되는 상품의 소비를 억제하기 위하여 행하는 마케팅
㉡ 앰부시 마케팅(Ambush Marketing) : 게릴라 작전처럼 기습적으로 행해지며 교묘히 규제를 피하는 마케팅

오답분석

- 그린 마케팅(Green Marketing) : 소비자가 만족할 만한 수준의 성능과 가격으로 환경적 역기능을 최소화한 제품을 개발하여, 환경적으로 우수한 제품과 기업 이미지를 창출하고자 하는 마케팅
- 터보 마케팅(Turbo Marketing) : 마케팅 활동에서 시간을 중요한 변수로 보고, 이를 경쟁자보다 효과적으로 관리하여 우위를 확보하고자 하는 마케팅
- 전환적 마케팅 : 부정적 수요 상황에서 긍정적 수요로 전환해 이상적인 수요와의 격차를 줄이기 위한 마케팅
- 감성 마케팅(Emotional Marketing) : 고객의 특정 제품에 대한 심리상태를 중시하고, 그때의 기분과 욕구에 적합한 상품개발을 목표로 하는 마케팅

06

자사주 매입을 하면 발행주식 수는 감소한다. 그리고 일반적인 시가 매입을 가정하면, 자사주 매입 후 주가는 변하지 않는다. 자기자본가치는 '(주가)×(주식 수)'이므로, 자사주 매입 후 자기자본가치는 감소한다.

오답분석

① 주당순이익은 '(기업의 순이익)÷(발행주식 수)'이다. 자사주 매입 시 발행주식 수(분모)가 감소하므로, 주당순이익은 증가한다.
② 주가수익비율은 '(주가)÷(주당순이익)'이다. 자사주 매입 시 주가(분자)는 불변이고 주당순이익(분모)은 증가하므로, 주가수익비율은 감소한다.
④ 현금배당의 배당락 효과로 인해 배당 후 주가는 하락한다. 자기자본가치는 '(주가)×(주식 수)'이므로, 현금배당 후 자기자본가치는 감소한다.

07

다음 표를 통해 이윤 극대화 지점을 알 수 있다.

생산량(개)	0	1	2	3	4	5
총비용(만 원)	5	7	10	15	17	25
총수입(만 원)	0	7	14	21	28	35
이윤(만 원)	−5	0	4	6	11	10

따라서 상품 4개를 생산할 때 이윤이 극대화된다.

08

단위당 판매가격을 x원이라고 하면 '(영업이익)=(매출)−(변동비용)−(고정비용)'이다.
$30,000 \times x - 0.6 \times 30,000 \times x - 3,000,000 = 2,000,000$
따라서 단위당 판매가격은 416.67원이다.

09

- 차 : 현금 30,000,000원 증가 → 자산의 증가
- 대 : 장기부채(임차보증금) 30,000,000원 증가 → 부채의 증가

10

• 매출원가를 계산하는 문제에서 당기제품 제조원가가 주어진 경우(공식 이용)
  당기제품 제조원가(280,000)+기초제품(17,000)−기말제품(15,000)=282,000원
• 제품계정을 이용하는 경우

(단위 : 원)

제품

기초재고액	17,000	매출원가	282,000
당기제품 제조원가	280,000	기말재고액	15,000

11

$$MR = P \times (1 - \frac{1}{e}) = 10 \times (1 - \frac{1}{0.5}) = -10$$

12

오답분석

①·② 선입선출법의 경우에는 계속기록법을 적용하든, 실지재고조사법을 적용하든 기말재고자산, 매출원가, 매출총이익 모두 동일한 결과가 나온다.
③ 매입운임은 매입원가에 포함한다.

13

주어진 수요함수를 P_X, P_Y, M에 대해 미분하면, $\frac{dQ_X}{dP_X} = -4$, $\frac{dQ_X}{dP_Y} = 0.6$, $\frac{dQ_X}{dM} = 1$이다.

$Q_X = 380 - 4 \times 100 + 0.6 \times 200 + 1.0 \times 400 = 500$이므로, 탄력성을 계산하면 다음과 같다.

• 가격탄력성 $= -\frac{dQ_X}{dP_X} \times \frac{P_X}{Q_X} = 4 \times \frac{100}{500} = 0.8$

• 교차탄력성 $= \frac{dQ_X}{dP_Y} \times \frac{P_Y}{Q_X} = 0.6 \times \frac{200}{500} = 0.24$

• 소득탄력성 $= \frac{dQ_X}{dM} \times \frac{M}{Q_X} = 1 \times \frac{400}{500} = 0.8$

정상재의 여부는 수요의 소득탄력성을 통해 알 수 있으며, 0보다 클 경우 정상재, 0보다 작을 경우 열등재이다.
보완재의 여부는 수요의 교차탄력성을 통해 알 수 있으며, 0보다 작을 경우 보완재이며, 0보다 클 경우 대체제, 0일 경우에는 독립재이다.
가격탄력성이 1보다 작을 경우는 비탄력적인 재화이며 가격탄력성이 1보다 큰 경우에는 탄력적 재화이다. 비탄력적 재화의 총수입을 극대화하기 위해서는 가격을 인상하는 것이 바람직하다.

14

칼도어(N.Kaldor)는 1958년 선진국을 대상으로 수행한 세계경제 성장과정의 연구를 통하여 다음과 같은 6가지 정형화된 사실(Stylized Facts)을 밝혔다.
- 1인당 산출량(Y/L)은 지속적으로 증가한다.
- 1인당 자본량(K/L)은 지속적으로 증가한다.
- 산출량 – 자본비율(Y/K)은 대체로 일정한 지속성(Steady)을 보인다.
- 자본수익률은 대체로 일정하다.
- 총소득에서 자본에 대한 분배와 노동에 대한 분배 간의 비율은 일정하다.
- 생산성 증가율은 국가 간 차이를 보인다.

15

㉠ 제시된 경제 현상은 물가의 변동으로 인해 소득의 실질가치는 변하지 않아도, 명목임금이 증가했을 때 소득이 상승했다고 인식하는 화폐환상에 대한 내용이다.

㉢ 케인스학파는 물가하락으로 인해 명목임금이 하락하더라도 실질임금이 유지되나, 화폐환상으로 인해 근로자들이 이를 인지하지 못하고, 명목임금의 하방경직성에 따라 명목임금이 실업 발생 이전 수준을 유지하게 되므로 노동 수요가 증가하지 못해 실업이 자연 해소되지 않는다고 보았다. 케인스학파는 이를 토대로 정부개입의 필요성을 주장하였다.

[오답분석]

㉡ 화폐환상은 물가의 상승으로 인해 명목임금이 상승하였더라도 명목임금을 물가로 나눈 실질임금이 상승하지 않았지만, 명목임금의 상승만을 근거로 임금이 올랐다고 인식하는 현상을 가리킨다. 명목임금상승률과 물가상승률의 차이가 크더라도, 명목임금 상승률이 더 높은 경우에는 실질임금이 상승한 것이므로 화폐환상에 해당되지 않는다.

16

A국의 실질GDP, 명목GDP, GDP디플레이터를 2021년 기준으로 계산하면 다음과 같다.

연도	실질GDP	명목GDP	GDP디플레이터
2023년	(2×16)+(4×12)=80	(4×16)+(2×12)=88	110
2022년	(2×20)+(4×10)=80	(2×20)+(4×10)=80	100

[오답분석]

④ GDP디플레이터는 명목GDP를 실질GDP로 나누어 100을 곱한 값이므로 2022년은 100이며, 2023년에는 110이다. 따라서 2022년 대비 2023년의 GDP디플레이터 상승률은 10%이다.

17

- 연수합계법

(단위 : 원)

연도별	계산과정	감가상각비	감가상각누계액	장부금액
20×1.12.31	$(10,000-0) \times \frac{4}{10}$	4,000	4,000	6,000
20×2.12.31	$(10,000-0) \times \frac{3}{10}$	3,000	7,000	3,000
20×3.12.31	$(10,000-0) \times \frac{2}{10}$	2,000	9,000	1,000
20×4.12.31	$(10,000-0) \times \frac{1}{10}$	1,000	10,000	0

- 연수합계 : 4+3+2+1=10년
- 감가상각누계액의 계산 : (취득원가−잔존가치)$\times\dfrac{\text{(잔존연수합계)}}{\text{(연수합계)}}$

20×2년 감가상각비는 (−)3,000원이고, 20×2년에 장부금액(3,000원)을 4,000원에 처분하였으므로 (+)1,000원의 이익이 있다. 따라서 동 유형자산의 감가상각비와 처분손익이 20×2년 당기순이익에 미치는 영향의 합계는 (−)2,000원이다.

18

금융자산	금융부채
• 현금 • 다른 기업의 지분상품(지분증권) • 거래상대방에게서 현금 등 금융자산을 수취할 계약상 권리 • 잠재적으로 유리한 조건으로 거래상대방과 금융부채를 교환하기로 한 계약상 권리 • 수취할 자기 지분 상품의 수량이 변동가능한 비파생상품계약	• 매입채무 • 미지급금 • 차입금 • 사채 • 부채의 정의를 충족하는 확정계약의무가 있는 현금이나 그 밖의 금융자산으로 결제되는 부채

19

정답 ①

담배연기는 부정적 외부성이 있는 재화이다. 갑이 담배를 피우면 을이 악영향을 받으므로 담배연기의 사회적 한계비용은 갑의 사적 한계비용보다 높다. 갑은 사적 한계편익과 사적 한계비용이 같아지도록 흡연량을 결정한다. 갑과 을이 협상을 하면 효율적인 수준에 도달할 수 있다(코즈의 정리).

20

정답 ②

수요의 가격탄력성을 계산하는 문제이며, 이를 계산하면 다음과 같다.

$$\varepsilon=\dfrac{\dfrac{(Q_2-Q_1)}{\left(\dfrac{Q_2+Q_1}{2}\right)}}{\dfrac{(P_2-P_1)}{\left(\dfrac{P_2+P_1}{2}\right)}}=\dfrac{\dfrac{(200-125)}{\dfrac{325}{2}}}{\dfrac{(150-100)}{\dfrac{250}{2}}}=\dfrac{75\times125}{50\times162.5}=1.15$$

21

정답 ③

오답분석

① 재평가가 단기간에 수행되며 계속적으로 갱신된다면, 동일한 분류에 속하는 자산이라 하더라도 순차적으로 재평가할 수 있다.
② 유형자산을 재평가할 때, 그 자산의 장부금액을 재평가금액으로 조정한다.
④ 자산의 장부금액이 재평가로 인하여 감소된 경우에 그 감소액은 당기손익으로 인식한다. 그러나 그 자산에 대한 재평가잉여금의 잔액이 있다면 그 금액을 한도로 재평가감소액을 기타포괄손익으로 인식한다.

최종점검 모의고사 • 71

22

증권시장선은 효율적 자산뿐 아니라 비효율적 자산에 대해서도 체계적 위험(베타)와 기대수익률의 선형관계를 설명할 수 있다. 따라서 비효율적 자산도 증권시장선상에 위치한다.

오답분석

① CAPM에 의하면 $E(R_i) = R_f + [E(R_m) - R_f]\beta_i$이고 시장포트폴리오의 베타는 1이다. 따라서 $5 + (12-5) \times 1 = 12\%$이므로 주식 A의 기대수익률은 $5 + (12-5) \times 2 = 19\%$이다.
② 개별자산의 베타는 양수일 수도, 0일 수도, 음수일 수도 있다.
③ 자본시장선은 효율적 자산의 총위험과 기대수익률의 선형관계를 설명한다. 따라서 효율적 자산은 모두 자본시장선상에 위치하고, 비효율적 자산은 자본시장선 아래에 위치한다.

23

공리주의 관점에서 가장 바람직한 소득분배상태는 사회구성원 전체의 효용의 곱이 아닌 합이 최대가 되는 것이다.

24

근속연수에 따라 상승하는 임금체계로 인해 높은 임금을 받는 고령근로자가 증가하여 기업의 인건비 부담이 높아진다. 인건비 부담으로 인해 신규채용건은 감소하며, 청년실업 또한 증가하게 된다. 또한 연공서열형 임금체계에서 정년연장에 따른 부담으로 권고사직, 명예퇴직 등 비자발적 조기퇴직자가 증가할 것이다. 노동시장의 이중구조가 심각한 상황에서 정년연장의 혜택은 고용안정, 고임금 등 고용여력이 있고 근로조건이 좋은 '대기업·정규직·유노조' 중심으로 적용되어 양극화를 심화시킨다.

25

민법 지상권의 양도, 임대(제282조)에 따르면 지상권자는 타인에게 그 권리를 양도하거나 그 권리의 존속기간 내에서 그 토지를 임대할 수 있다.

오답분석

② 갱신과 존속기간(제284조)을 통해 확인할 수 있다.
③ 수거의무, 매수청구권(제285조)을 통해 확인할 수 있다.
④ 지상권소멸청구권(제287조)을 통해 확인할 수 있다.

26

민법 지명채권양도의 대항요건(제450조) 제1항에 따르면 지명채권의 양도는 양도인이 채무자에게 통지하거나 채무자가 승낙하지 않는 이상 채무자 기타 제삼자에게 대항하지 못한다.

오답분석

① 채권의 양도성(제449조) 제1항을 통해 확인할 수 있다.
② 채권의 양도성(제449조) 제2항을 통해 확인할 수 있다.
④ 승낙, 통지의 효과(제451조) 제2항을 통해 확인할 수 있다.

27

주택임대차보호법 민법에 따른 주택임대차등기의 효력 등(제3조의4) 제2항에 따르면 임차인이 민법에 따라 임대인의 협력을 얻어 임대차등기를 신청하는 경우에 신청서에 기재해야 하는 내용은 다음과 같다.
• 주민등록을 마친 날
• 임차주택을 점유(占有)한 날
• 임대차계약증서상의 확정일자를 받은 날

28

주택임대차보호법 주택 임차권의 승계(제9조) 제1항에서 확인할 수 있다.

[오답분석]
② 같은 조 제2항에 따르면 임차인이 사망한 때에 사망 당시 상속인이 그 주택에서 가정공동생활을 하고 있지 않았던 경우에는 그 주택에서 가정공동생활을 하던 사실상의 혼인 관계에 있는 자와 2촌 이내의 친족이 공동으로 임차인의 권리와 의무를 승계한다.
③ 같은 조 제3항에 따르면 제1항과 제2항의 경우에 임차인이 사망한 후 1개월 이내에 임대인에게 제1항과 제2항에 따른 승계 대상자가 반대의사를 표시한 경우에는 임차권이 승계되지 않는다.
④ 같은 조 제4항에 따르면 제1항과 제2항의 경우에 임대차 관계에서 생긴 채권·채무는 임차인의 권리의무를 승계한 자에게 귀속된다.

29

주택임대차보호법 주택임대차분쟁조정위원회(제14조) 제2항에 따르면 위원회는 다음과 같은 분쟁들을 심의·조정한다.
• 차임 또는 보증금의 증감에 관한 분쟁
• 임대차 기간에 관한 분쟁
• 보증금 또는 임차주택의 반환에 관한 분쟁
• 임차주택의 유지·수선 의무에 관한 분쟁
• 그 밖에 대통령령으로 정하는 주택임대차에 관한 분쟁

30

민법 전세권의 존속기간(제312조) 제2항에 의하면 건물에 대한 전세권의 존속기간을 1년 미만으로 정한 때에는 이를 1년으로 한다.

[오답분석]
② 같은 조 제3항을 통해 확인할 수 있다.
③ 같은 조 제1항을 통해 확인할 수 있다.
④ 같은 조 제4항을 통해 확인할 수 있다.

| 주관식 |

31	32	33	34	35
1,000	70,000, 30,000	330,000	㉡	3
36	37	38	39	40
8	171	1	㉣	○

31

기회비용이란 어떤 행위를 선택함으로써 포기해야 하는 여러 행위 중 가장 가치가 높게 평가되는 행위의 가치를 의미한다. 따라서 A씨가 적금에 가입함으로써 포기해야 하는 연간 기회비용은 주식에 대한 기대수익인 1,000만 원이다.

32

• 충당부채
  자원의 유출 가능성이 높고, 금액을 신뢰성 있게 추정할 수 있는 부채
• 우발부채
  충당부채의 두 가지 조건 중 하나라도 만족하지 않는 경우의 부채
관련된 자료를 차례대로 충당부채인지 우발부채인지 구분해 보면 다음과 같다.
• 충당부채 : 20,000원
• '피고'이며 패소 가능성은 높지 않은 것을 보아 우발부채 : 30,000원
• 대손충당금은 바로 당기손익으로 보는 것이므로 매출채권에 대한 차감계정이지 충당부채가 아니다. 때문에 충당부채와 우발부채 어느 한 쪽에도 해당되지 않는다.
• 충당부채 : 50,000원
따라서 충당부채는 70,000원이고 우발부채는 30,000원이다.

33

당기순이익(발생주의)	300,000
감가상각비	30,000
재고자산 증가	−(40,000)
매입채무 증가	60,000
유형자산처분이익	−(20,000)
영업활동순현금흐름(현금주의)	330,000

34

제시된 사례는 대표적인 서번트 리더십에 대한 내용이다. 서번트 리더십(servant leadership)이란 구성원들의 자발적 희생은 리더의 자기희생에서 비롯됨을 말하며 해당 사례는 자기희생을 통해 현장을 체험한 리더가 직접적으로 직원들이 고충을 몸소 겪으며 직원들의 적극적 행동을 유발하여 조직의 환경 변화에 대한 적응력을 높인 사례로 볼 수 있다.

35

완전경쟁시장에서는 시장수요곡선과 시장공급곡선이 교차하는 점에서 재화의 균형가격과 균형거래량이 결정된다. 시장가격이 3일 때 시장수요량과 공급량이 17로 일치하므로 완전경쟁시장의 시장가격은 3이다. 그리고 완전경쟁시장의 시장가격은 한계수입과 일치하므로 한계수입도 3이다.

36

정답 8

노동자수가 10명일 때 1인당 평균생산량이 30단위이므로 총생산량은 300단위(=10×30)이다. 노동자가 11명일 때 1인당 평균생산량이 28단위이므로 총생산량은 308(=11×28)이다. 그러므로 11번째 노동자의 한계생산량은 8단위이다.

37

정답 171

불확실한 상황에서 지혜의 재산의 기대 수익과 기대효용을 계산해보면 각각 다음과 같다.

$$E(X) = \left(\frac{3}{10} \times 400 \right) + \left(\frac{7}{10} \times 900 \right) = 120 + 630 = 750$$

$$E(U) = \left(\frac{3}{10} \times \sqrt{400} \right) + \left(\frac{7}{10} \times \sqrt{900} \right) = 6 + 21 = 27$$

재산의 크기가 900만 원이고 재산의 기대 수익이 750만 원이므로 기대손실액(PI)은 150만 원(=0.3×500)이다. 이제 불확실한 상황에서와 동일한 효용을 얻을 수 있는 확실한 현금의 크기인 확실성등가(CE)를 구하면 $\sqrt{CE} = 27$이므로 CE=729만 원임을 알 수 있다.

그러므로 지혜가 지불할 용의가 있는 최대 보험료는 기대손실액(PI)과 위험프리미엄(π)을 합한 171만 원이다.

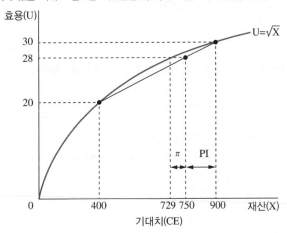

38

정답 1

총생산함수는 $Y = AL^{0.5}K^{0.5}$를 성장회계 방정식으로 나타내면 $\frac{\triangle Y}{Y} = \frac{\triangle A}{A} + 0.5\frac{\triangle L}{L} + 0.5\frac{\triangle K}{K}$이다.

문제에 주어진 증가율을 방정식에 대입하면 $7\% = \frac{\triangle A}{A} + 0.5 \times 4\% + 0.5 \times 8\%$이므로 솔로우 잔차$\left(\frac{\triangle A}{A} \right)$는 1%이다.

39

정답 ㄹ

전세권자의 경매청구권(제318조)에 의하면 전세권설정자가 전세금의 반환을 지체한 때에는 전세권자는 민사집행법의 정한 바에 의하여 전세권의 목적물의 경매를 청구할 수 있다.

40

정답 ○

지상권, 전세권을 목적으로 하는 저당권(제371조) 제2항에 의하면 지상권 또는 전세권을 목적으로 저당권을 설정한 자는 저당권자의 동의없이 지상권 또는 전세권을 소멸하게 하는 행위를 하지 못한다.

PART 4

| 객관식 |

01	02	03	04	05	06	07	08	09	10	11	12	13	14	15	16	17	18	19	20
④	①	④	④	①	①	①	①	①	④	②	④	④	③	④	④	④	③	④	④

21	22	23	24	25	26	27	28	29	30										
③	①	②	①	④	③	④	①	①	④										

01

정답 ④

SQL(Structured Query Language)은 관계대수 / 해석을 기초로 하는 고급 데이터 언어이고, DDL(Data Definition Language)은 데이터의 구조를 정의하기 위한 테이블을 생성하거나 삭제하는 명령어로, CREATE(테이블 생성), ALTER(테이블 수정), DROP(테이블 삭제), TRUNCATE(테이블에 있는 모든 데이터 삭제)가 이에 해당한다.

02

정답 ①

SELECT문에 DISTINCT를 입력하면 검색 결과가 중복되는 레코드는 한 번만 표시된다.

03

정답 ④

로킹 단위(Locking Granularity)는 잠금(Locking) 연산의 대상으로 전체 데이터베이스로부터 데이터베이스를 구성하는 최소 단위 속성(필드)까지 다양하다. 로킹의 단위가 작을수록 구현이 복잡(로킹 오버헤드가 증가)한 반면, 강력한 동시성(병행성, 공유도 증가)이 이루어진다.

04

정답 ④

데이터 제어어(DCL)는 데이터를 보호하고 데이터를 관리하는 목적으로 사용되며, 데이터베이스를 공용하기 위한 데이터 제어를 정의하고 기술하는 언어이다.

05

정답 ①

개념 스키마(Conceptual Schema)는 데이터베이스의 전체적인 논리적 구조로서, 모든 응용 프로그램이나 사용자들이 필요로 하는 데이터를 통합한 조직 전체의 데이터베이스이다.

[오답분석]

② 외부 스키마(External Schema) : 사용자나 응용 프로그래머가 각 개인의 입장에서 필요로 하는 전체 데이터베이스의 한 논리적 부분
③ 내부 스키마(Internal Schema) : 물리적 저장장치의 입장에서 전체 데이터베이스가 저장되는 방법을 명세한 것
④ 관계 스키마(Relational Schema) : 시간에 관계없는 정적 성질을 갖는 릴레이션의 연구 부분인 릴레이션의 내포를 명세화한 것

06

정답 ①

물리적 설계는 논리적 설계 단계에서 생성된 논리적 구조를 실제로 구축할 컴퓨터 시스템의 저장 장치와 운영체제의 특성을 고려하여 처리 능력을 향상시킬 수 있도록 설계하는 과정이다.

② 논리적 설계 : 개발에 사용할 DBMS에 적합한 논리적 데이터 모델을 이용하여 개념적 설계 단계에서 생성한 구조를 기반으로 설계하는 과정

③ 개념적 설계 : 요구 사항 분석 단계의 결과물을 개념적 데이터 모델을 통해 표현하는 과정

④ 요구 조건 분석 : 데이터베이스를 사용하여 실제 업무를 처리하는 사용자에게 필요한 다양한 요구 사항을 수집하고 이를 분석한 결과를 명세서로 작성하는 과정

07
정답 ①

개체 무결성(Entity Integrity)은 한 릴레이션의 기본 키를 구성하는 어떠한 속성 값도 널(NULL) 값이나 중복 값을 가질 수 없다(정확성 유지). 또한, 하나의 릴레이션으로 삽입되거나 변경되는 튜플들에 대하여 정확한 값을 유지하는 성질로 하나의 릴레이션에 있는 튜플은 중복된 튜플이 있어서는 안 된다.

08
정답 ①

9K의 프로그램이므로 최초 적합의 경우와 최적 적합의 경우 모두 9K인 영역 1에 할당되고, 최악 적합인 경우는 30K로 메모리가 가장 큰 영역 4에 할당된다.

09
정답 ①

• FIFO는 복수의 신호나 잡(Job)이 처리 대기로 있을 때 처리의 우선순위를 붙이지 않고, 먼저 도착한 순서대로 처리하는 방식이다.

• JOB1에 먼저 도착하여 13시간 동안 CPU를 사용하면 JOB1이 끝나므로 JOB1의 반환 시간은 13이다. JOB2는 3시간에 도착하여 JOB1의 13시간 후에 작업을 시작하여 35시간 동안 CPU를 사용하면 48시간 후 작업이 끝나므로 JOB2의 반환 시간은 48−3=45이다. JOB3은 8시간에 도착하여 48시간을 기다리고 2시간 동안 CPU를 사용하면 50시간 후 작업이 끝나므로 JOB3의 반환 시간은 50−8=42이다. FIFO의 평균 반환 시간은 (13+45+42)÷3≒33이다.

10
정답 ④

환형 대기 부정은 자원을 선형 순서로 분류하여 고유 번호를 할당하고, 각 프로세스는 현재 점유한 자원의 고유 번호보다 앞뒤 어느 한 쪽 방향으로만 자원을 요구한다.

11
정답 ②

인터럽트가 불가능한 상태로 만들어야 한다.

> **임계 구역(Critical Section)의 원칙**
> • 두 개 이상의 프로세스가 동시에 사용할 수 없다.
> • 순서를 지키며 신속하게 사용한다.
> • 하나의 프로세스가 독점하여 사용할 수 없고, 한 프로세스가 임계 구역에 대한 진입을 요청하면 일정 시간 내에 허락하여야 한다.
> • 사용 중에 중단되거나 무한 루프(반복)에 빠지지 않도록 주의해야 한다.
> • 인터럽트가 불가능한 상태로 만들어야 한다.

12

프로세스 제어 블록(PCB)
- 프로세서 식별자 : 각 프로세스에 대한 고유 식별자(숫자, 색인, 항목)를 지정한다.
- 프로세스 상태 : 생성, 준비, 실행, 대기, 중단 등의 상태를 표시한다.
- 프로그램 카운터 : 프로세스 실행을 위한 다음 명령의 주소를 표시한다.
- 레지스터 저장 영역 : 인터럽트 발생 시 프로그램 카운터와 함께 저장되어 재실행할 때 원상 복구한다.
- 프로세서 스케줄링 정보 : 프로세스의 우선순위, 스케줄링 큐에 대한 포인터, 그 외의 다른 스케줄 매개변수를 가진다.
- 계정 정보 : 프로세서 사용시간, 실제 사용시간, 사용 상한 시간, 계정 번호, 작업이나 프로세스 번호 등을 나타낸다.
- 입출력 상태 정보 : 특별히 입출력 요구 프로세스에 할당된 입출력장치, 개방된 파일의 목록 등을 나타낸다.
- 메모리 관리 정보 : 메모리 관리에 필요한 정보를 나타낸다.

13

정답 ④

A, D, E의 경우 작업이 모두 할당 가능하므로 외부단편화는 발생하지 않는다. B, C는 작업의 크기가 더 커서 작업이 할당되지 못하므로 분할의 크기가 외부단편화의 크기가 된다. 따라서 외부단편화의 크기는 50+120=170K이다.

14

정답 ③

완전 연결은 모든 사이트들 간에 서로 직접 연결되는 구조로 하나의 링크가 고장 나도 다른 링크를 이용할 수 있으므로 신뢰성이 높고, 링크가 다수이므로 기본비용이 많이 드는 반면 통신비용은 적게 든다.

15

정답 ④

프로젝트 작업 사이의 관계를 나타내며, 최장 경로를 파악할 수 있는 것은 CPM(Critical Path Method)에 대한 설명이다.

16

정답 ④

CPM(Critical Path Method)은 주 공정(Critical Path)에 비중을 두기 때문에 주 공정을 나타내는 경로(굵은 화살표)의 흐름이 지연되면 다른 공정도 모두 지연되므로 주 공정이 완전히 해소될 때 진행한다.

17

정답 ④

원시 코드 라인 수(LOC) 기법
소프트웨어 각 기능의 원시 코드 라인 수의 비관치, 낙관치, 중간치를 측정하여 예측치를 구하고 이를 이용해 노력, 개발 비용, 개발 기간, 생산성 등의 비용을 산정하는 기법이다.
- 추정 LOC : [(낙관치)+4×(중간치)+(비관치)]÷6

18

정답 ③

월별 생산성=KLOC÷노력(인 월) → 월별 생산성=10,000÷(5×2)=1,000

19

정답 ④

[오답분석]
{ } : 자료 반복, ( ) : 자료의 생략 가능, ** : 자료 주석, = : 자료 정의

20
정답 ④

배경도는 자료 흐름도를 그리는 것이 아니고 문제의 추상적이고 대략적인 그림만 그린다.

21
정답 ③

N – S(나씨 – 슈나이더만) 도표는 화살표를 사용하지 않고 박스(Box)로 논리 흐름을 표현한다.

22
정답 ①

공유도(Fan – In)는 얼마나 많은 모듈이 주어진 모듈을 호출하는가의 척도로 구조적 시스템 설계에서 한 모듈에 대해 모듈을 직접 호출하는 상위 모듈의 수를 의미한다.

23
정답 ②

클래스(Class) : 공통된 특성과 연산을 갖는 객체의 집합(하나 이상)

오답분석

① 메소드(Method) : 객체가 수행하는 기능으로 객체가 갖는 데이터 (속성, 상태)를 처리하는 알고리즘
③ 상속성(Inheritance) : 이미 정의된 상위 클래스의 모든 속성과 연산을 하위 클래스가 물려 받는 것
④ 메시지(Message) : 객체들 간 상호작용을 하는 데 사용되는 수단으로 객체에게 행위 지시를 하는 명령

24
정답 ①

럼바우의 객체 지향 분석 절차는 객체 모델링 → 동적 모델링 → 기능 모델링이다.

럼바우의 객체 지향 분석

객체 모델링 (Object Modeling)	• 객체, 속성, 연산 등의 식별 및 객체 간의 관계를 정의한다. • 객체도(객체 다이어그램) 작성
동적 모델링 (Dynamic Modeling)	• 객체들의 제어 흐름, 상호 반응, 연산 순서를 나타낸다. • 상태도 작성
기능 모델링 (Functional Modeling)	입·출력 결정 → 자료 흐름도 작성 → 기능의 내용 상세 기술 → 제약사항 결정 및 최소화

25
정답 ④

소프트웨어 산물의 기능별로 적절한 정보 영역을 정하여 적합한 입력에 대한 출력의 정확성을 점검하는 것은 블랙 박스(Black Box) 검사에 대한 설명이다.

26
정답 ③

switch문은 문자나 정수 타입의 데이터를 검사하여 여러 개인 경우 중에서 해당하는 경우를 실행하는 것으로, 제어문에 해당한다.

27
정답 ④

함수 정의 부분에서 필요한 데이터를 함수 내부에서 입력받는 경우 매개 변수는 필요 없으므로 이런 경우는 함수명( )으로 표시한다.

PART 4

28

정답 ①

주어진 순서도를 보면 처음에 조건을 판단하고(for문) 참이면 다음 단계인 명령문을 실행하며(while문) 각 경우에 따른 참, 거짓을 연속적으로 판별하며(case문) 명령어를 수행하고 조건을 판별 반복한다(do ~ while문).

29

정답 ①

수식에서 ++b가 전위형 연산자이므로 증감 연산을 먼저 수행한 후 사용해야 한다. 증가 후에는 c와 곱셈 연산을 수행한 후 그 결과를 a에 저장하여야 한다.

30

정답 ④

SGML은 유연성이 좋고 독립적인 시스템 운용이 가능하나 기능이 복잡하다.

| 주관식 |

31	32	33	34	35
ⓒ	ⓐ	2	$\dfrac{n+1}{2}$	B
36	**37**	**38**	**39**	**40**
동의어(Synonyms)	100 111 100	ⓒ	처리능력(Throughput)	T

31

정답 ⓒ

목적 코드를 생성하는 것은 컴파일러이다.

32

정답 ⓐ

FORTRAN은 복잡한 수식 계산을 위해 개발된 과학 기술용 언어이다.

33

정답 2

제2정규형(2NF)은 어떤 릴레이션 R이 1NF이고, 키가 아닌 모든 속성들이 기본 키(Primary Key)에 충분한 함수적 종속일 때 이 릴레이션 R은 제2정규형에 속한다.

34

정답 $\dfrac{n+1}{2}$

선형 검색(Linear Search)의 평균 검색 횟수는 $\dfrac{n+1}{2}$ 회 (n은 레코드 수)이다.

35

후위 운행(Postorder Traversal)은 '좌측 → 우측 → 근(Left → Right → Root)' 순으로 운행하는 방법으로 먼저 좌측 서브 트리를 운행한 후 우측 서브 트리를 운행하고, 마지막으로 근노드를 운행한다. 즉, Left → Right → Root 순서에 따라 좌측, 우측, 근노드 순서로 운행하면 D → E → C → B → A가 되므로 네 번째로 방문하는 노드는 B이다.

36

동의어(Synonyms)는 같은 홈 주소를 갖는 레코드의 집합이다(=동거자).

37

• 8진수를 2진수로 변환할 때는 8진수의 각 자리를 2진수 3자리로 나타낸다.
• 100 111 100=1×4+0×2+0×1 1×4+1×2+1×1 1×4+0×2+0×1=4 7 4

38

누산기(ACC)에 대한 설명이다.

39

단위 시간에 처리할 수 있는 작업의 양을 표시하는 것은 처리 능력(Throughput)이다.

40

T(Toggle) 플립플롭은 JK 플립플롭의 두 입력선 J, K를 묶어서 한 개의 입력선 T로 구성하고, 원 상태와 보수 상태의 2가지 상태로만 전환이 되므로 누를 때마다 ON, OFF가 교차되는 스위치를 만들고자 할 때 사용한다.

만약 우리가 할 수 있는 일을 모두 한다면, 우리들은 우리 자신에 깜짝 놀랄 것이다.

-에디슨-

MG새마을금고중앙회 필기전형 최종점검 모의고사 답안지

NCS 직업기초능력

문번	1	2	3	4		문번	1	2	3	4
1	①	②	③	④		21	①	②	③	④
2	①	②	③	④		22	①	②	③	④
3	①	②	③	④		23	①	②	③	④
4	①	②	③	④		24	①	②	③	④
5	①	②	③	④		25	①	②	③	④
6	①	②	③	④		26	①	②	③	④
7	①	②	③	④		27	①	②	③	④
8	①	②	③	④		28	①	②	③	④
9	①	②	③	④		29	①	②	③	④
10	①	②	③	④		30	①	②	③	④
11	①	②	③	④		31	①	②	③	④
12	①	②	③	④		32	①	②	③	④
13	①	②	③	④		33	①	②	③	④
14	①	②	③	④		34	①	②	③	④
15	①	②	③	④		35	①	②	③	④
16	①	②	③	④		36	①	②	③	④
17	①	②	③	④		37	①	②	③	④
18	①	②	③	④		38	①	②	③	④
19	①	②	③	④		39	①	②	③	④
20	①	②	③	④		40	①	②	③	④

금융 · 디지털상식

문번	1	2	3	4
1	①	②	③	④
2	①	②	③	④
3	①	②	③	④
4	①	②	③	④
5	①	②	③	④
6	①	②	③	④
7	①	②	③	④
8	①	②	③	④
9	①	②	③	④
10	①	②	③	④
11	①	②	③	④
12	①	②	③	④
13	①	②	③	④
14	①	②	③	④
15	①	②	③	④
16	①	②	③	④
17	①	②	③	④
18	①	②	③	④
19	①	②	③	④
20	①	②	③	④

직무전공

문번	1	2	3	4
21	①	②	③	④
22	①	②	③	④
23	①	②	③	④
24	①	②	③	④
25	①	②	③	④
26	①	②	③	④
27	①	②	③	④
28	①	②	③	④
29	①	②	③	④
30	①	②	③	④

교시장

성명

수험번호

⑩	①	②	③	④	⑤	⑥	⑦	⑧	⑨
⑩	①	②	③	④	⑤	⑥	⑦	⑧	⑨
⑩	①	②	③	④	⑤	⑥	⑦	⑧	⑨
⑩	①	②	③	④	⑤	⑥	⑦	⑧	⑨
⑩	①	②	③	④	⑤	⑥	⑦	⑧	⑨
⑩	①	②	③	④	⑤	⑥	⑦	⑧	⑨
⑩	①	②	③	④	⑤	⑥	⑦	⑧	⑨

감독위원 확인

(인)

※ 절취선을 따라 분리하여 실제 시험과 같이 사용하면 더욱 효과적입니다.

MG새마을금고중앙회 필기전형 최종점검 모의고사 답안지

고사장

성명

수험번호

⓪	⓪	⓪	⓪	⓪	⓪	⓪
①	①	①	①	①	①	①
②	②	②	②	②	②	②
③	③	③	③	③	③	③
④	④	④	④	④	④	④
⑤	⑤	⑤	⑤	⑤	⑤	⑤
⑥	⑥	⑥	⑥	⑥	⑥	⑥
⑦	⑦	⑦	⑦	⑦	⑦	⑦
⑧	⑧	⑧	⑧	⑧	⑧	⑧
⑨	⑨	⑨	⑨	⑨	⑨	⑨

감독위원 확인

(인)

NCS 직업기초능력

문번	1 2 3 4	문번	1 2 3 4
1	① ② ③ ④	21	① ② ③ ④
2	① ② ③ ④	22	① ② ③ ④
3	① ② ③ ④	23	① ② ③ ④
4	① ② ③ ④	24	① ② ③ ④
5	① ② ③ ④	25	① ② ③ ④
6	① ② ③ ④	26	① ② ③ ④
7	① ② ③ ④	27	① ② ③ ④
8	① ② ③ ④	28	① ② ③ ④
9	① ② ③ ④	29	① ② ③ ④
10	① ② ③ ④	30	① ② ③ ④
11	① ② ③ ④	31	① ② ③ ④
12	① ② ③ ④	32	① ② ③ ④
13	① ② ③ ④	33	① ② ③ ④
14	① ② ③ ④	34	① ② ③ ④
15	① ② ③ ④	35	① ② ③ ④
16	① ② ③ ④	36	① ② ③ ④
17	① ② ③ ④	37	① ② ③ ④
18	① ② ③ ④	38	① ② ③ ④
19	① ② ③ ④	39	① ② ③ ④
20	① ② ③ ④	40	① ② ③ ④

금융·디지털상식

문번	1 2 3 4
1	① ② ③ ④
2	① ② ③ ④
3	① ② ③ ④
4	① ② ③ ④
5	① ② ③ ④
6	① ② ③ ④
7	① ② ③ ④
8	① ② ③ ④
9	① ② ③ ④
10	① ② ③ ④
11	① ② ③ ④
12	① ② ③ ④
13	① ② ③ ④
14	① ② ③ ④
15	① ② ③ ④
16	① ② ③ ④
17	① ② ③ ④
18	① ② ③ ④
19	① ② ③ ④
20	① ② ③ ④

직무전공

문번	1 2 3 4	문번	1 2 3 4
1	① ② ③ ④	21	① ② ③ ④
2	① ② ③ ④	22	① ② ③ ④
3	① ② ③ ④	23	① ② ③ ④
4	① ② ③ ④	24	① ② ③ ④
5	① ② ③ ④	25	① ② ③ ④
6	① ② ③ ④	26	① ② ③ ④
7	① ② ③ ④	27	① ② ③ ④
8	① ② ③ ④	28	① ② ③ ④
9	① ② ③ ④	29	① ② ③ ④
10	① ② ③ ④	30	① ② ③ ④
11	① ② ③ ④		
12	① ② ③ ④		
13	① ② ③ ④		
14	① ② ③ ④		
15	① ② ③ ④		
16	① ② ③ ④		
17	① ② ③ ④		
18	① ② ③ ④		
19	① ② ③ ④		
20	① ② ③ ④		

MG새마을금고중앙회 필기전형 최종점검 모의고사 답안지

NCS 직업기초능력

문번	1	2	3	4	문번	1	2	3	4
1	①	②	③	④	21	①	②	③	④
2	①	②	③	④	22	①	②	③	④
3	①	②	③	④	23	①	②	③	④
4	①	②	③	④	24	①	②	③	④
5	①	②	③	④	25	①	②	③	④
6	①	②	③	④	26	①	②	③	④
7	①	②	③	④	27	①	②	③	④
8	①	②	③	④	28	①	②	③	④
9	①	②	③	④	29	①	②	③	④
10	①	②	③	④	30	①	②	③	④
11	①	②	③	④	31	①	②	③	④
12	①	②	③	④	32	①	②	③	④
13	①	②	③	④	33	①	②	③	④
14	①	②	③	④	34	①	②	③	④
15	①	②	③	④	35	①	②	③	④
16	①	②	③	④	36	①	②	③	④
17	①	②	③	④	37	①	②	③	④
18	①	②	③	④	38	①	②	③	④
19	①	②	③	④	39	①	②	③	④
20	①	②	③	④	40	①	②	③	④

금융·디지털상식

문번	1	2	3	4
1	①	②	③	④
2	①	②	③	④
3	①	②	③	④
4	①	②	③	④
5	①	②	③	④
6	①	②	③	④
7	①	②	③	④
8	①	②	③	④
9	①	②	③	④
10	①	②	③	④
11	①	②	③	④
12	①	②	③	④
13	①	②	③	④
14	①	②	③	④
15	①	②	③	④
16	①	②	③	④
17	①	②	③	④
18	①	②	③	④
19	①	②	③	④
20	①	②	③	④

직무전공

문번	1	2	3	4	문번	1	2	3	4
1	①	②	③	④	21	①	②	③	④
2	①	②	③	④	22	①	②	③	④
3	①	②	③	④	23	①	②	③	④
4	①	②	③	④	24	①	②	③	④
5	①	②	③	④	25	①	②	③	④
6	①	②	③	④	26	①	②	③	④
7	①	②	③	④	27	①	②	③	④
8	①	②	③	④	28	①	②	③	④
9	①	②	③	④	29	①	②	③	④
10	①	②	③	④	30	①	②	③	④
11	①	②	③	④					
12	①	②	③	④					
13	①	②	③	④					
14	①	②	③	④					
15	①	②	③	④					
16	①	②	③	④					
17	①	②	③	④					
18	①	②	③	④					
19	①	②	③	④					
20	①	②	③	④					

고사장

성명

수험번호

⓪	①	②	③	④	⑤	⑥	⑦	⑧	⑨

감독위원 확인

(인)

MG새마을금고중앙회 필기전형 최종점검 모의고사 답안지

교시장

성명

수험번호

⓪	⓪	⓪	⓪	⓪	⓪	⓪
①	①	①	①	①	①	①
②	②	②	②	②	②	②
③	③	③	③	③	③	③
④	④	④	④	④	④	④
⑤	⑤	⑤	⑤	⑤	⑤	⑤
⑥	⑥	⑥	⑥	⑥	⑥	⑥
⑦	⑦	⑦	⑦	⑦	⑦	⑦
⑧	⑧	⑧	⑧	⑧	⑧	⑧
⑨	⑨	⑨	⑨	⑨	⑨	⑨

감독위원 확인

(인)

NCS 직업기초능력

문번	1 2 3 4	문번	1 2 3 4
1	① ② ③ ④	21	① ② ③ ④
2	① ② ③ ④	22	① ② ③ ④
3	① ② ③ ④	23	① ② ③ ④
4	① ② ③ ④	24	① ② ③ ④
5	① ② ③ ④	25	① ② ③ ④
6	① ② ③ ④	26	① ② ③ ④
7	① ② ③ ④	27	① ② ③ ④
8	① ② ③ ④	28	① ② ③ ④
9	① ② ③ ④	29	① ② ③ ④
10	① ② ③ ④	30	① ② ③ ④
11	① ② ③ ④	31	① ② ③ ④
12	① ② ③ ④	32	① ② ③ ④
13	① ② ③ ④	33	① ② ③ ④
14	① ② ③ ④	34	① ② ③ ④
15	① ② ③ ④	35	① ② ③ ④
16	① ② ③ ④	36	① ② ③ ④
17	① ② ③ ④	37	① ② ③ ④
18	① ② ③ ④	38	① ② ③ ④
19	① ② ③ ④	39	① ② ③ ④
20	① ② ③ ④	40	① ② ③ ④

금융·디지털상식

문번	1 2 3 4	문번	1 2 3 4
1	① ② ③ ④	11	① ② ③ ④
2	① ② ③ ④	12	① ② ③ ④
3	① ② ③ ④	13	① ② ③ ④
4	① ② ③ ④	14	① ② ③ ④
5	① ② ③ ④	15	① ② ③ ④
6	① ② ③ ④	16	① ② ③ ④
7	① ② ③ ④	17	① ② ③ ④
8	① ② ③ ④	18	① ② ③ ④
9	① ② ③ ④	19	① ② ③ ④
10	① ② ③ ④	20	① ② ③ ④

직무전공

문번	1 2 3 4	문번	1 2 3 4
1	① ② ③ ④	21	① ② ③ ④
2	① ② ③ ④	22	① ② ③ ④
3	① ② ③ ④	23	① ② ③ ④
4	① ② ③ ④	24	① ② ③ ④
5	① ② ③ ④	25	① ② ③ ④
6	① ② ③ ④	26	① ② ③ ④
7	① ② ③ ④	27	① ② ③ ④
8	① ② ③ ④	28	① ② ③ ④
9	① ② ③ ④	29	① ② ③ ④
10	① ② ③ ④	30	① ② ③ ④
11	① ② ③ ④		
12	① ② ③ ④		
13	① ② ③ ④		
14	① ② ③ ④		
15	① ② ③ ④		
16	① ② ③ ④		
17	① ② ③ ④		
18	① ② ③ ④		
19	① ② ③ ④		
20	① ② ③ ④		

2024 최신판 SD에듀 MG새마을금고중앙회 필기전형
최신기출유형 + 모의고사 4회 + 무료NCS특강

개정1판1쇄 발행	2024년 03월 20일 (인쇄 2024년 01월 30일)
초 판 발 행	2023년 08월 30일 (인쇄 2023년 07월 27일)
발 행 인	박영일
책 임 편 집	이해욱
편 저	SDC(Sidae Data Center)
편 집 진 행	여연주 · 이근희
표지디자인	박서희
편집디자인	최미란 · 장성복
발 행 처	(주)시대고시기획
출 판 등 록	제10-1521호
주 소	서울시 마포구 큰우물로 75 [도화동 538 성지 B/D] 9F
전 화	1600-3600
팩 스	02-701-8823
홈 페 이 지	www.sdedu.co.kr

I S B N	979-11-383-6720-2 (13320)
정 가	24,000원

MG새마을금고
중앙회
정답 및 해설